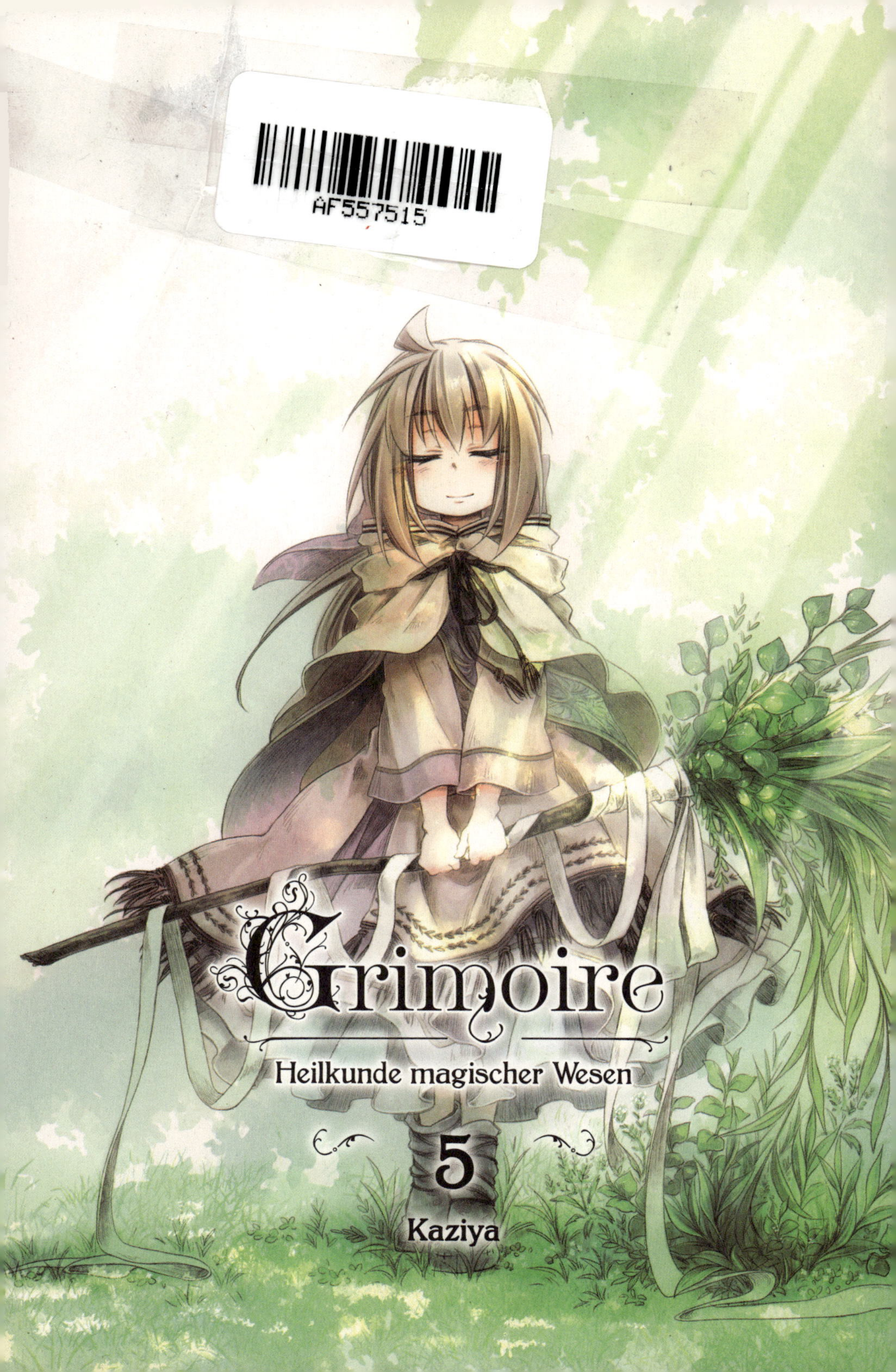

AF557515
Grimoire
Heilkunde magischer Wesen
5
Kaziya

Inhalt

24. Eintrag

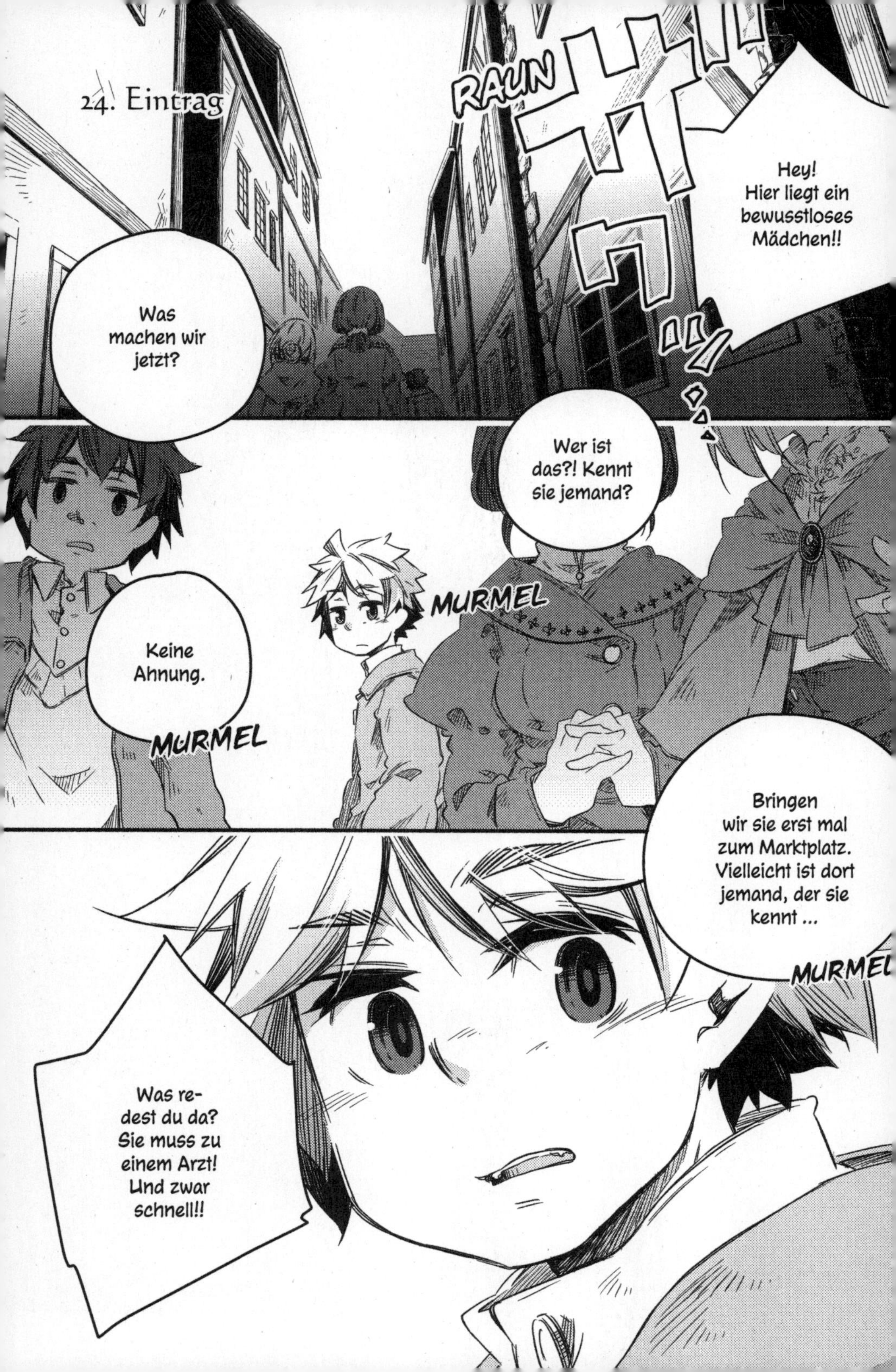
RAUN
Hey! Hier liegt ein bewusstloses Mädchen!!
Was machen wir jetzt?
Wer ist das?! Kennt sie jemand?
MURMEL
Keine Ahnung.
MURMEL
Bringen wir sie erst mal zum Marktplatz. Vielleicht ist dort jemand, der sie kennt …
MURMEL
Was re-dest du da? Sie muss zu einem Arzt! Und zwar schnell!!

24. Eintrag: Tatzelwurm

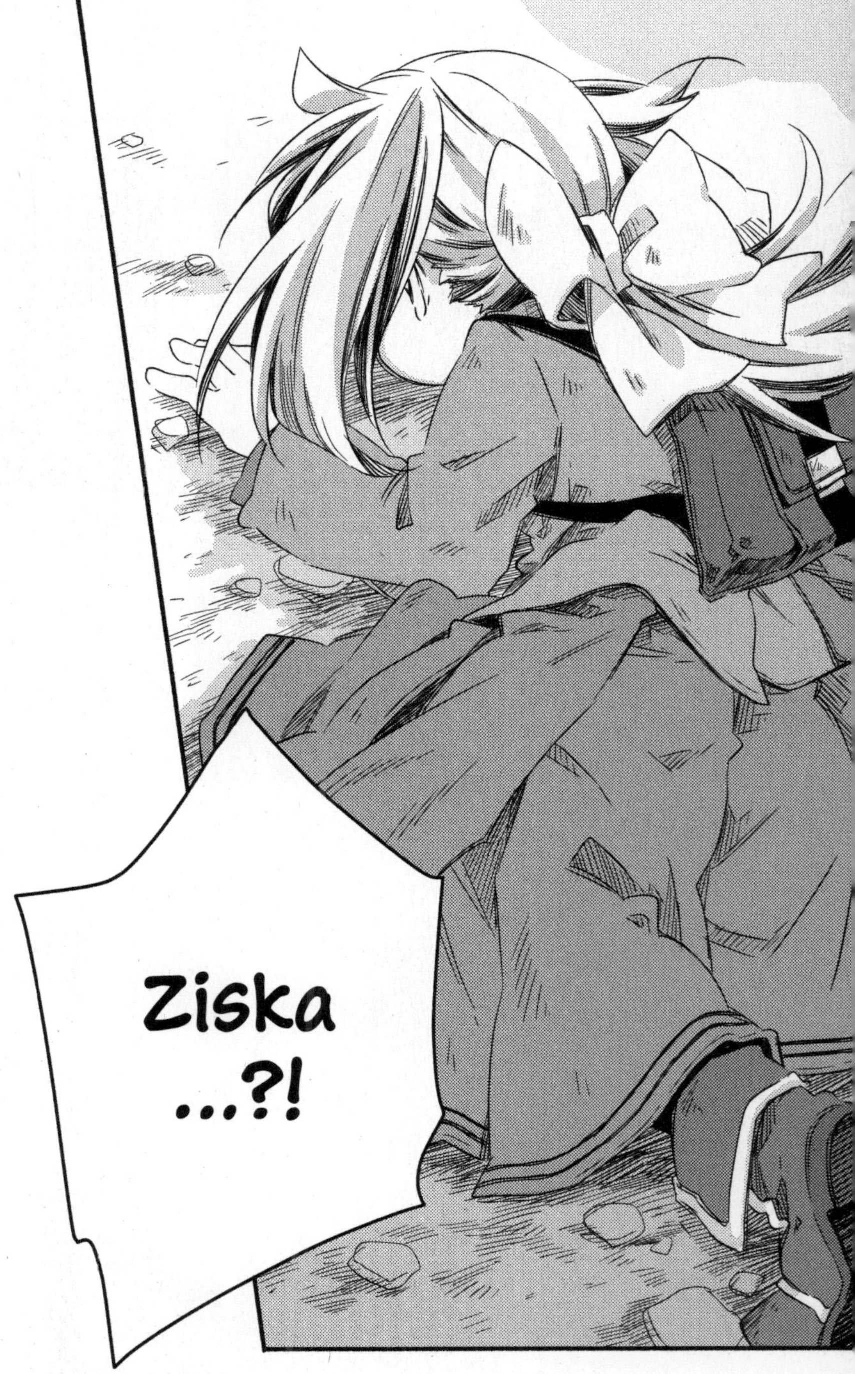

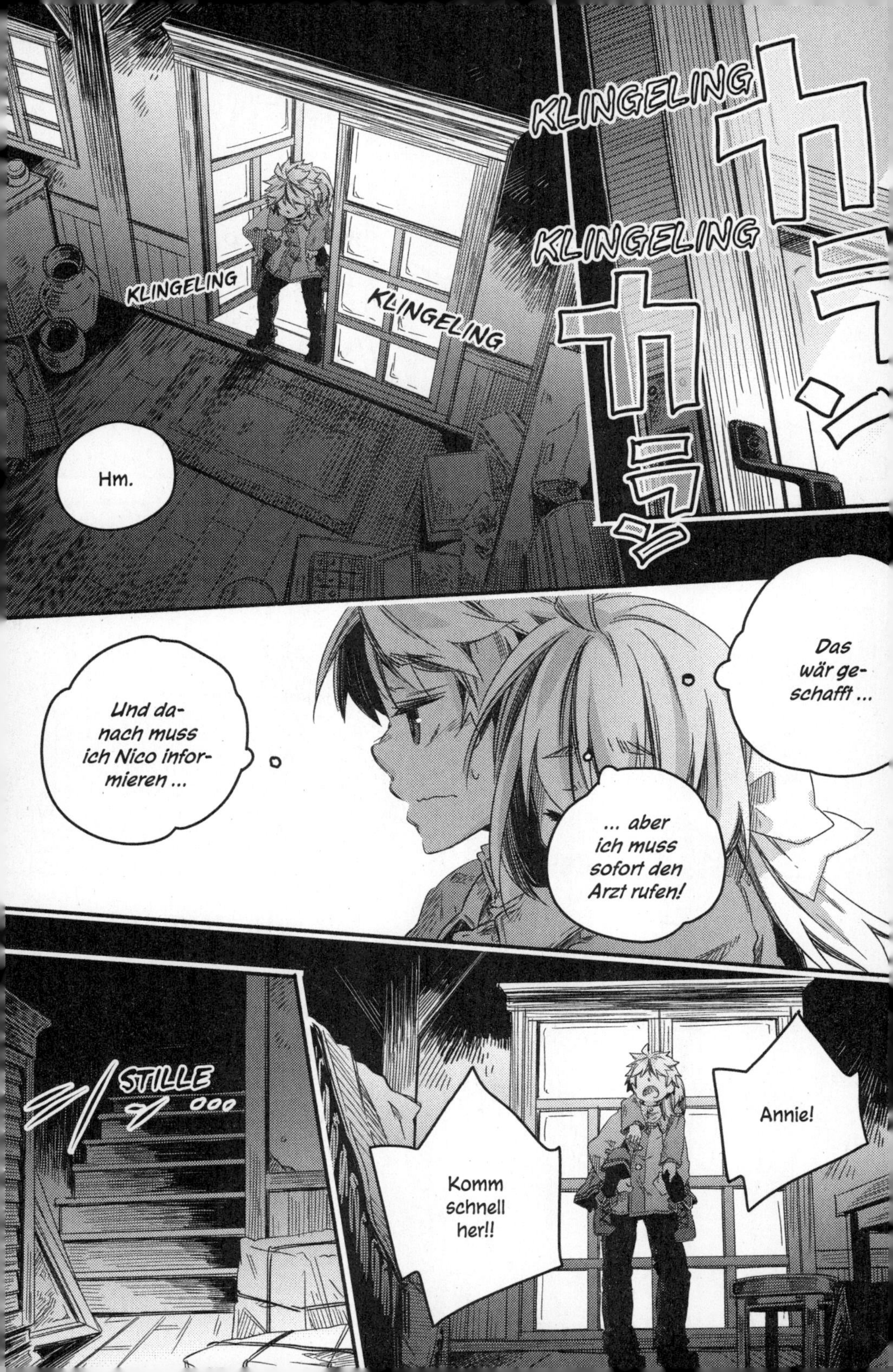
KLINGELING
KLINGELING
KLINGELING
KLINGELING
Hm.
Das wär geschafft ...
... aber ich muss sofort den Arzt rufen!
Und danach muss ich Nico informieren ...
Annie!
Komm schnell her!!
STILLE

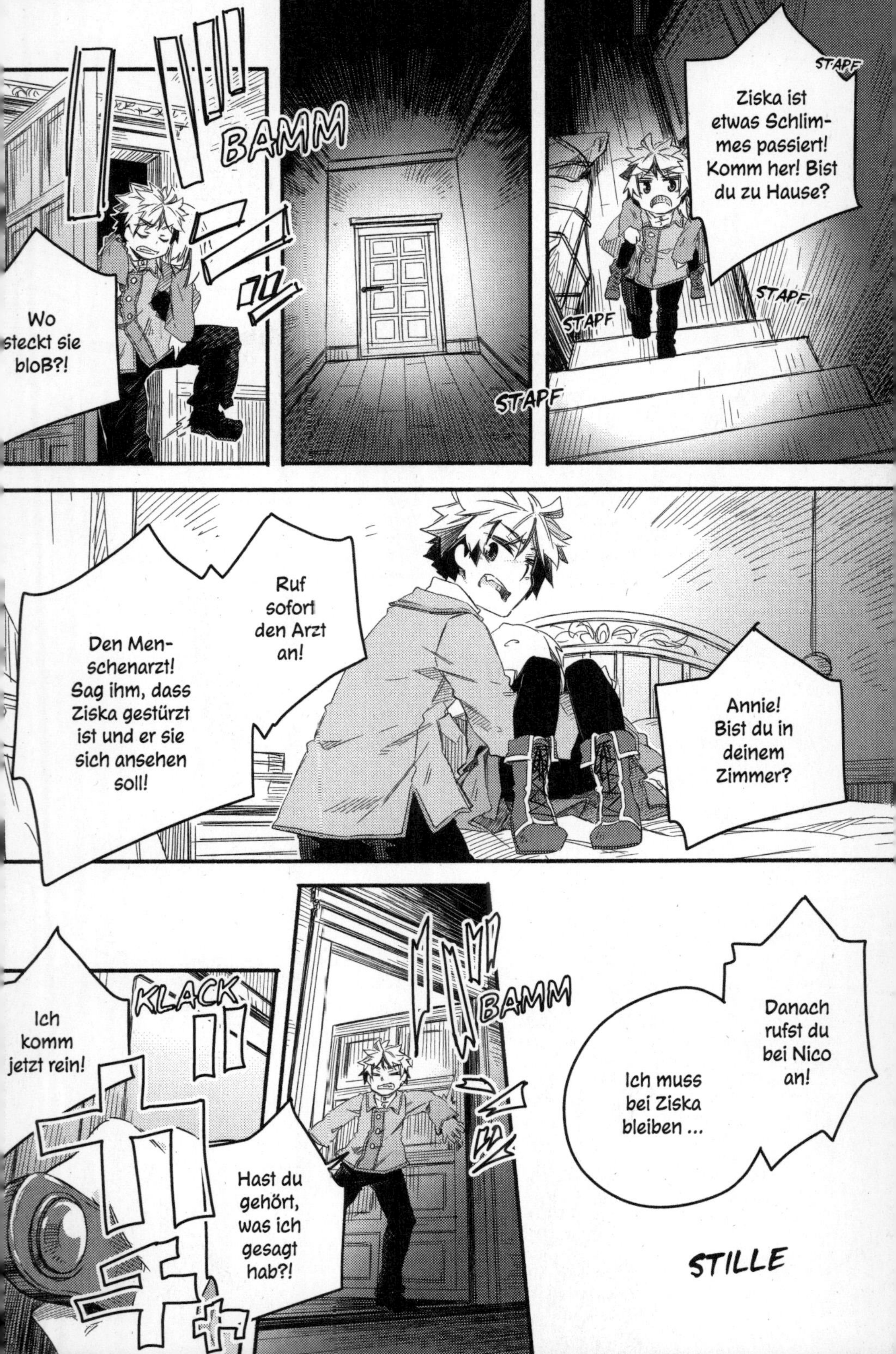
STAPF
Ziska ist etwas Schlimmes passiert! Komm her! Bist du zu Hause?
STAPF
STAPF
STAPF
BAMM
Wo steckt sie bloß?!
Annie! Bist du in deinem Zimmer?
Ruf sofort den Arzt an!
Den Menschenarzt! Sag ihm, dass Ziska gestürzt ist und er sie sich ansehen soll!
Danach rufst du bei Nico an!
Ich muss bei Ziska bleiben ...
STILLE
Ich komm jetzt rein!
KLACK
BAMM
Hast du gehört, was ich gesagt hab?!

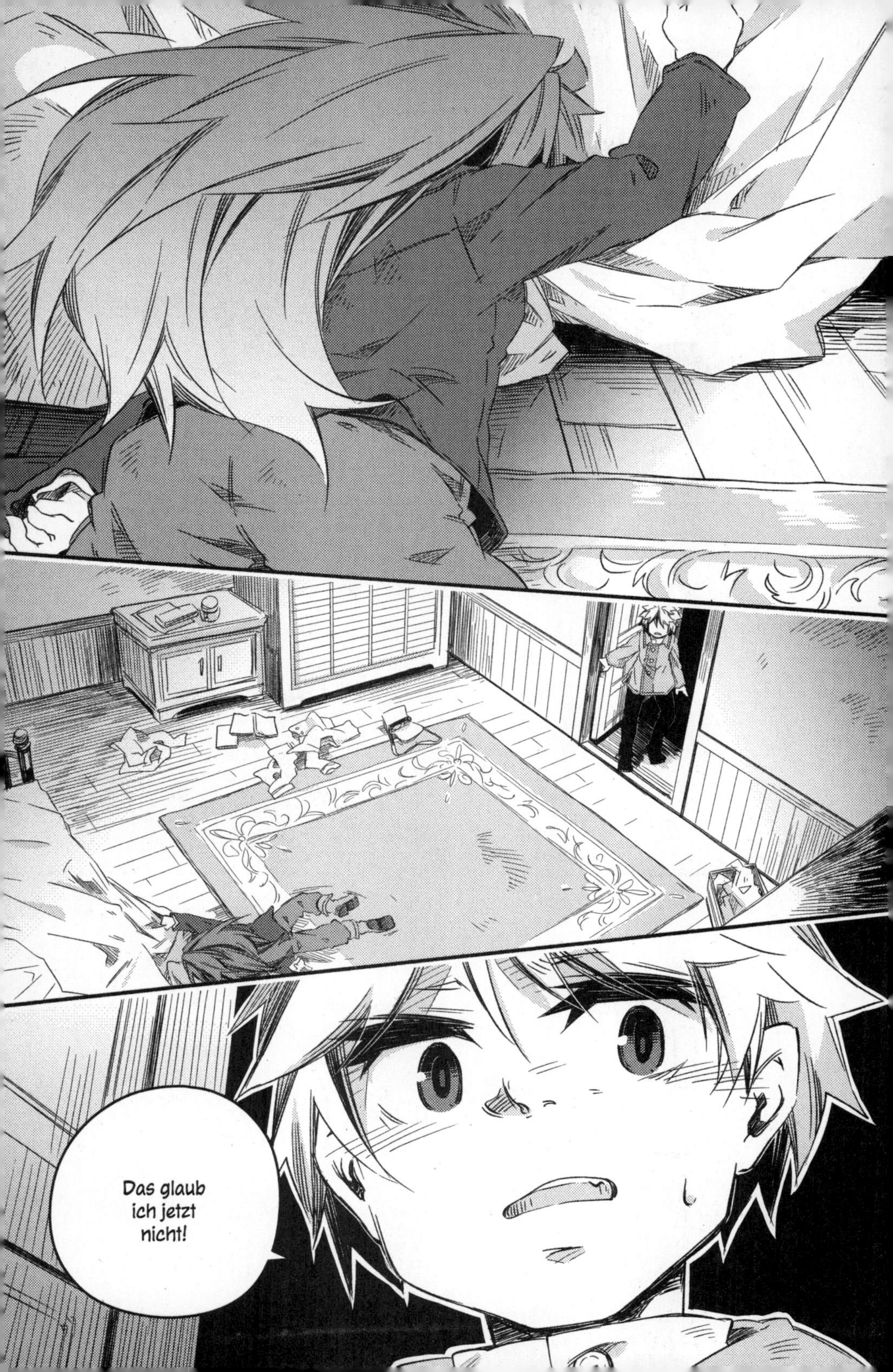
Das glaub ich jetzt nicht!

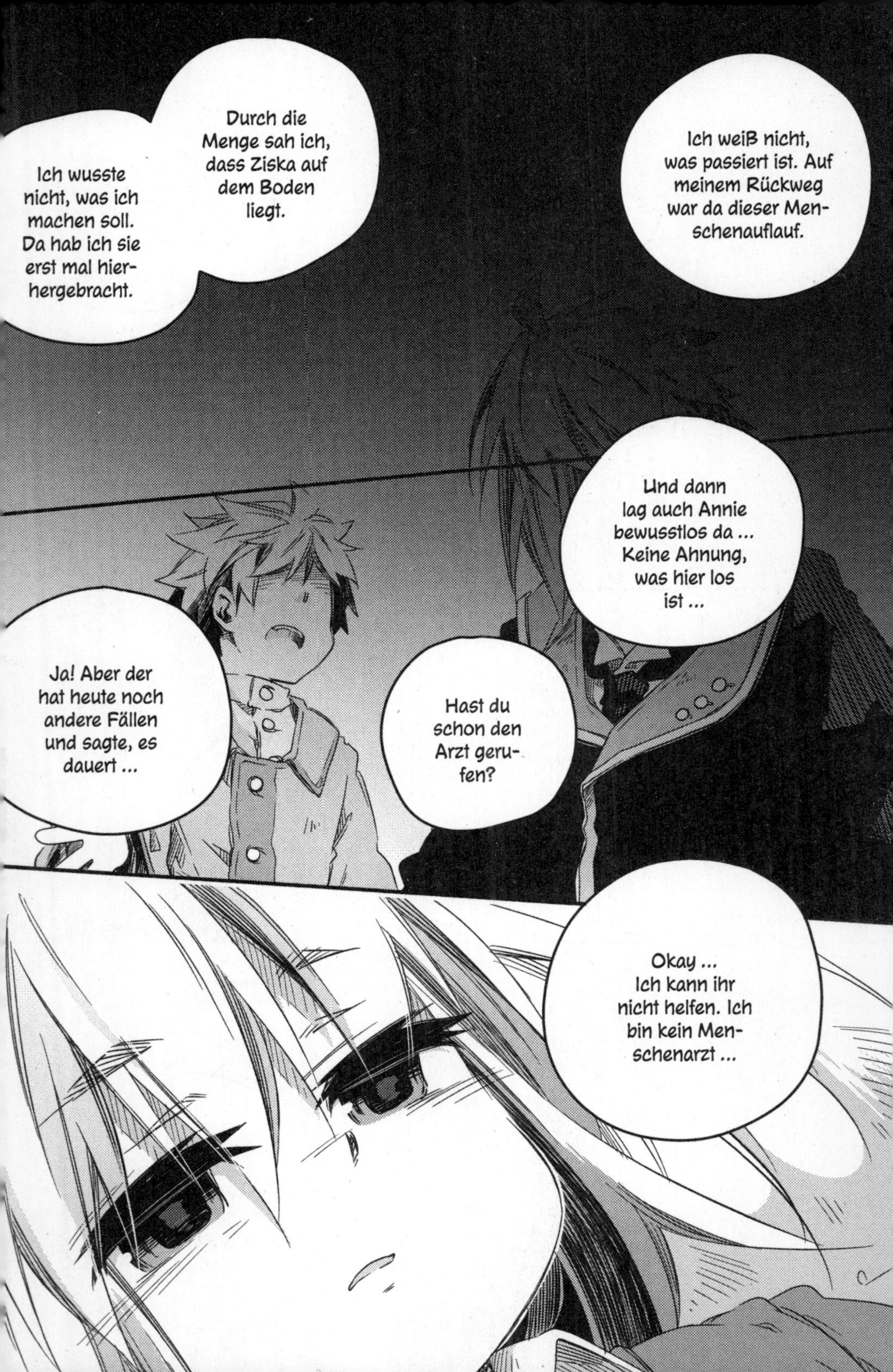
Ich weiß nicht, was passiert ist. Auf meinem Rückweg war da dieser Menschenauflauf.
Durch die Menge sah ich, dass Ziska auf dem Boden liegt.
Ich wusste nicht, was ich machen soll. Da hab ich sie erst mal hierhergebracht.
Und dann lag auch Annie bewusstlos da ... Keine Ahnung, was hier los ist ...
Hast du schon den Arzt gerufen?
Ja! Aber der hat heute noch andere Fällen und sagte, es dauert ...
Okay ... Ich kann ihr nicht helfen. Ich bin kein Menschenarzt ...

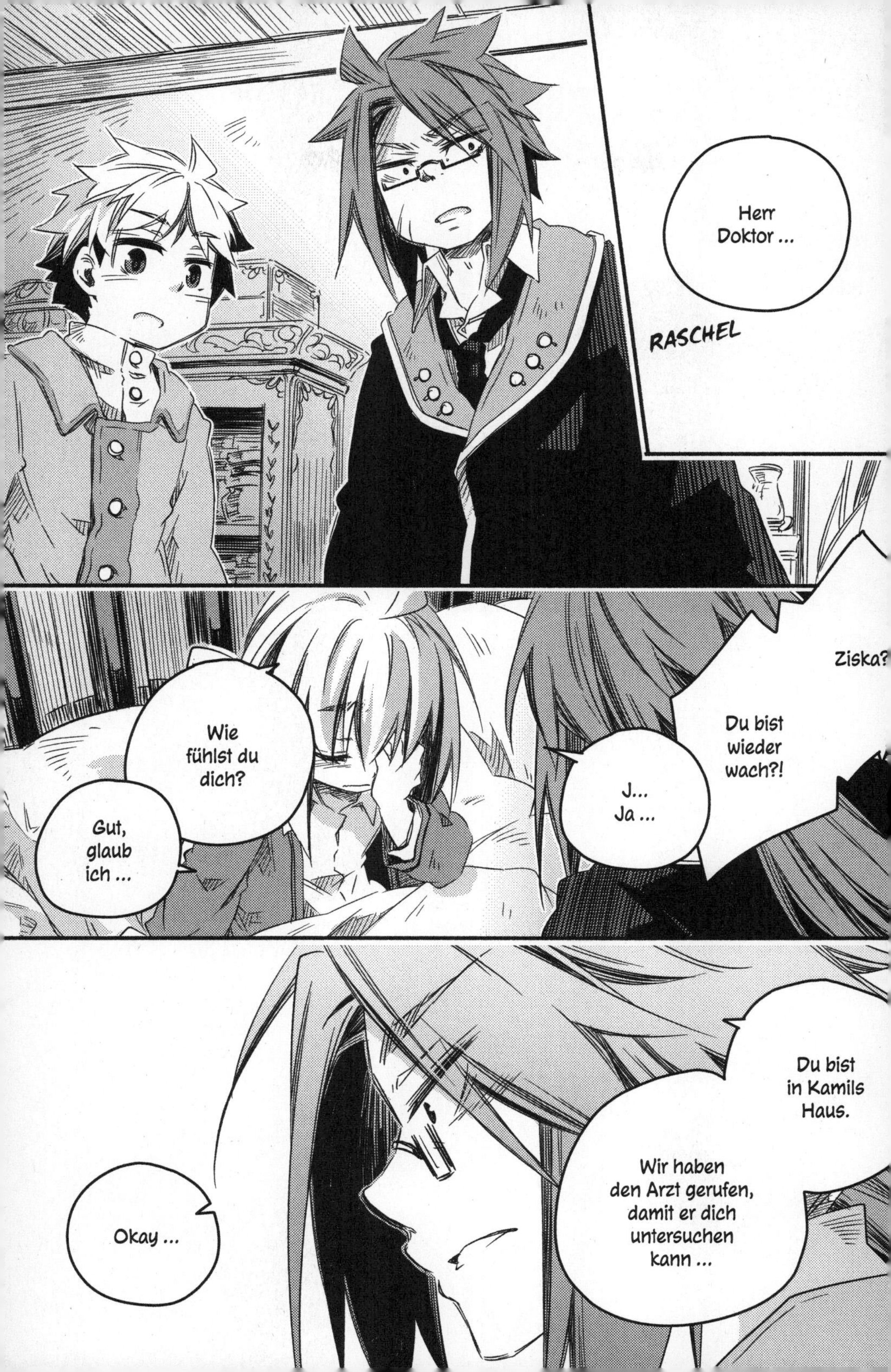
Herr Doktor ...
RASCHEL
Ziska?
Du bist wieder wach?!
J... Ja ...
Wie fühlst du dich?
Gut, glaub ich ...
Du bist in Kamils Haus.
Wir haben den Arzt gerufen, damit er dich untersuchen kann ...
Okay ...

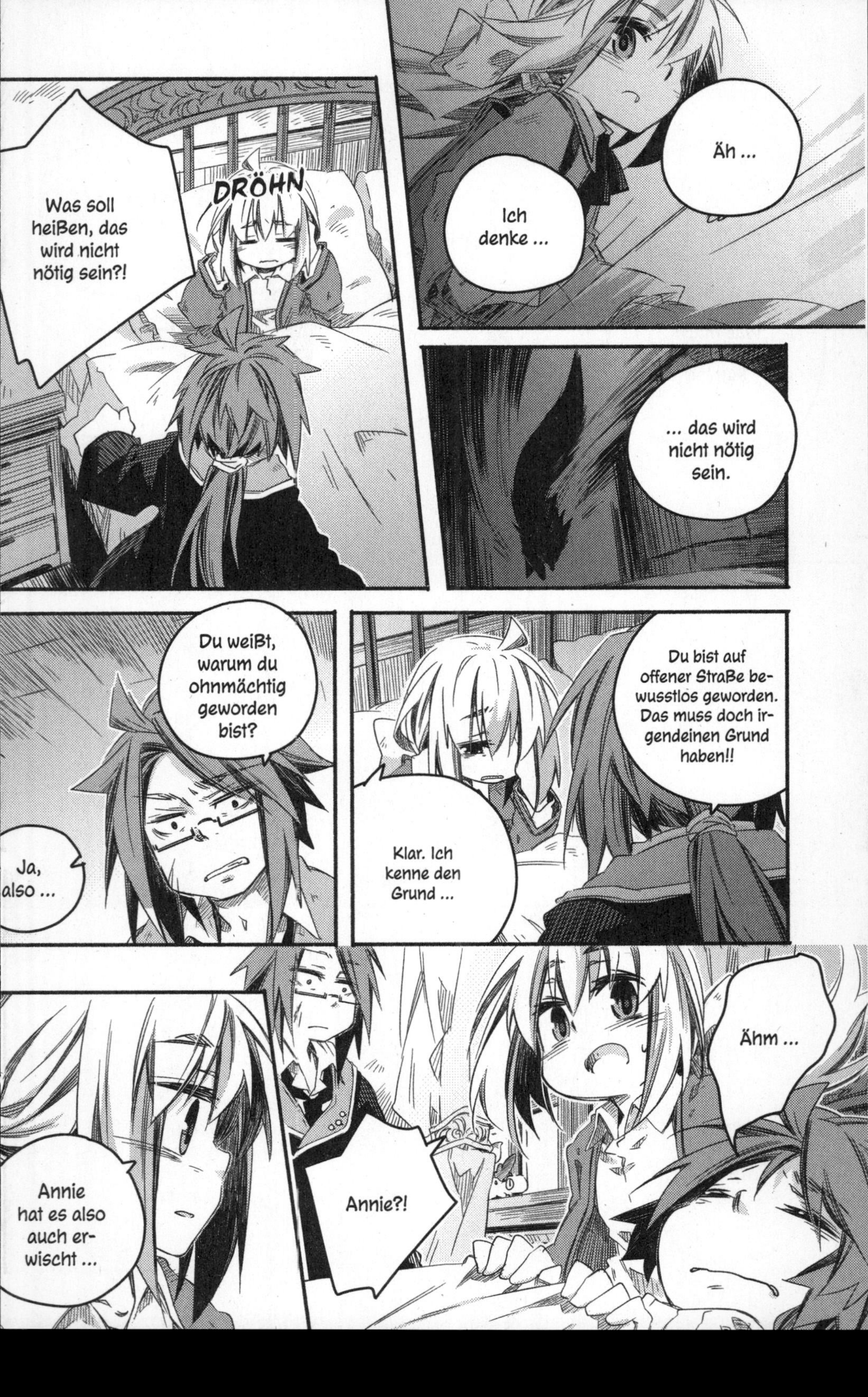
Äh ...
Ich denke ...
... das wird nicht nötig sein.
Was soll heißen, das wird nicht nötig sein?!
DRÖHN
Du bist auf offener Straße bewusstlos geworden. Das muss doch irgendeinen Grund haben!!
Klar. Ich kenne den Grund ...
Du weißt, warum du ohnmächtig geworden bist?
Ja, also ...
Ähm ...
Annie?!
Annie hat es also auch erwischt ...

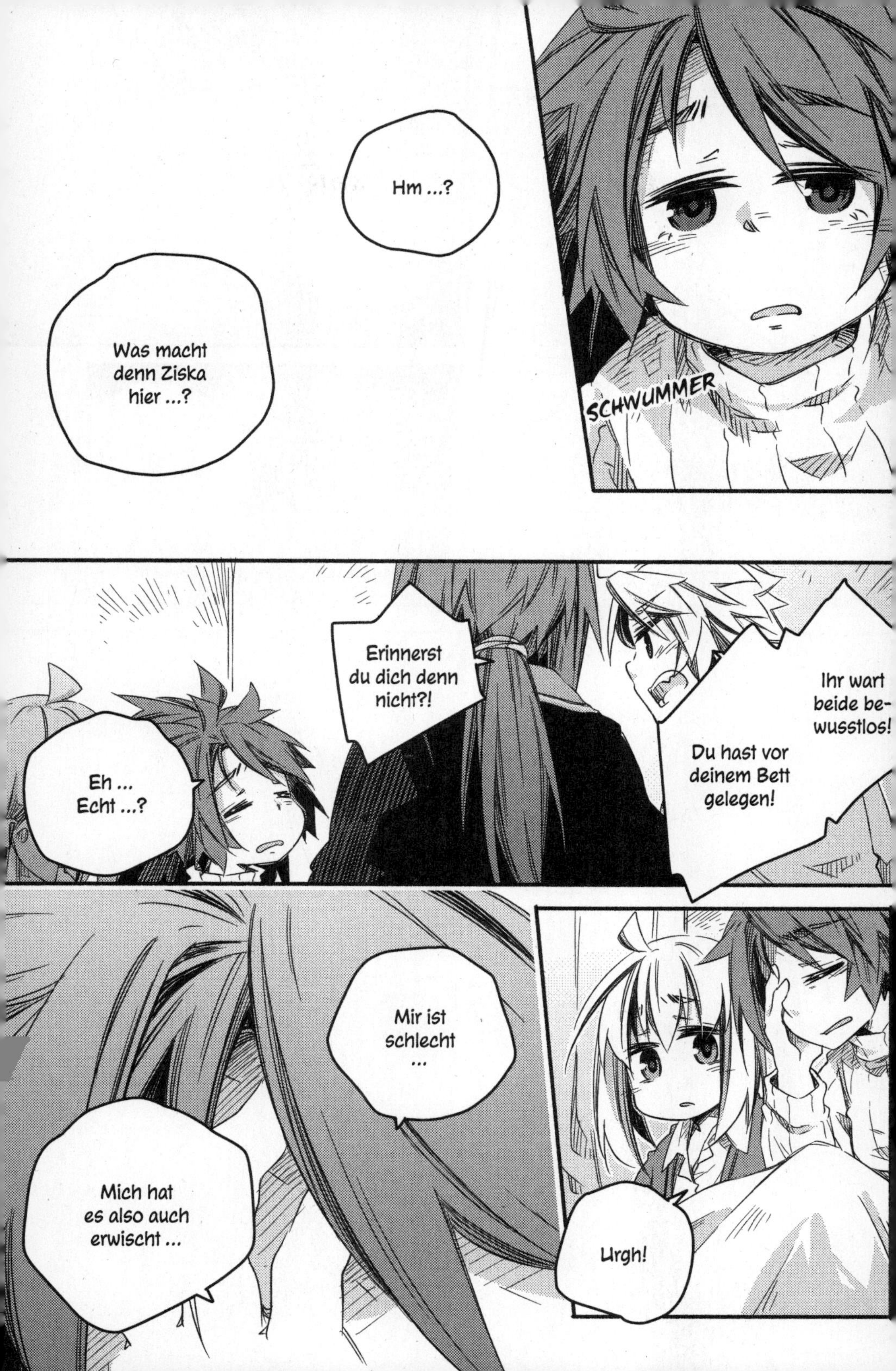
Hm ...?
Was macht denn Ziska hier ...?
SCHWUMMER
Ihr wart beide bewusstlos!
Du hast vor deinem Bett gelegen!
Erinnerst du dich denn nicht?!
Eh ... Echt ...?
Urgh!
Mir ist schlecht ...
Mich hat es also auch erwischt ...

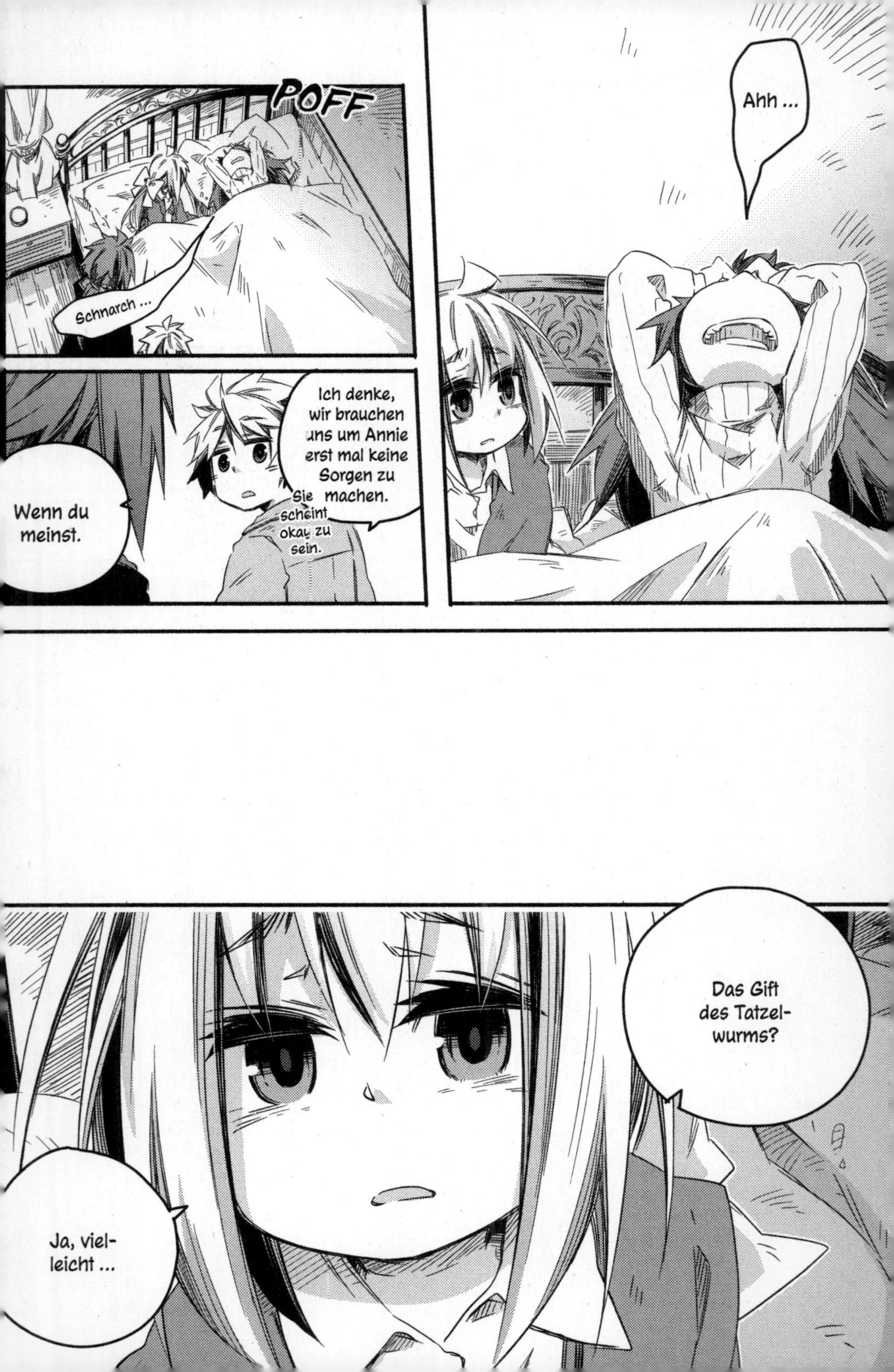

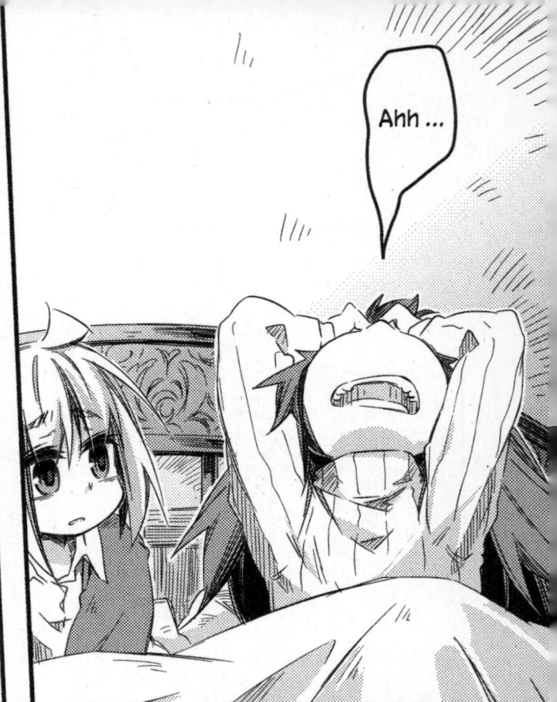

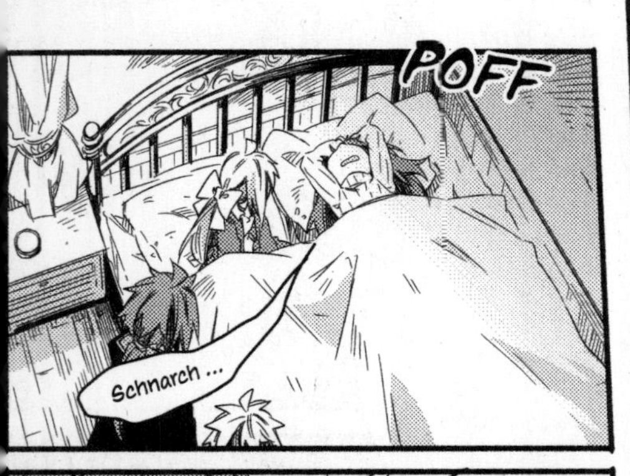

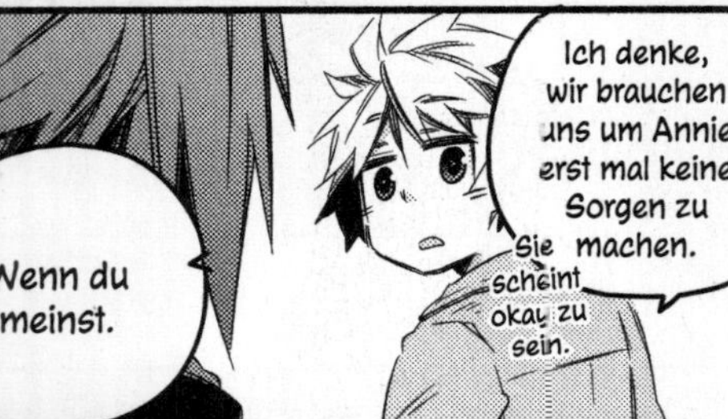

Das Gift des Tatzel-wurms?

Ja, viel-leicht ...

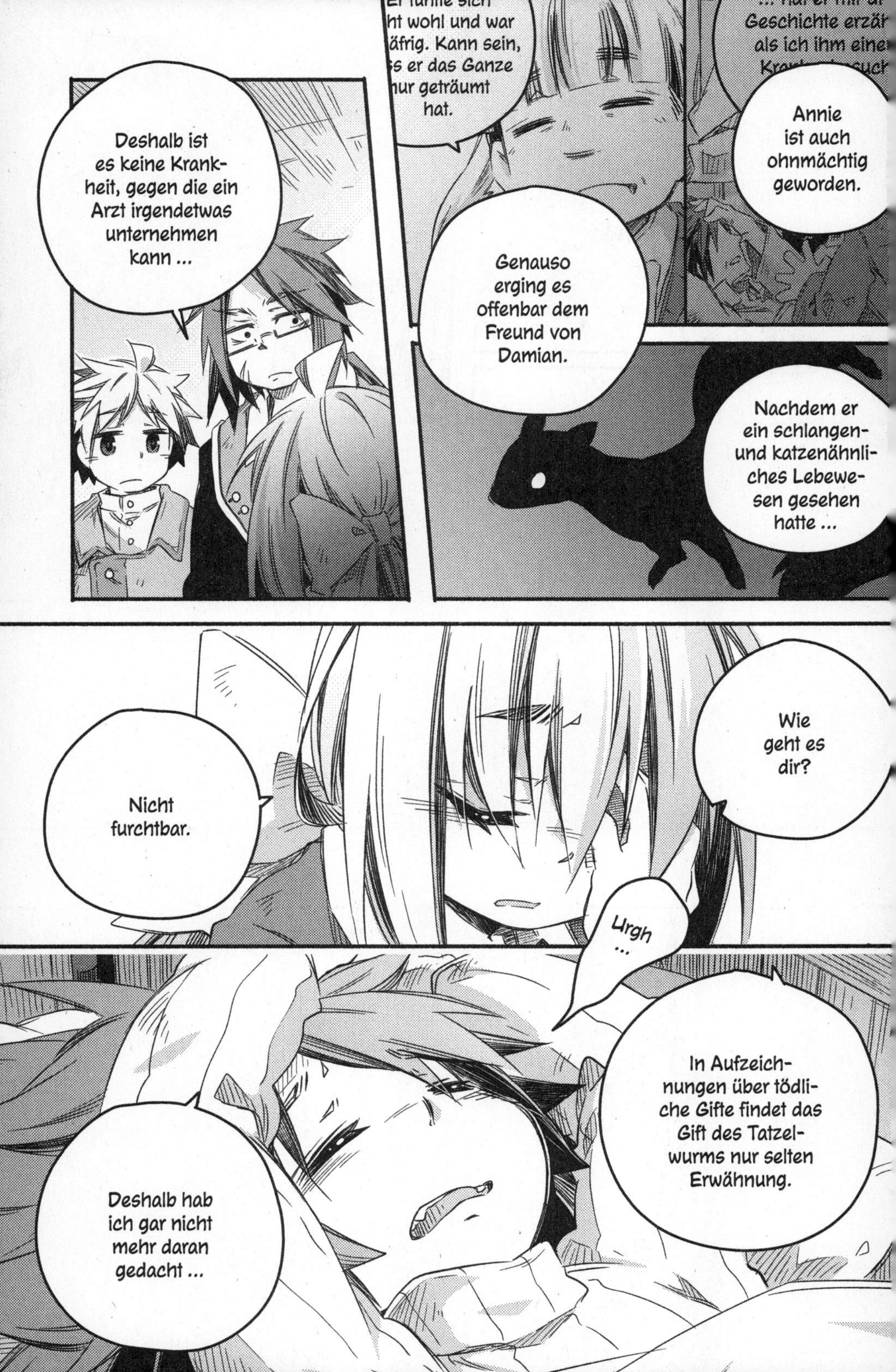
Geschichte erzä
als ich ihm einen
Annie ist auch ohnmächtig geworden.
ht wohl und war äfrig. Kann sein, s er das Ganze nur geträumt hat.
Genauso erging es offenbar dem Freund von Damian.
Deshalb ist es keine Krankheit, gegen die ein Arzt irgendetwas unternehmen kann ...
Nachdem er ein schlangen- und katzenähnliches Lebewesen gesehen hatte ...
Wie geht es dir?
Nicht furchtbar.
Urgh ...
In Aufzeichnungen über tödliche Gifte findet das Gift des Tatzelwurms nur selten Erwähnung.
Deshalb hab ich gar nicht mehr daran gedacht ...

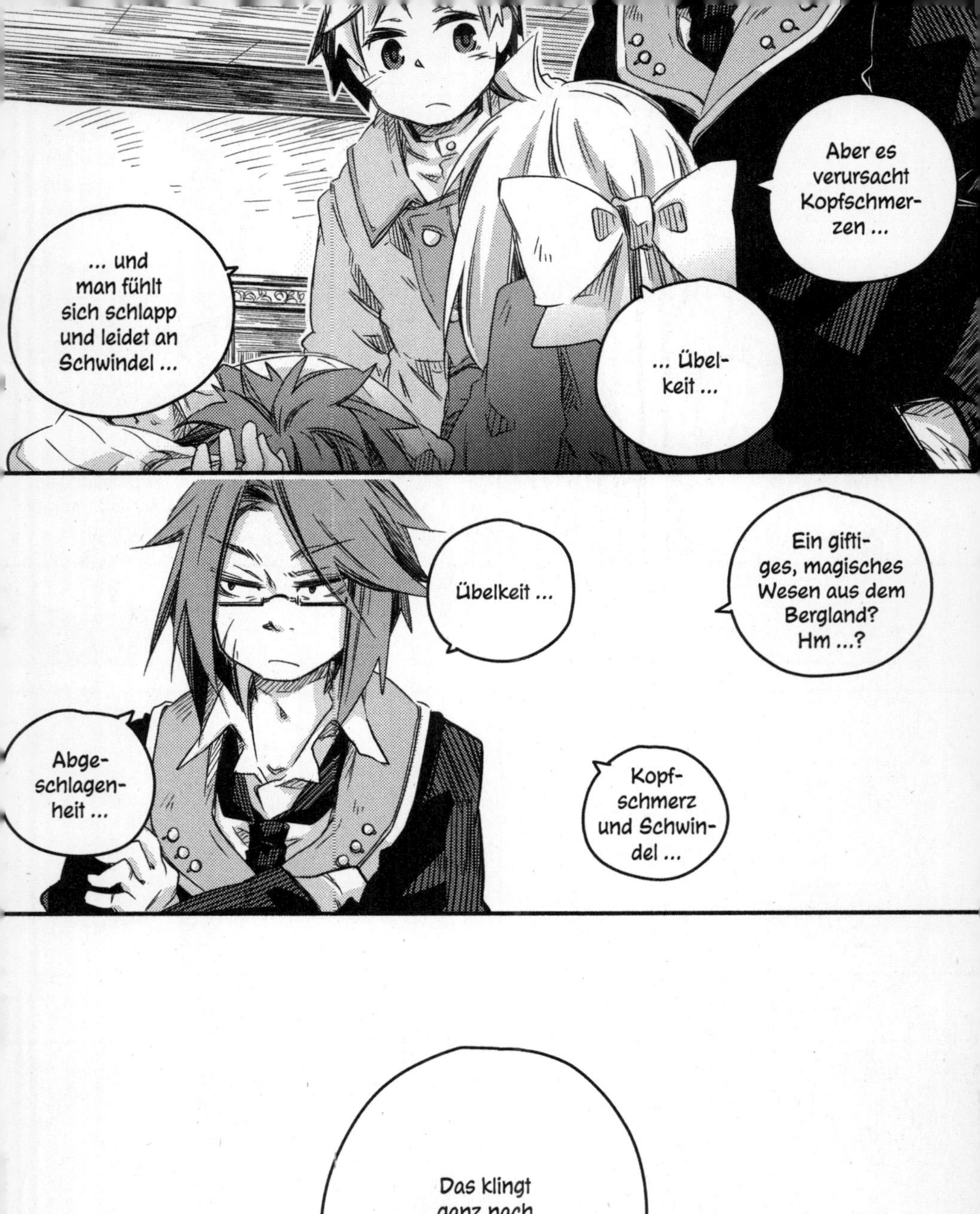
Aber es verursacht Kopfschmerzen ...
... Übelkeit ...
... und man fühlt sich schlapp und leidet an Schwindel ...
Ein giftiges, magisches Wesen aus dem Bergland? Hm ...?
Übelkeit ...
Kopfschmerz und Schwindel ...
Abgeschlagenheit ...
Das klingt ganz nach Höhenkrankheit, oder nicht?

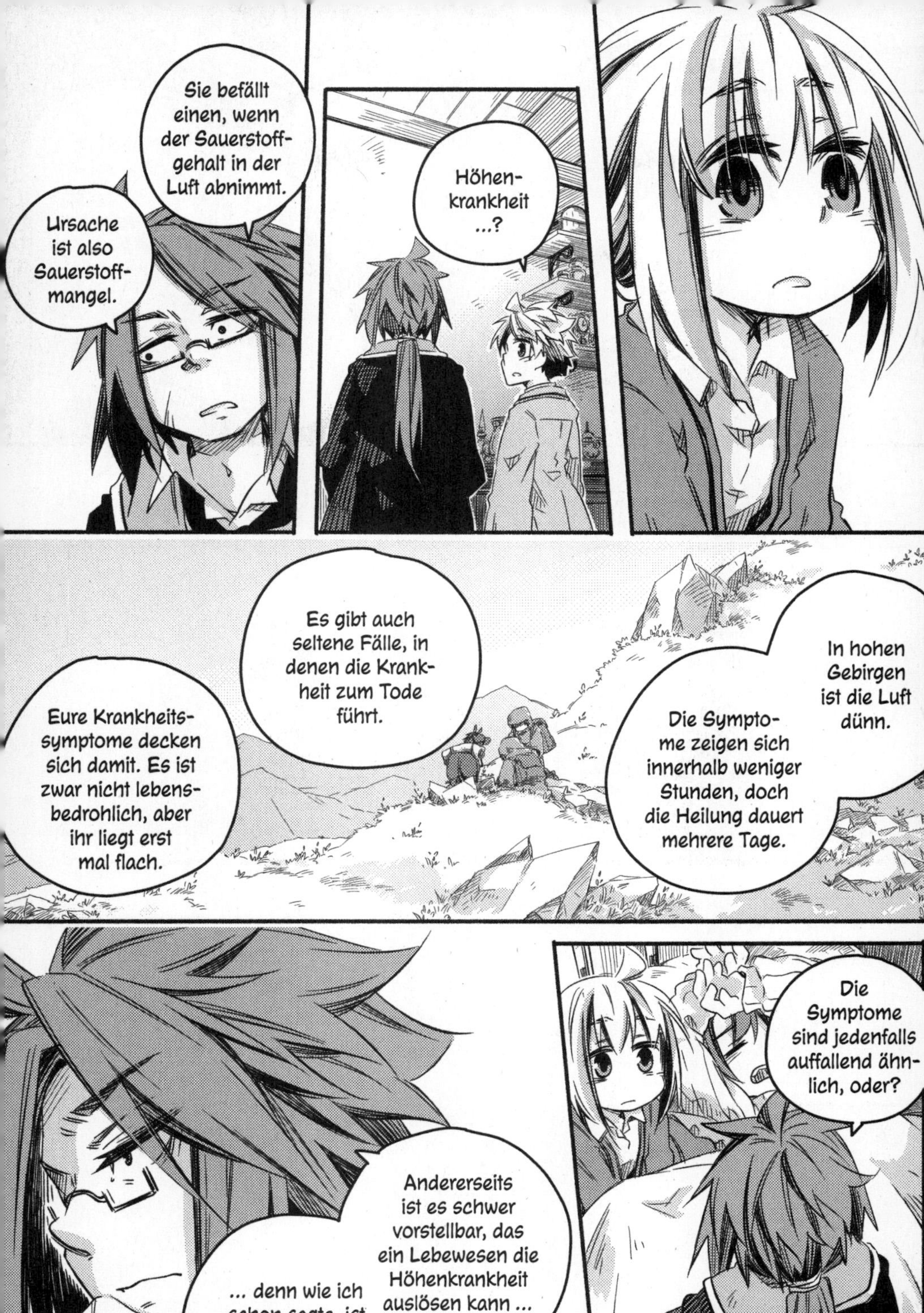
Höhenkrankheit ...?
Sie befällt einen, wenn der Sauerstoffgehalt in der Luft abnimmt.
Ursache ist also Sauerstoffmangel.
In hohen Gebirgen ist die Luft dünn.
Die Symptome zeigen sich innerhalb weniger Stunden, doch die Heilung dauert mehrere Tage.
Es gibt auch seltene Fälle, in denen die Krankheit zum Tode führt.
Eure Krankheitssymptome decken sich damit. Es ist zwar nicht lebensbedrohlich, aber ihr liegt erst mal flach.
Die Symptome sind jedenfalls auffallend ähnlich, oder?
Andererseits ist es schwer vorstellbar, das ein Lebewesen die Höhenkrankheit auslösen kann ...
... denn wie ich schon sagte, ist die Krankheit auf Sauerstoffmangel zurückzuführen.

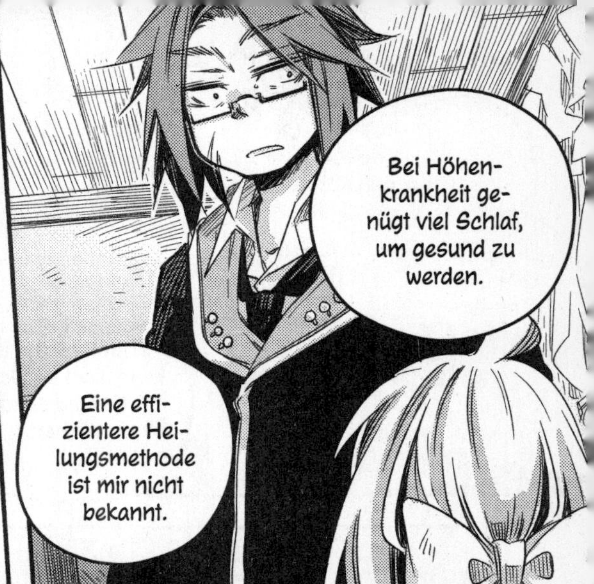
Bei Höhenkrankheit genügt viel Schlaf, um gesund zu werden.
Eine effizientere Heilungsmethode ist mir nicht bekannt.

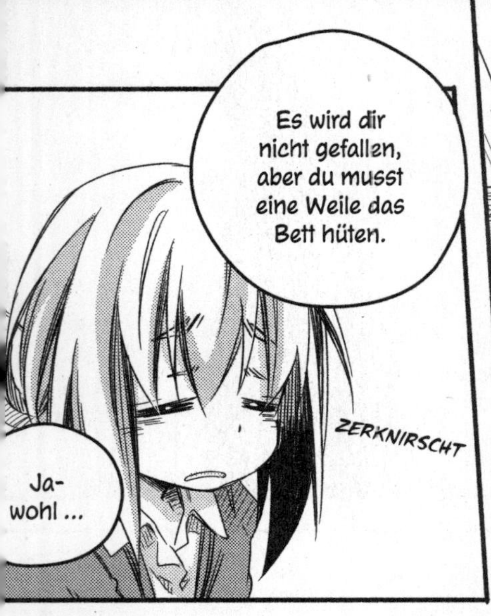
Es wird dir nicht gefallen, aber du musst eine Weile das Bett hüten.
ZERKNIRSCHT
Jawohl ...

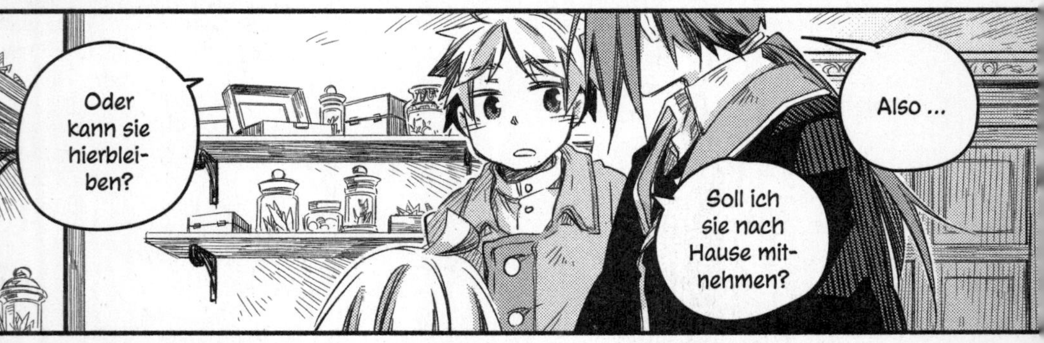
Also ...
Soll ich sie nach Hause mitnehmen?
Oder kann sie hierbleiben?

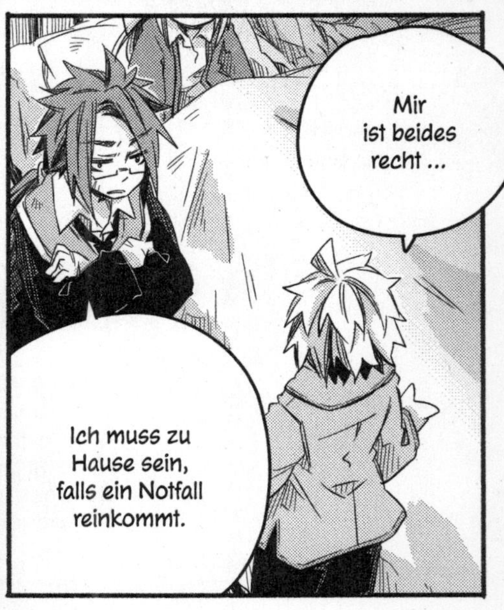
Mir ist beides recht ...
Ich muss zu Hause sein, falls ein Notfall reinkommt.

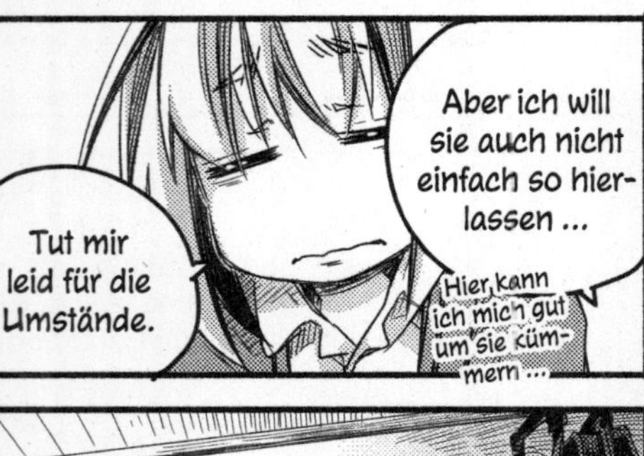
Aber ich will sie auch nicht einfach so hierlassen ...
Hier kann ich mich gut um sie kümmern ...
Tut mir leid für die Umstände.

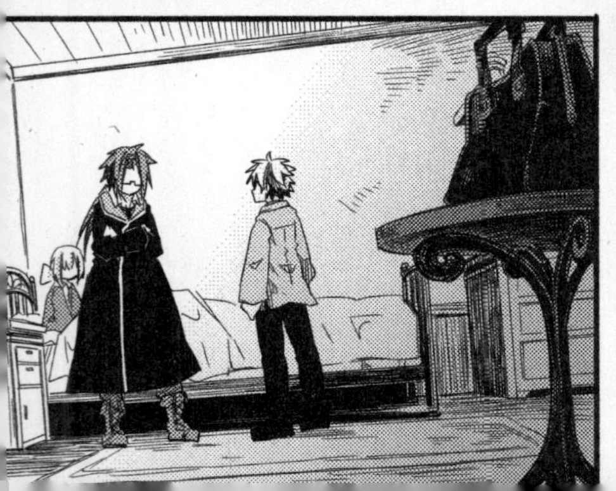

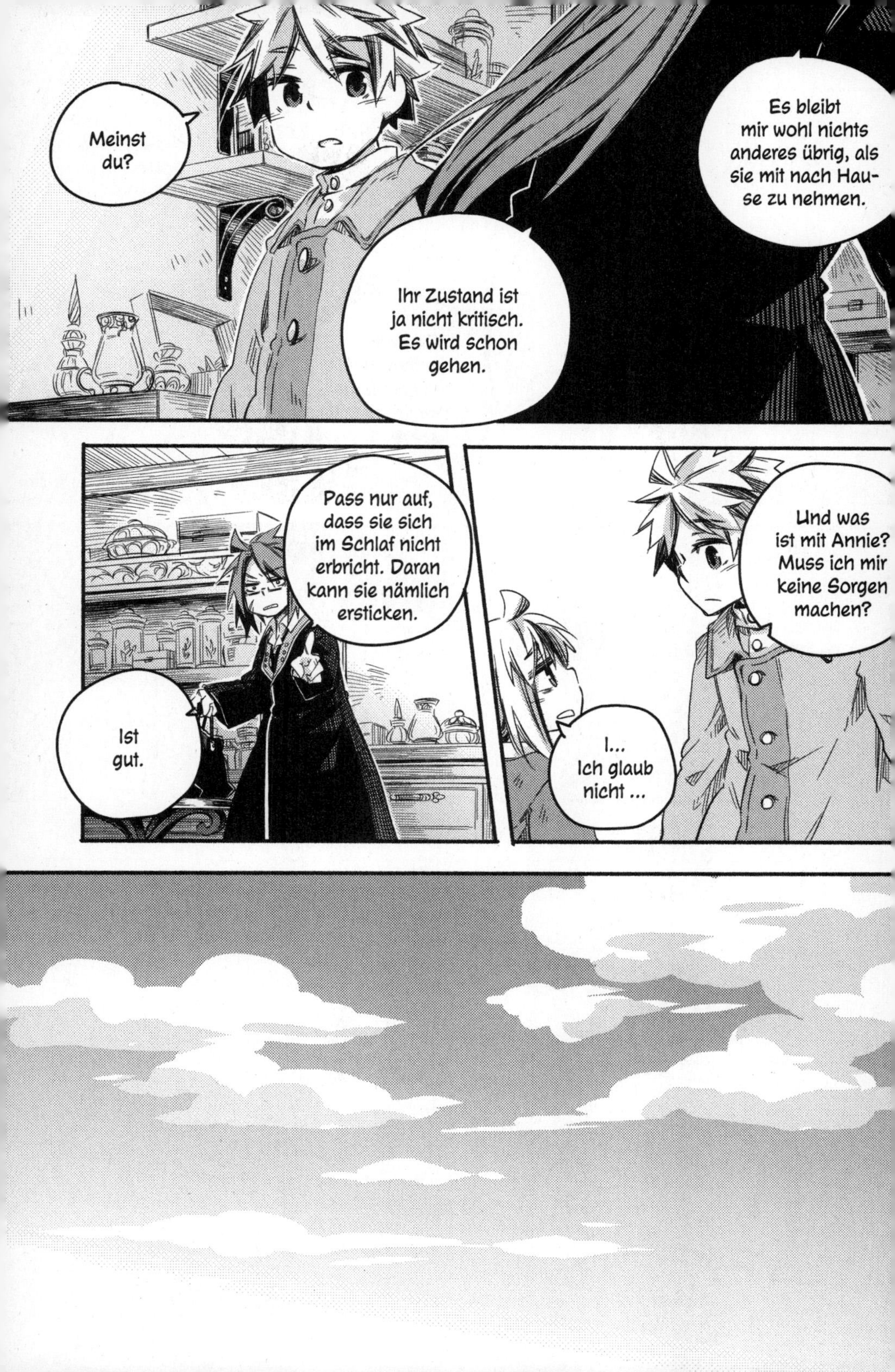
Es bleibt mir wohl nichts anderes übrig, als sie mit nach Hause zu nehmen.
Ihr Zustand ist ja nicht kritisch. Es wird schon gehen.
Meinst du?
Und was ist mit Annie? Muss ich mir keine Sorgen machen?
I... Ich glaub nicht ...
Pass nur auf, dass sie sich im Schlaf nicht erbricht. Daran kann sie nämlich ersticken.
Ist gut.

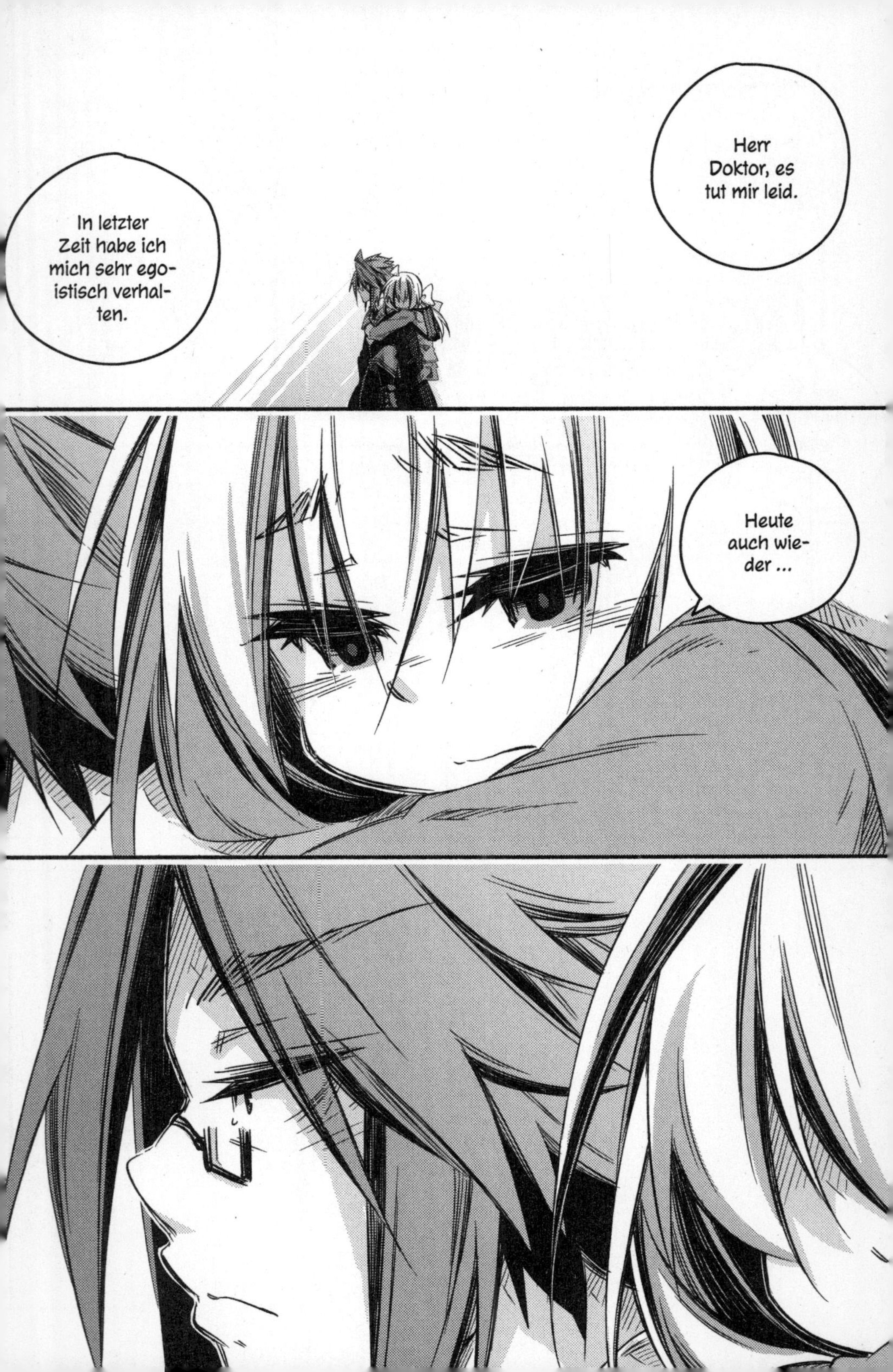

Herr Doktor, es tut mir leid.

In letzter Zeit habe ich mich sehr egoistisch verhalten.

Heute auch wieder ...

Ja, das war unüberlegt.

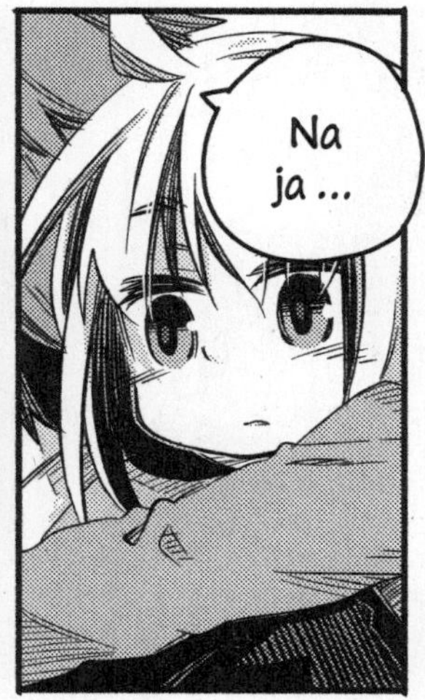

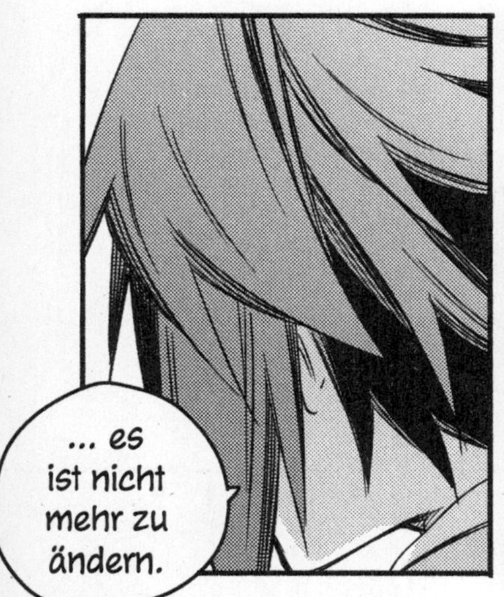

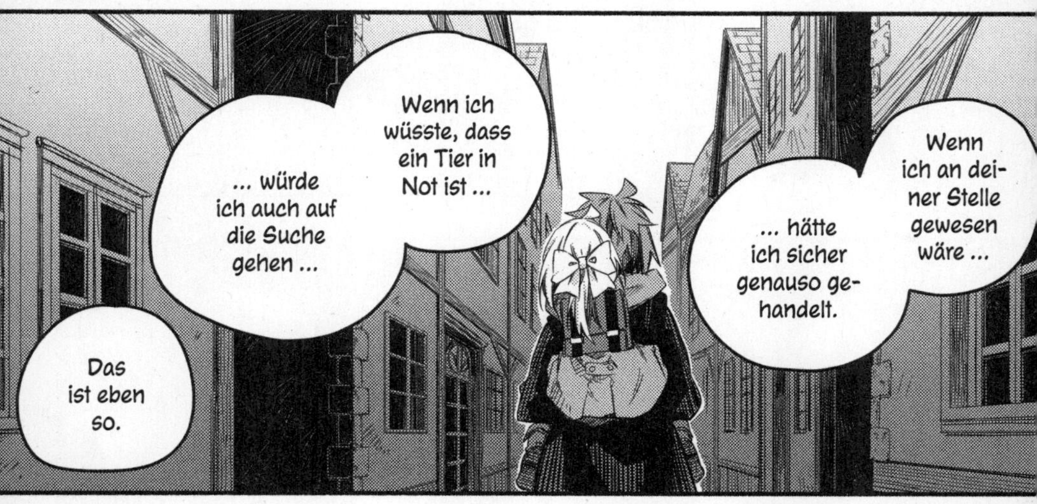

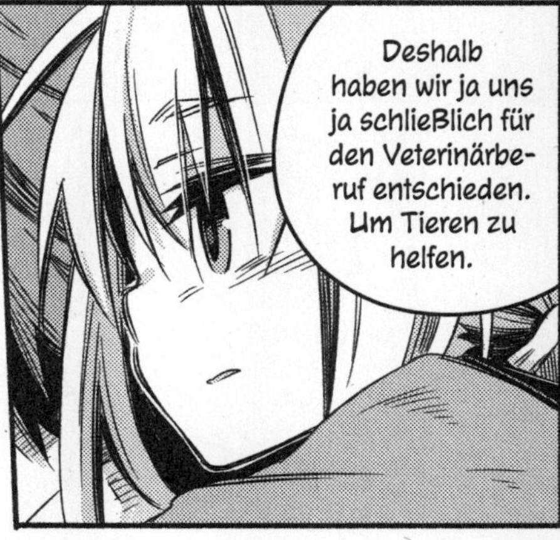

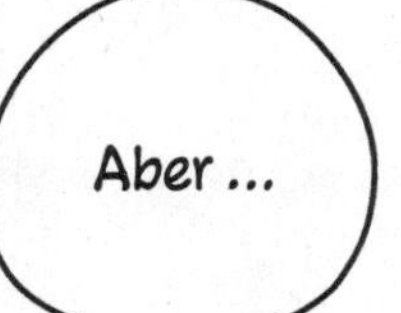

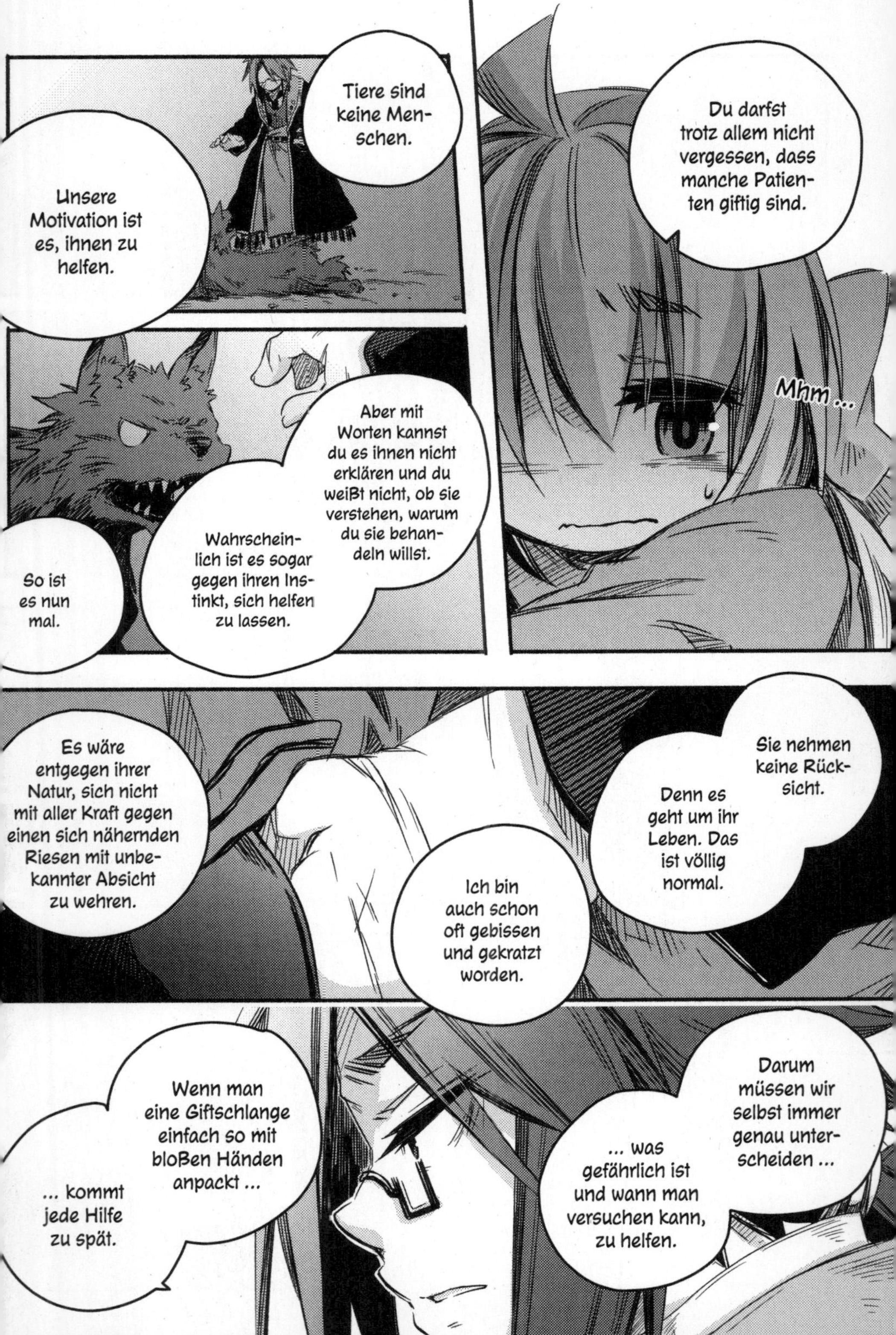
Du darfst trotz allem nicht vergessen, dass manche Patienten giftig sind.
Mhm ...
Tiere sind keine Menschen.
Unsere Motivation ist es, ihnen zu helfen.
Aber mit Worten kannst du es ihnen nicht erklären und du weißt nicht, ob sie verstehen, warum du sie behandeln willst.
Wahrscheinlich ist es sogar gegen ihren Instinkt, sich helfen zu lassen.
So ist es nun mal.
Sie nehmen keine Rücksicht.
Denn es geht um ihr Leben. Das ist völlig normal.
Ich bin auch schon oft gebissen und gekratzt worden.
Es wäre entgegen ihrer Natur, sich nicht mit aller Kraft gegen einen sich nähernden Riesen mit unbekannter Absicht zu wehren.
Darum müssen wir selbst immer genau unterscheiden ...
... was gefährlich ist und wann man versuchen kann, zu helfen.
Wenn man eine Giftschlange einfach so mit bloßen Händen anpackt ...
... kommt jede Hilfe zu spät.

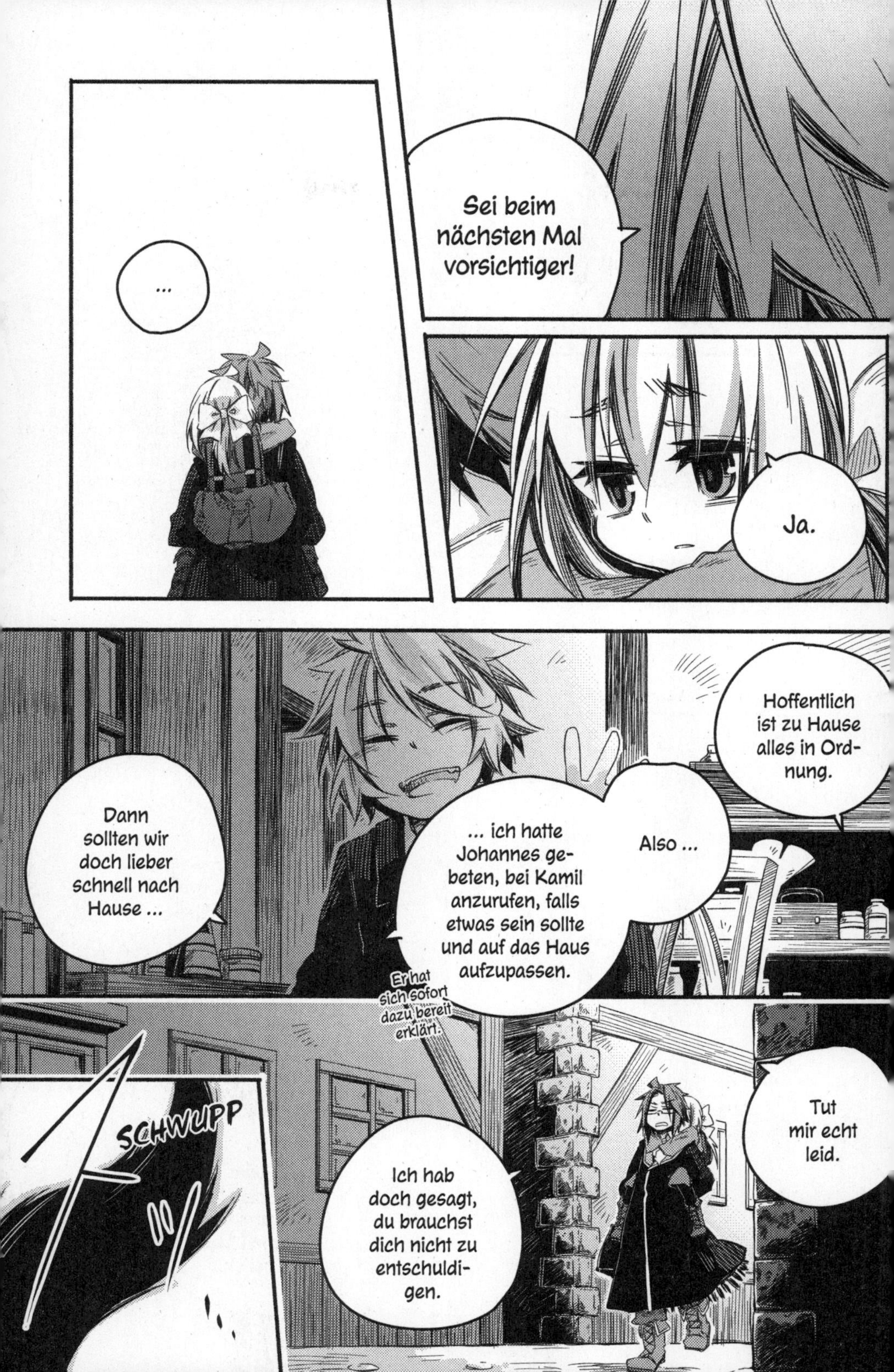

Sei beim nächsten Mal vorsichtiger!
...
Ja.
Hoffentlich ist zu Hause alles in Ordnung.
Also ...
... ich hatte Johannes gebeten, bei Kamil anzurufen, falls etwas sein sollte und auf das Haus aufzupassen.
Dann sollten wir doch lieber schnell nach Hause ...
Er hat sich sofort dazu bereit erklärt.
Tut mir echt leid.
Ich hab doch gesagt, du brauchst dich nicht zu entschuldigen.
SCHWUPP

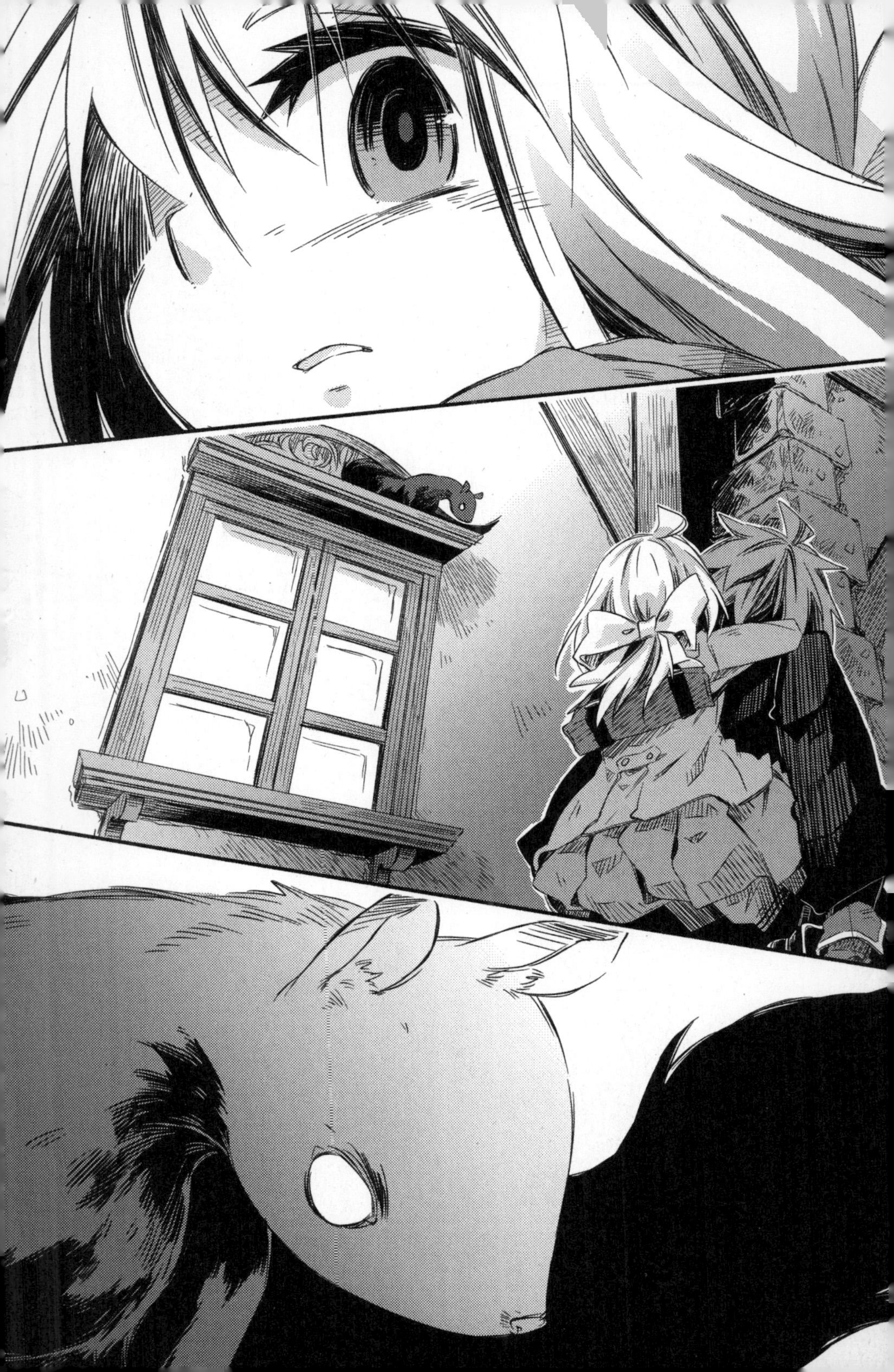

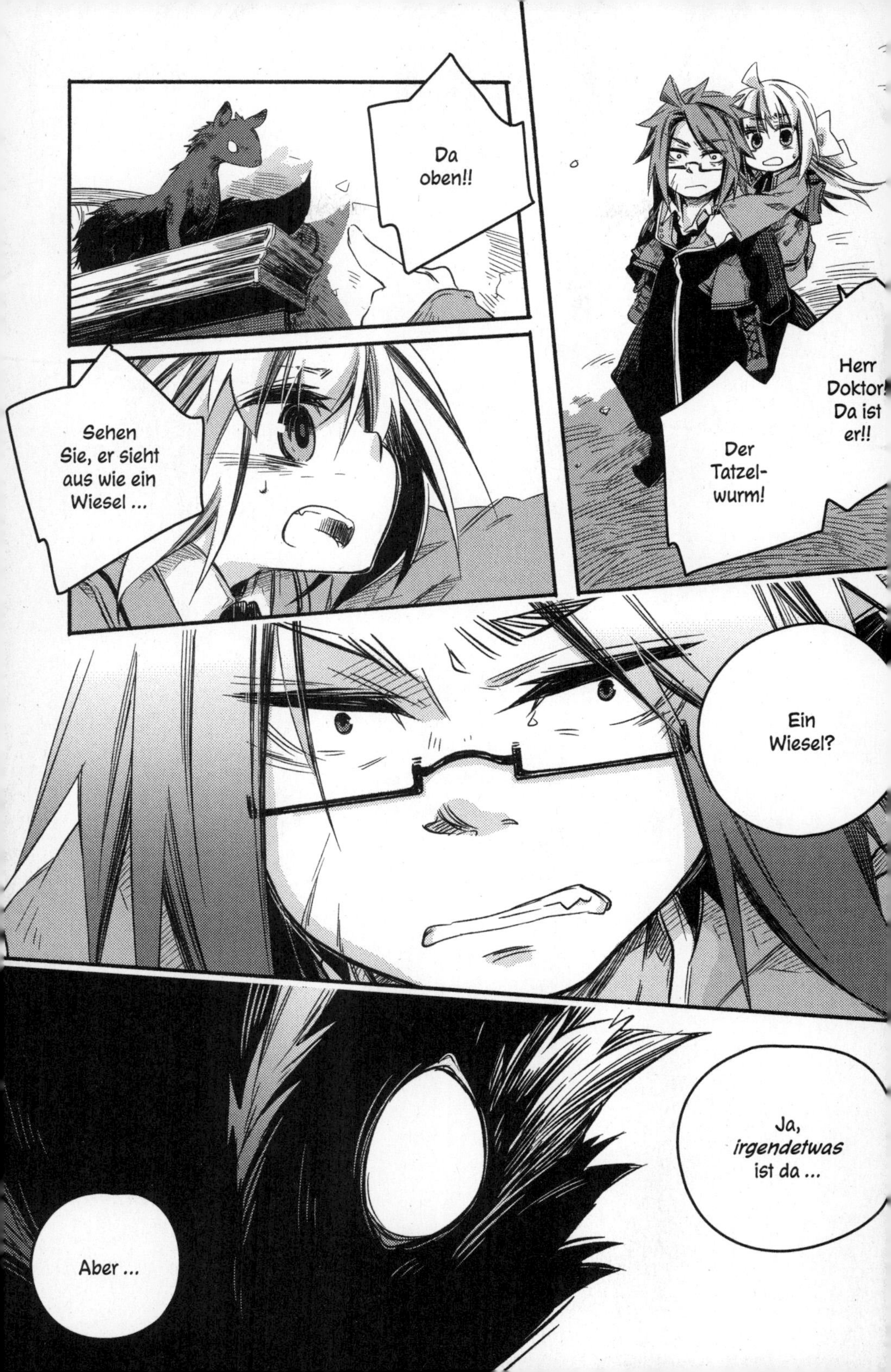
Herr Doktor! Da ist er!!
Der Tatzelwurm!
Da oben!!
Sehen Sie, er sieht aus wie ein Wiesel ...
Ein Wiesel?
Ja, *irgendetwas* ist da ...
Aber ...

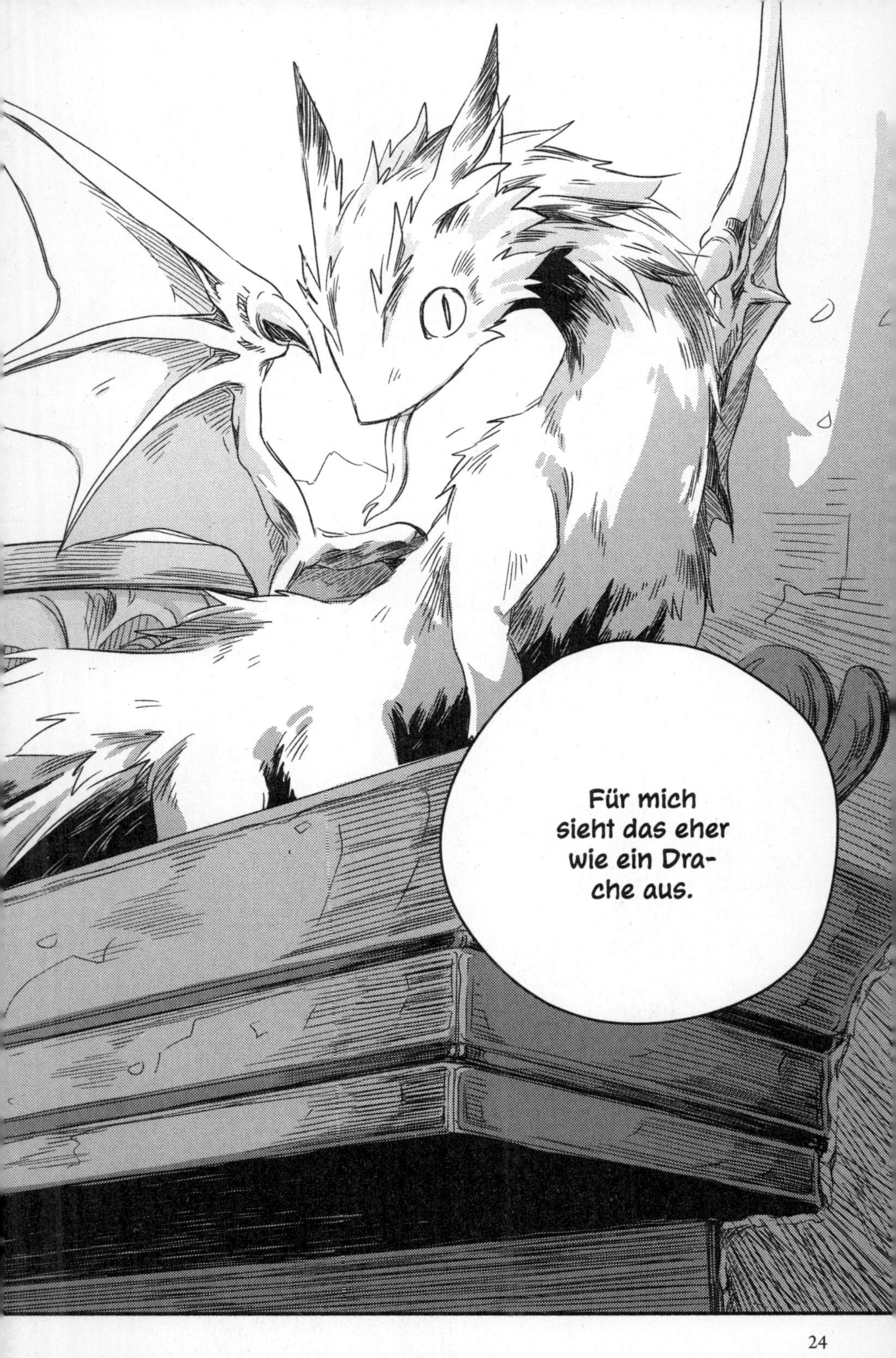
Für mich sieht das eher wie ein Drache aus.

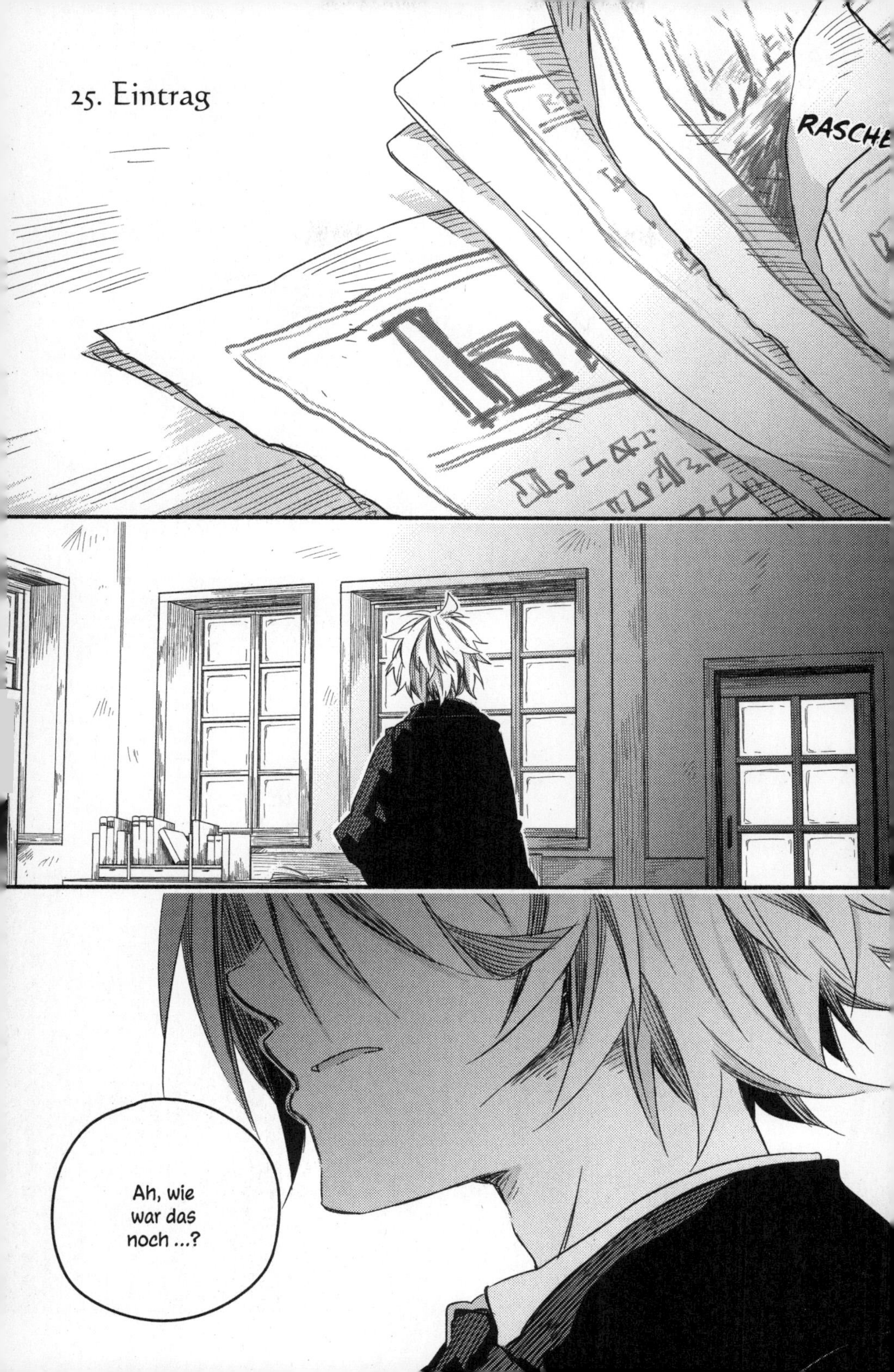
25. Eintrag
RASCHE
Ah, wie war das noch ...?

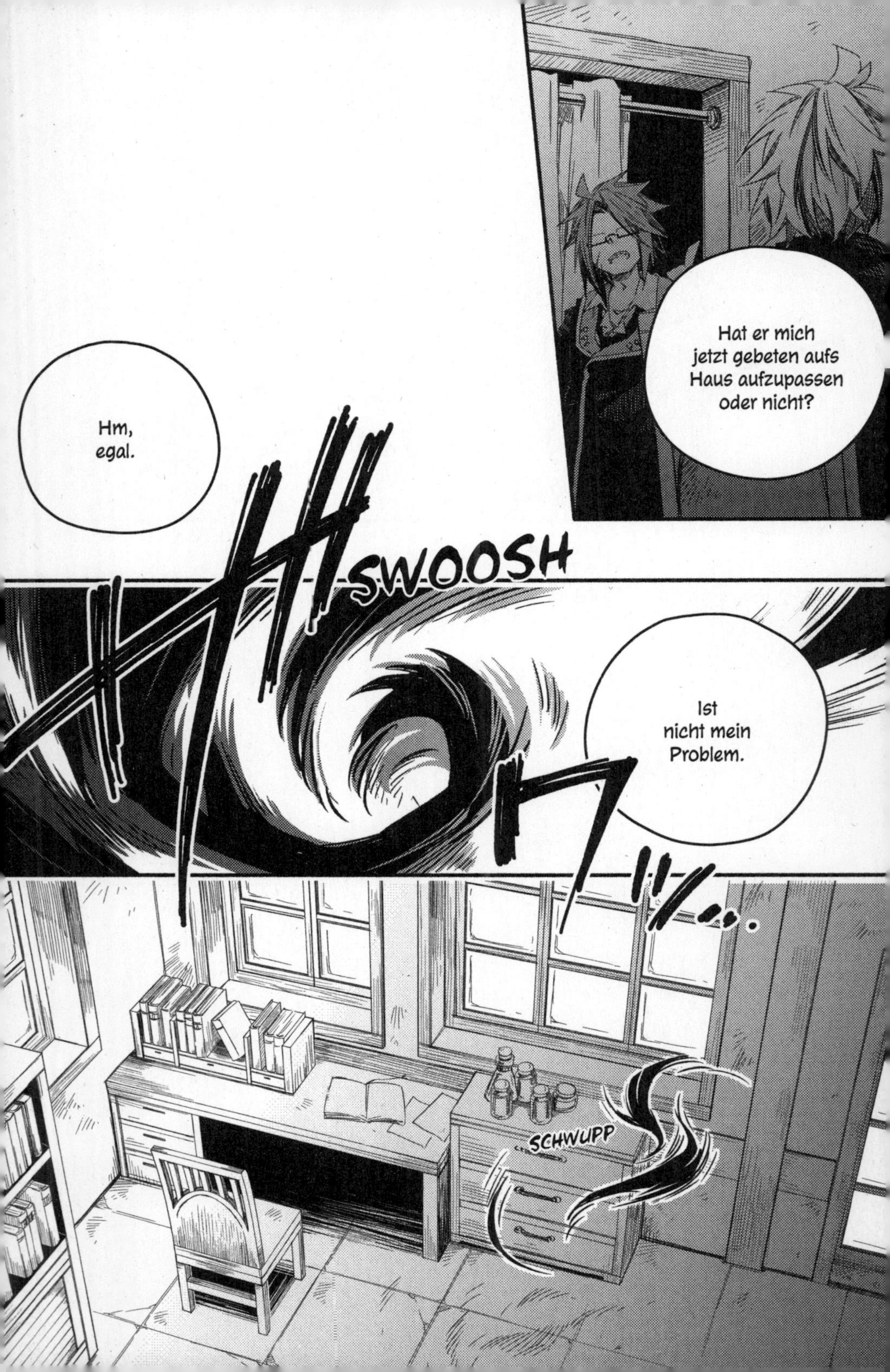
Hat er mich jetzt gebeten aufs Haus aufzupassen oder nicht?
Hm, egal.
SWOOSH
Ist nicht mein Problem.
SCHWUPP

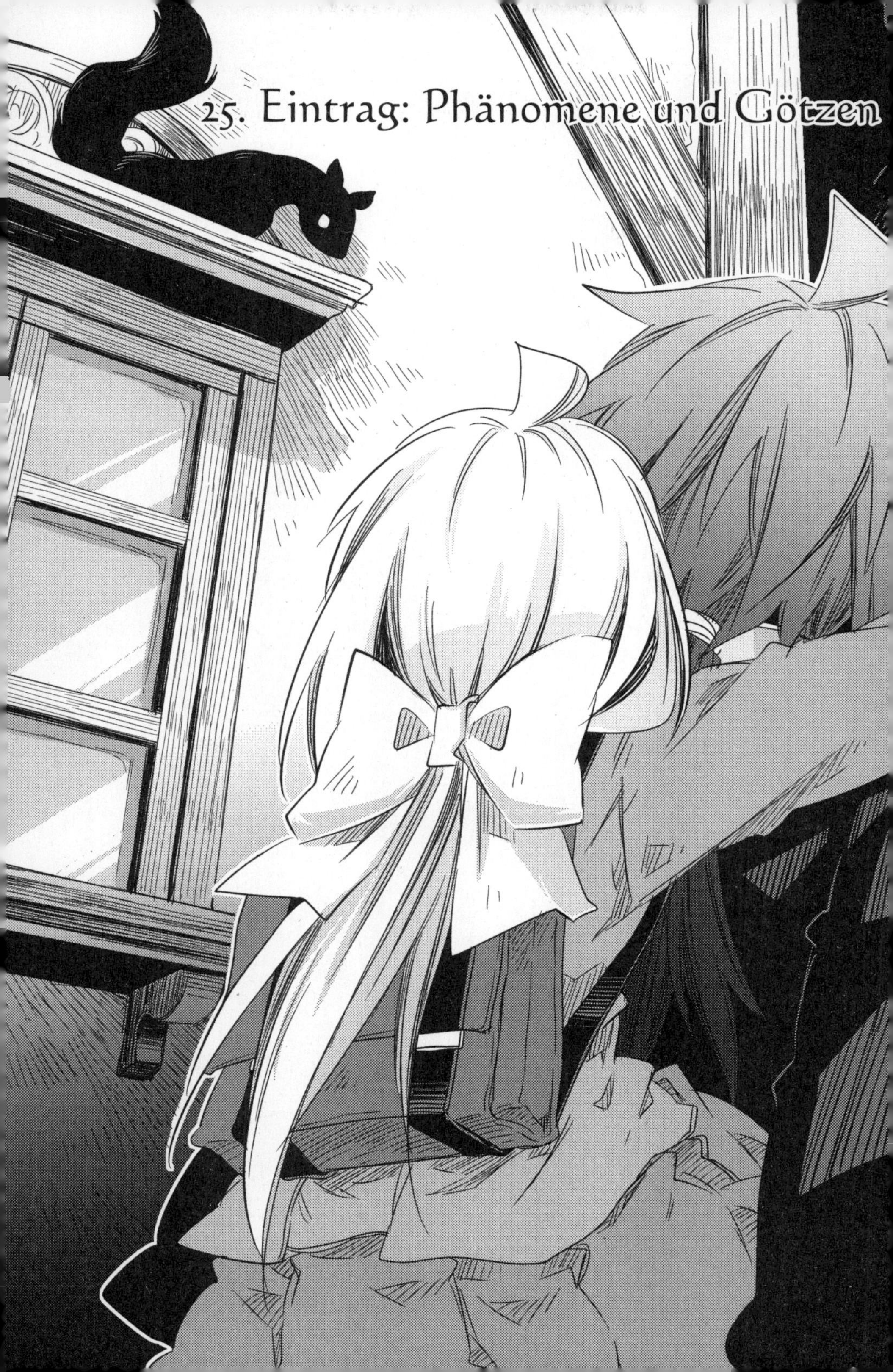
25. Eintrag: Phänomene und Götzen

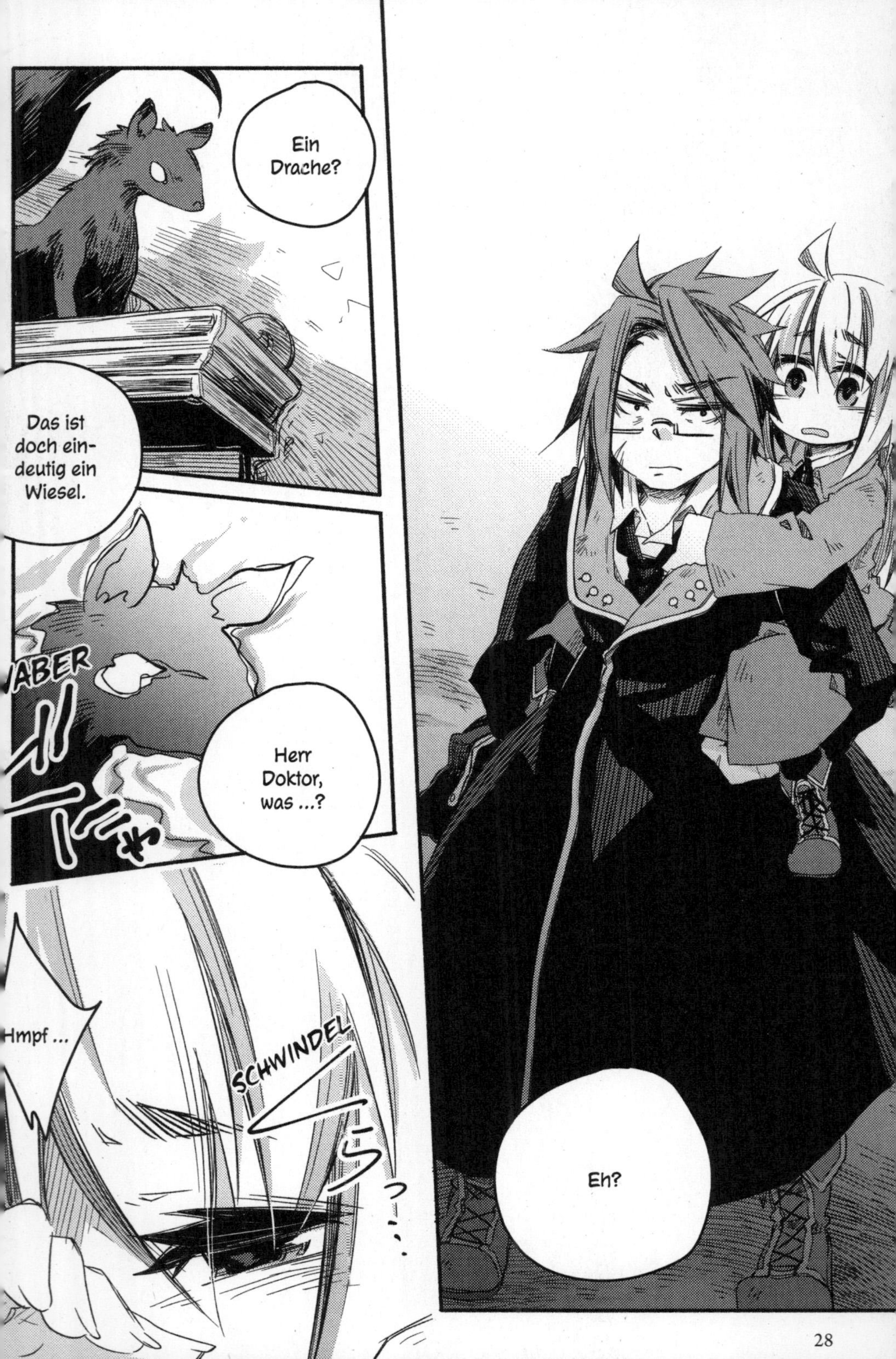

Ein Drache?
Das ist doch eindeutig ein Wiesel.
ABER
Herr Doktor, was ...?
Hmpf ...
SCHWINDEL
Eh?

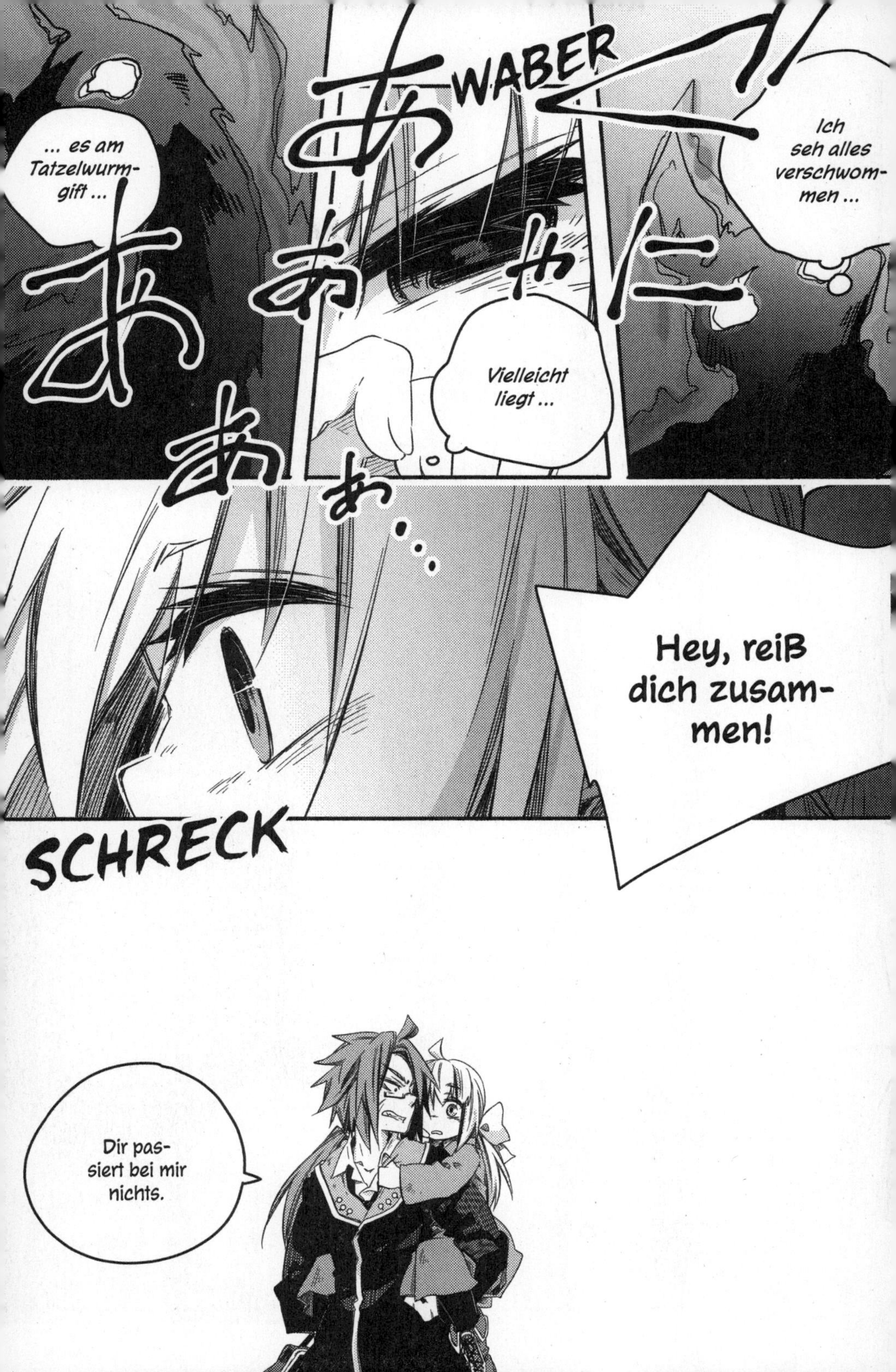
WABER
Ich seh alles verschwommen ...
... es am Tatzelwurmgift ...
Vielleicht liegt ...
Hey, reiß dich zusammen!
SCHRECK
Dir passiert bei mir nichts.

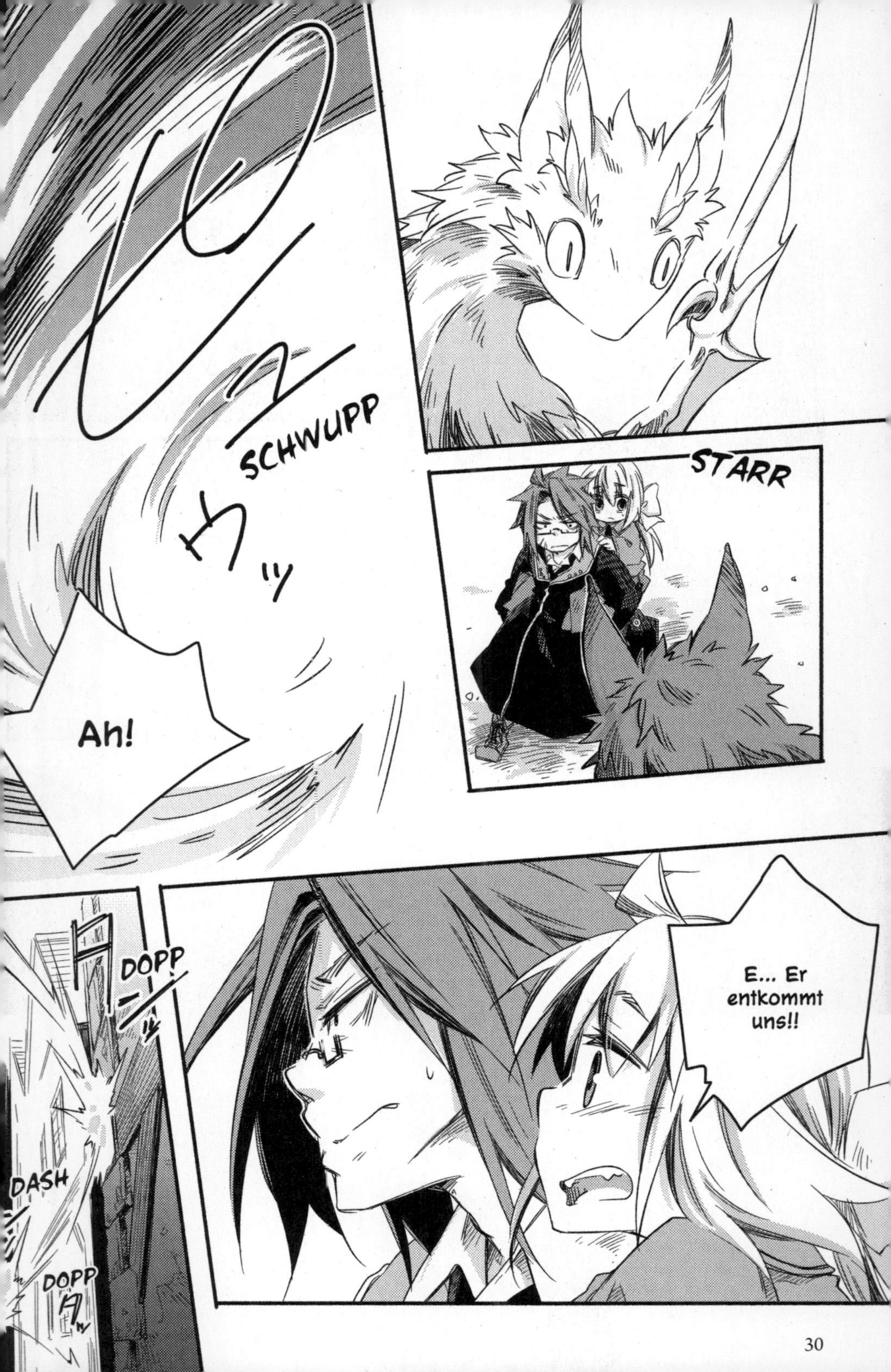
SCHWUPP
Ah!
STARR
E... Er entkommt uns!!
DOPP
DASH
DOPP

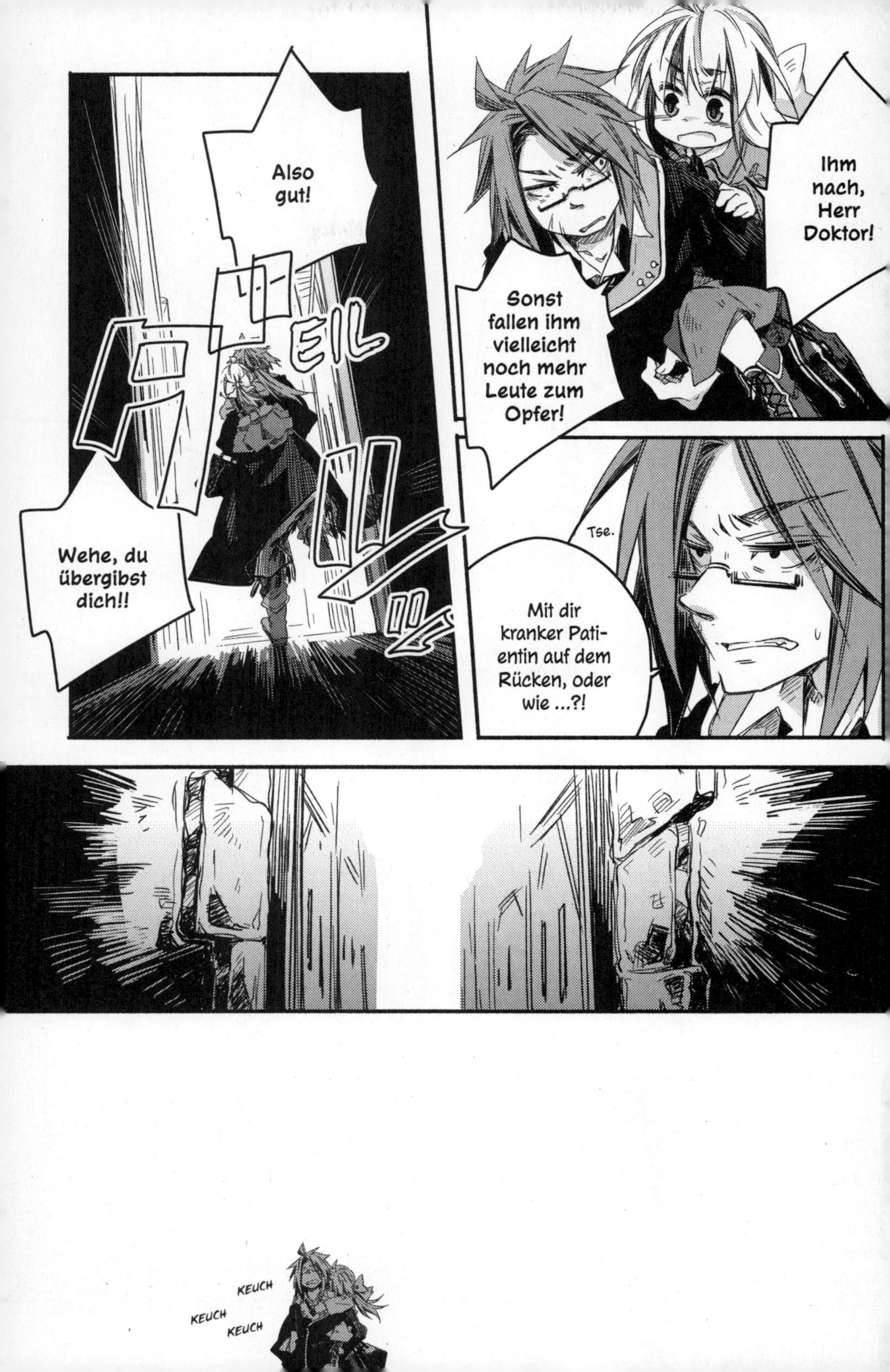

Ihm nach, Herr Doktor!

Sonst fallen ihm vielleicht noch mehr Leute zum Opfer!

Tse.

Mit dir kranker Patientin auf dem Rücken, oder wie ...?!

Also gut!

EIL

Wehe, du übergibst dich!!

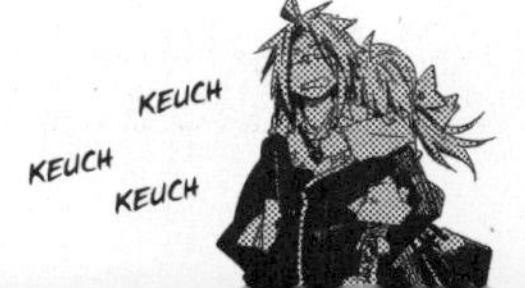

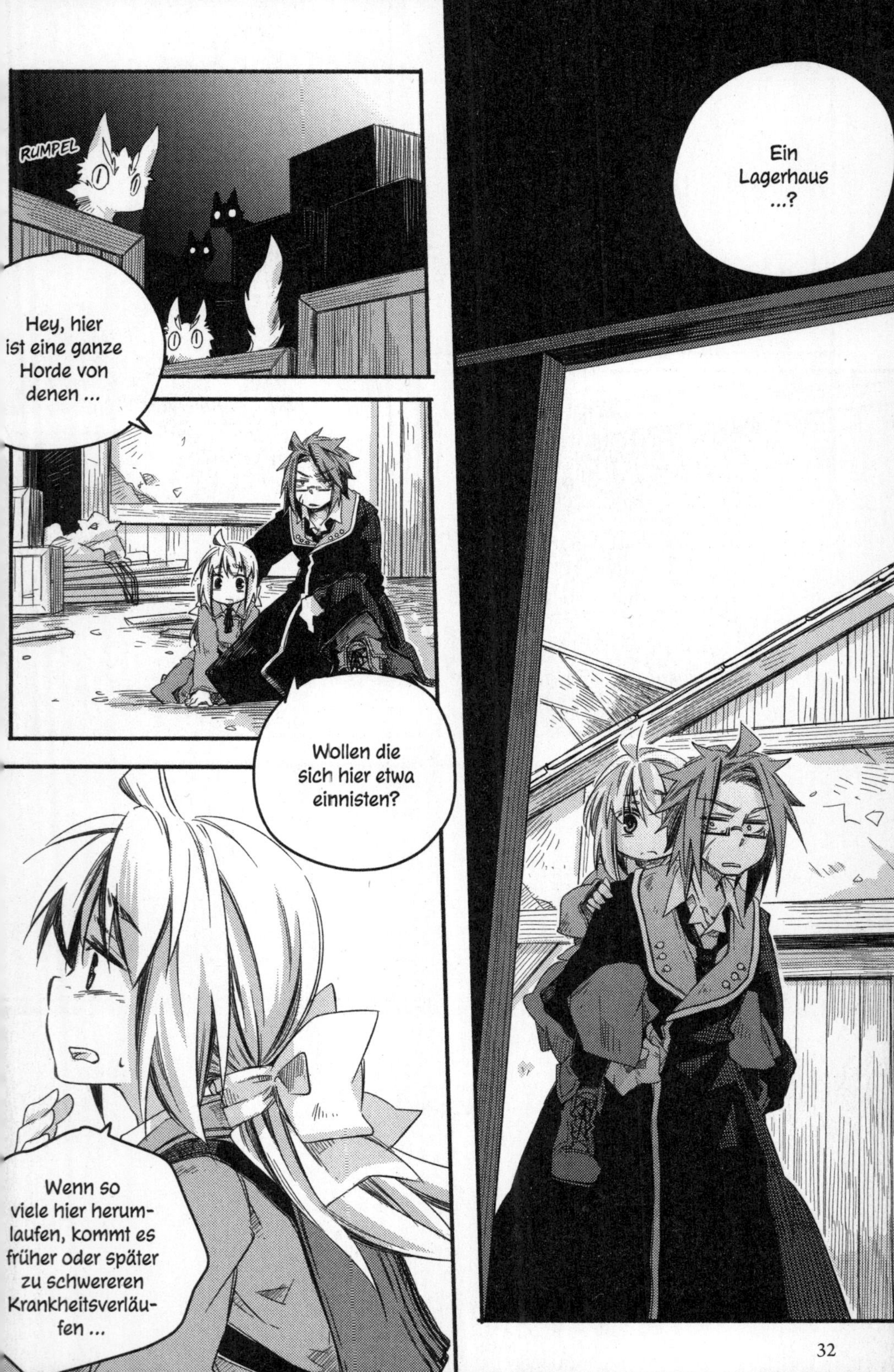

RUMPEL
Hey, hier ist eine ganze Horde von denen ...
Wollen die sich hier etwa einnisten?
Wenn so viele hier herumlaufen, kommt es früher oder später zu schwereren Krankheitsverläufen ...
Ein Lagerhaus ...?

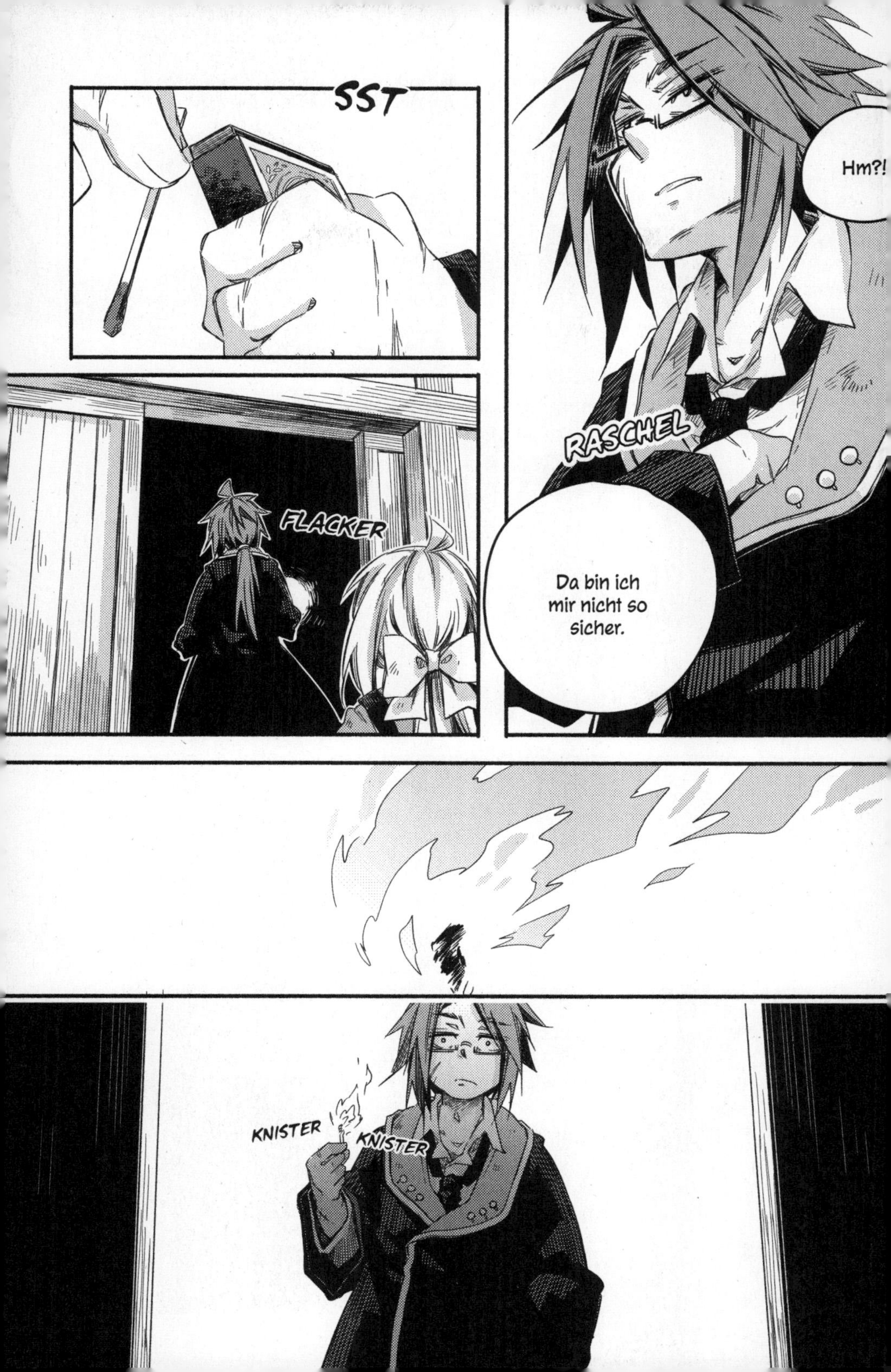

Hm?!

RASCHEL

Da bin ich mir nicht so sicher.

SST

FLACKER

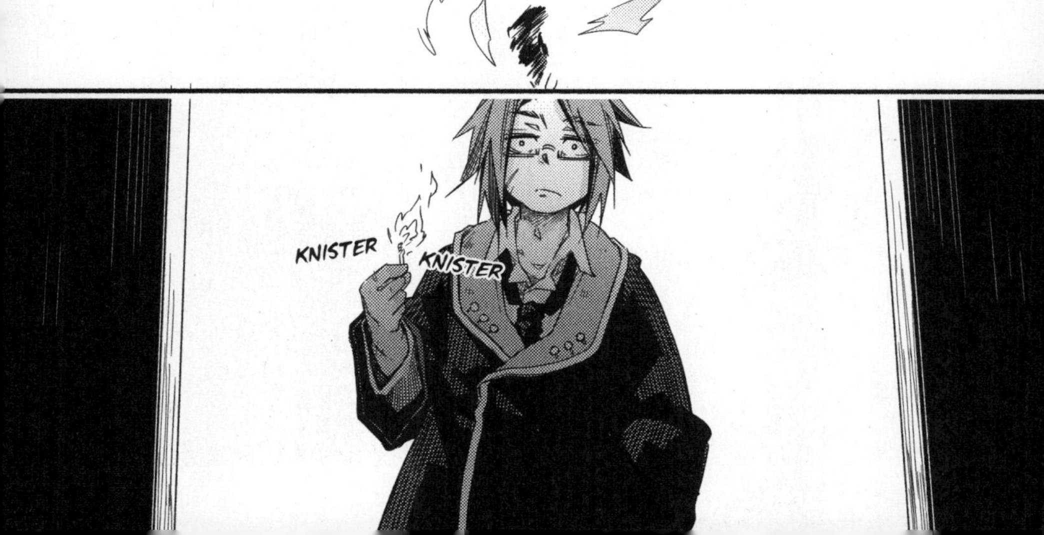

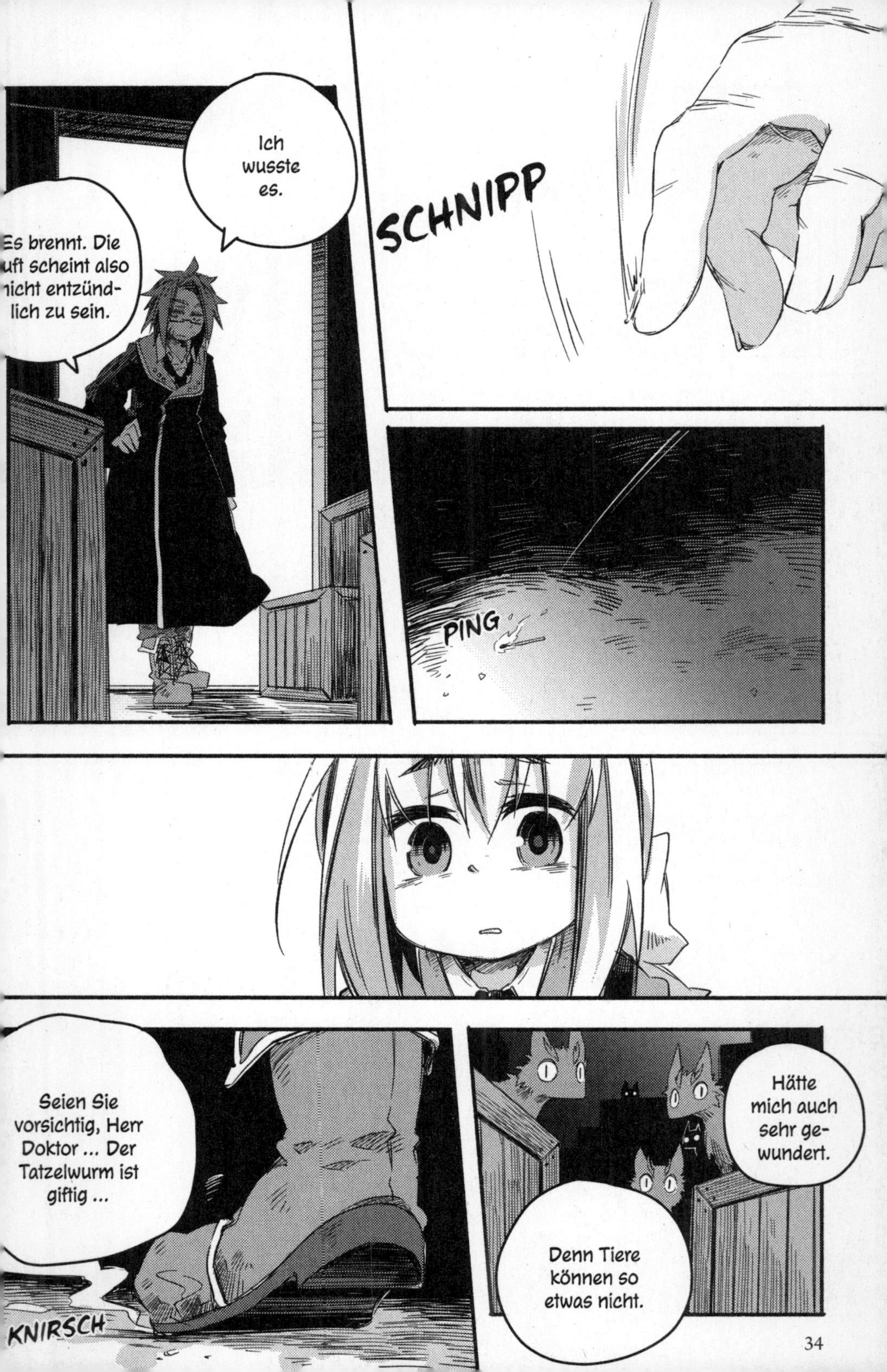
SCHNIPP
PING
Ich wusste es.
Es brennt. Die uft scheint also nicht entzündlich zu sein.
Hätte mich auch sehr gewundert.
Denn Tiere können so etwas nicht.
Seien Sie vorsichtig, Herr Doktor ... Der Tatzelwurm ist giftig ...
KNIRSCH

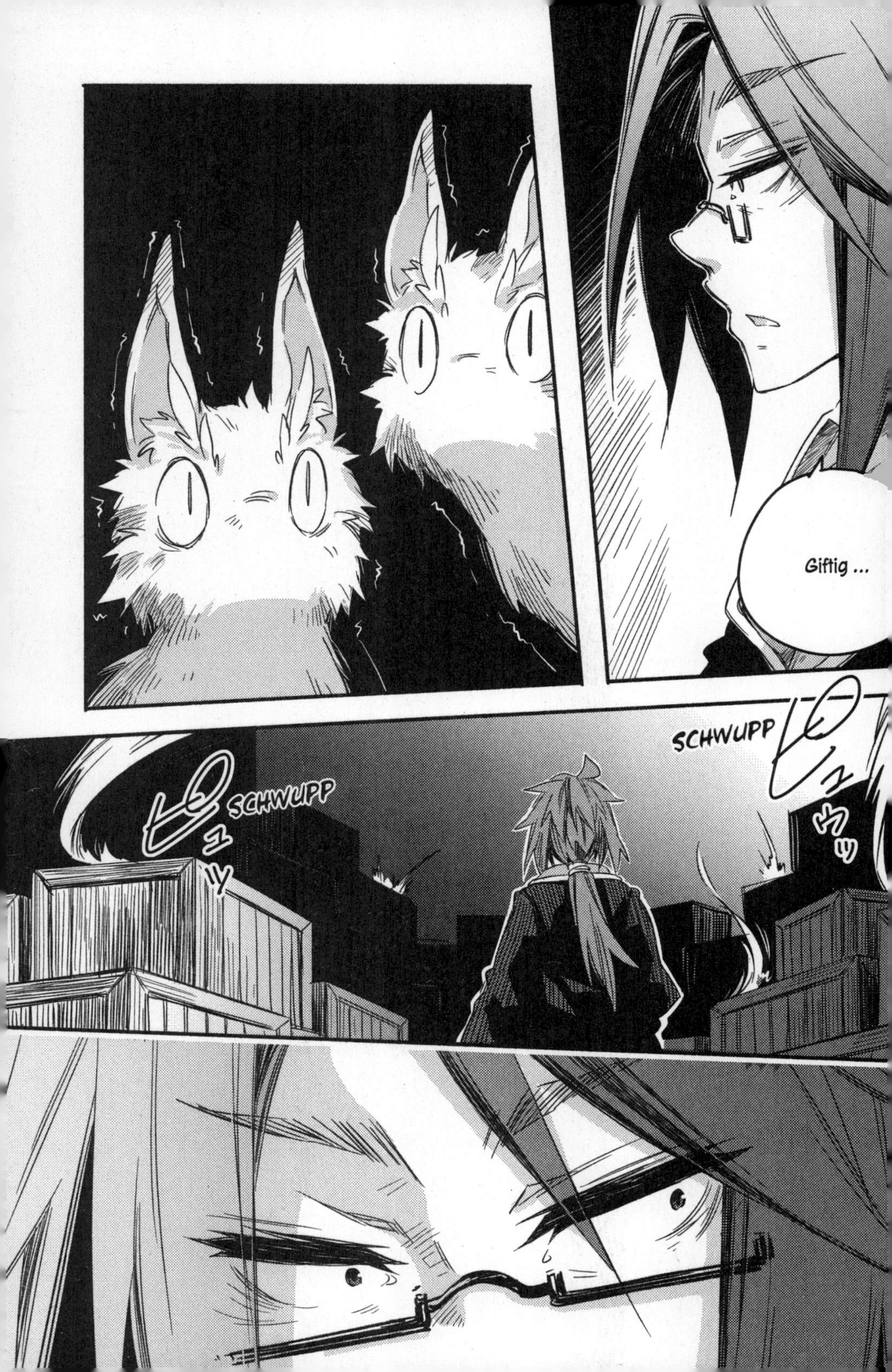

Giftig ...

SCHWUPP

SCHWUPP

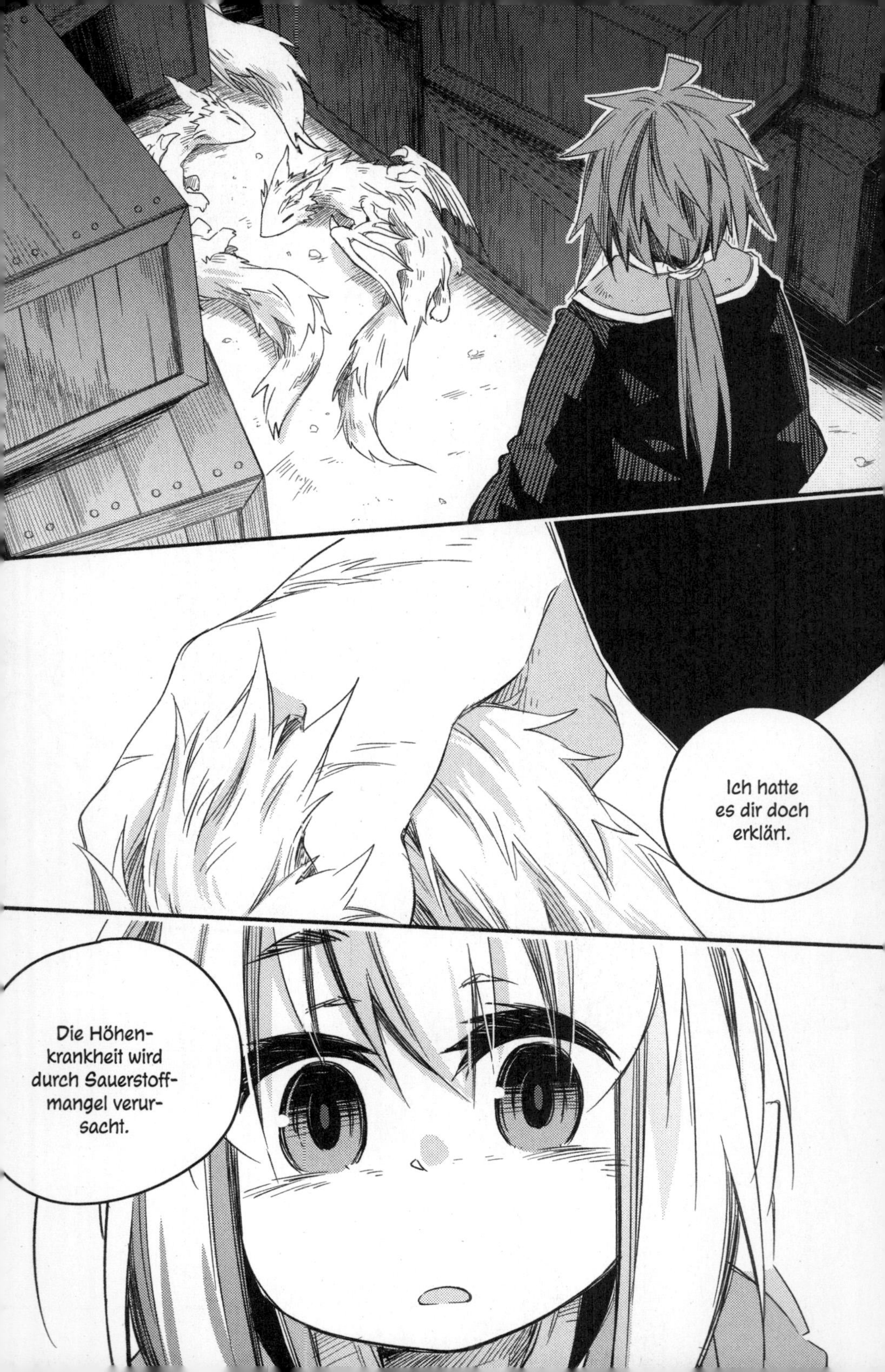
Ich hatte es dir doch erklärt.
Die Höhen-krankheit wird durch Sauerstoff-mangel verur-sacht.

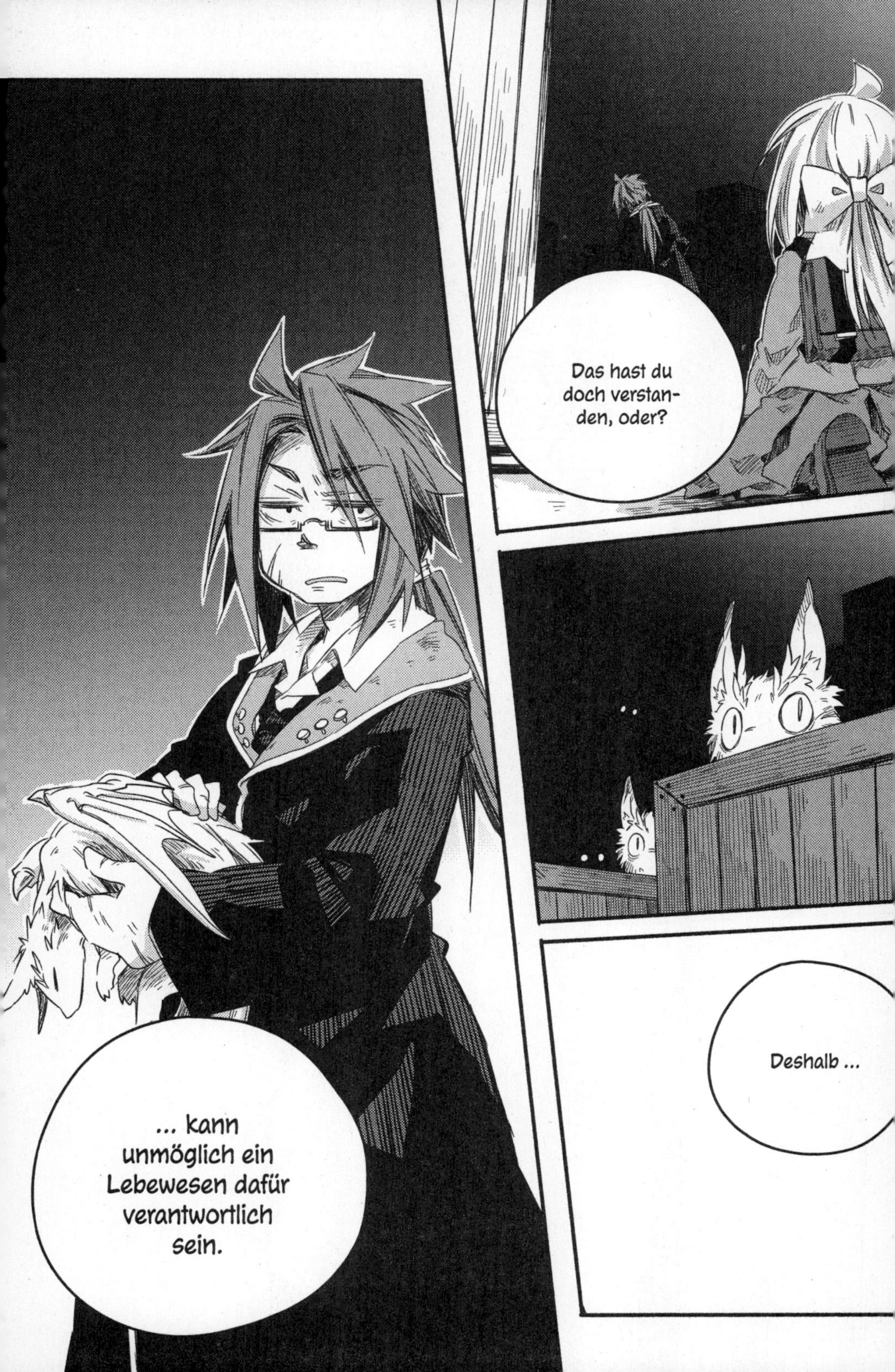
Das hast du doch verstan-den, oder?
Deshalb ...
... kann unmöglich ein Lebewesen dafür verantwortlich sein.

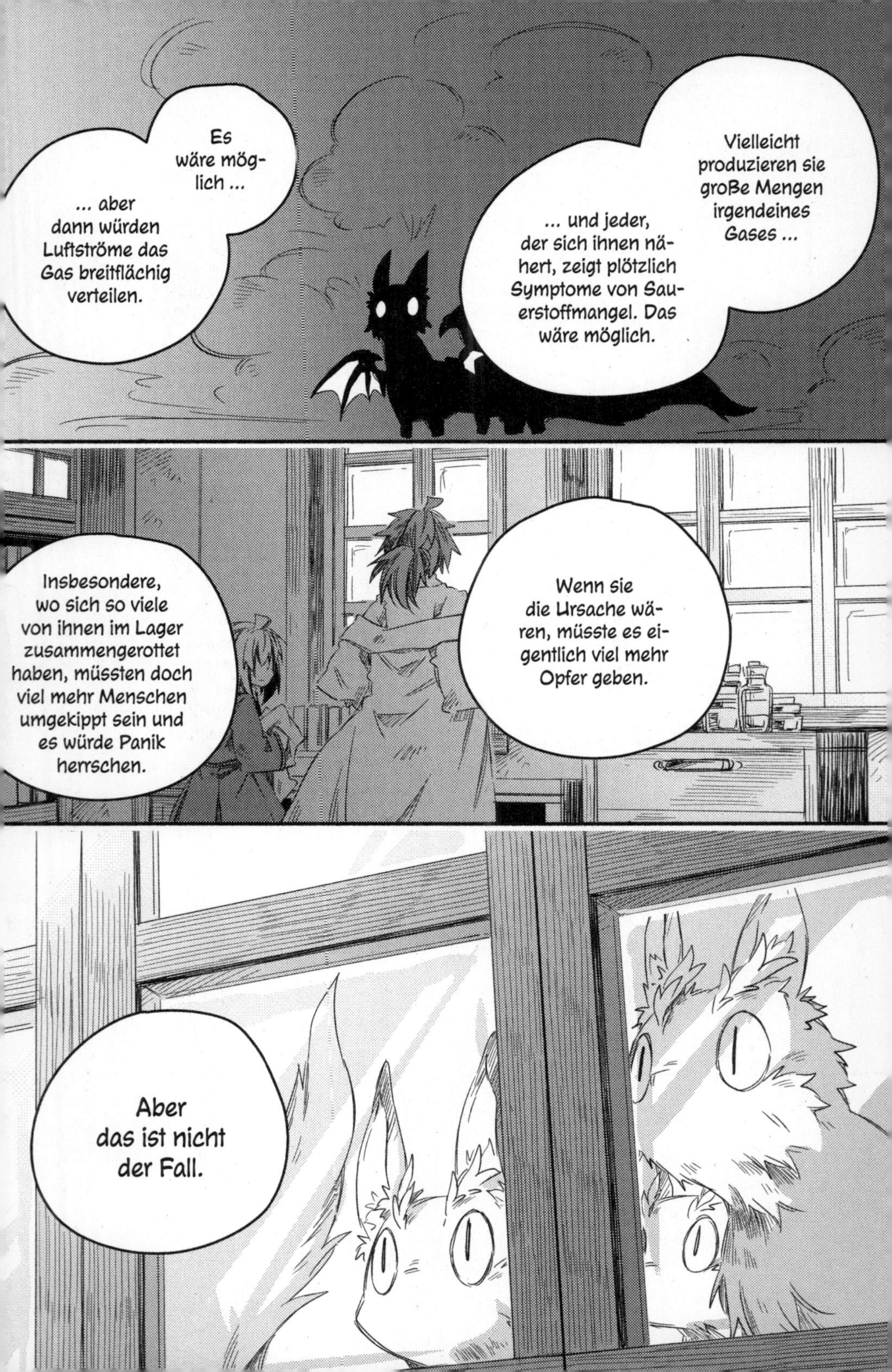

Vielleicht produzieren sie große Mengen irgendeines Gases ...
... und jeder, der sich ihnen nähert, zeigt plötzlich Symptome von Sauerstoffmangel. Das wäre möglich.
Es wäre möglich ...
... aber dann würden Luftströme das Gas breitflächig verteilen.
Wenn sie die Ursache wären, müsste es eigentlich viel mehr Opfer geben.
Insbesondere, wo sich so viele von ihnen im Lager zusammengerottet haben, müssten doch viel mehr Menschen umgekippt sein und es würde Panik herrschen.
Aber das ist nicht der Fall.

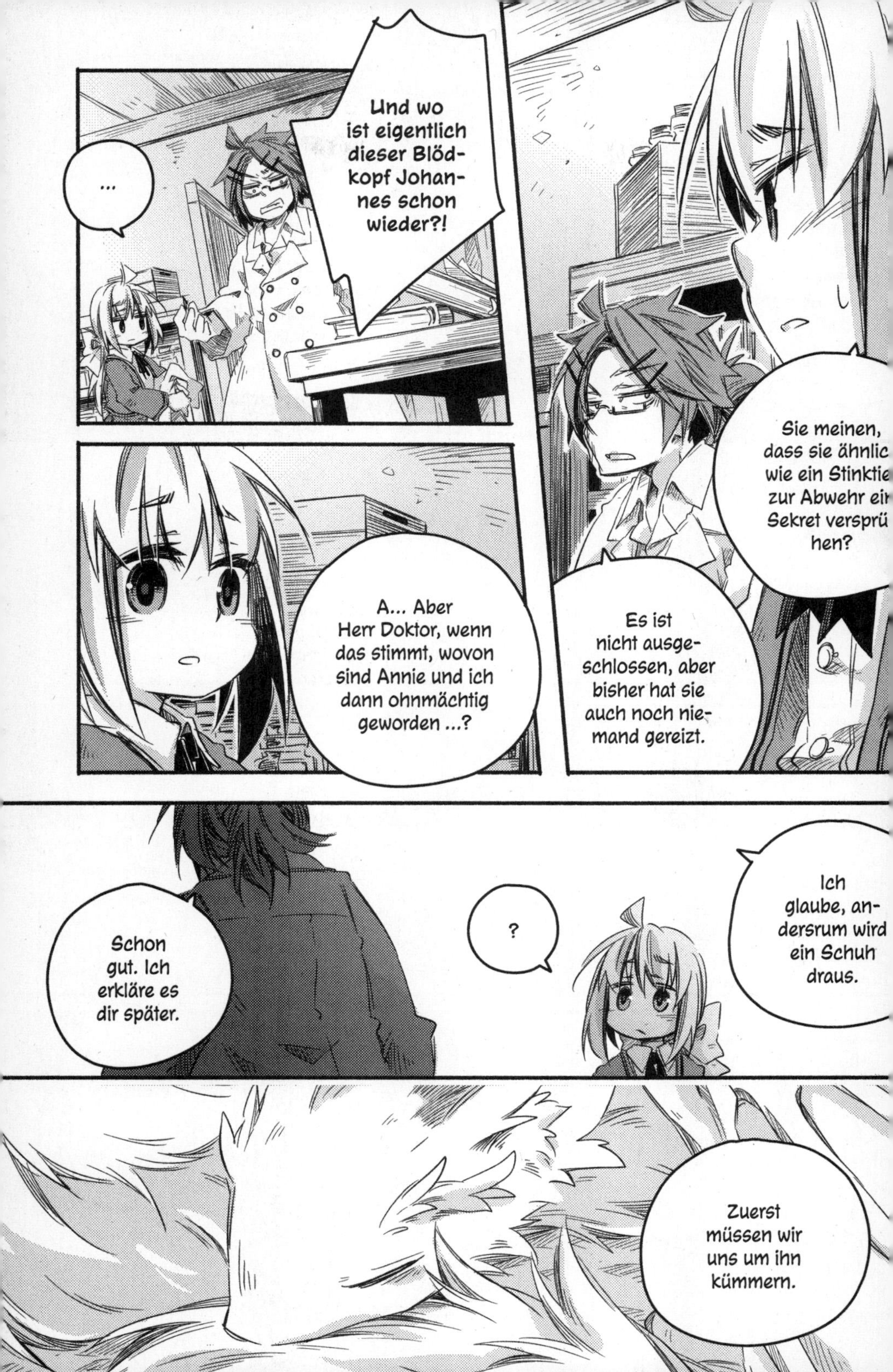

Sie meinen, dass sie ähnlic wie ein Stinktie zur Abwehr ei Sekret versprü hen?
Es ist nicht ausgeschlossen, aber bisher hat sie auch noch niemand gereizt.
A... Aber Herr Doktor, wenn das stimmt, wovon sind Annie und ich dann ohnmächtig geworden ...?
...
Und wo ist eigentlich dieser Blödkopf Johannes schon wieder?!
Ich glaube, andersrum wird ein Schuh draus.
?
Schon gut. Ich erkläre es dir später.
Zuerst müssen wir uns um ihn kümmern.

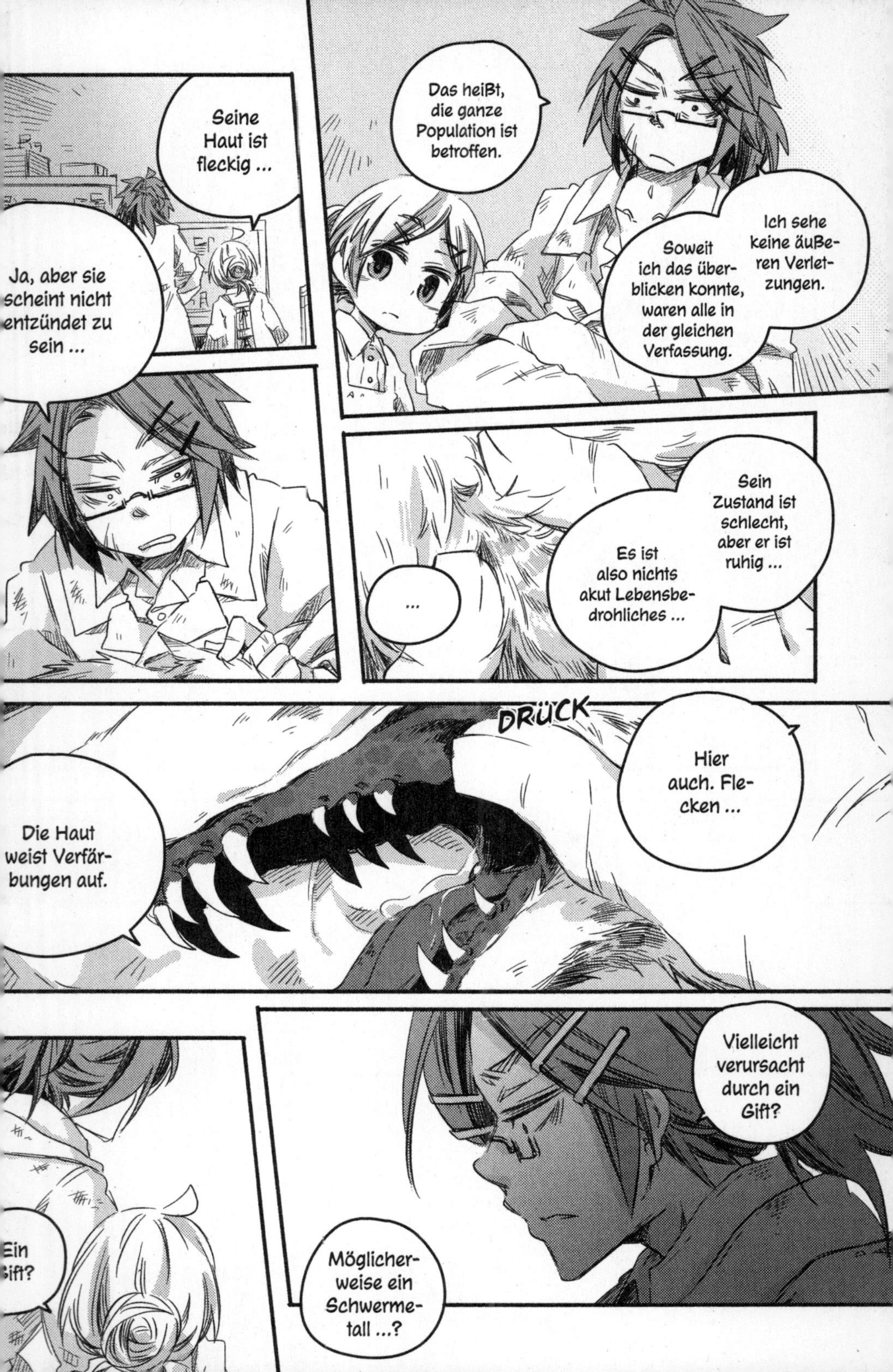
Das heißt, die ganze Population ist betroffen.
Ich sehe keine äußeren Verletzungen.
Soweit ich das überblicken konnte, waren alle in der gleichen Verfassung.
Seine Haut ist fleckig ...
Ja, aber sie scheint nicht entzündet zu sein ...
Sein Zustand ist schlecht, aber er ist ruhig ...
Es ist also nichts akut Lebensbedrohliches ...
...
DRÜCK
Hier auch. Flecken ...
Die Haut weist Verfärbungen auf.
Vielleicht verursacht durch ein Gift?
Möglicherweise ein Schwermetall ...?
Ein Gift?

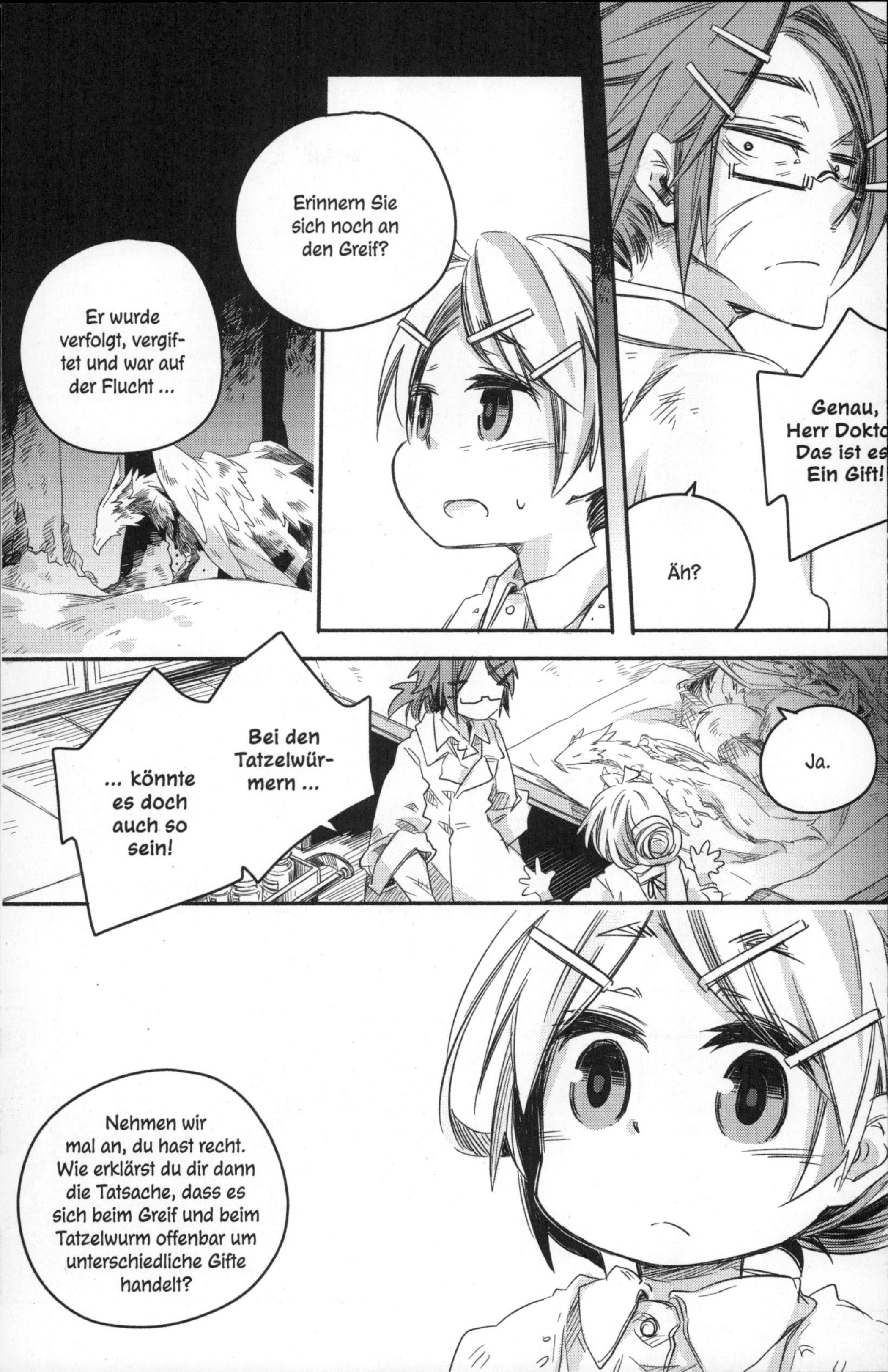
Genau,
Herr Dokto
Das ist es
Ein Gift!
Äh?
Erinnern Sie sich noch an den Greif?
Er wurde verfolgt, vergiftet und war auf der Flucht ...
Ja.
Bei den Tatzelwürmern ...
... könnte es doch auch so sein!
Nehmen wir mal an, du hast recht. Wie erklärst du dir dann die Tatsache, dass es sich beim Greif und beim Tatzelwurm offenbar um unterschiedliche Gifte handelt?

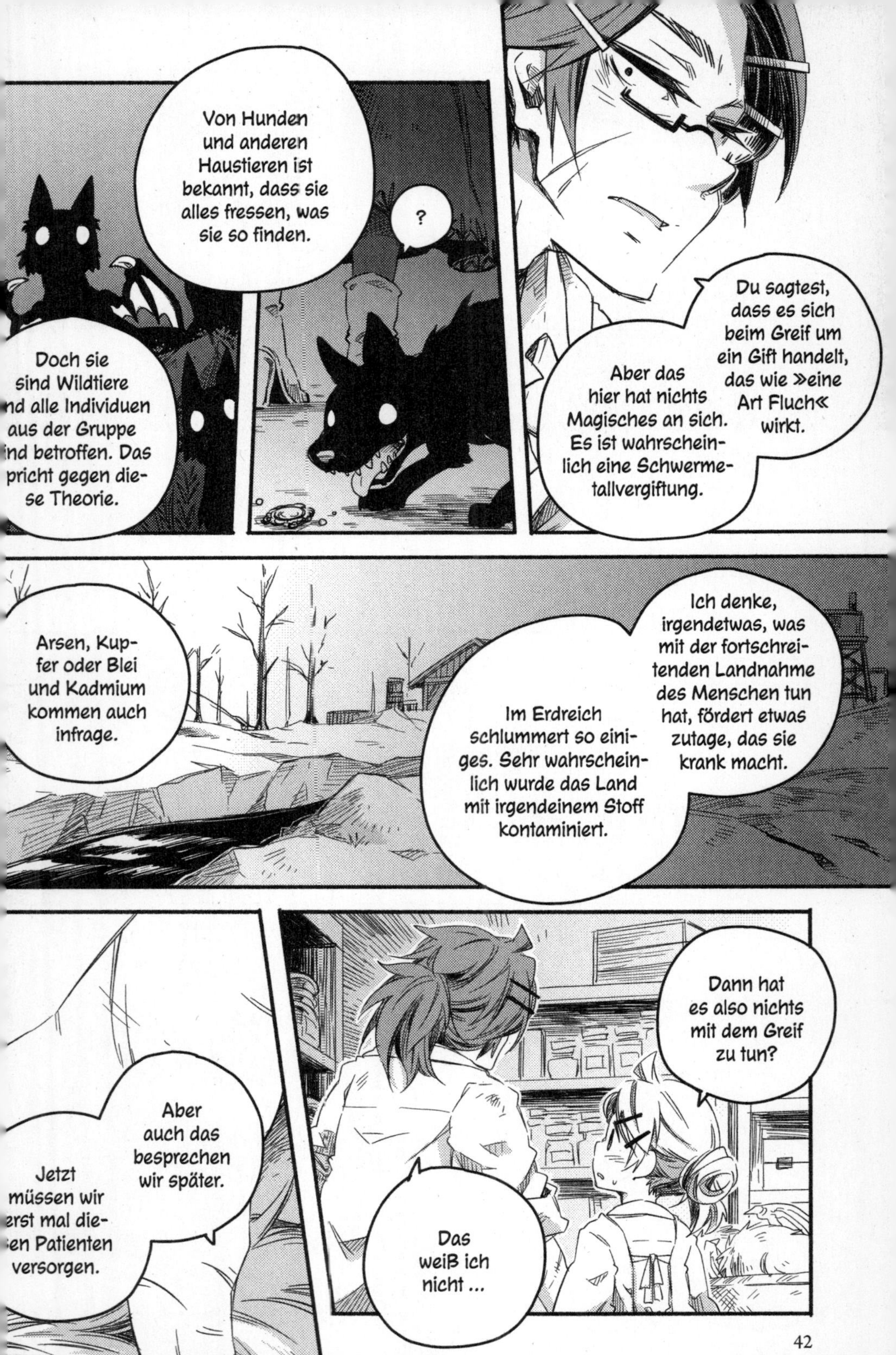

Du sagtest, dass es sich beim Greif um ein Gift handelt, das wie »eine Art Fluch« wirkt.

Aber das hier hat nichts Magisches an sich. Es ist wahrscheinlich eine Schwermetallvergiftung.

?

Von Hunden und anderen Haustieren ist bekannt, dass sie alles fressen, was sie so finden.

Doch sie sind Wildtiere nd alle Individuen aus der Gruppe ind betroffen. Das pricht gegen diese Theorie.

Ich denke, irgendetwas, was mit der fortschreitenden Landnahme des Menschen tun hat, fördert etwas zutage, das sie krank macht.

Im Erdreich schlummert so einiges. Sehr wahrscheinlich wurde das Land mit irgendeinem Stoff kontaminiert.

Arsen, Kupfer oder Blei und Kadmium kommen auch infrage.

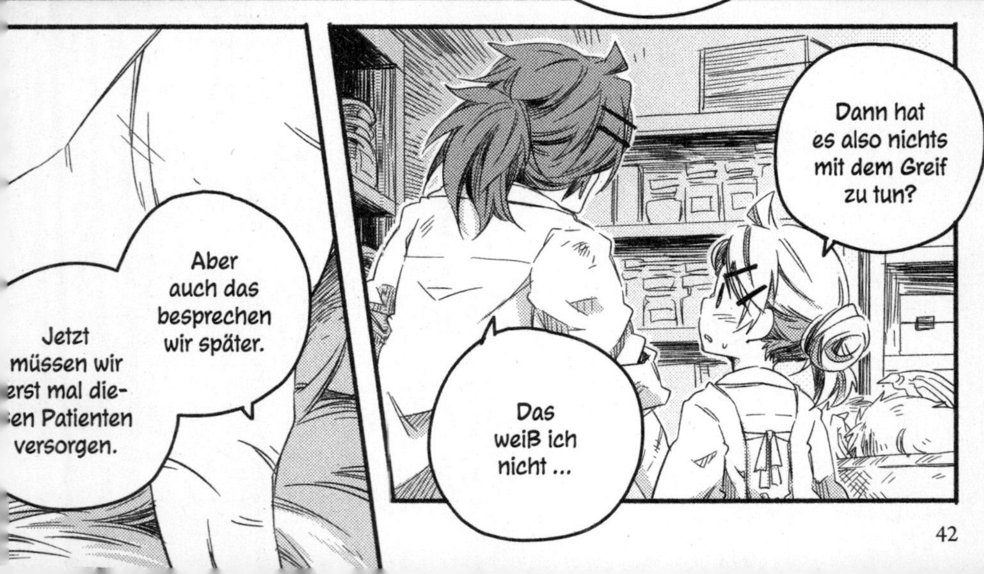

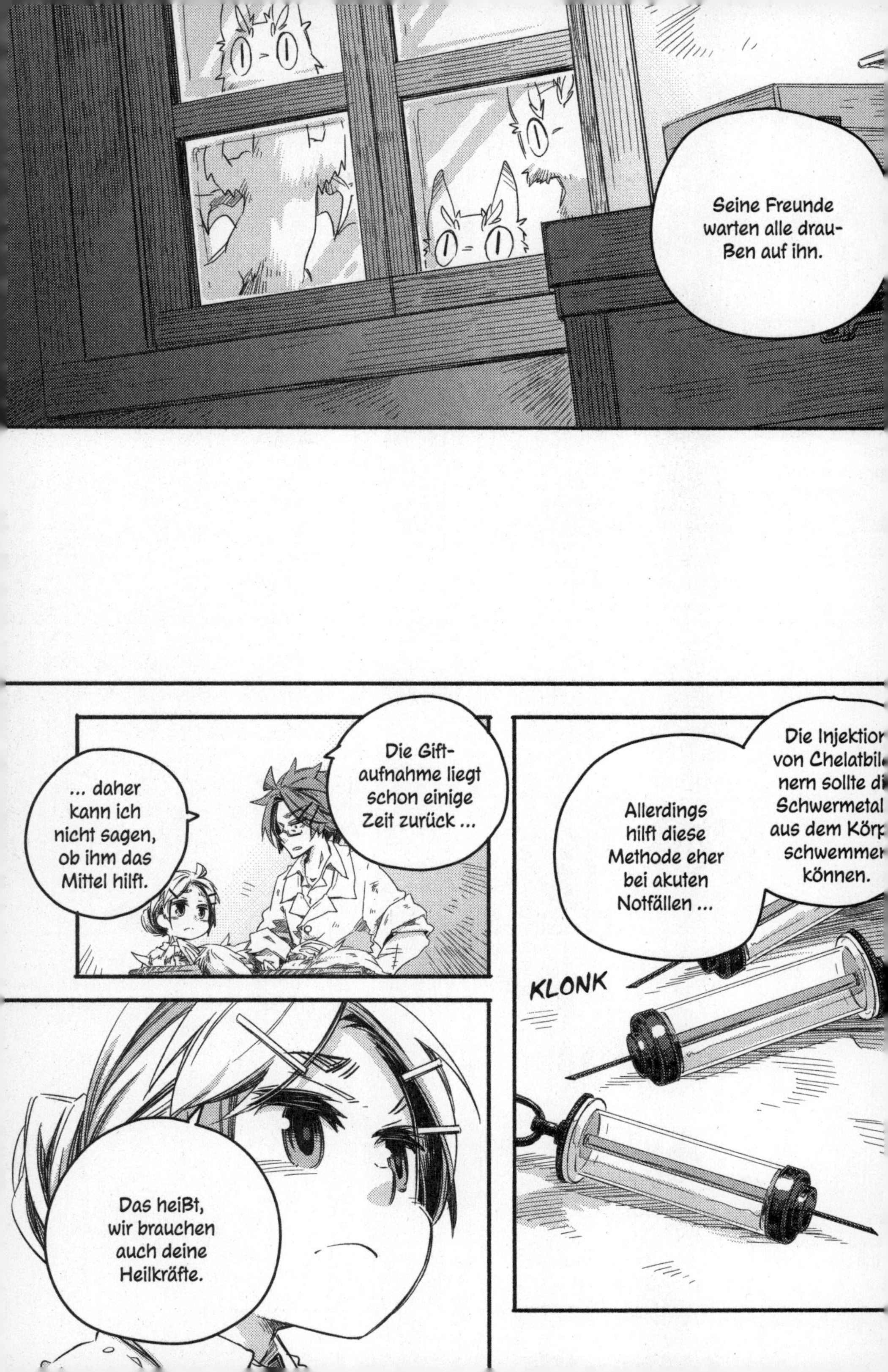

Seine Freunde warten alle draußen auf ihn.

Die Injektio von Chelatbil nern sollte di Schwermetal aus dem Körp schwemme können.

Allerdings hilft diese Methode eher bei akuten Notfällen ...

KLONK

Die Giftaufnahme liegt schon einige Zeit zurück ...

... daher kann ich nicht sagen, ob ihm das Mittel hilft.

Das heißt, wir brauchen auch deine Heilkräfte.

Ich brauche etwas, das die körpereigene Kraft, Giftstoffe aus dem Körper zu schwemmen, erhöht ...

Ich denke, mit einem Kräuteraufguss erziele ich den besten Effekt ...

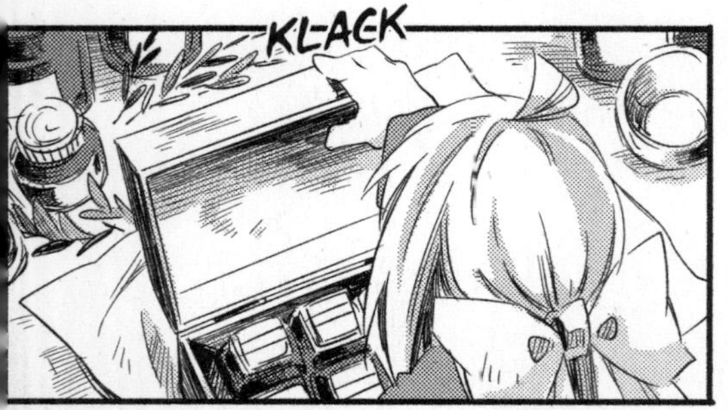

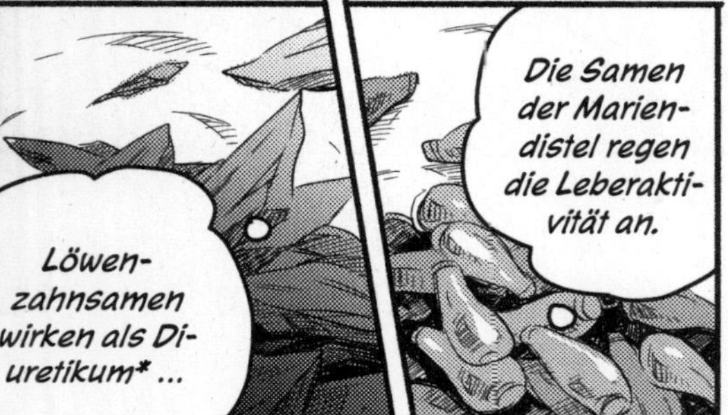

*harntreibendes Mittel

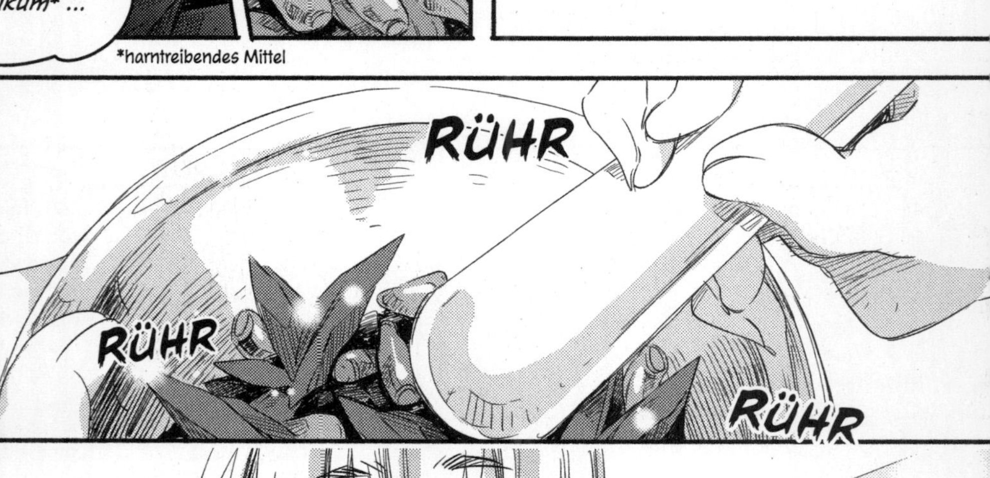

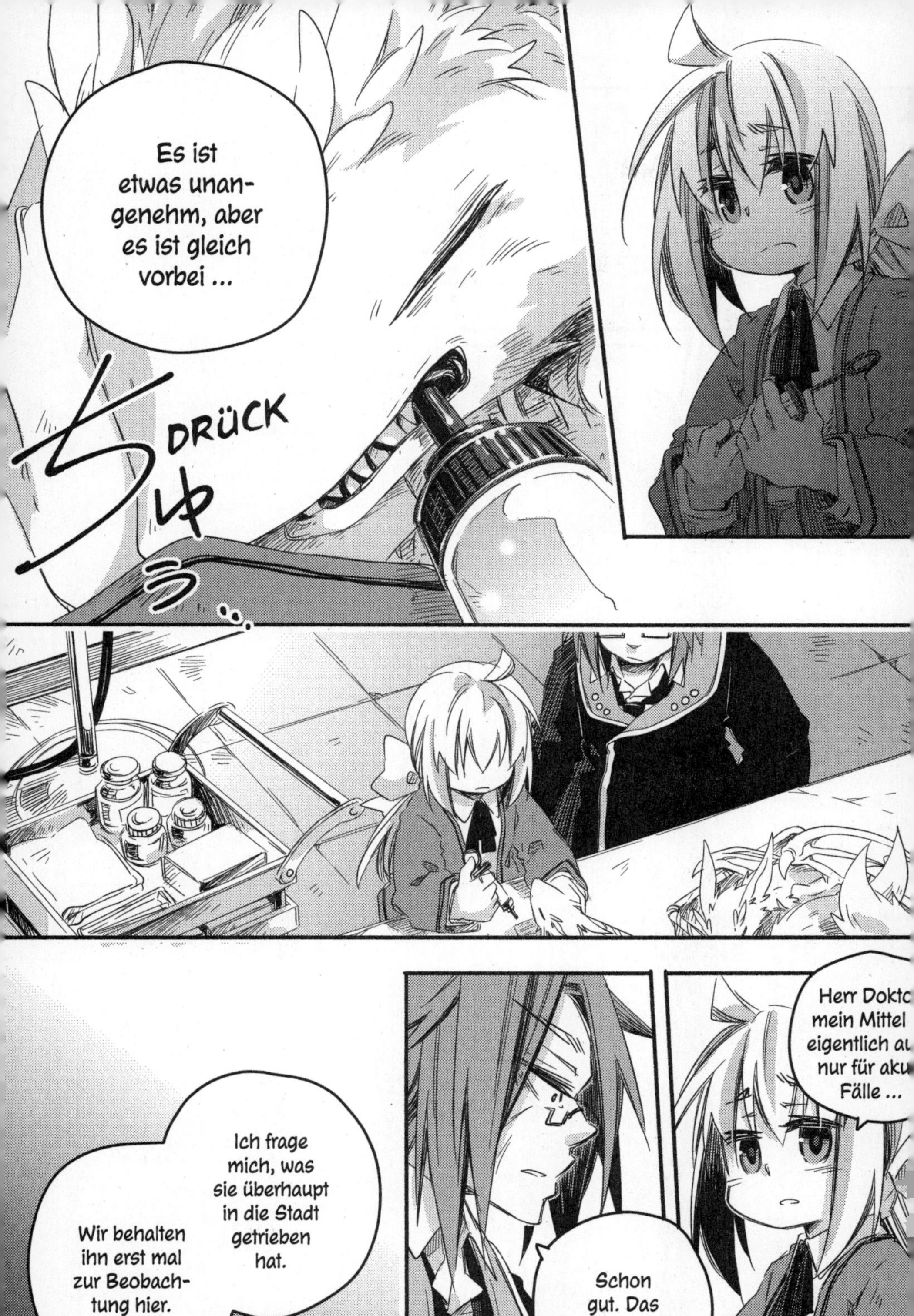
Es ist etwas unangenehm, aber es ist gleich vorbei ...
DRÜCK
Herr Dokto mein Mittel eigentlich au nur für aku Fälle ...
Schon gut. Das weiß ich.
Ich frage mich, was sie überhaupt in die Stadt getrieben hat.
Wir behalten ihn erst mal zur Beobachtung hier.

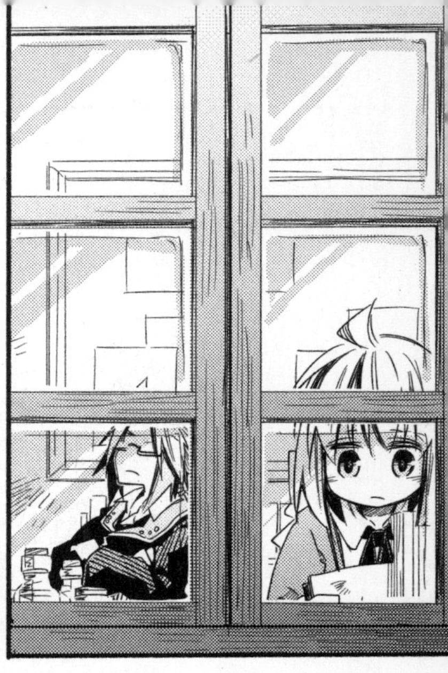

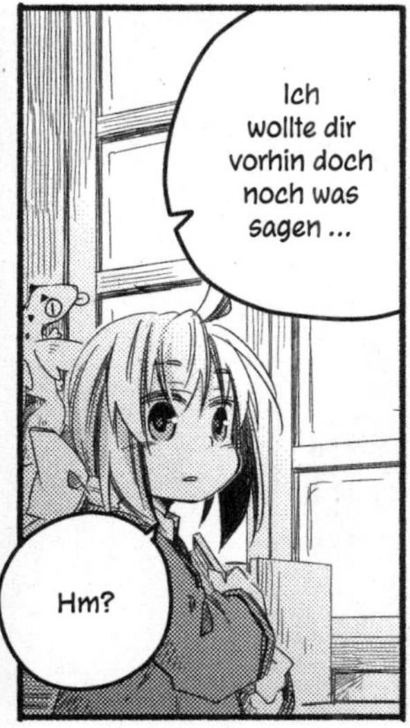
Ich wollte dir vorhin doch noch was sagen ...
Hm?

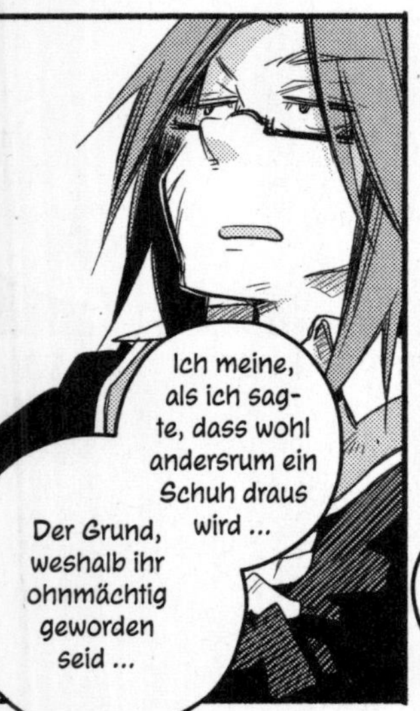
Ich meine, als ich sagte, dass wohl andersrum ein Schuh draus wird ...
Der Grund, weshalb ihr ohnmächtig geworden seid ...

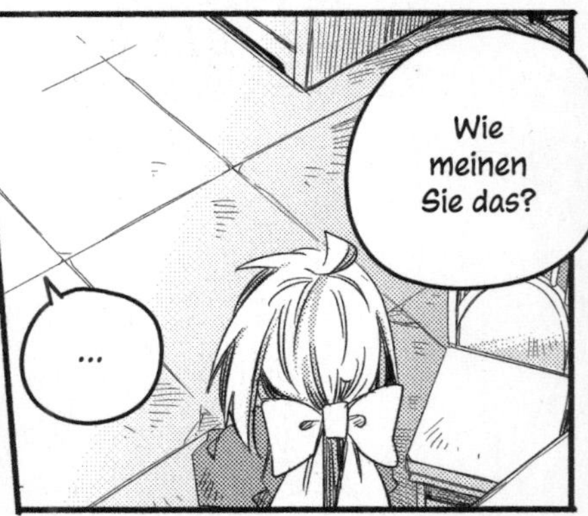
Wie meinen Sie das?
...

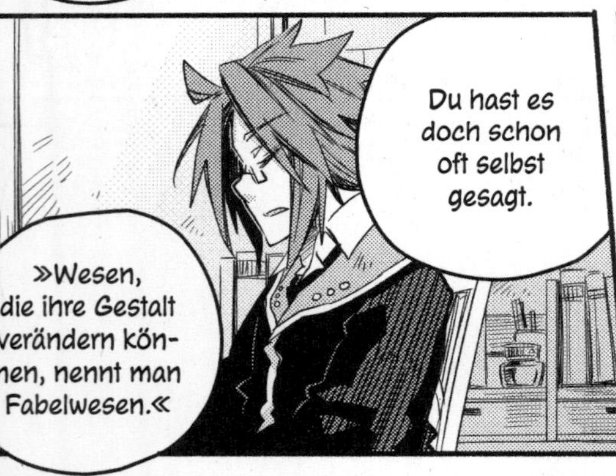
Du hast es doch schon oft selbst gesagt.
»Wesen, die ihre Gestalt verändern können, nennt man Fabelwesen.«

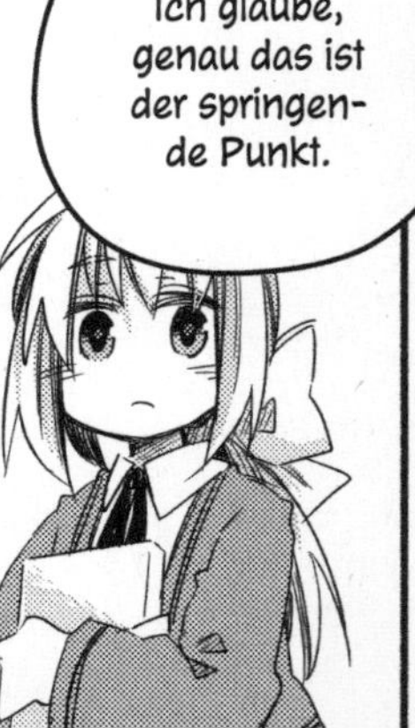
Ich glaube, genau das ist der springende Punkt.
Der Tatzelwurm verursacht nicht die Höhenkrankheit.
Der Tatzelwurm ist die Inkarnation der Höhenkrankheit.

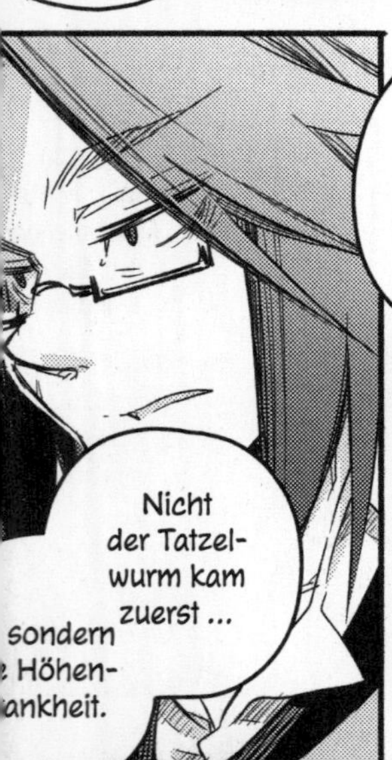
Nicht der Tatzelwurm kam zuerst ...
sondern
e Höhen-
ankheit.

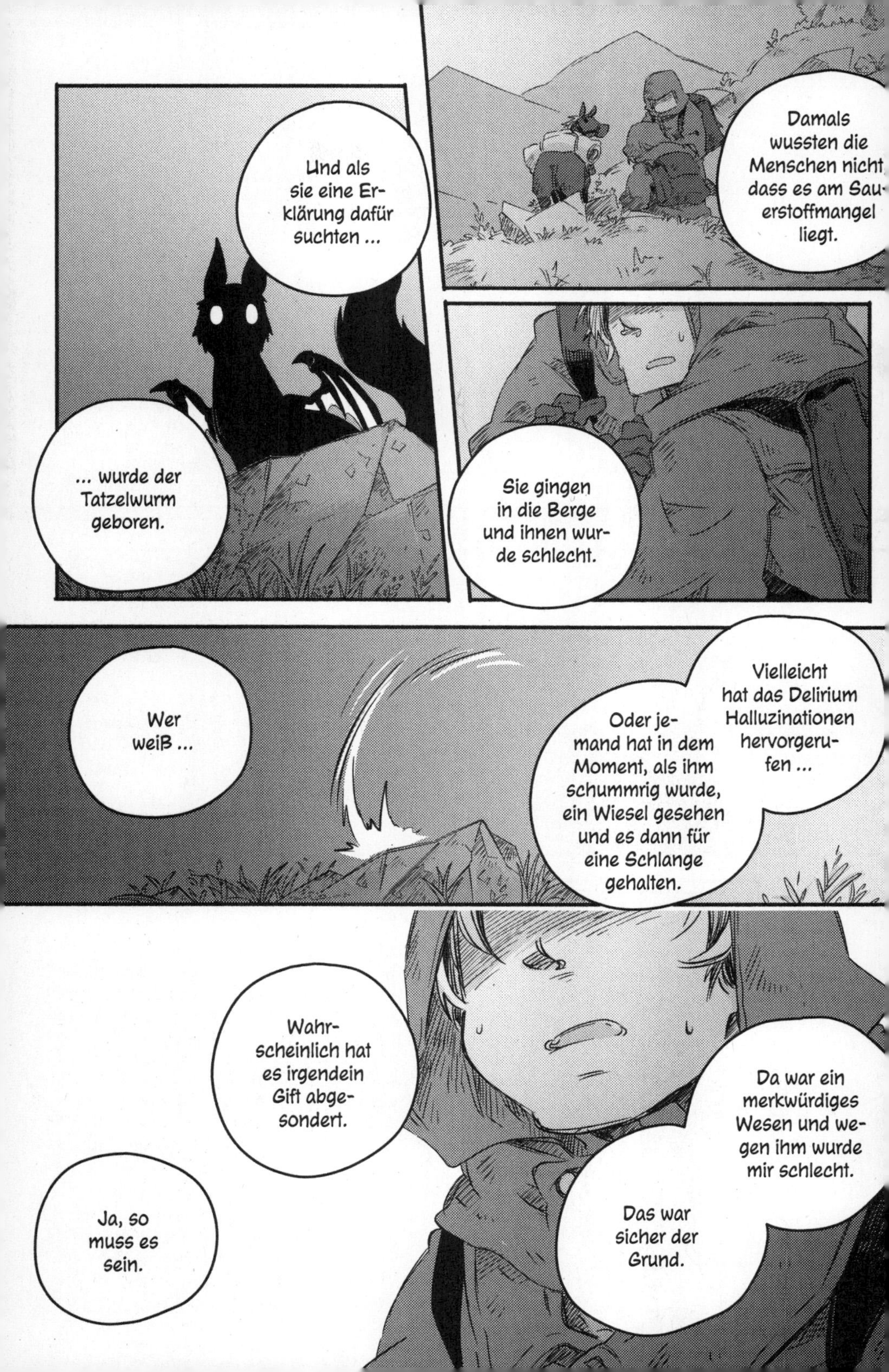

Damals wussten die Menschen nicht dass es am Sauerstoffmangel liegt.

Sie gingen in die Berge und ihnen wurde schlecht.

Und als sie eine Erklärung dafür suchten ...

... wurde der Tatzelwurm geboren.

Vielleicht hat das Delirium Halluzinationen hervorgerufen ...

Oder jemand hat in dem Moment, als ihm schummrig wurde, ein Wiesel gesehen und es dann für eine Schlange gehalten.

Wer weiß ...

Da war ein merkwürdiges Wesen und wegen ihm wurde mir schlecht.

Das war sicher der Grund.

Wahrscheinlich hat es irgendein Gift abgesondert.

Ja, so muss es sein.

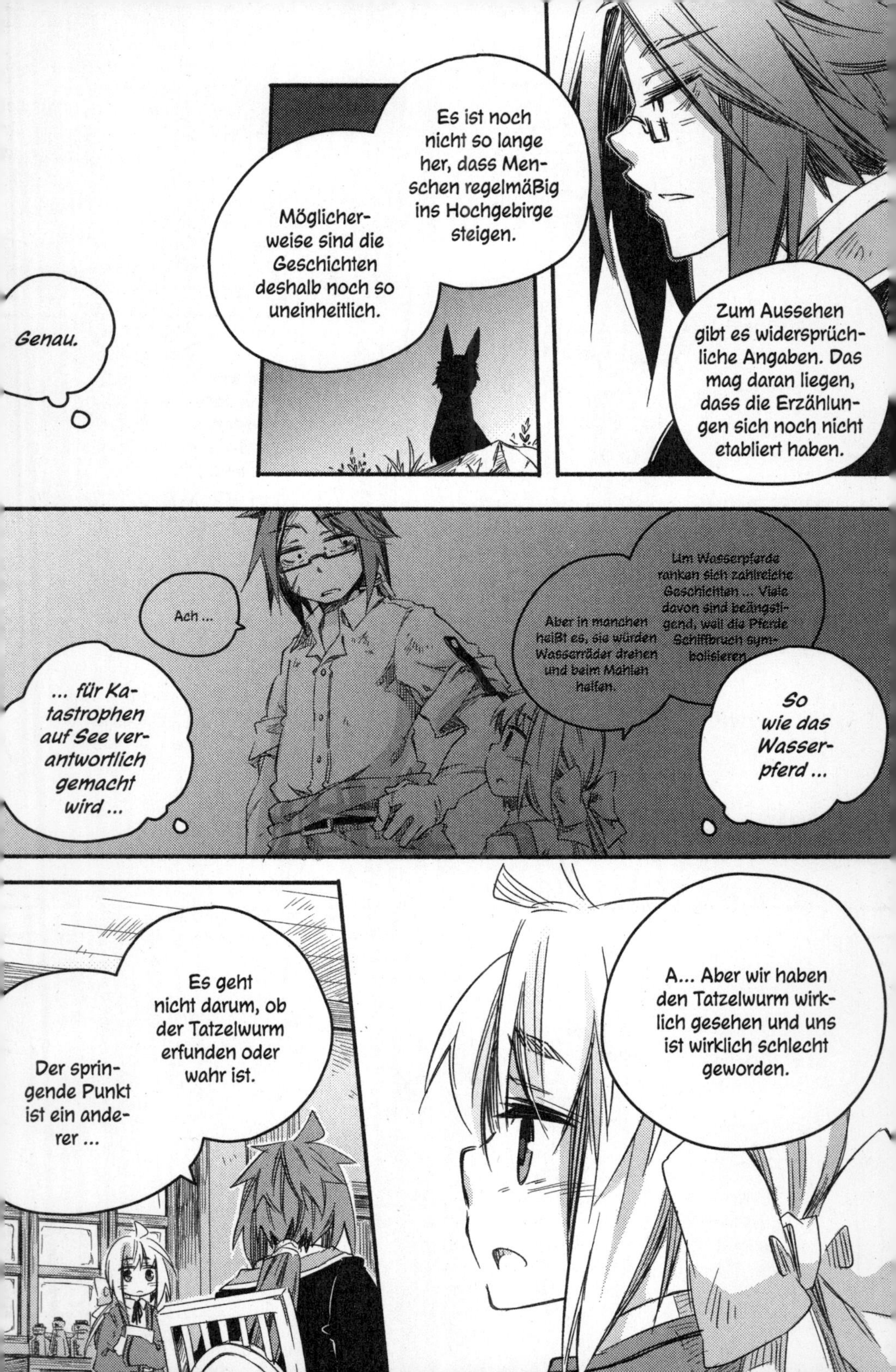
Zum Aussehen gibt es widersprüchliche Angaben. Das mag daran liegen, dass die Erzählungen sich noch nicht etabliert haben.
Es ist noch nicht so lange her, dass Menschen regelmäßig ins Hochgebirge steigen.
Möglicherweise sind die Geschichten deshalb noch so uneinheitlich.
Genau.
Um Wasserpferde ranken sich zahlreiche Geschichten ... Viele davon sind beängstigend, weil die Pferde Schiffbruch symbolisieren.
Aber in manchen heißt es, sie würden Wasserräder drehen und beim Mahlen helfen.
So wie das Wasserpferd ...
... für Katastrophen auf See verantwortlich gemacht wird ...
Ach ...
A... Aber wir haben den Tatzelwurm wirklich gesehen und uns ist wirklich schlecht geworden.
Es geht nicht darum, ob der Tatzelwurm erfunden oder wahr ist.
Der springende Punkt ist ein anderer ...

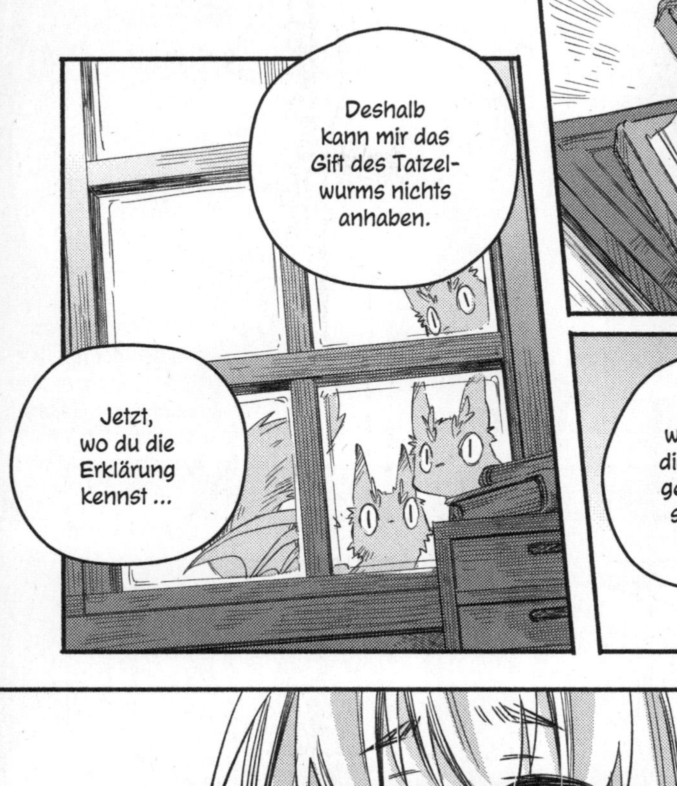
Wir dagege
kennen die Ur
che für Höhe
krankheit.
Und wir wissen, dass die Umstände gegen Sauerstoffmangel sprechen.
Deshalb kann mir das Gift des Tatzelwurms nichts anhaben.
Jetzt, wo du die Erklärung kennst ...

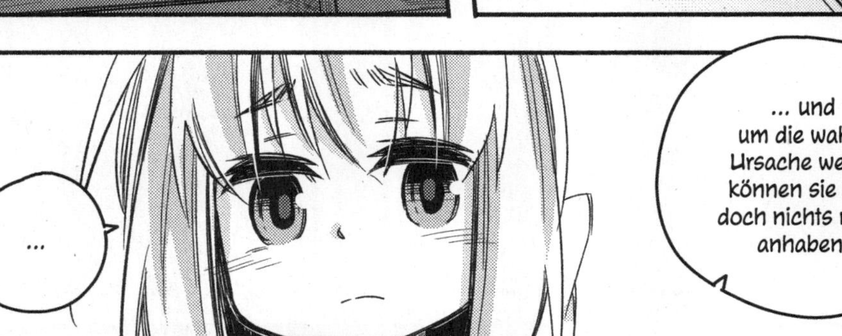
... und um die wahre Ursache weißt, können sie uns doch nichts mehr anhaben.
...

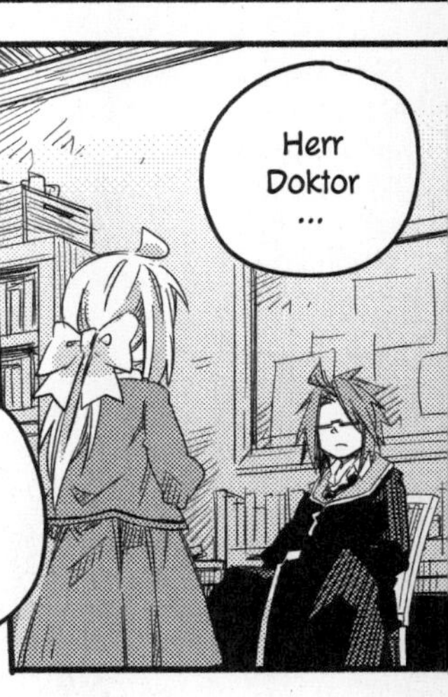
Herr Doktor ...

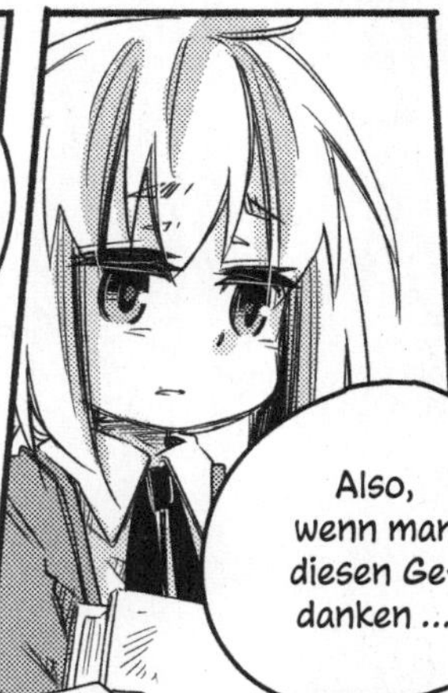
Also, wenn man diesen Gedanken ...
... zu Ende denkt ...
... dass es kein Gift ist, sondern lediglich die Höhenkrankheit ...

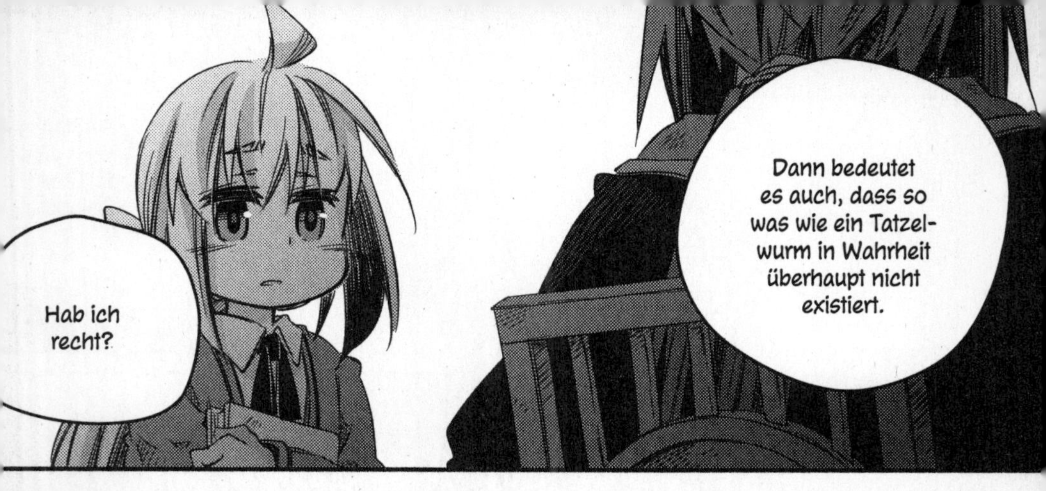
Dann bedeutet es auch, dass so was wie ein Tatzelwurm in Wahrheit überhaupt nicht existiert.
Hab ich recht?

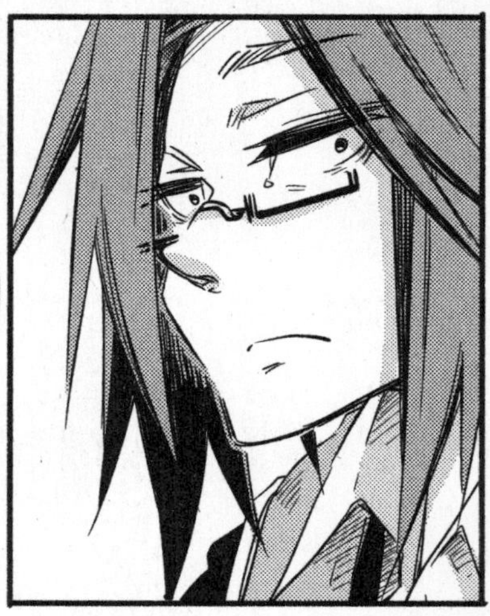

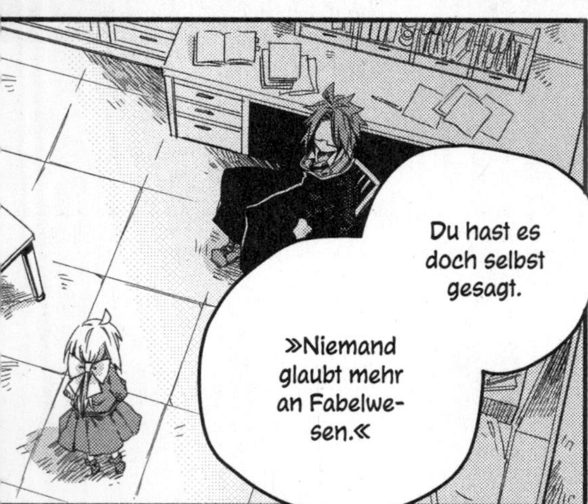
Du hast es doch selbst gesagt.
»Niemand glaubt mehr an Fabelwesen.«

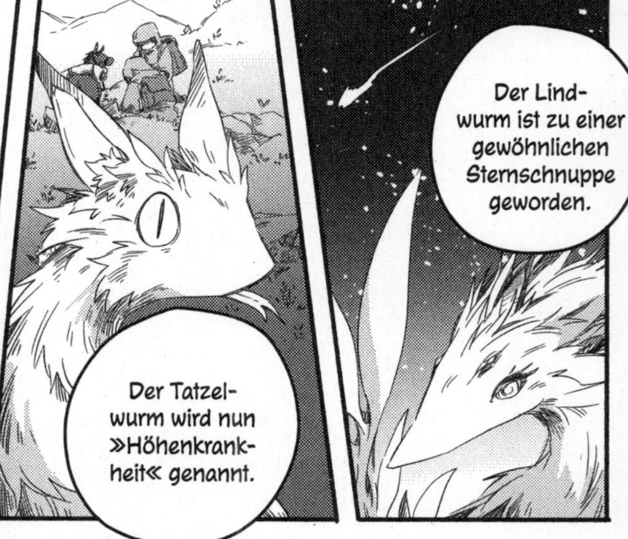
Der Lindwurm ist zu einer gewöhnlichen Sternschnuppe geworden.
Der Tatzelwurm wird nun »Höhenkrankheit« genannt.

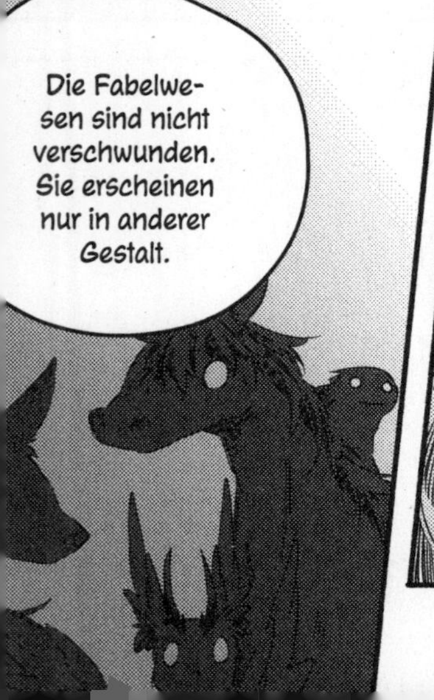
Die Fabelwesen sind nicht verschwunden. Sie erscheinen nur in anderer Gestalt.

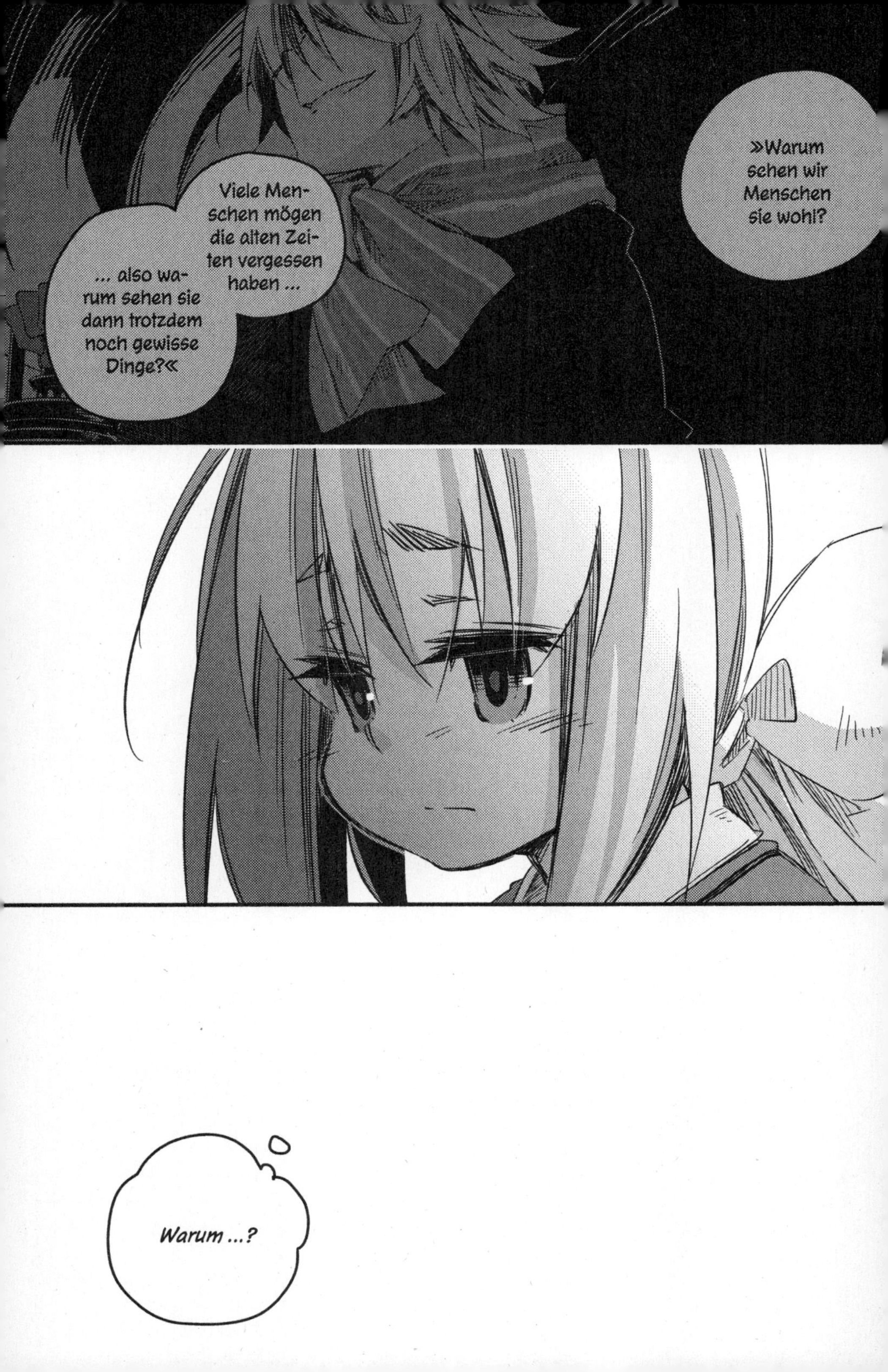

»Warum sehen wir Menschen sie wohl?

Viele Menschen mögen die alten Zeiten vergessen haben ...

... also warum sehen sie dann trotzdem noch gewisse Dinge?«

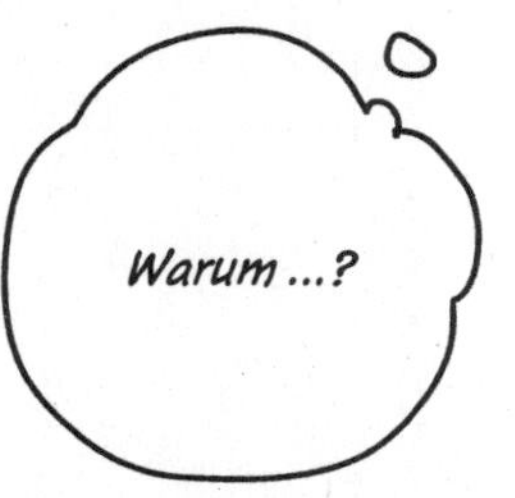

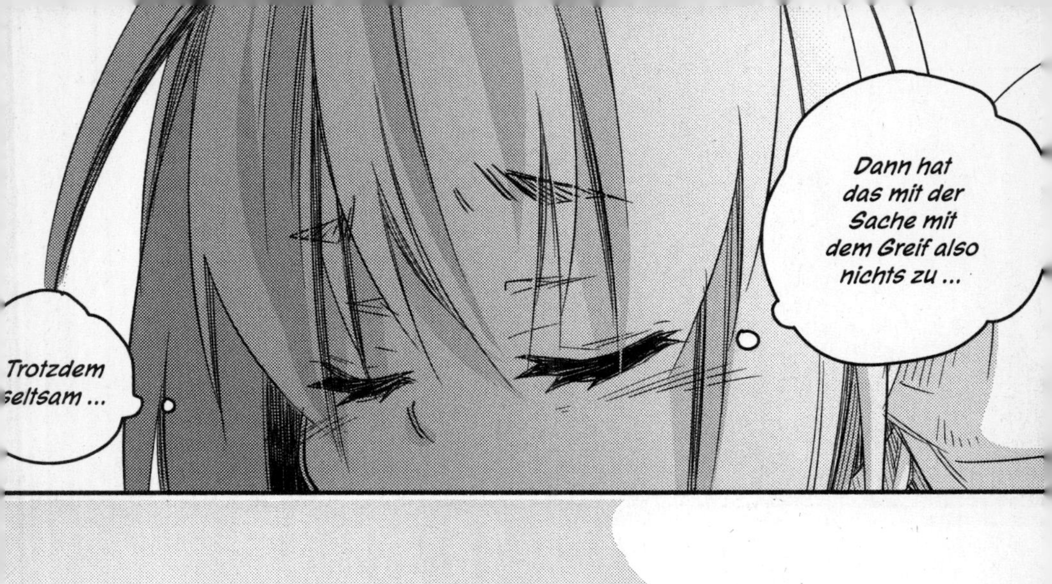

Wohin ist eigentlich Herr Johannes verschwunden?

Was weiß ich. Er ist einfach total unzuverlässig.

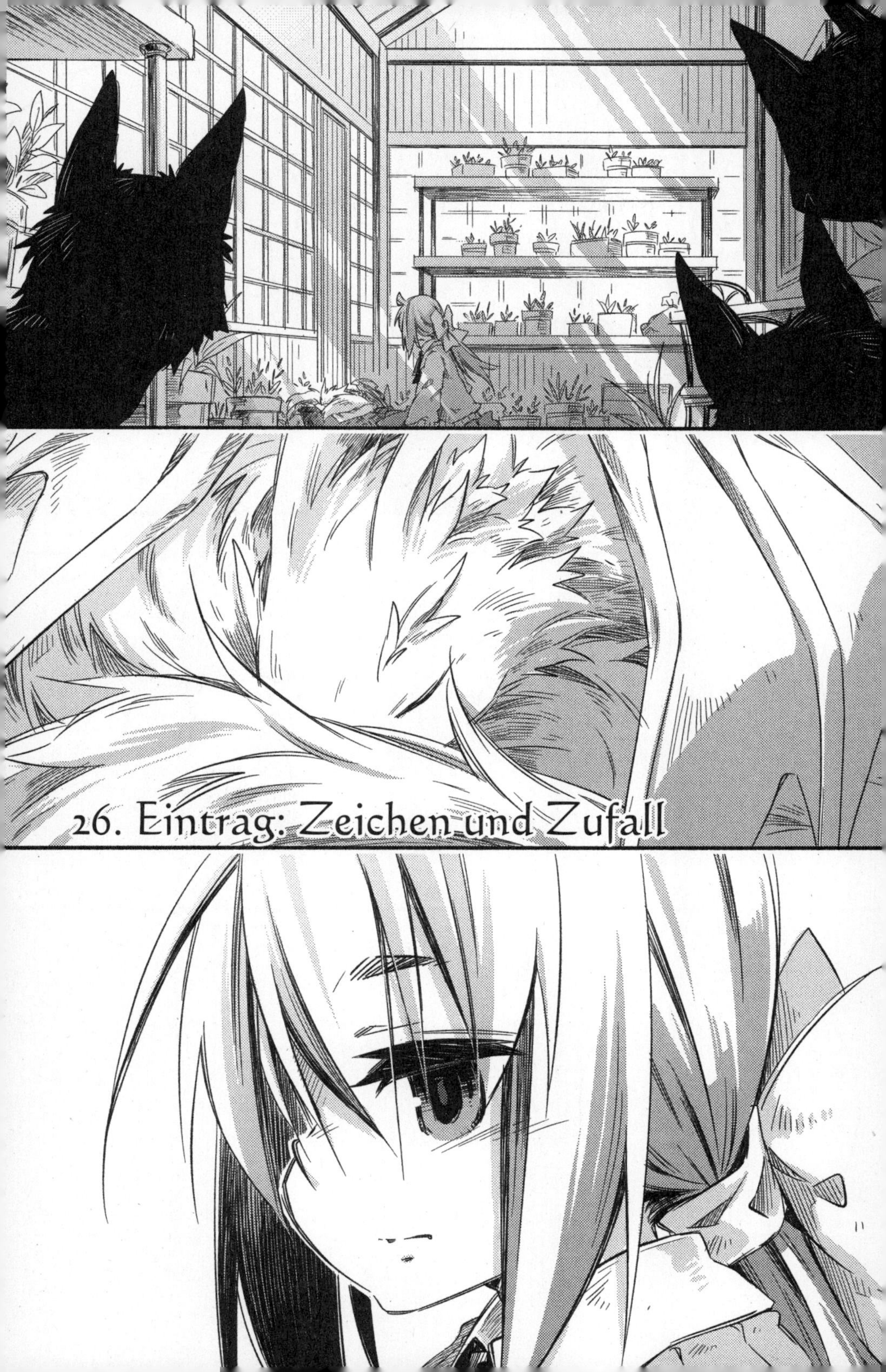
26. Eintrag: Zeichen und Zufall

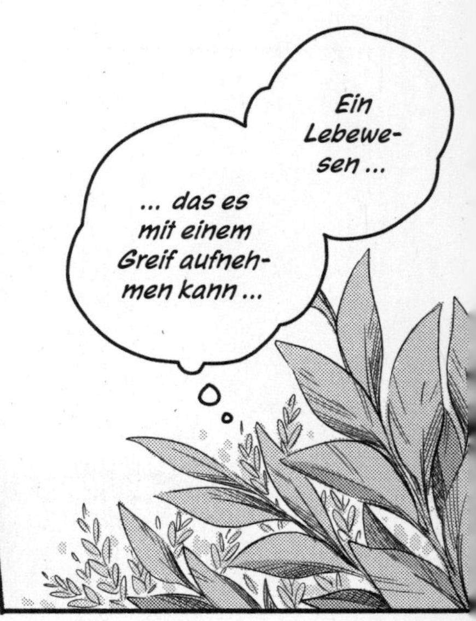

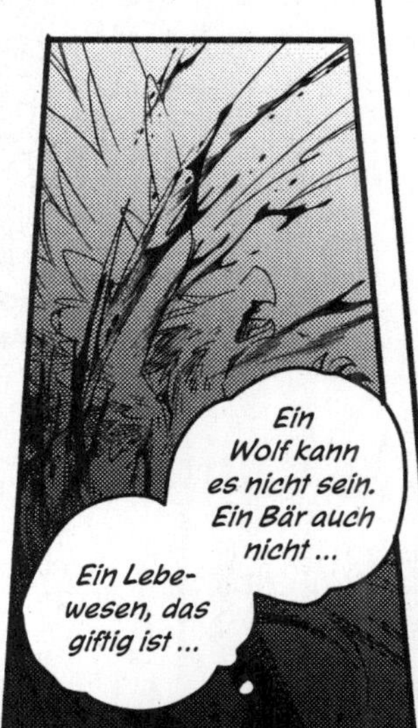

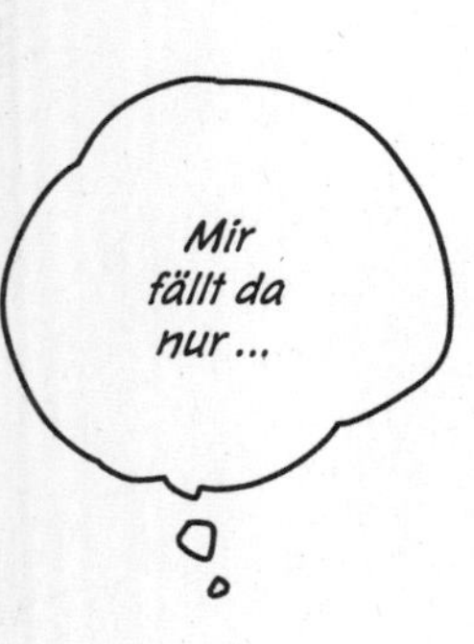

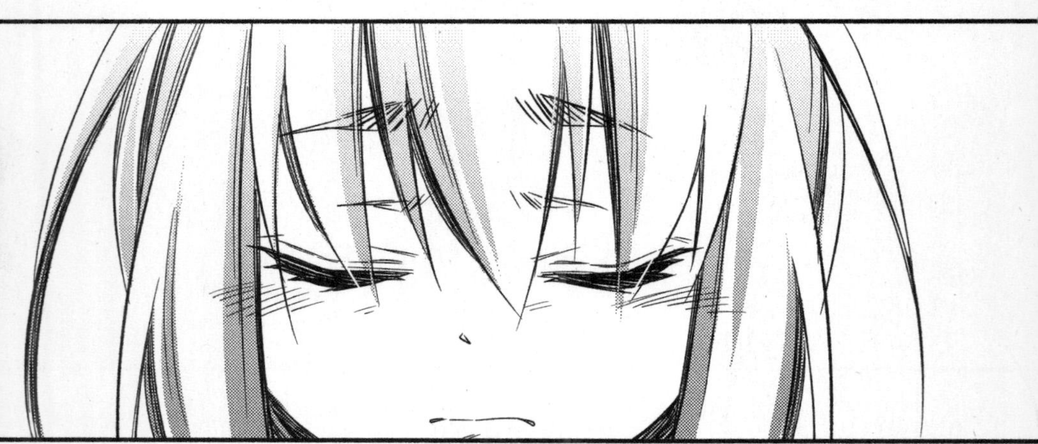

... ein Drache ein ...

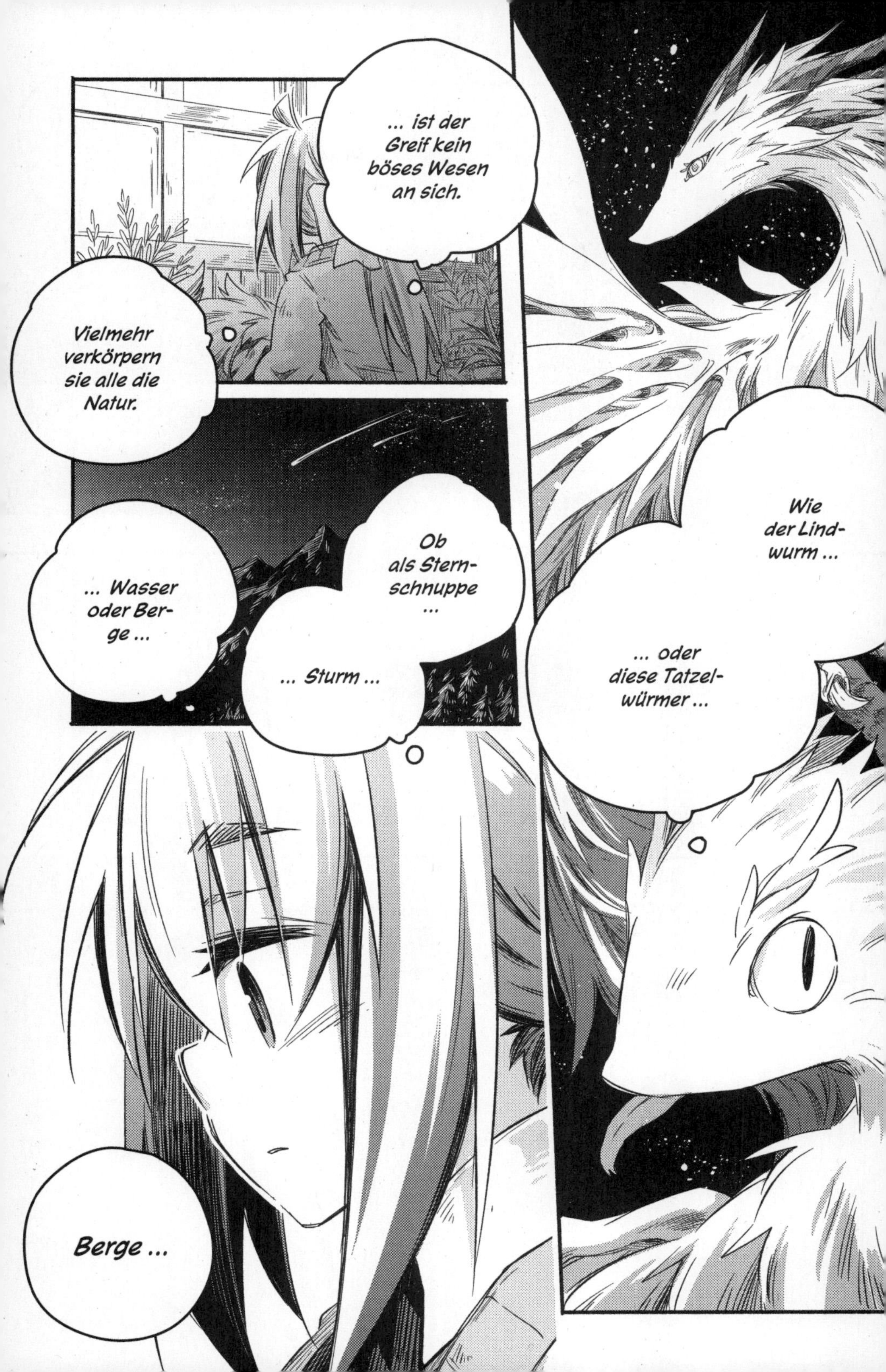
Wie der Lindwurm ...
... oder diese Tatzelwürmer ...
... ist der Greif kein böses Wesen an sich.
Vielmehr verkörpern sie alle die Natur.
Ob als Sternschnuppe ...
... Sturm ...
... Wasser oder Berge ...
Berge ...

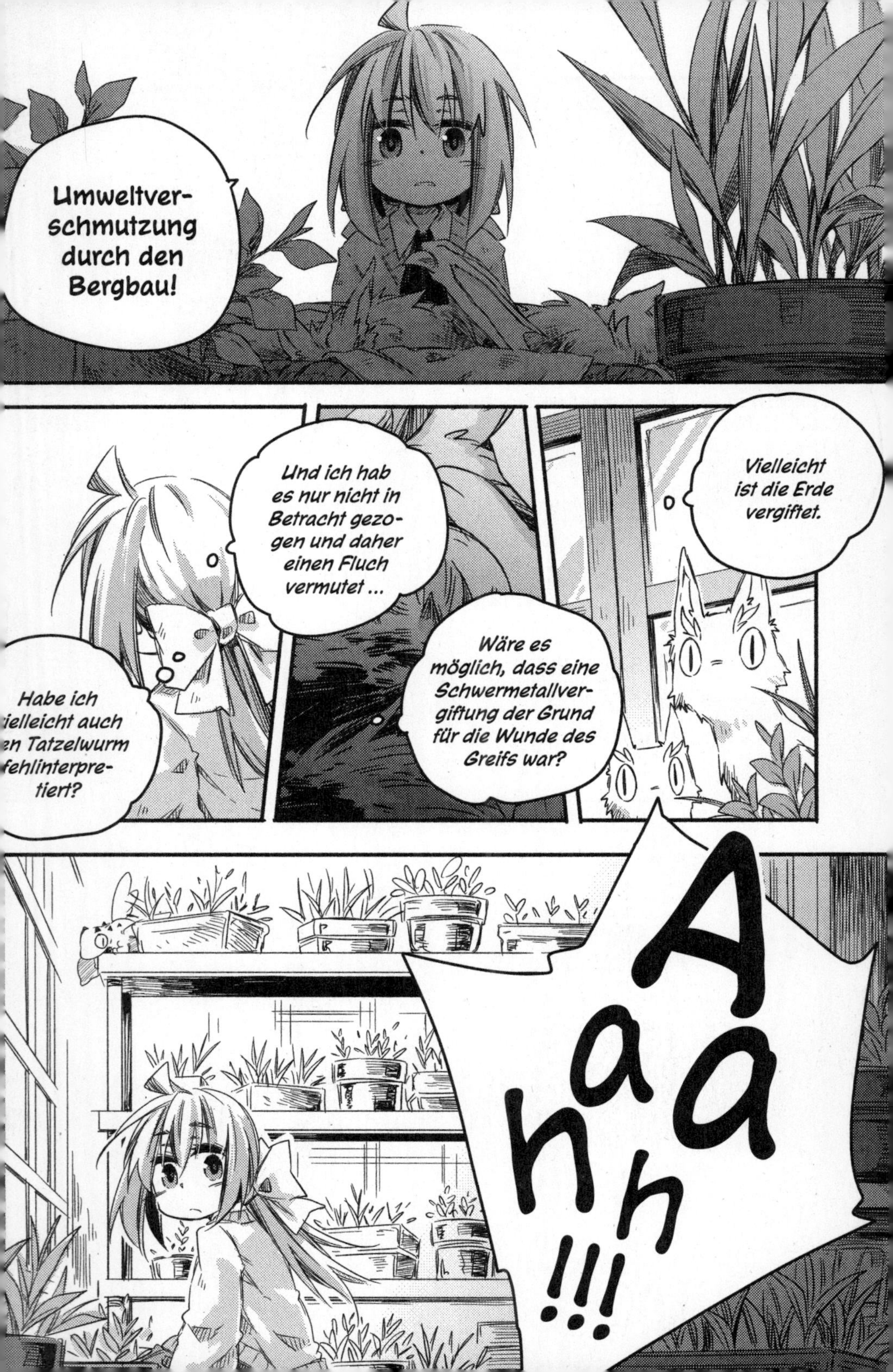
Umweltverschmutzung durch den Bergbau!
Vielleicht ist die Erde vergiftet.
Wäre es möglich, dass eine Schwermetallvergiftung der Grund für die Wunde des Greifs war?
Und ich hab es nur nicht in Betracht gezogen und daher einen Fluch vermutet ...
Habe ich ielleicht auch en Tatzelwurm fehlinterpretiert?
Aaahh!!!

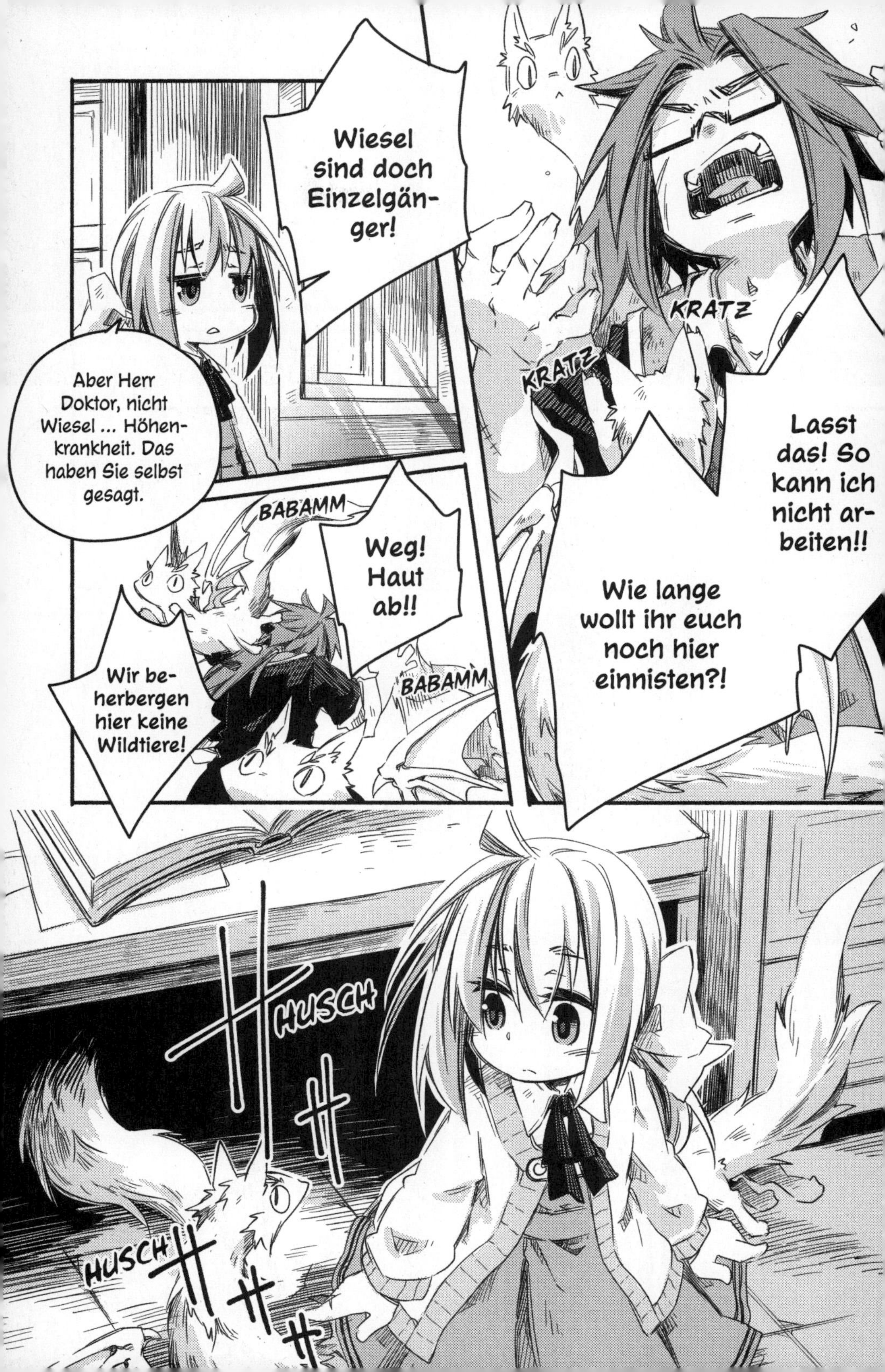
Wiesel sind doch Einzelgänger!
Aber Herr Doktor, nicht Wiesel ... Höhenkrankheit. Das haben Sie selbst gesagt.
KRATZ
KRATZ
Lasst das! So kann ich nicht arbeiten!!
Wie lange wollt ihr euch noch hier einnisten?!
BABAMM
Weg! Haut ab!!
BABAMM
Wir beherbergen hier keine Wildtiere!
HUSCH
HUSCH

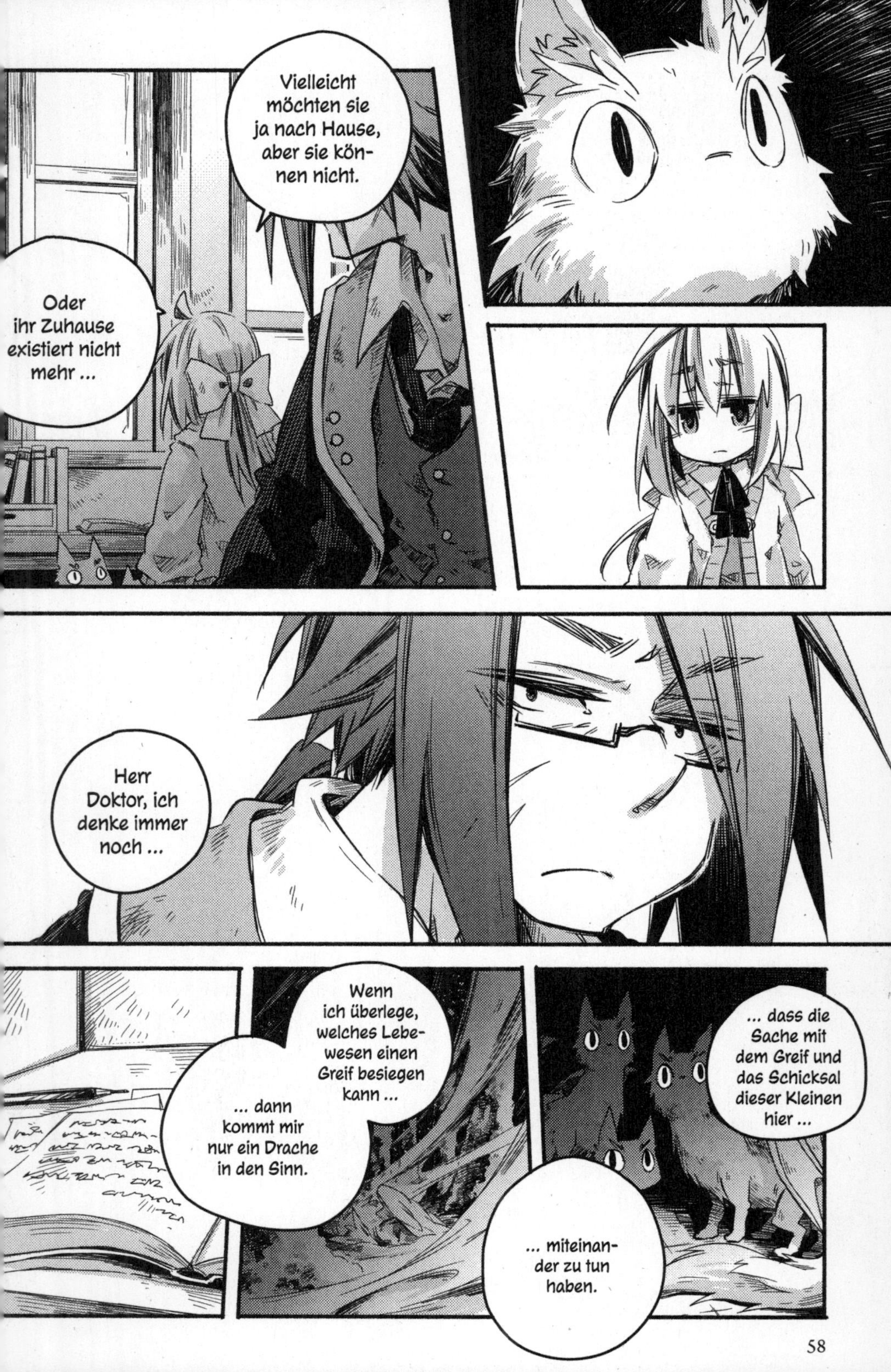
Vielleicht möchten sie ja nach Hause, aber sie kön-nen nicht.
Oder ihr Zuhause existiert nicht mehr ...
Herr Doktor, ich denke immer noch ...
Wenn ich überlege, welches Lebe-wesen einen Greif besiegen kann ...
... dann kommt mir nur ein Drache in den Sinn.
... dass die Sache mit dem Greif und das Schicksal dieser Kleinen hier ...
... miteinan-der zu tun haben.

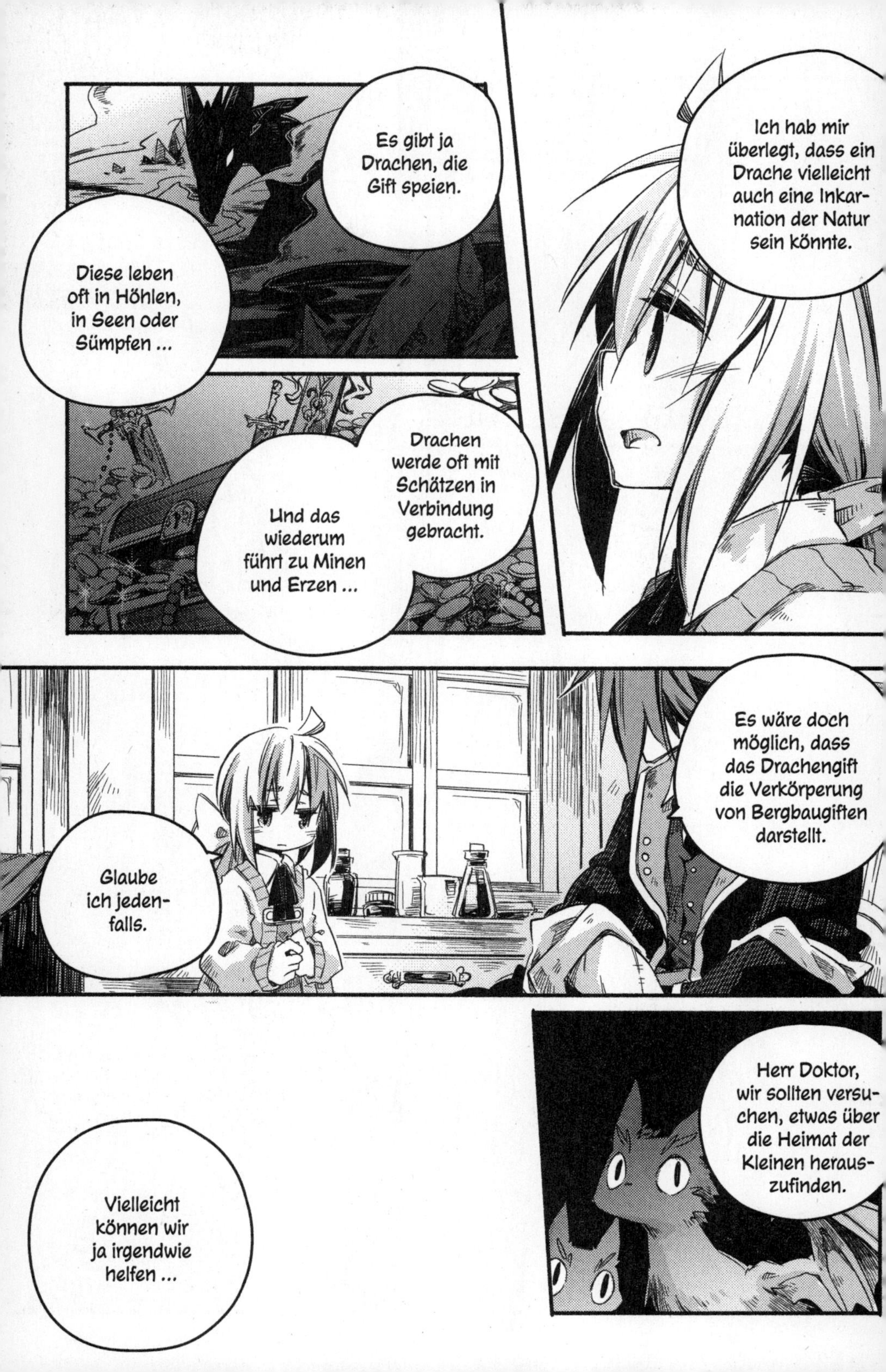

Ich hab mir überlegt, dass ein Drache vielleicht auch eine Inkarnation der Natur sein könnte.

Es gibt ja Drachen, die Gift speien.

Diese leben oft in Höhlen, in Seen oder Sümpfen ...

Drachen werde oft mit Schätzen in Verbindung gebracht.

Und das wiederum führt zu Minen und Erzen ...

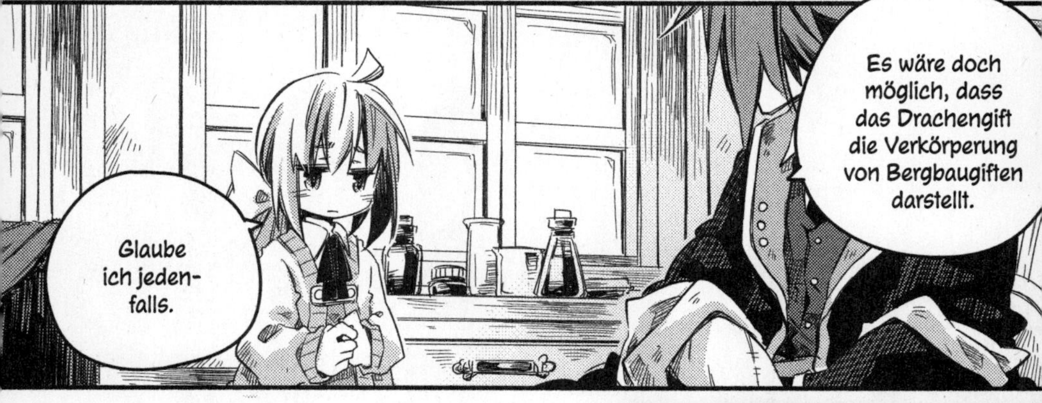

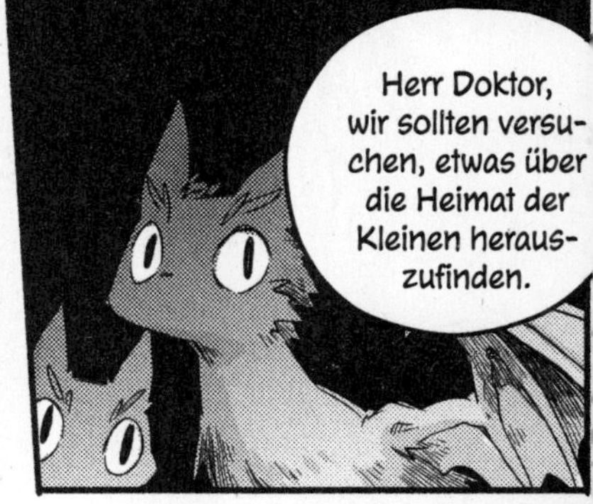

Vielleicht können wir ja irgendwie helfen ...

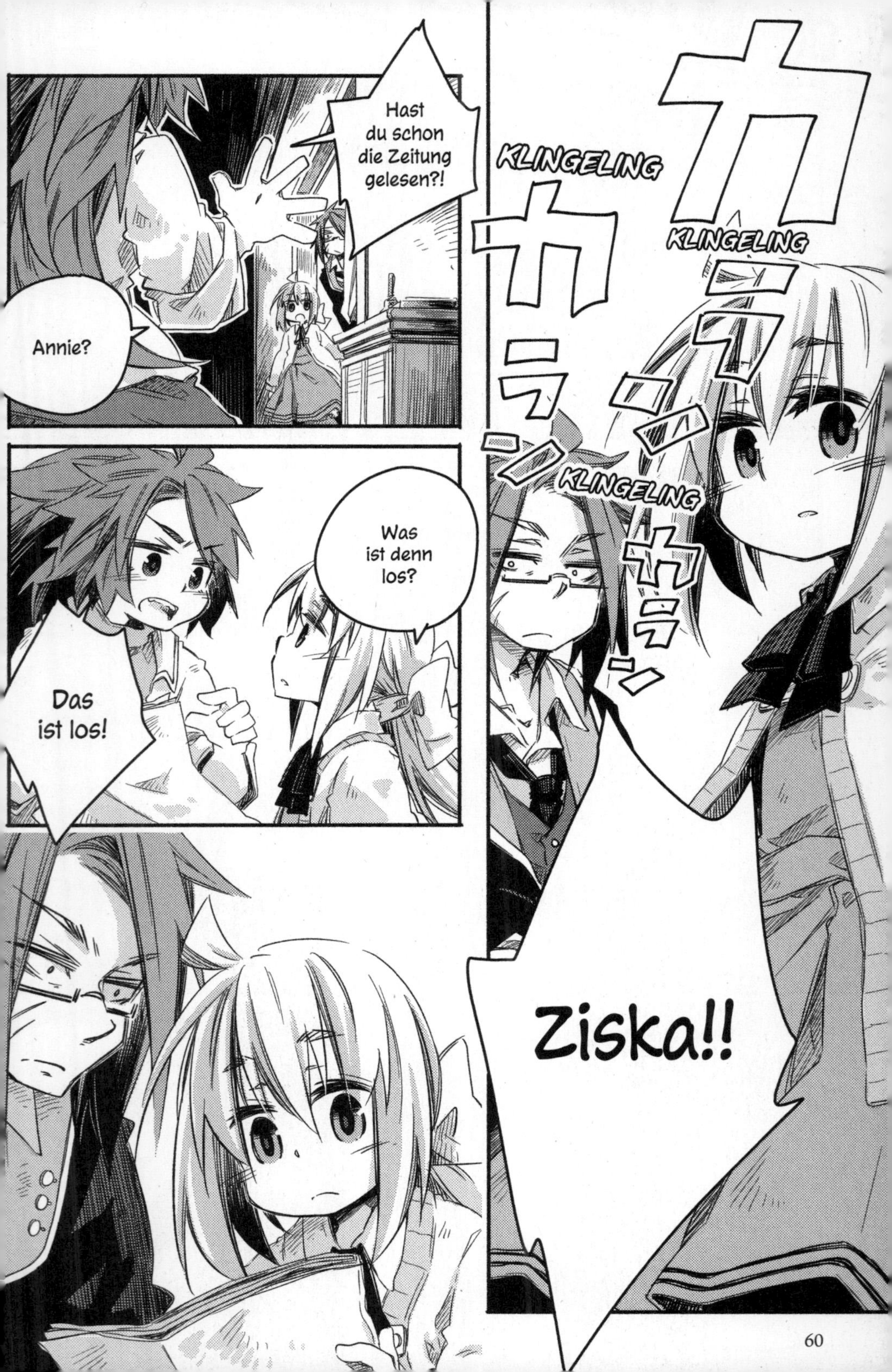
KLINGELING
KLINGELING
KLINGELING
Ziska!!
Hast du schon die Zeitung gelesen?!
Annie?
Was ist denn los?
Das ist los!

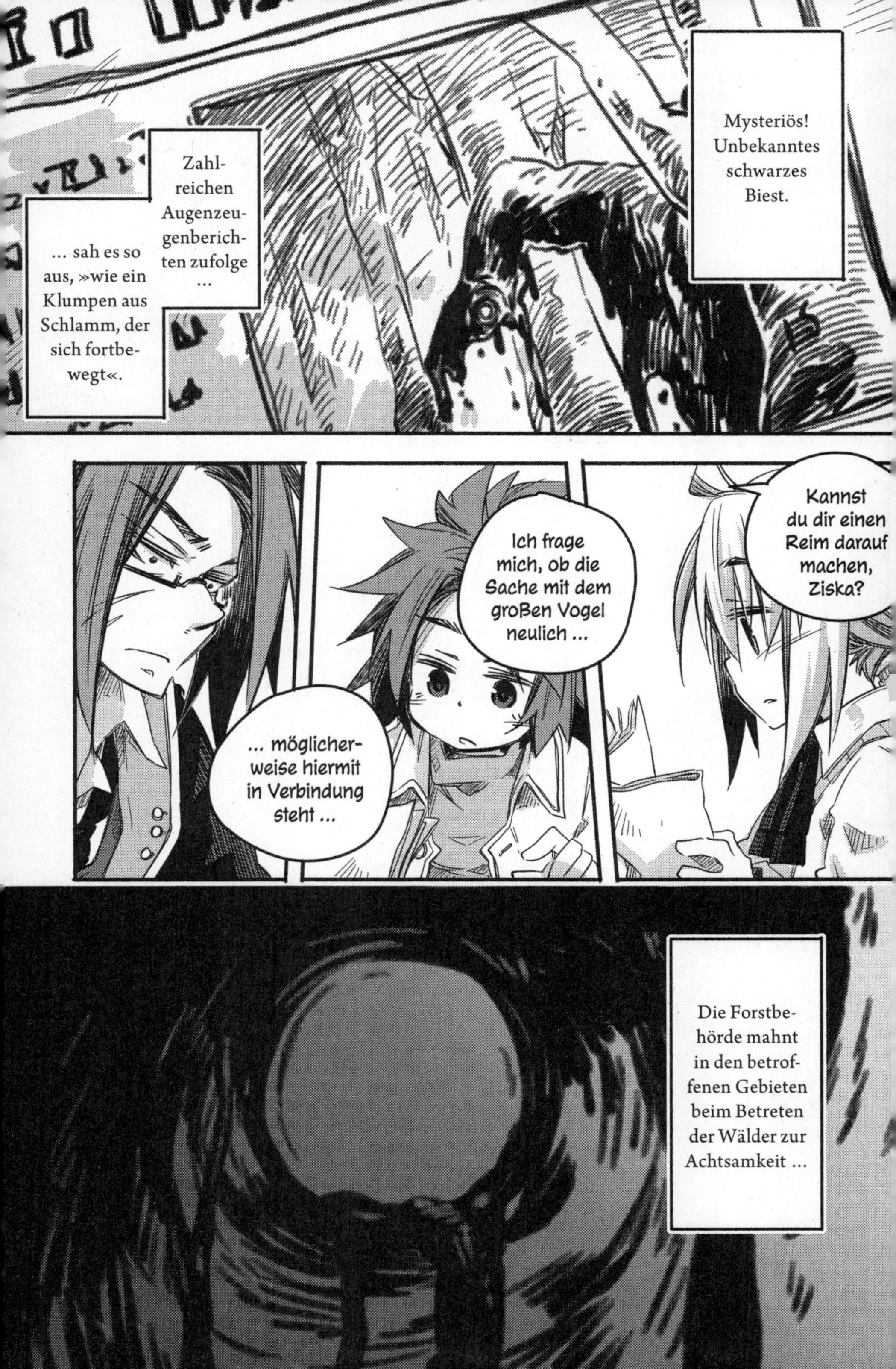
Mysteriös! Unbekanntes schwarzes Biest.
Zahlreichen Augenzeugenberichten zufolge ...
... sah es so aus, »wie ein Klumpen aus Schlamm, der sich fortbewegt«.
Kannst du dir einen Reim darauf machen, Ziska?
Ich frage mich, ob die Sache mit dem großen Vogel neulich ...
... möglicherweise hiermit in Verbindung steht ...
Die Forstbehörde mahnt in den betroffenen Gebieten beim Betreten der Wälder zur Achtsamkeit ...

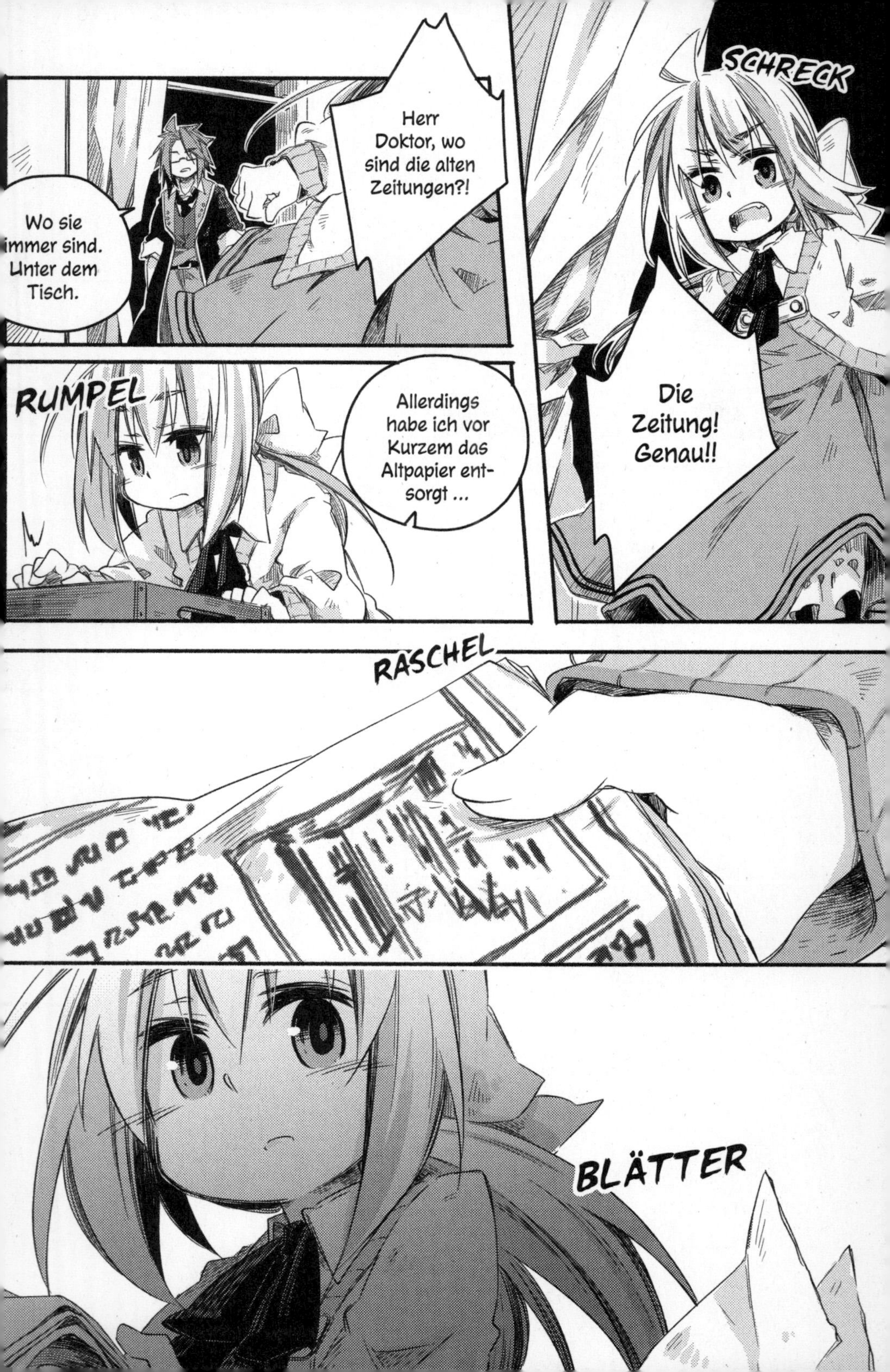
SCHRECK
Die Zeitung! Genau!!
Herr Doktor, wo sind die alten Zeitungen?!
Wo sie immer sind. Unter dem Tisch.
Allerdings habe ich vor Kurzem das Altpapier entsorgt ...
RUMPEL
RASCHEL
BLÄTTER

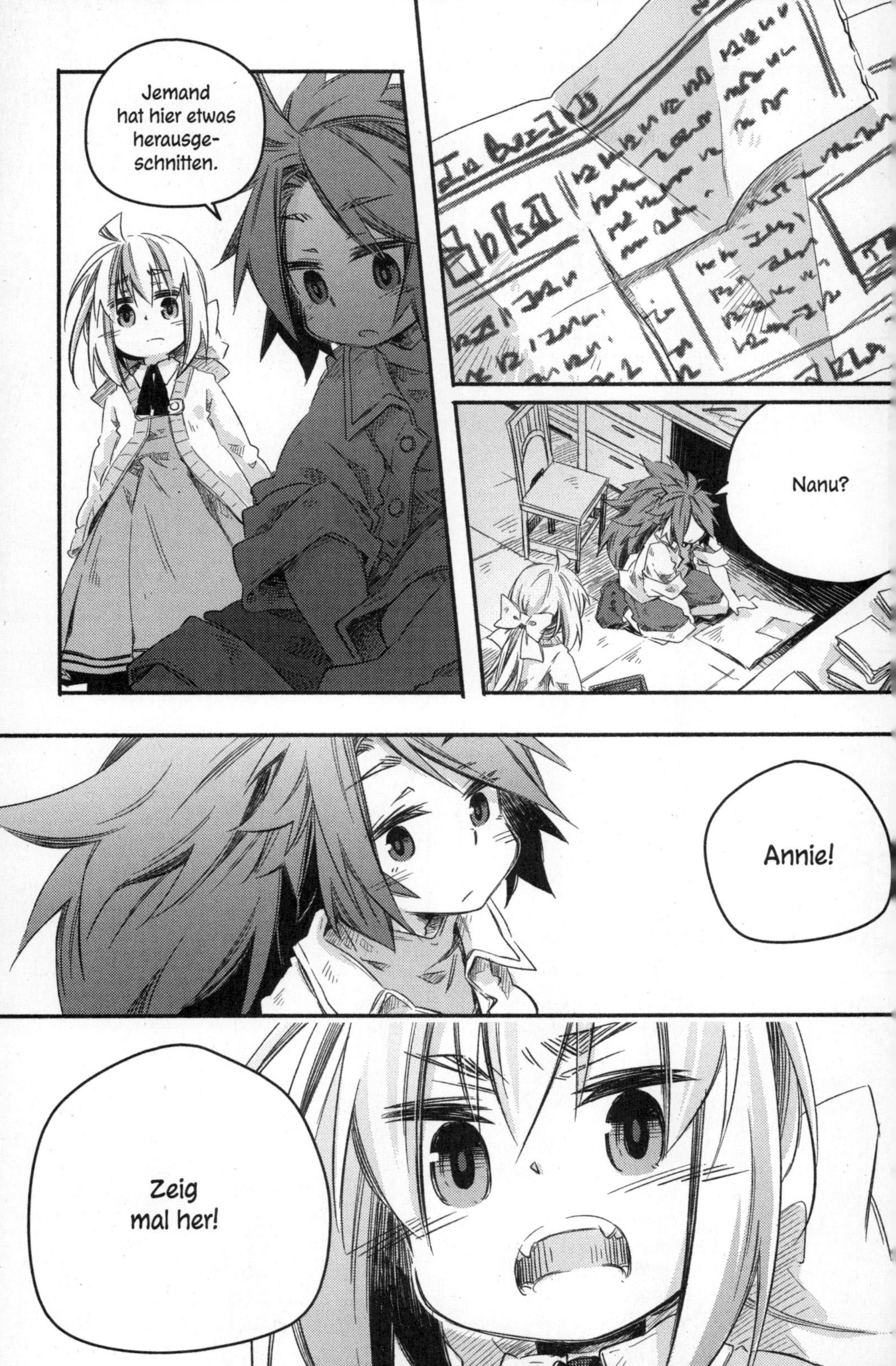
Nanu?
Jemand hat hier etwas herausgeschnitten.
Annie!
Zeig mal her!

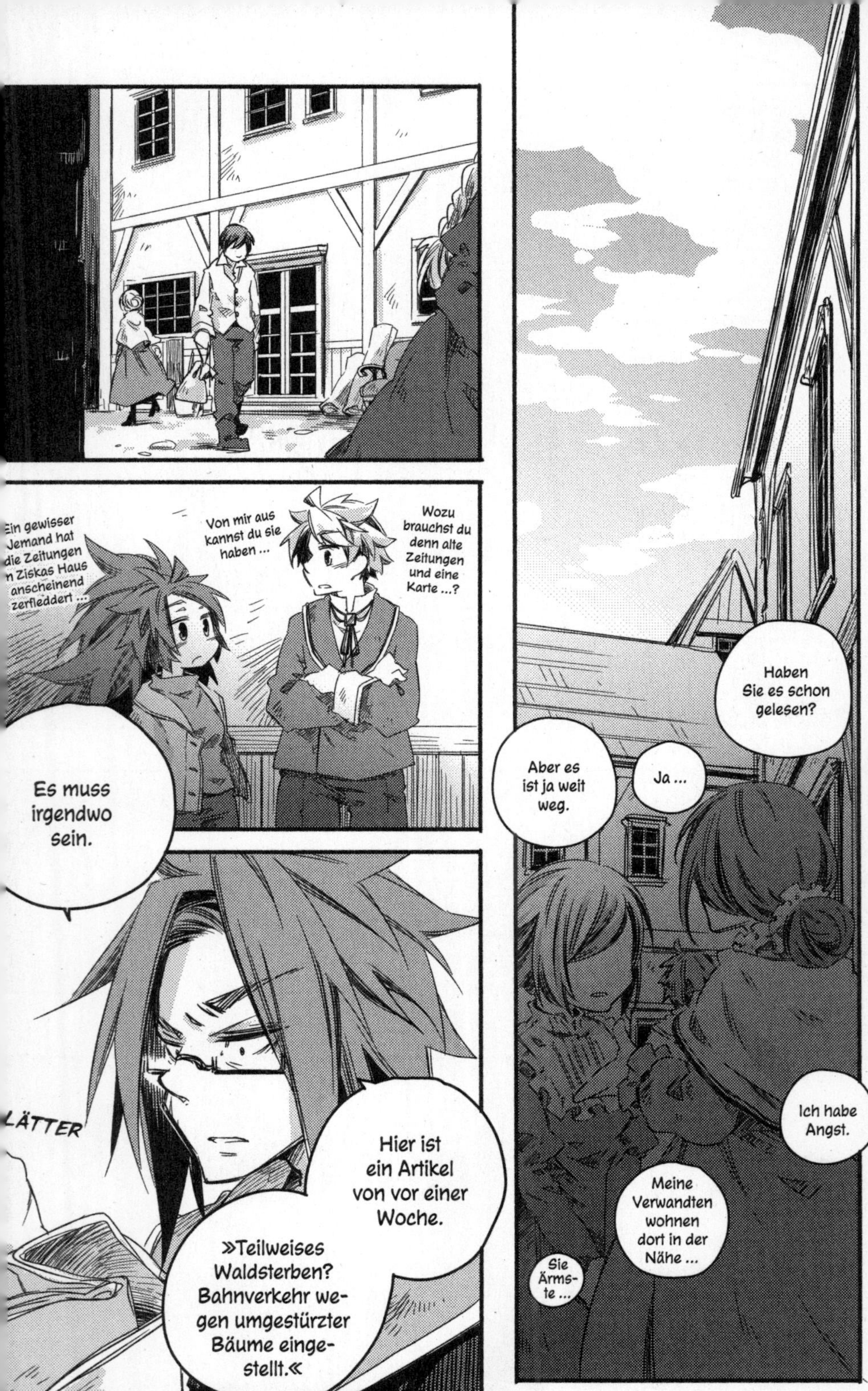

Haben Sie es schon gelesen?
Ja ...
Aber es ist ja weit weg.
Ich habe Angst.
Meine Verwandten wohnen dort in der Nähe ...
Sie Ärmste ...

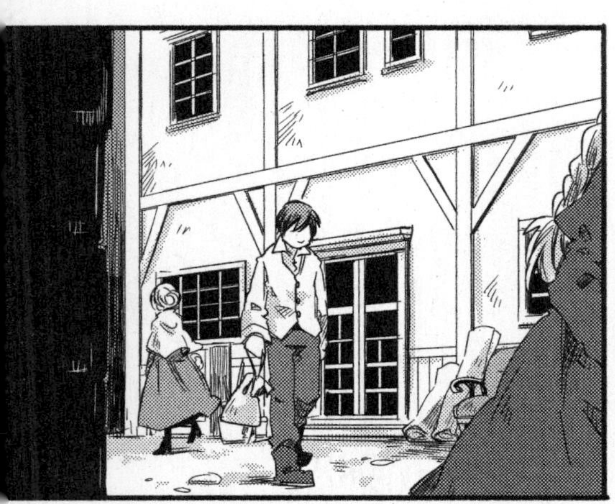

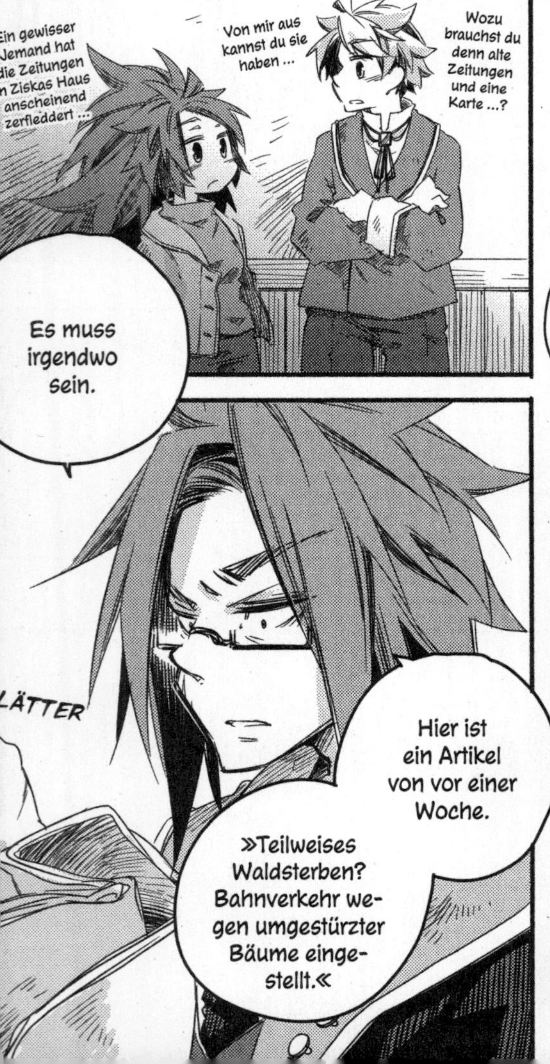
Wozu brauchst du denn alte Zeitungen und eine Karte ...?
Von mir aus kannst du sie haben ...
Ein gewisser Jemand hat die Zeitungen n Ziskas Haus anscheinend zerfleddert ...
Es muss irgendwo sein.
LÄTTER
Hier ist ein Artikel von vor einer Woche.
»Teilweises Waldsterben? Bahnverkehr wegen umgestürzter Bäume eingestellt.«

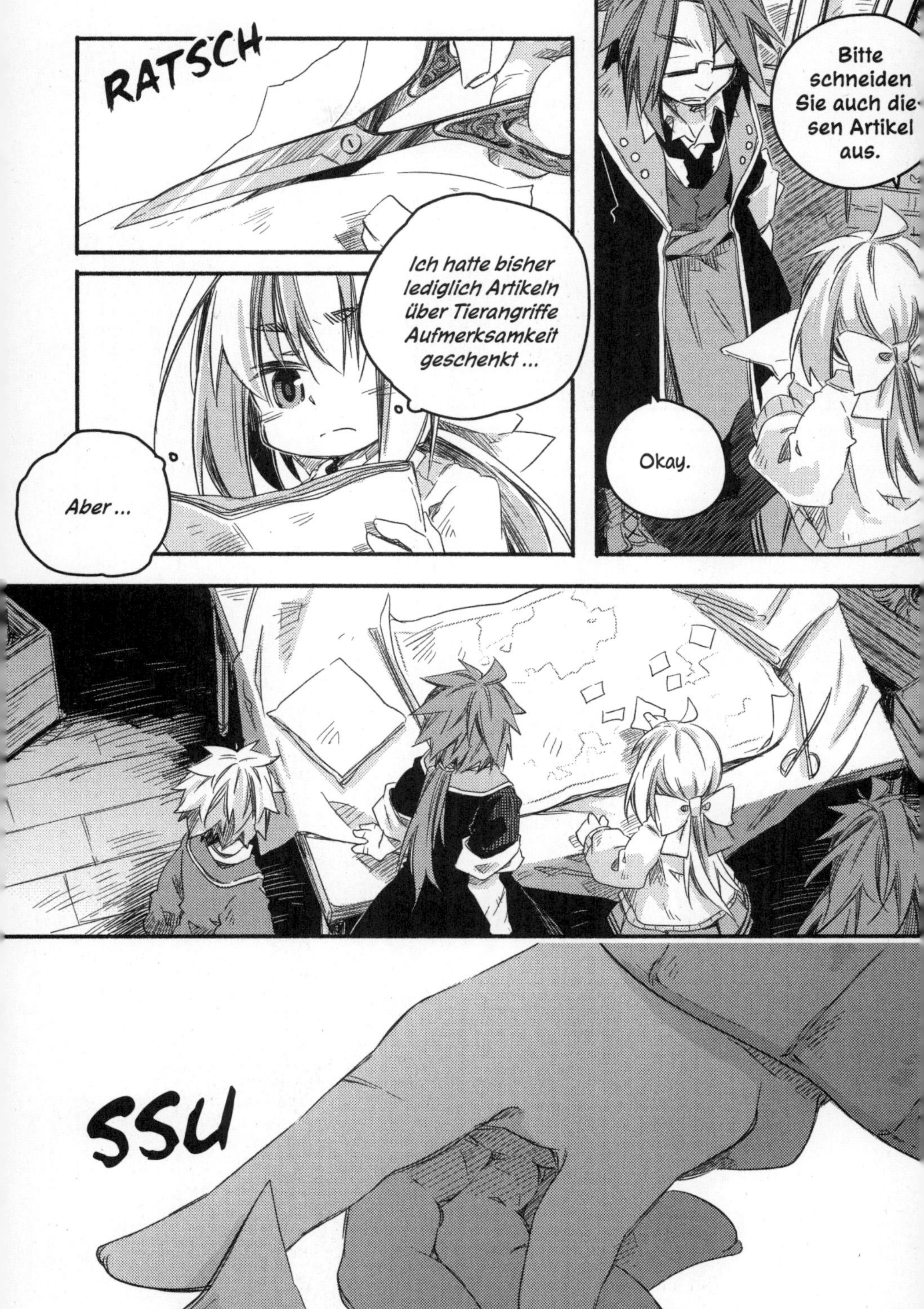

Bitte schneiden Sie auch diesen Artikel aus.
Okay.
RATSCH
Ich hatte bisher lediglich Artikeln über Tierangriffe Aufmerksamkeit geschenkt ...
Aber ...
SSU

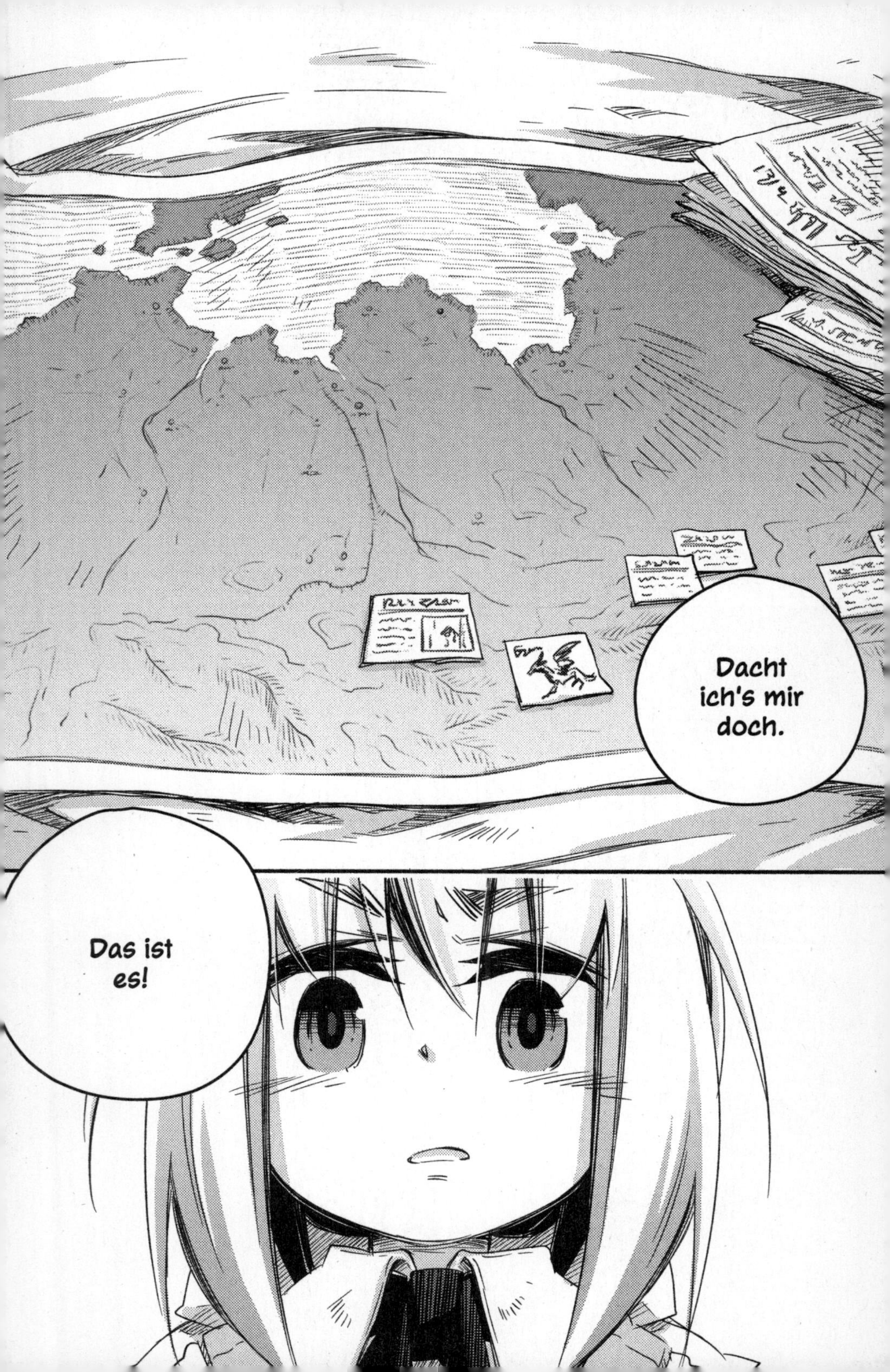
Dacht ich's mir doch.
Das ist es!

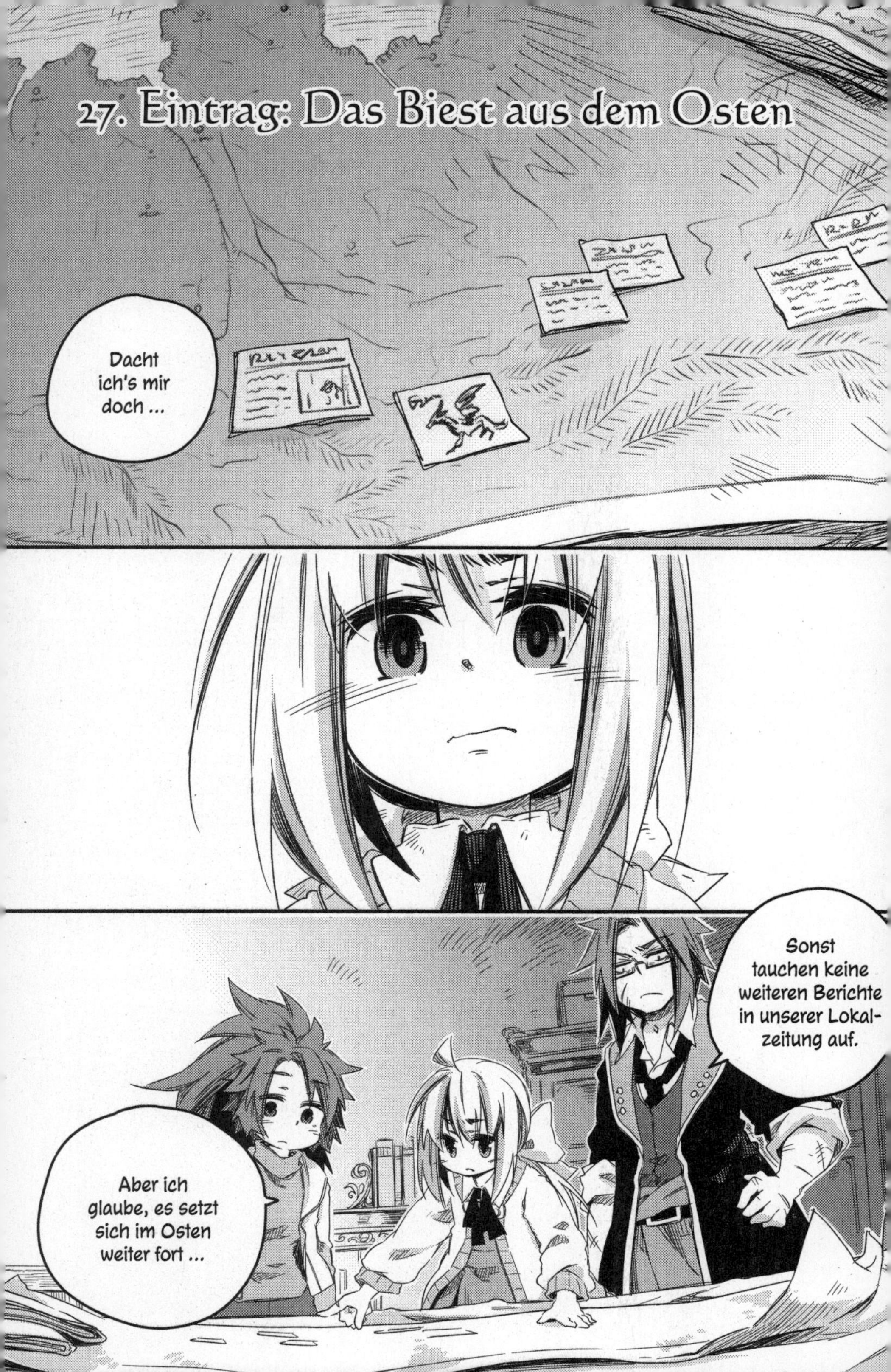
27. Eintrag: Das Biest aus dem Osten
Dacht ich's mir doch ...
Sonst tauchen keine weiteren Berichte in unserer Lokal-zeitung auf.
Aber ich glaube, es setzt sich im Osten weiter fort ...

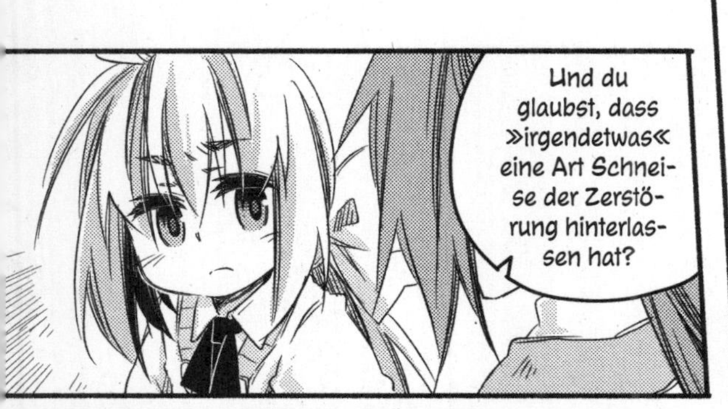
Und du glaubst, dass »irgendetwas« eine Art Schneise der Zerstörung hinterlassen hat?

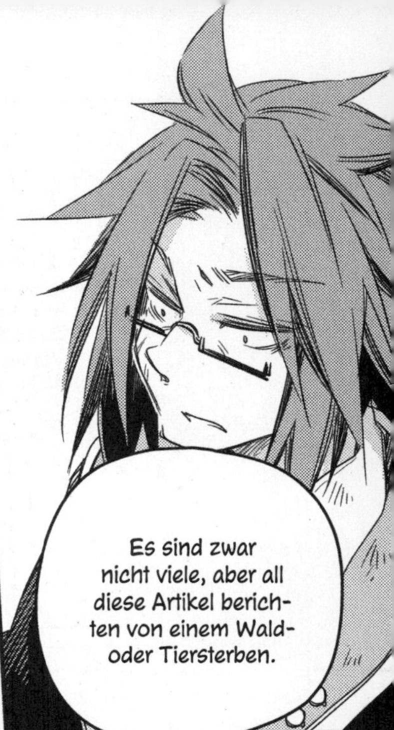
Es sind zwar nicht viele, aber all diese Artikel berichten von einem Wald- oder Tiersterben.

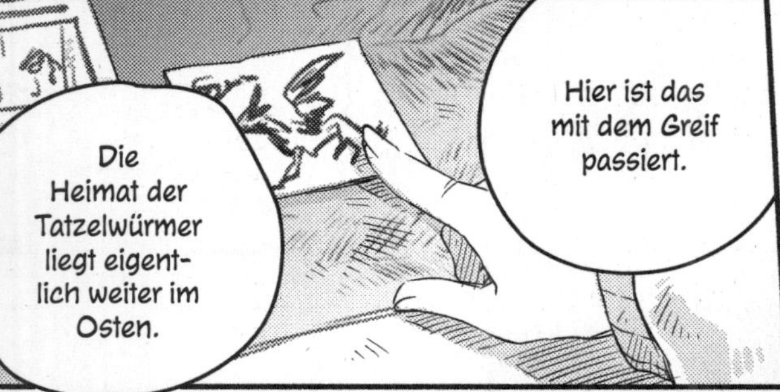
Hier ist das mit dem Greif passiert.
Die Heimat der Tatzelwürmer liegt eigentlich weiter im Osten.

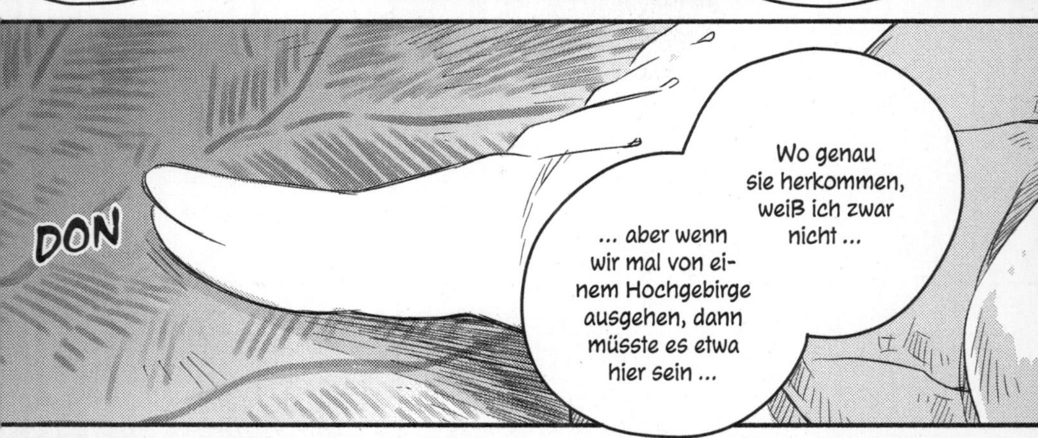
Wo genau sie herkommen, weiß ich zwar nicht ...
... aber wenn wir mal von einem Hochgebirge ausgehen, dann müsste es etwa hier sein ...
DON

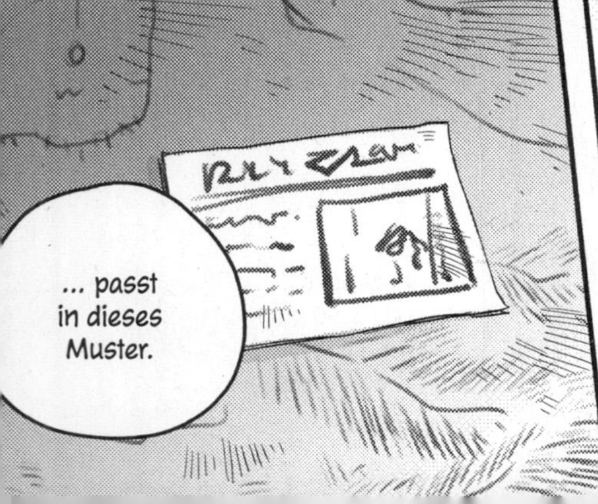
... passt in dieses Muster.

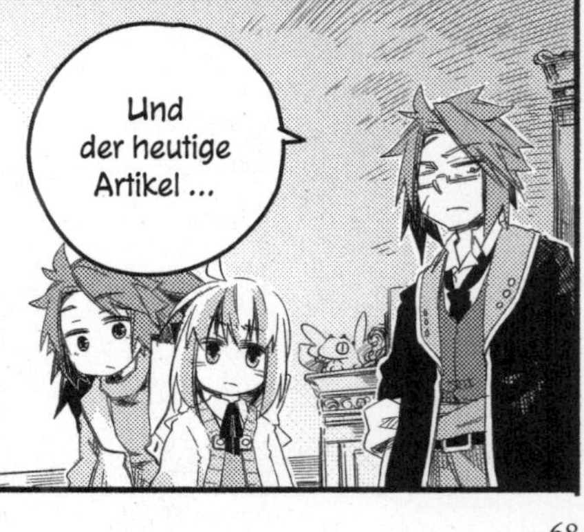
Und der heutige Artikel ...

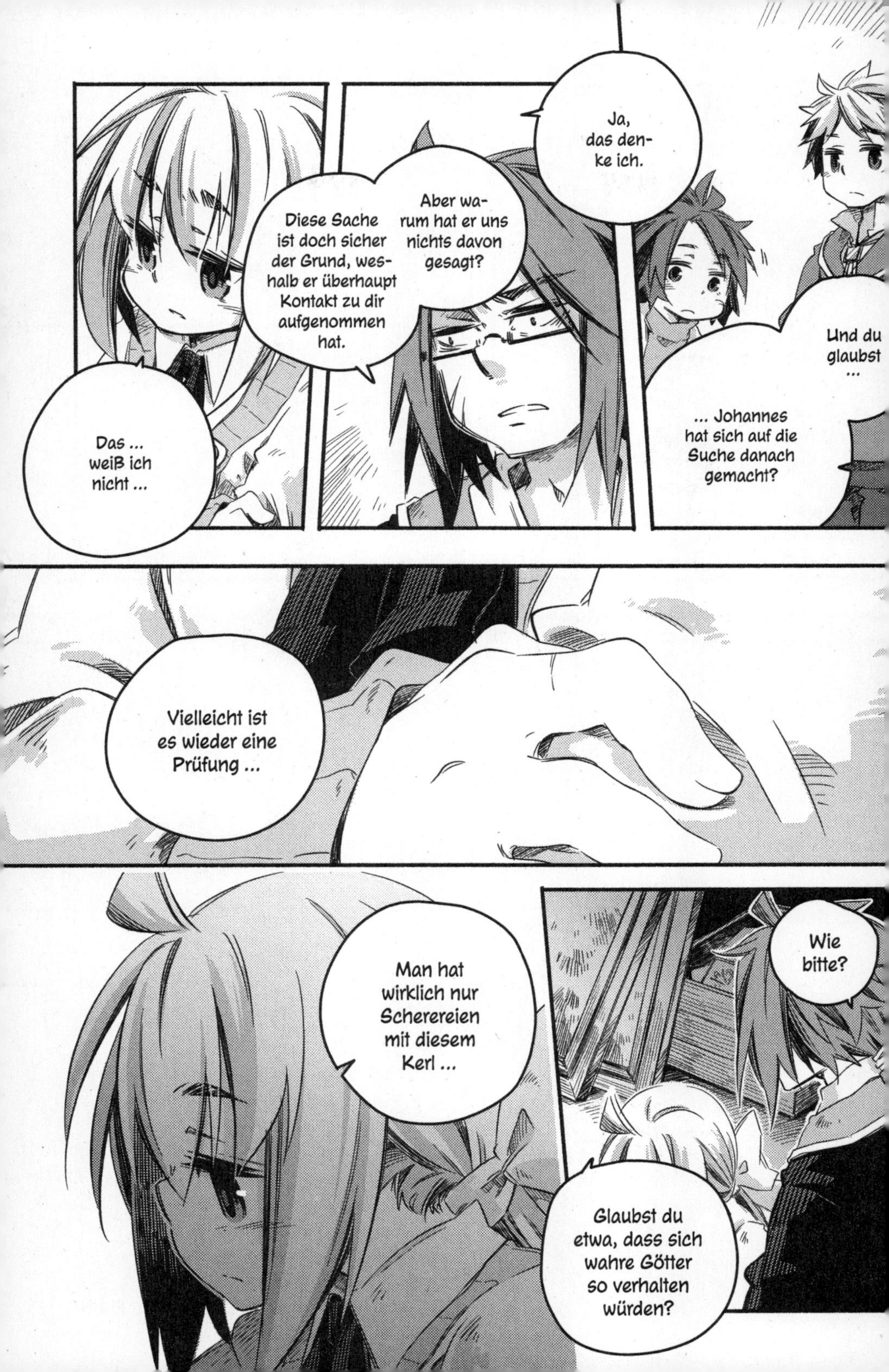
Und du glaubst ...
... Johannes hat sich auf die Suche danach gemacht?
Ja, das denke ich.
Aber warum hat er uns nichts davon gesagt?
Diese Sache ist doch sicher der Grund, weshalb er überhaupt Kontakt zu dir aufgenommen hat.
Das ... weiß ich nicht ...
Vielleicht ist es wieder eine Prüfung ...
Wie bitte?
Glaubst du etwa, dass sich wahre Götter so verhalten würden?
Man hat wirklich nur Scherereien mit diesem Kerl ...

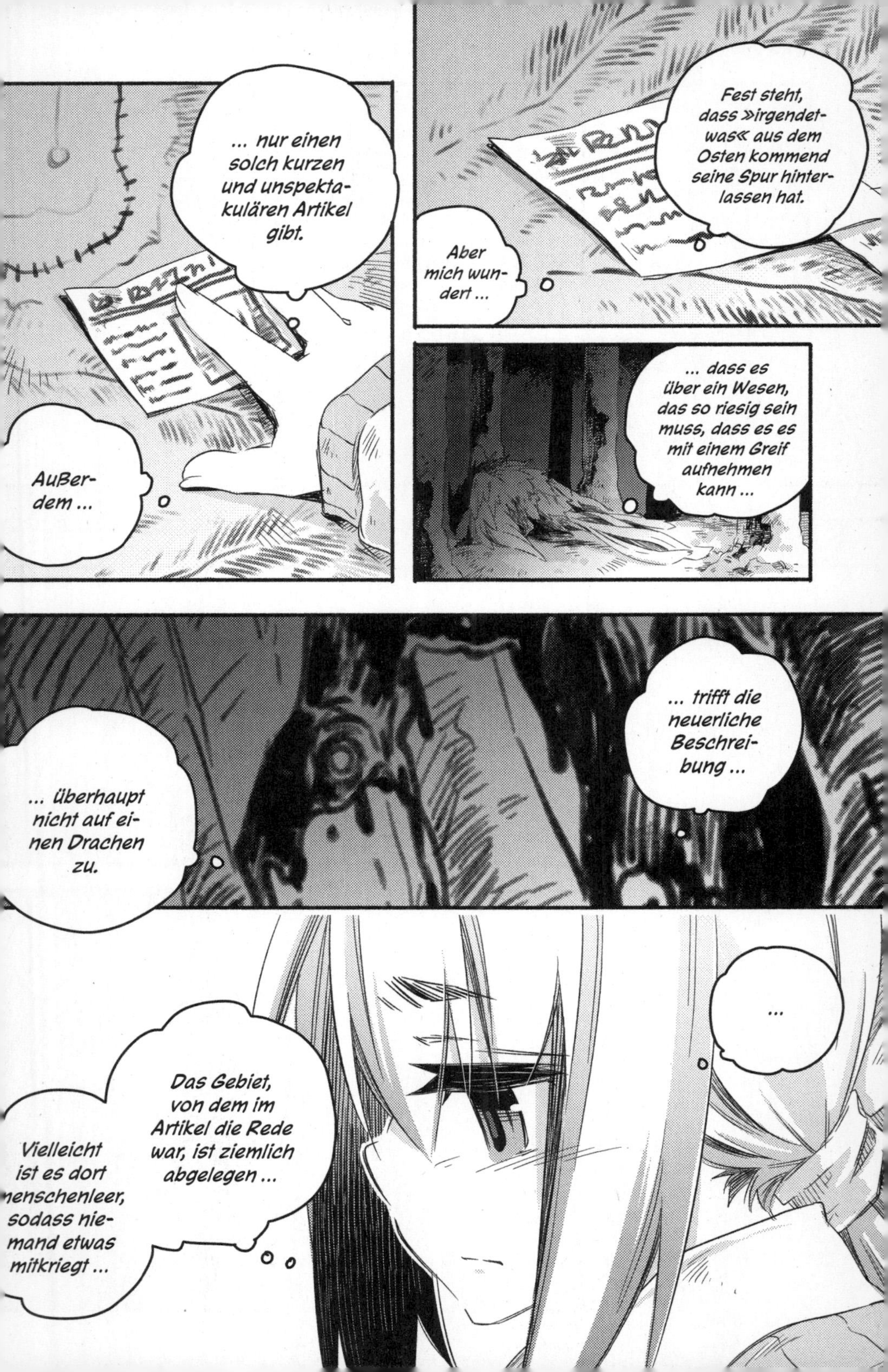

Fest steht, dass »irgendetwas« aus dem Osten kommend seine Spur hinterlassen hat.
Aber mich wundert ...
... dass es über ein Wesen, das so riesig sein muss, dass es es mit einem Greif aufnehmen kann ...
... nur einen solch kurzen und unspektakulären Artikel gibt.
Außerdem ...
... trifft die neuerliche Beschreibung ...
... überhaupt nicht auf einen Drachen zu.
...
Das Gebiet, von dem im Artikel die Rede war, ist ziemlich abgelegen ...
Vielleicht ist es dort menschenleer, sodass niemand etwas mitkriegt ...

Und was machen wir jetzt?

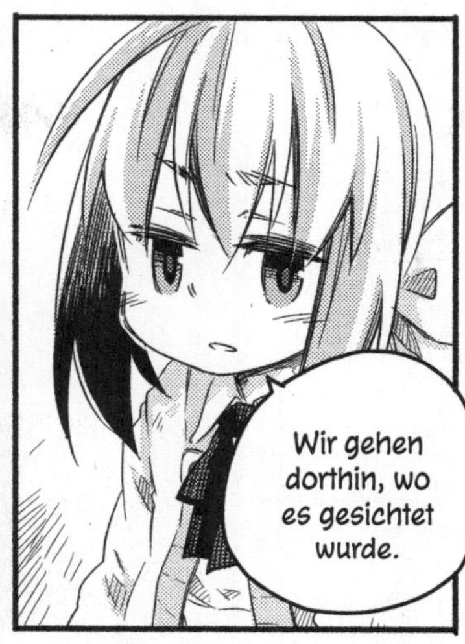

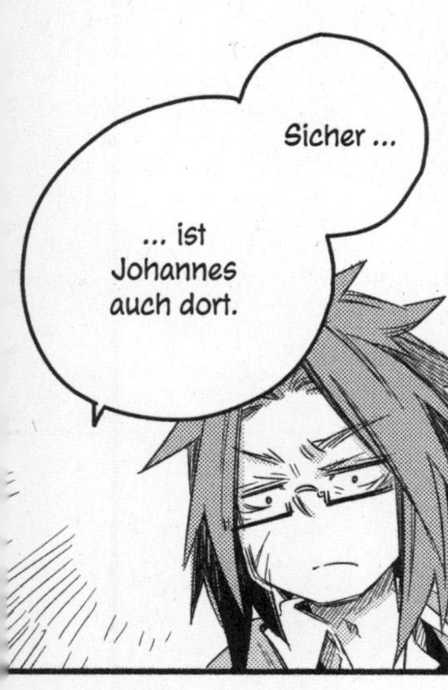

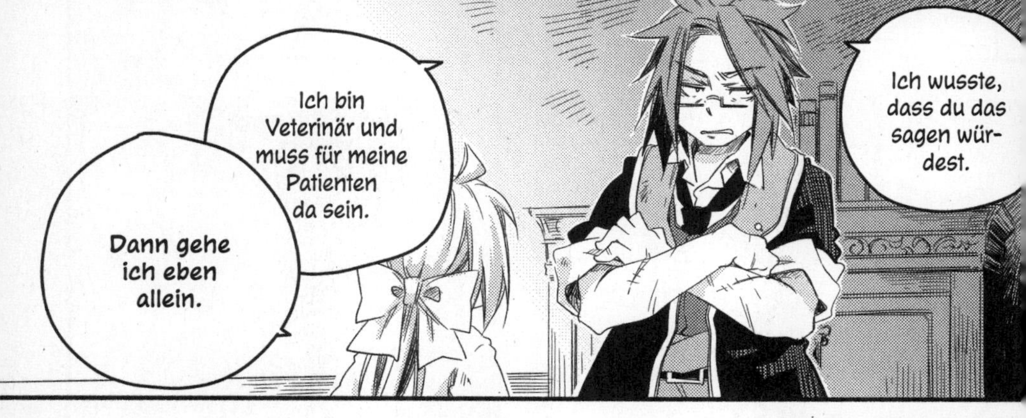

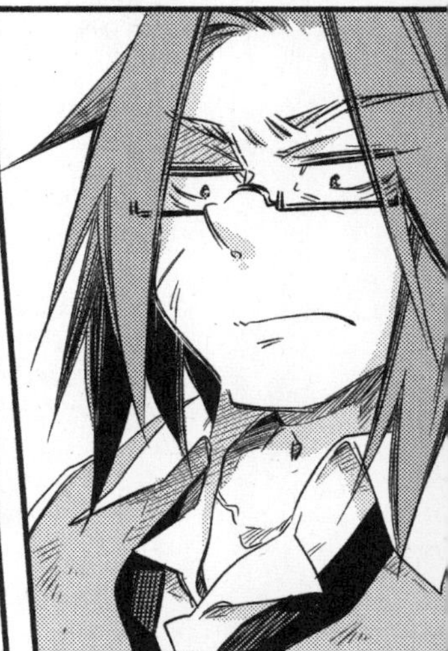

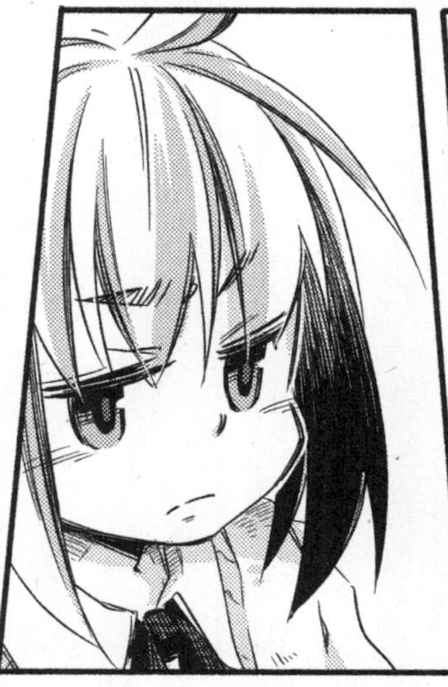

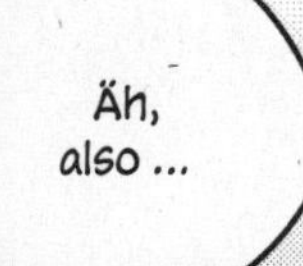

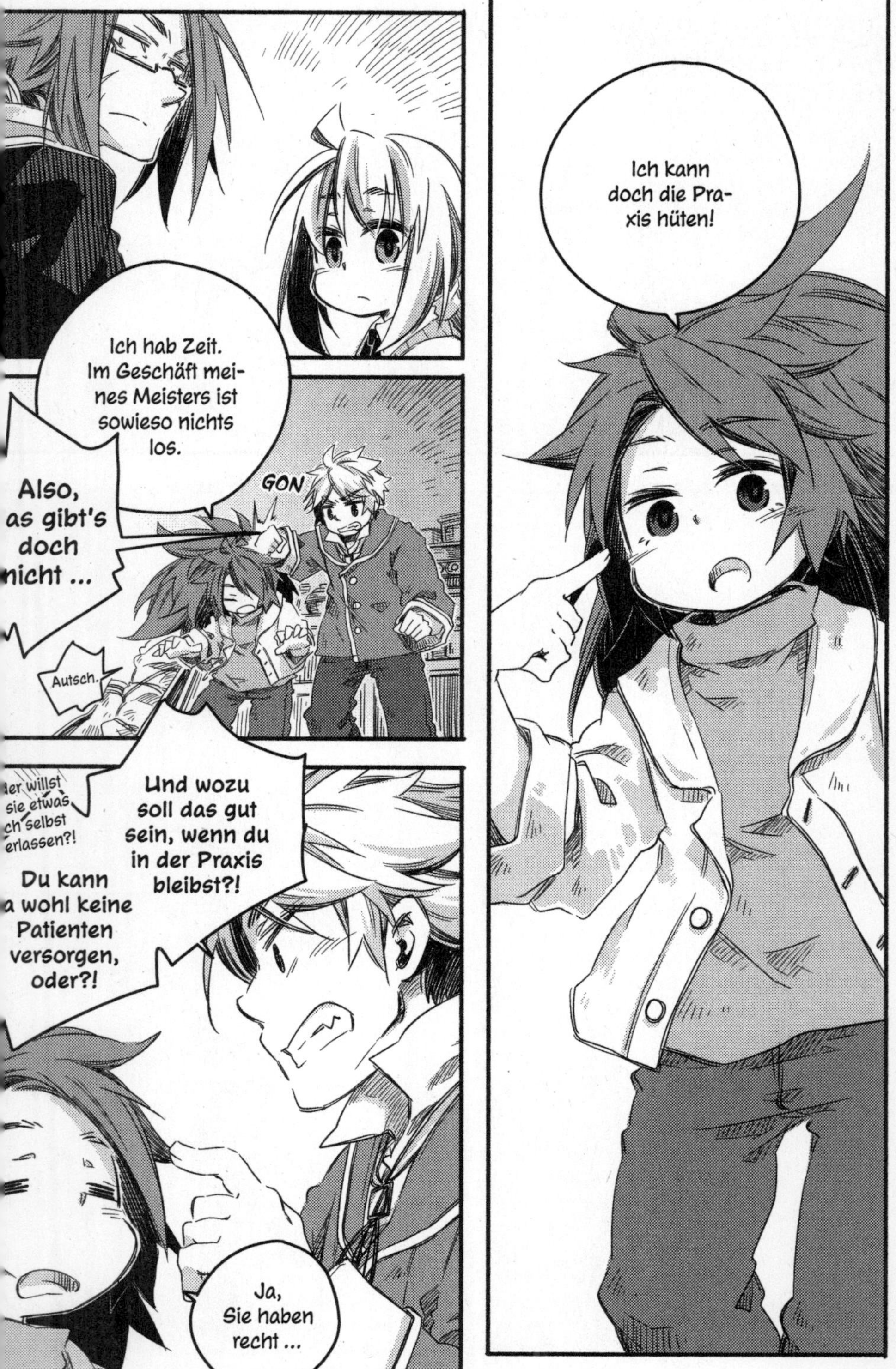

Ich kann doch die Praxis hüten!

Ich hab Zeit. Im Geschäft meines Meisters ist sowieso nichts los.

Also, as gibt's doch nicht ...

GON

Autsch.

Und wozu soll das gut sein, wenn du in der Praxis bleibst?!

der willst sie etwas ch selbst erlassen?!

Du kann a wohl keine Patienten versorgen, oder?!

Ja, Sie haben recht ...

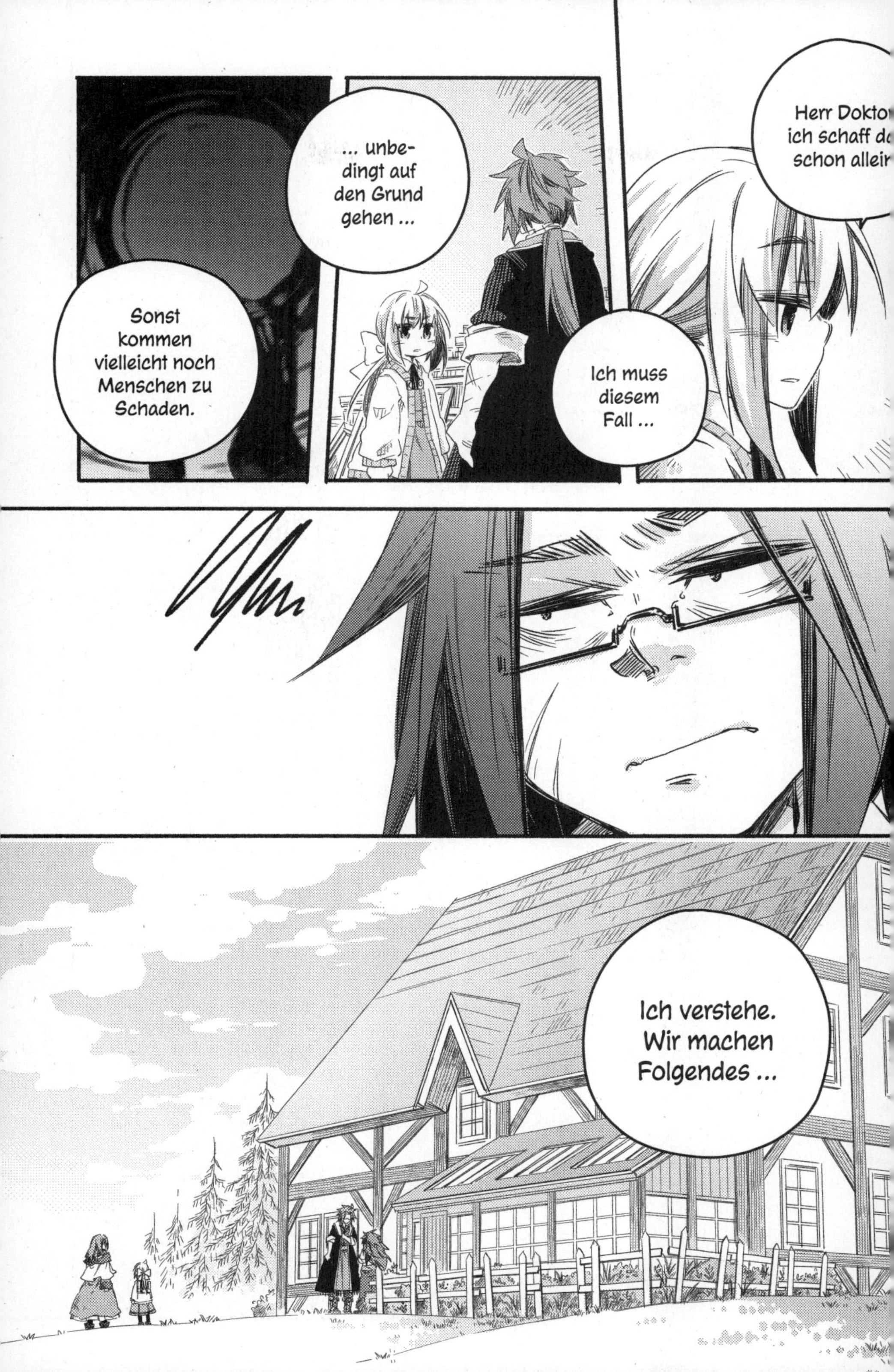
Herr Dokto
ich schaff da
schon allei
Ich muss diesem Fall ...
... unbedingt auf den Grund gehen ...
Sonst kommen vielleicht noch Menschen zu Schaden.
Ich verstehe. Wir machen Folgendes ...

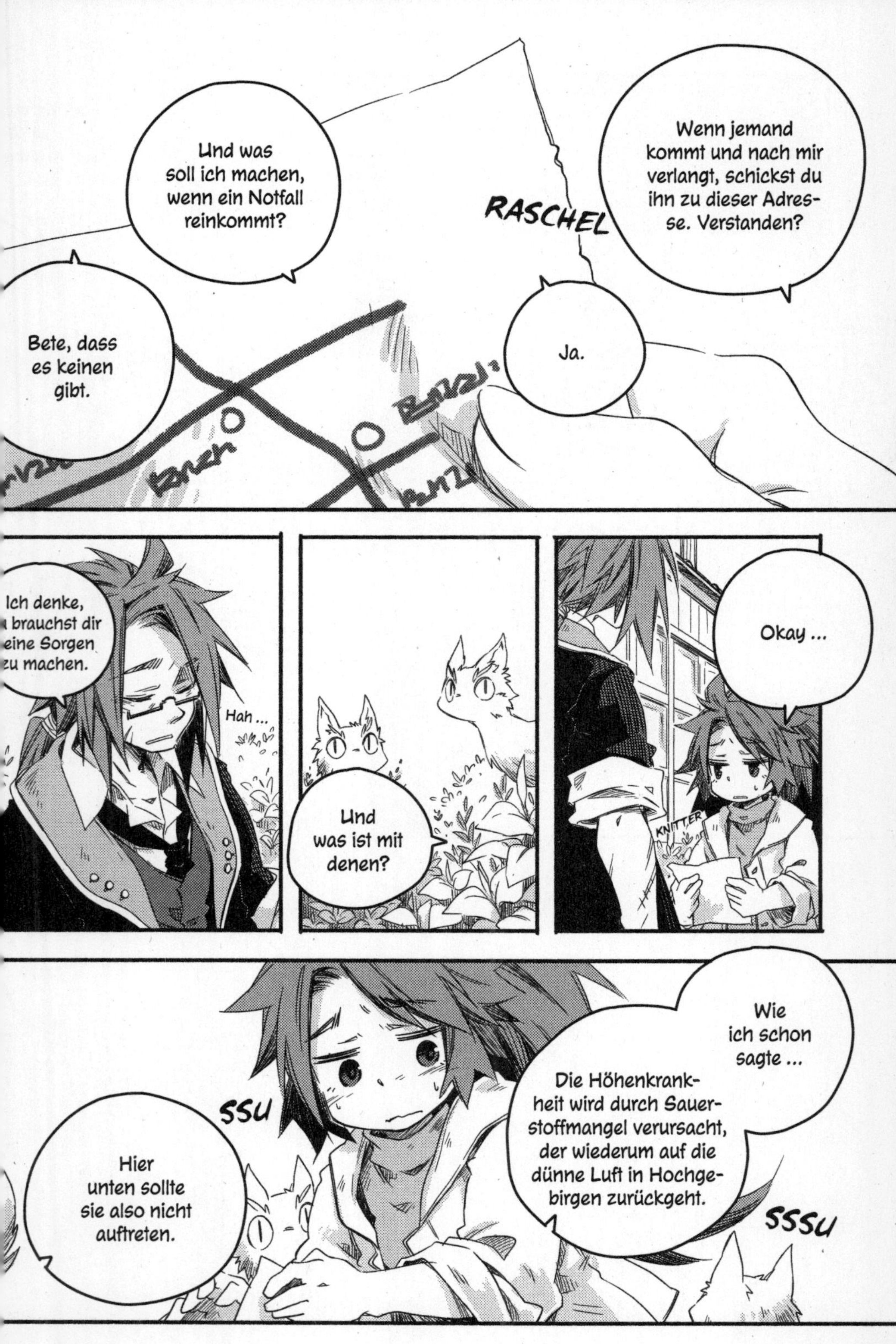
Wenn jemand kommt und nach mir verlangt, schickst du ihn zu dieser Adresse. Verstanden?
RASCHEL
Ja.
Und was soll ich machen, wenn ein Notfall reinkommt?
Bete, dass es keinen gibt.
Okay ...
KNITTER
Und was ist mit denen?
Hah ...
Ich denke, brauchst dir eine Sorgen zu machen.
Wie ich schon sagte ...
Die Höhenkrankheit wird durch Sauerstoffmangel verursacht, der wiederum auf die dünne Luft in Hochgebirgen zurückgeht.
SSSU
SSU
Hier unten sollte sie also nicht auftreten.

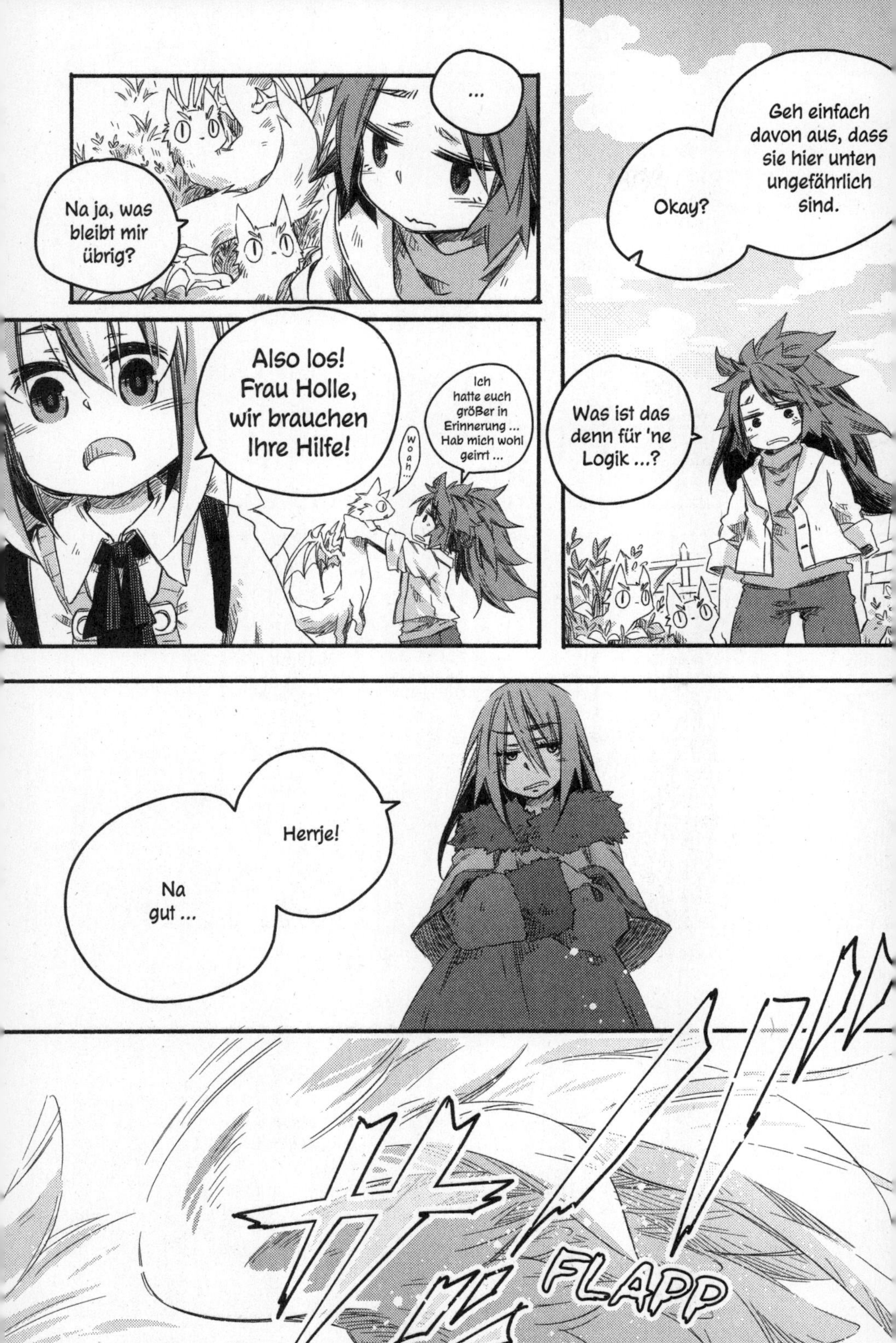
Na ja, was bleibt mir übrig?
...
Geh einfach davon aus, dass sie hier unten ungefährlich sind.
Okay?
Also los! Frau Holle, wir brauchen Ihre Hilfe!
Woah ...
Ich hatte euch größer in Erinnerung ... Hab mich wohl geirrt ...
Was ist das denn für 'ne Logik ...?
Herrje!
Na gut ...
FLAPP

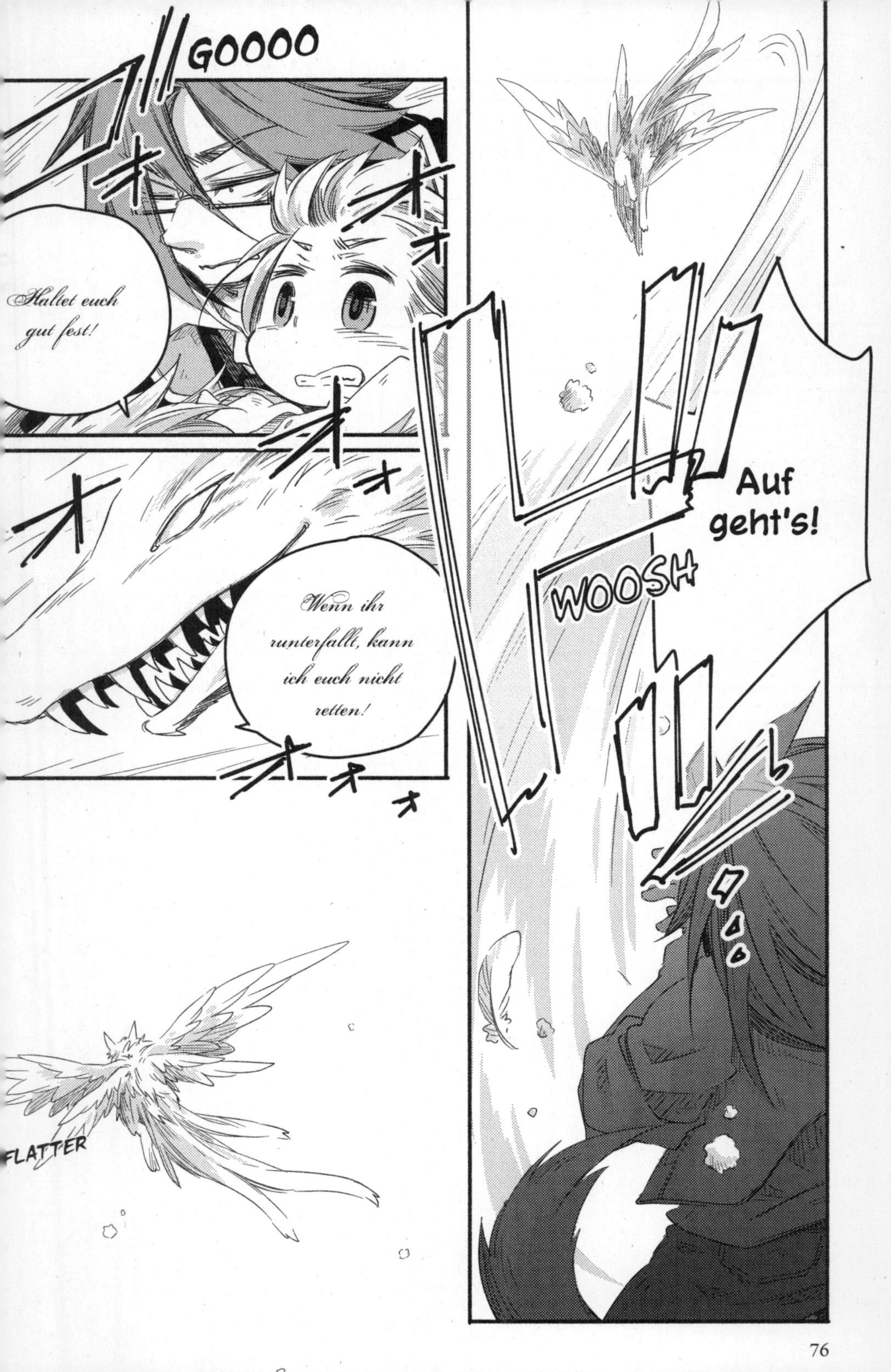
GOOOO
Haltet euch gut fest!
Wenn ihr runterfallt, kann ich euch nicht retten!
FLATTER
Auf geht's!
WOOSH

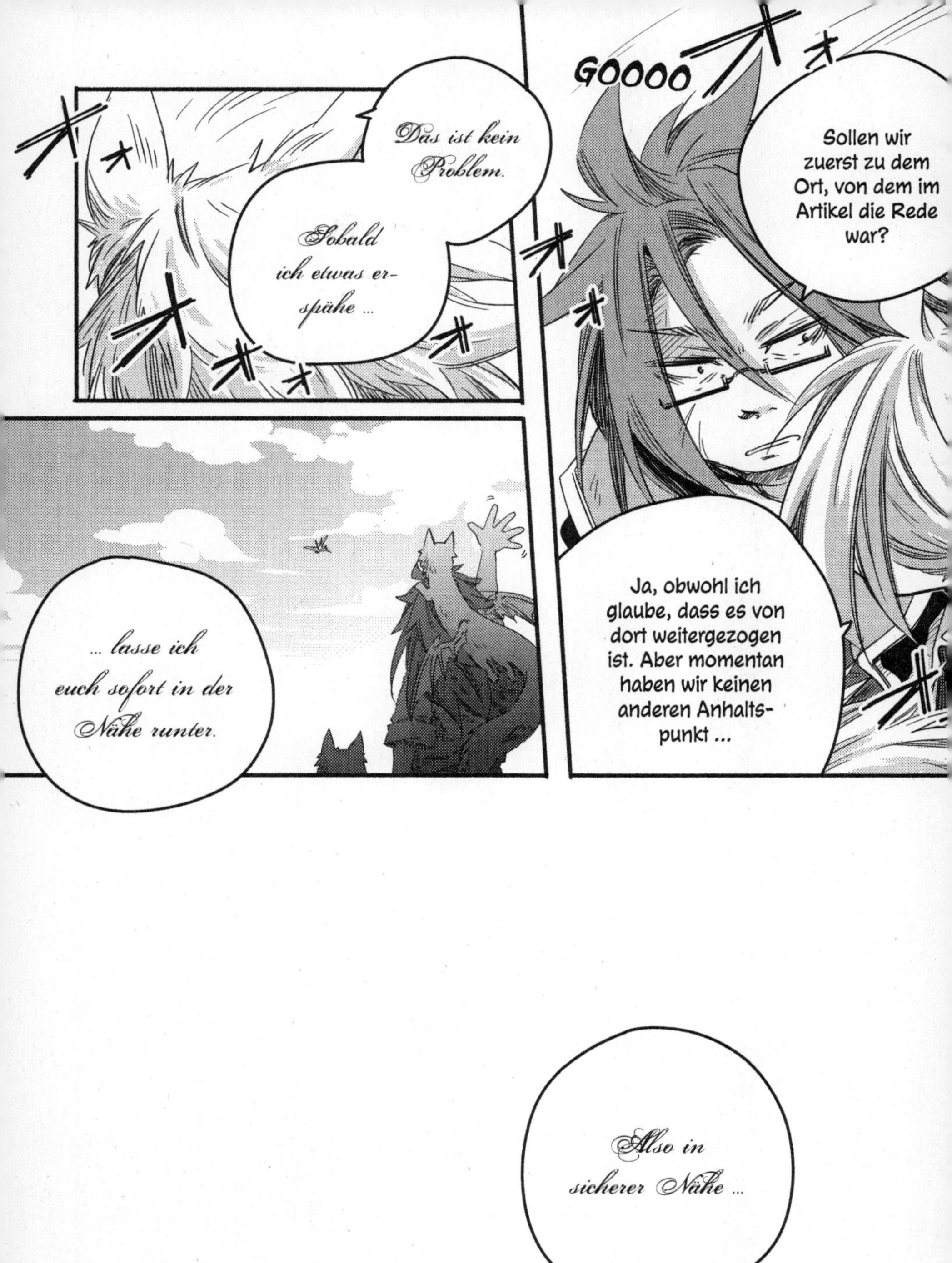

GOOOO

Sollen wir zuerst zu dem Ort, von dem im Artikel die Rede war?

Ja, obwohl ich glaube, dass es von dort weitergezogen ist. Aber momentan haben wir keinen anderen Anhaltspunkt ...

Das ist kein Problem.

Sobald ich etwas erspähe ...

... lasse ich euch sofort in der Nähe runter.

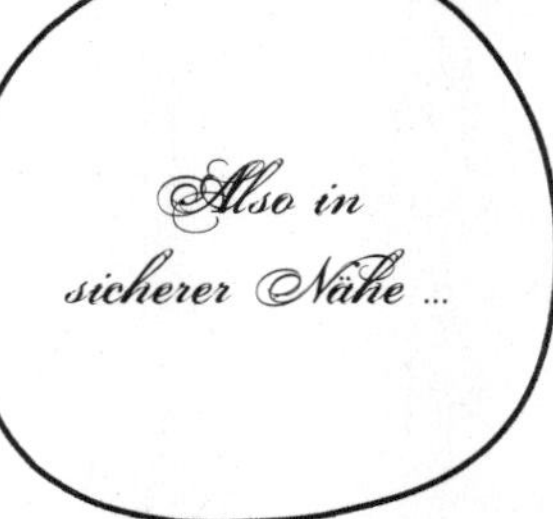

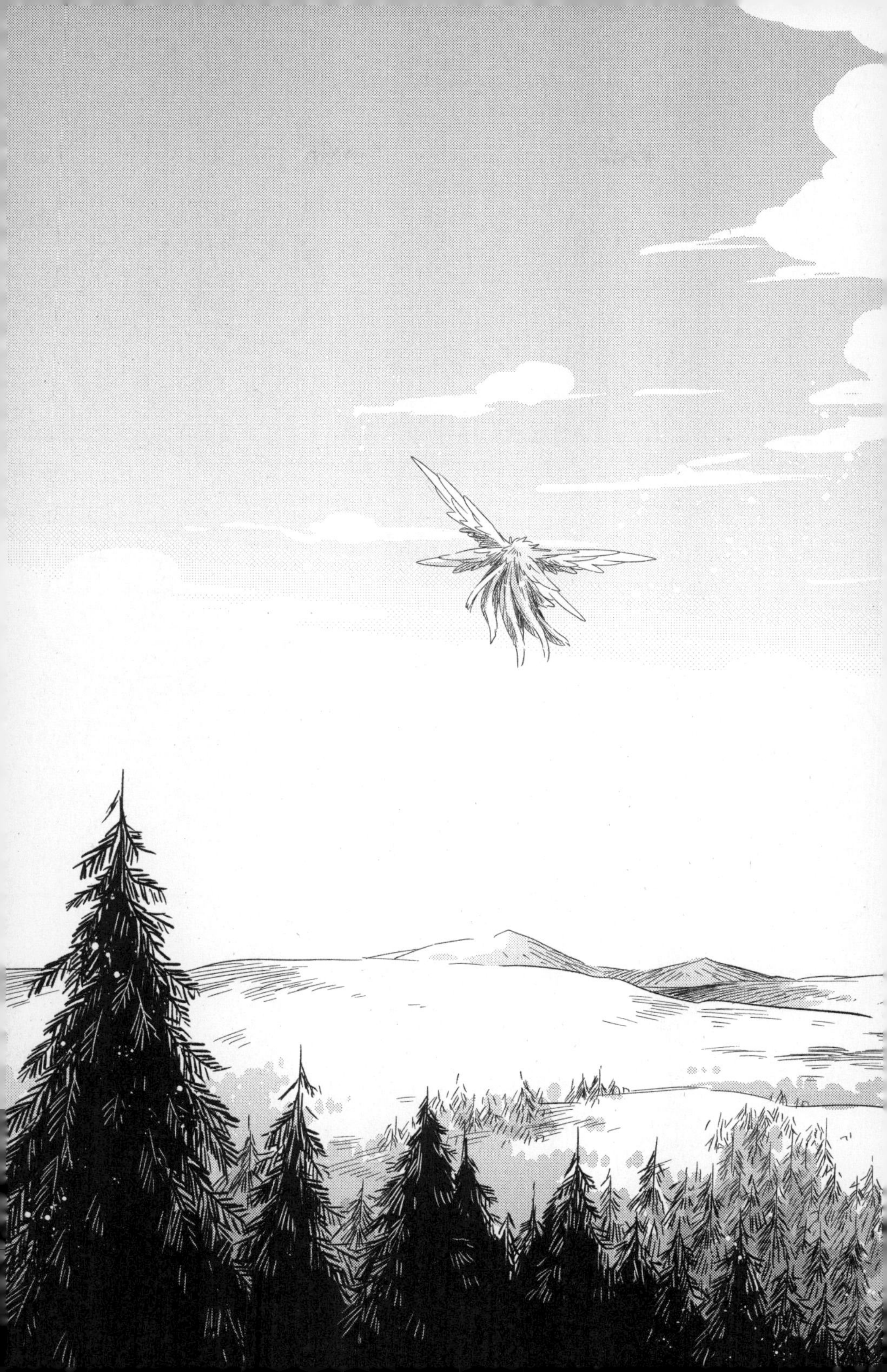

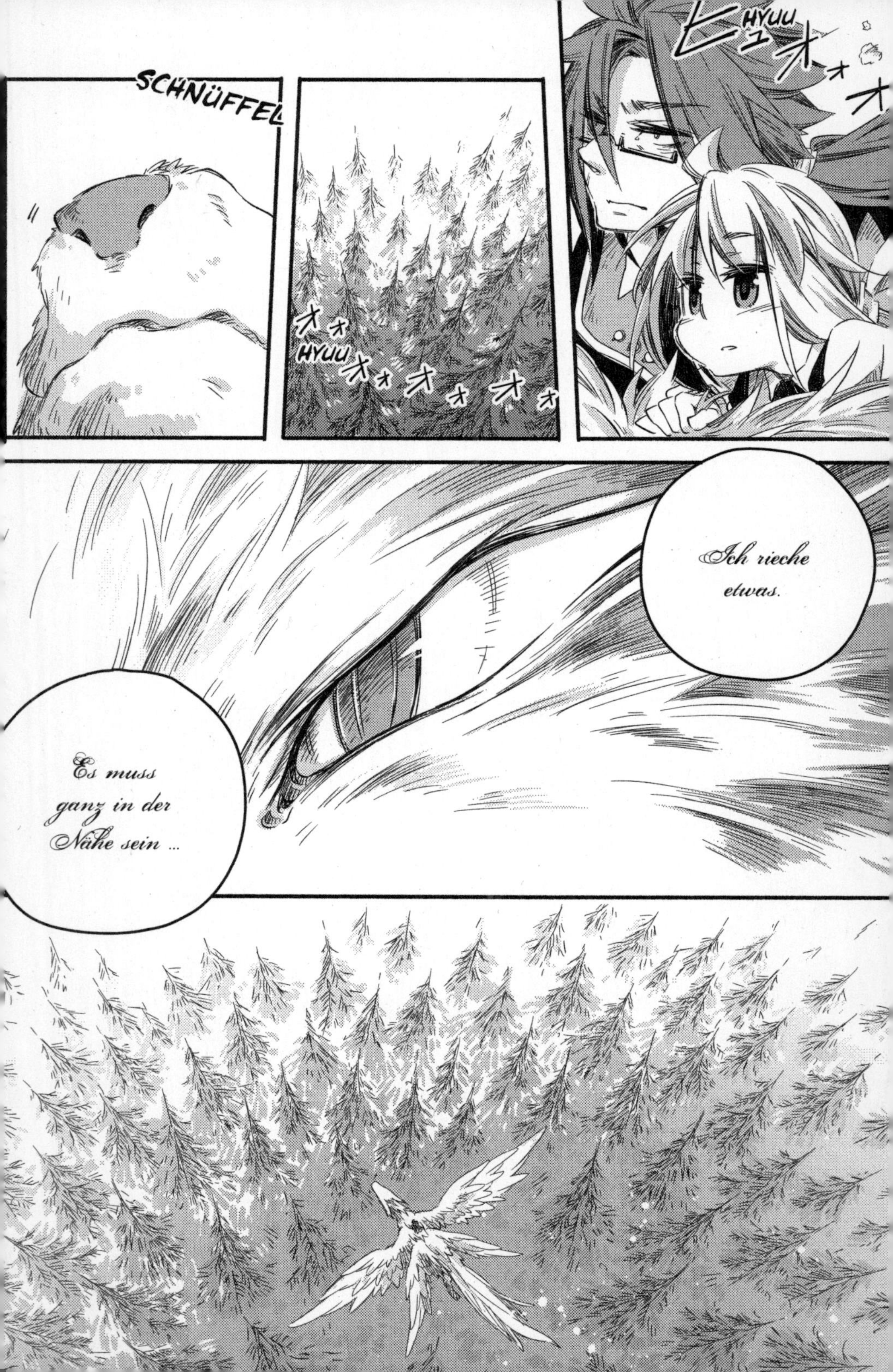
HYUU
HYUU
SCHNÜFFEL
Ich rieche etwas.
Es muss ganz in der Nähe sein ...

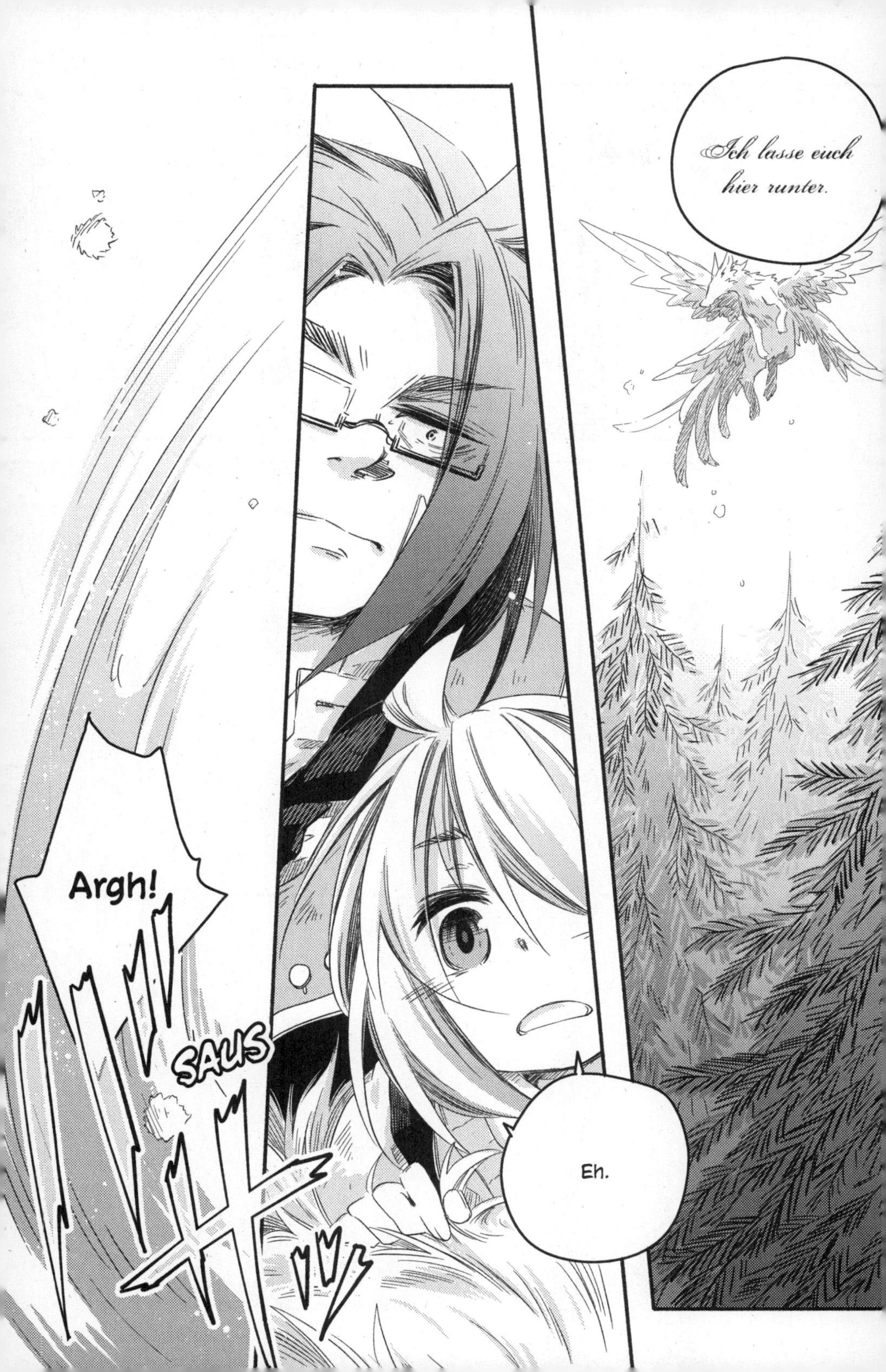
Ich lasse euch hier runter.
Eh.
Argh!
SAUS

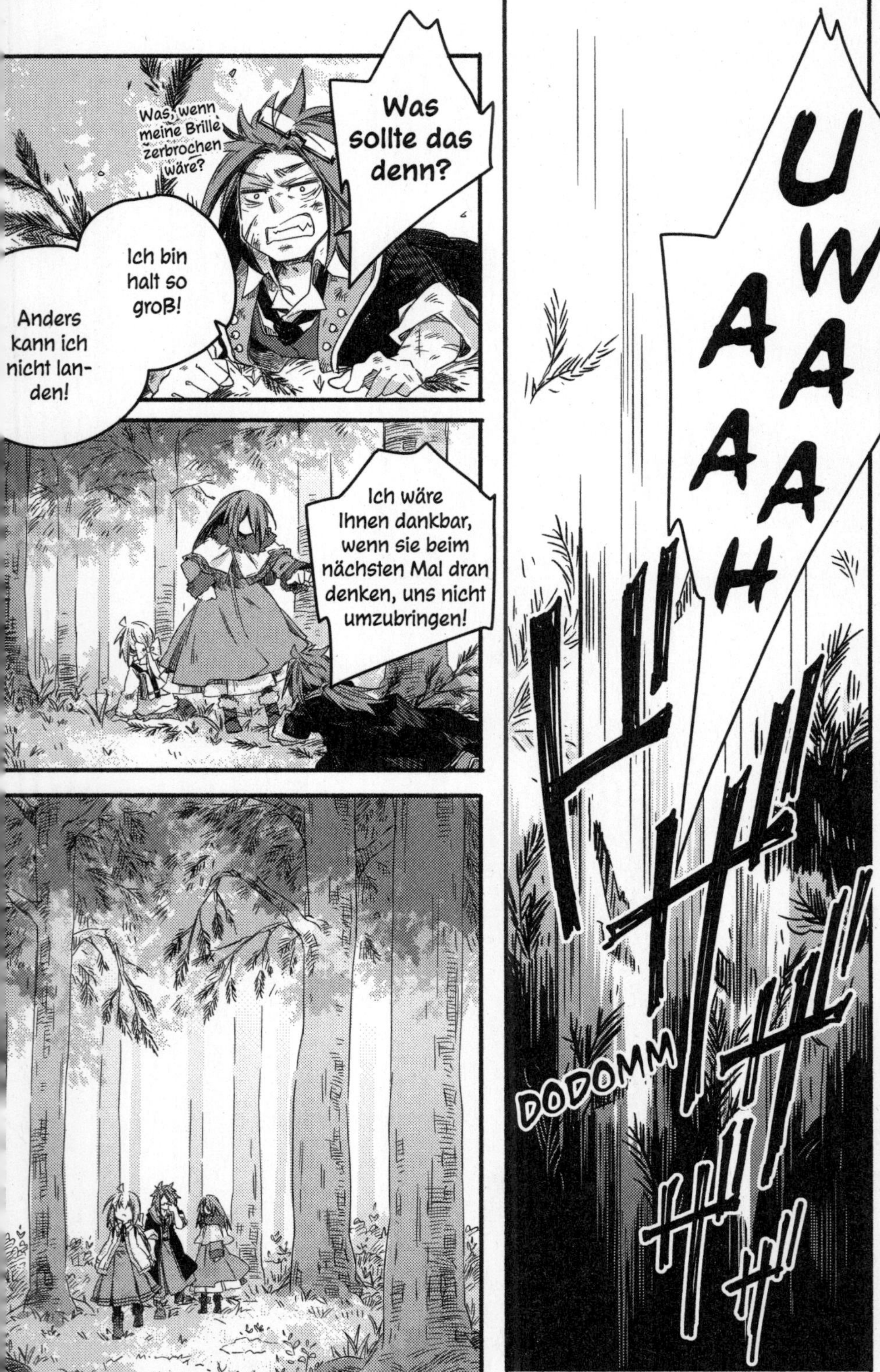

UWAAAAAH
DODOMM

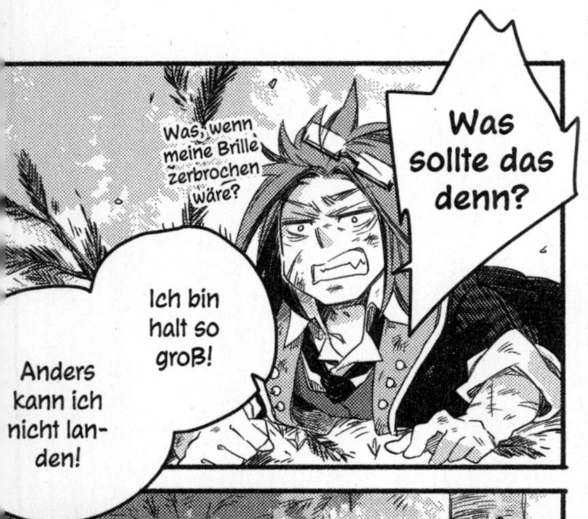

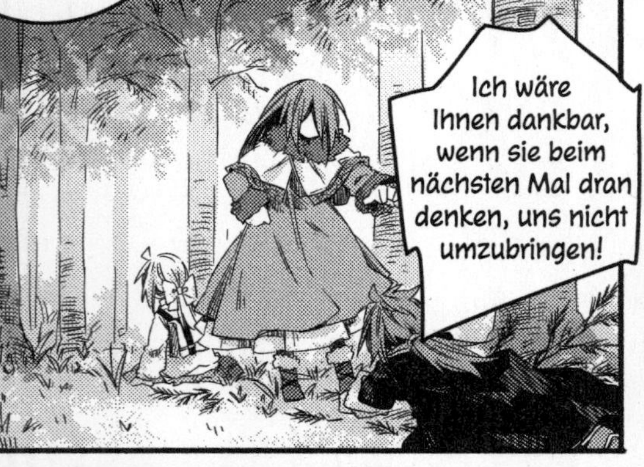

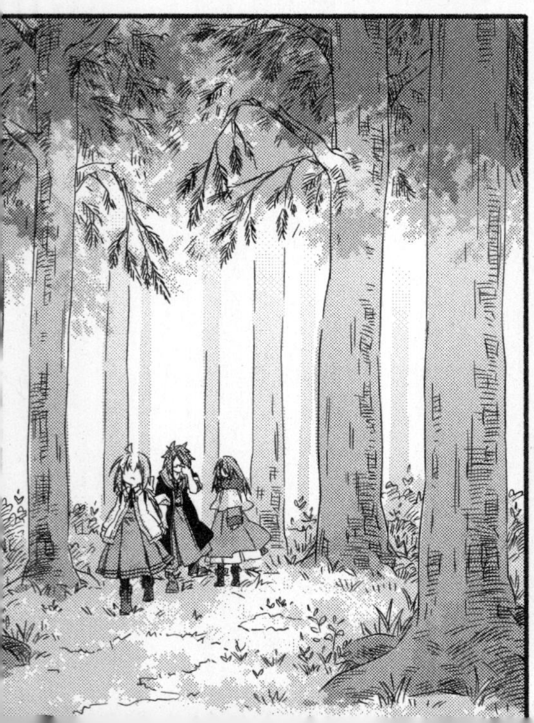

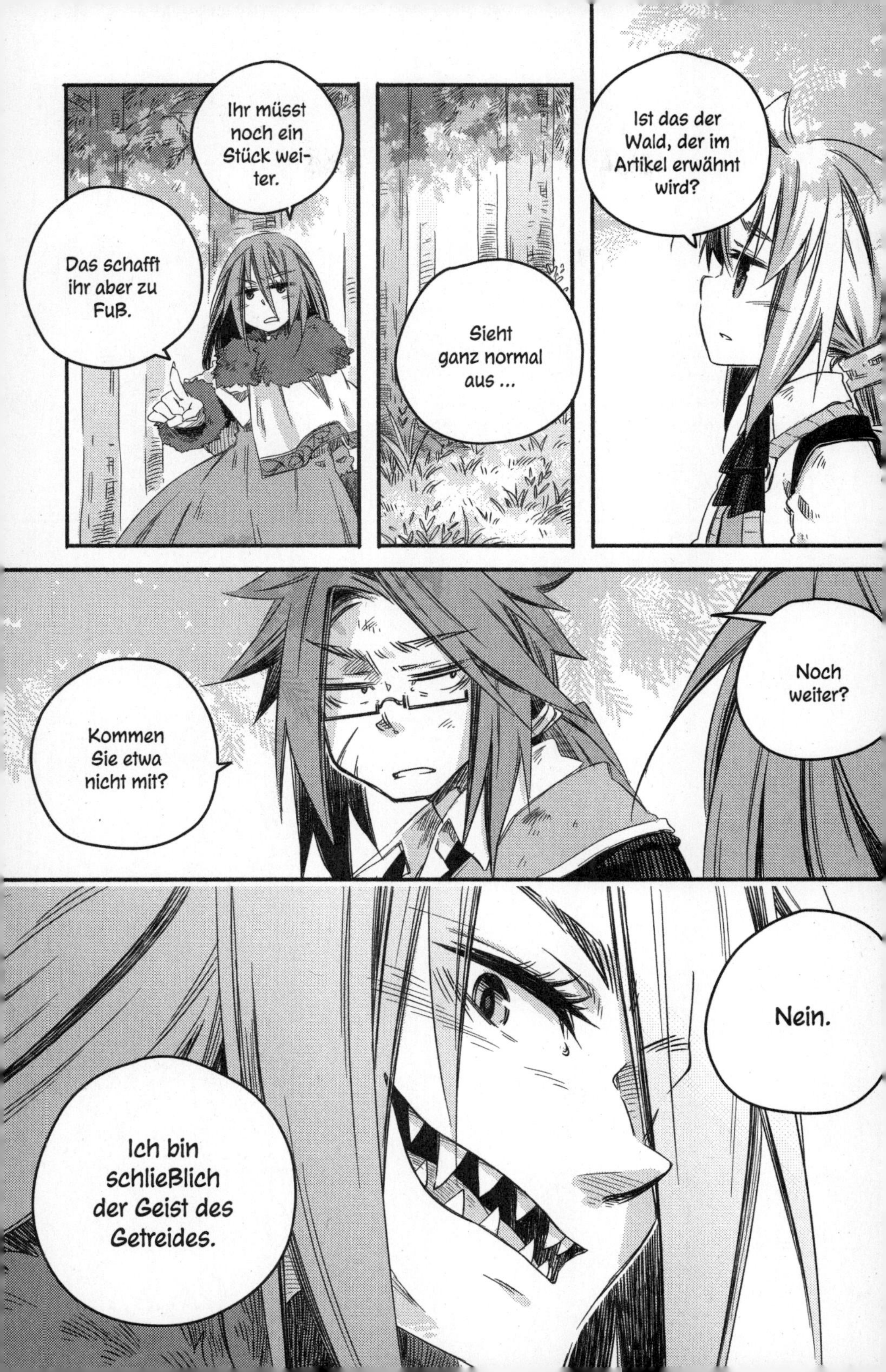

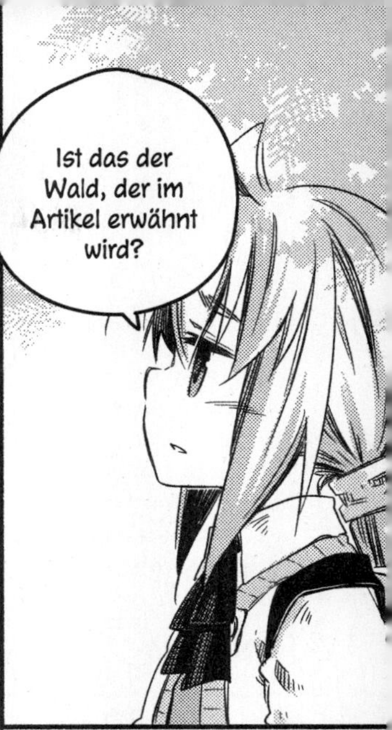

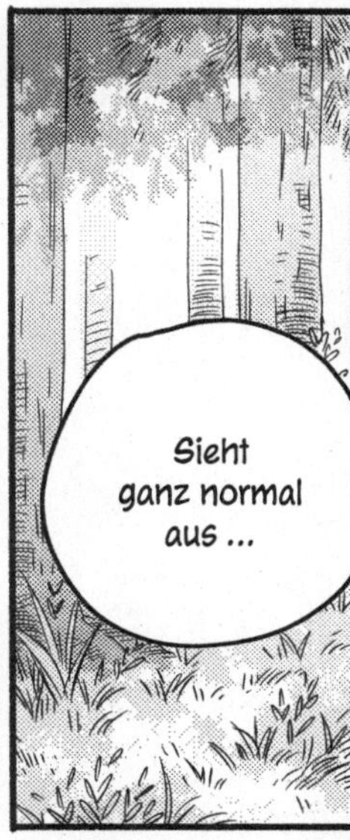

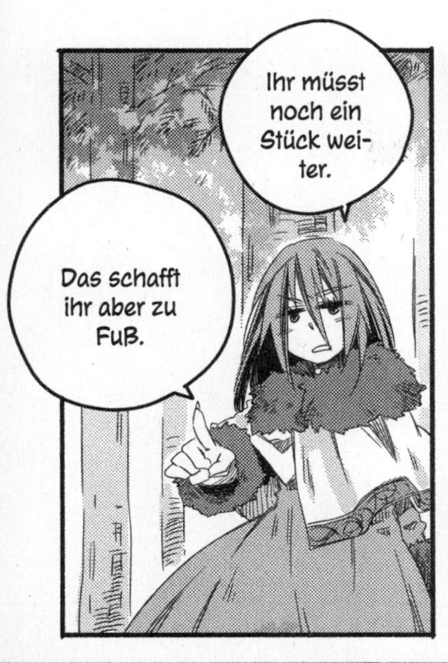

Noch weiter?

Kommen Sie etwa nicht mit?

Nein.

Ich bin schließlich der Geist des Getreides.

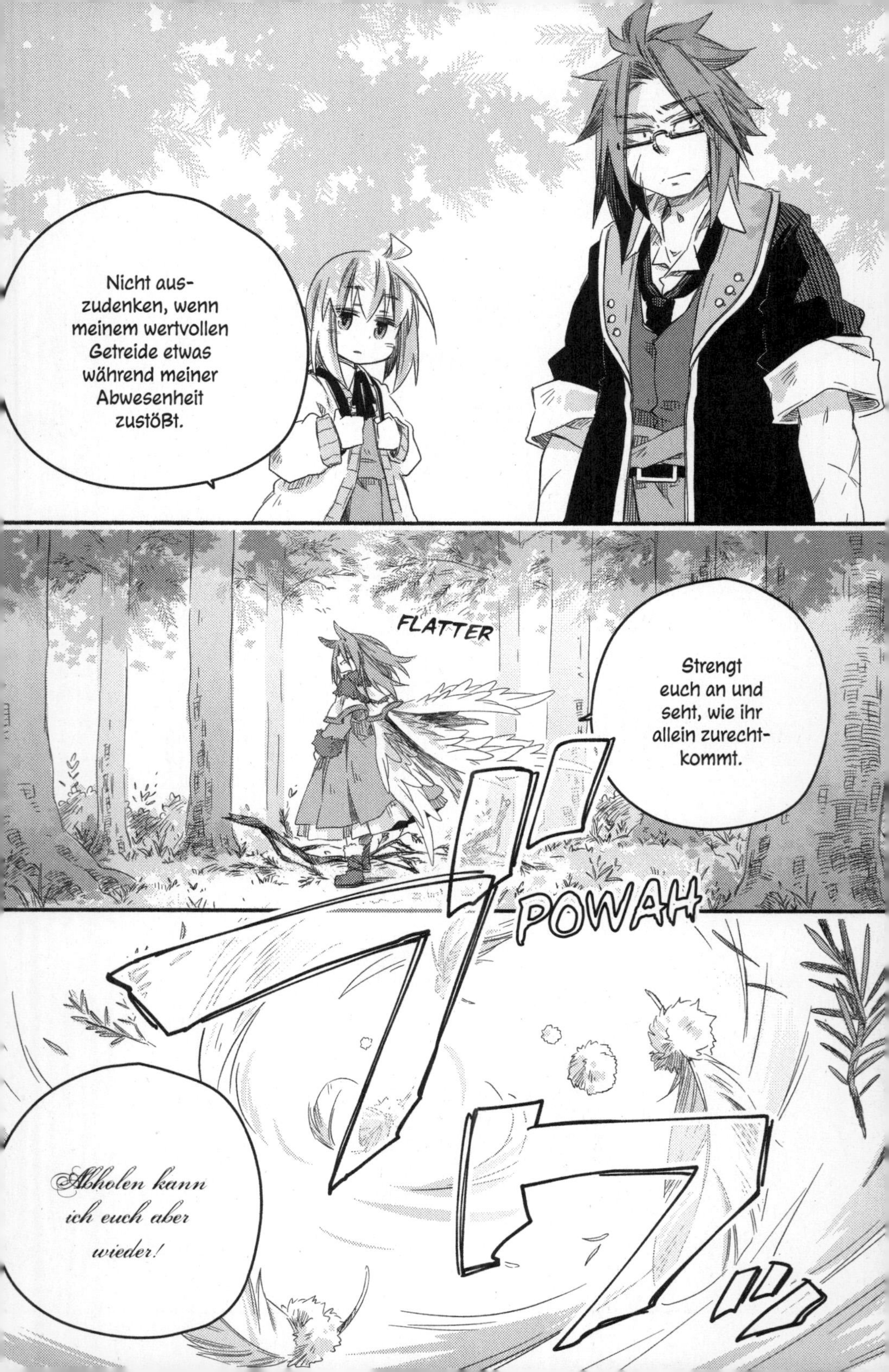
Nicht aus-zudenken, wenn meinem wertvollen Getreide etwas während meiner Abwesenheit zustößt.
FLATTER
Strengt euch an und seht, wie ihr allein zurecht-kommt.
POWAH
Abholen kann ich euch aber wieder!

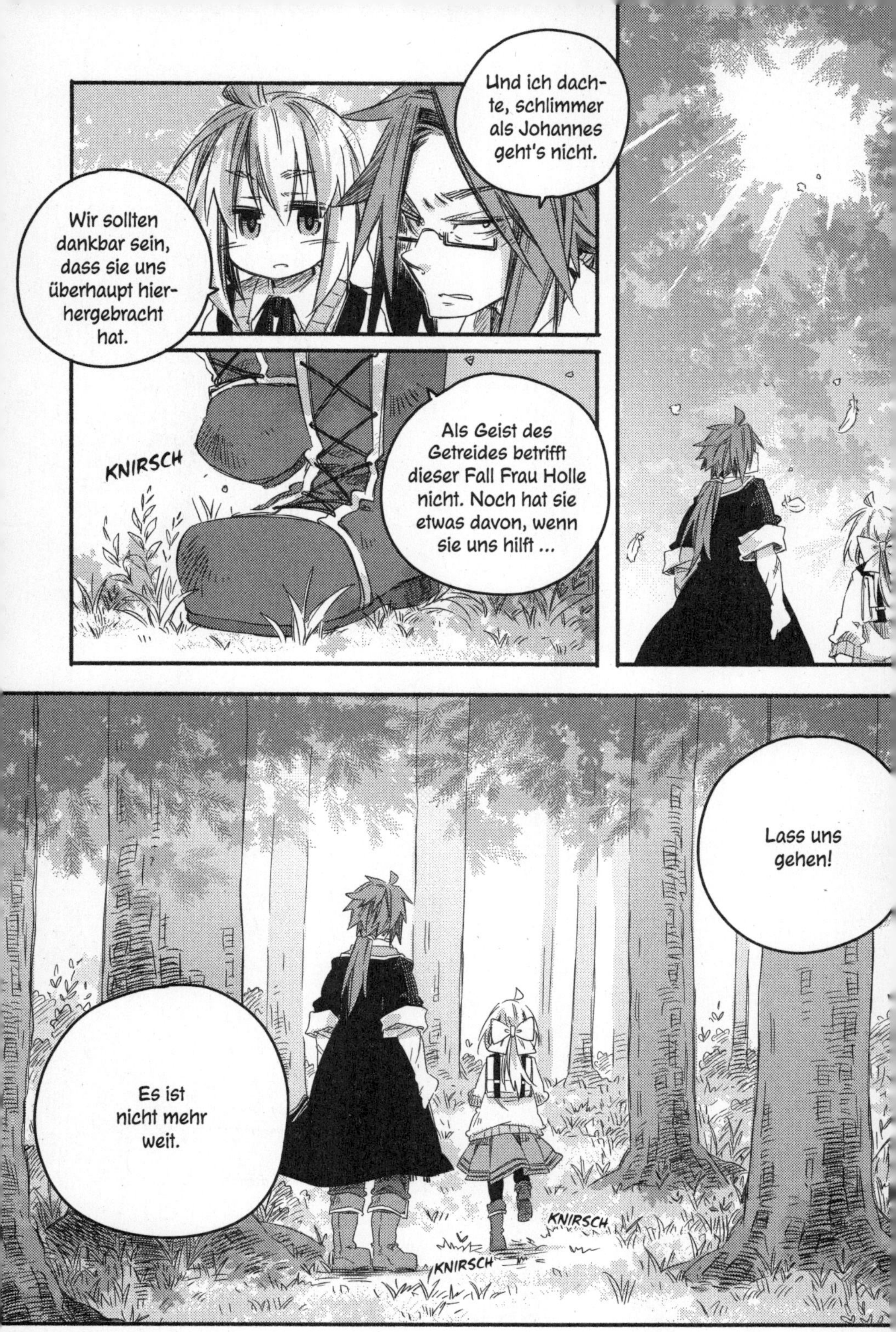

Und ich dachte, schlimmer als Johannes geht's nicht.
Wir sollten dankbar sein, dass sie uns überhaupt hierhergebracht hat.
Als Geist des Getreides betrifft dieser Fall Frau Holle nicht. Noch hat sie etwas davon, wenn sie uns hilft ...
KNIRSCH
Lass uns gehen!
Es ist nicht mehr weit.
KNIRSCH
KNIRSCH

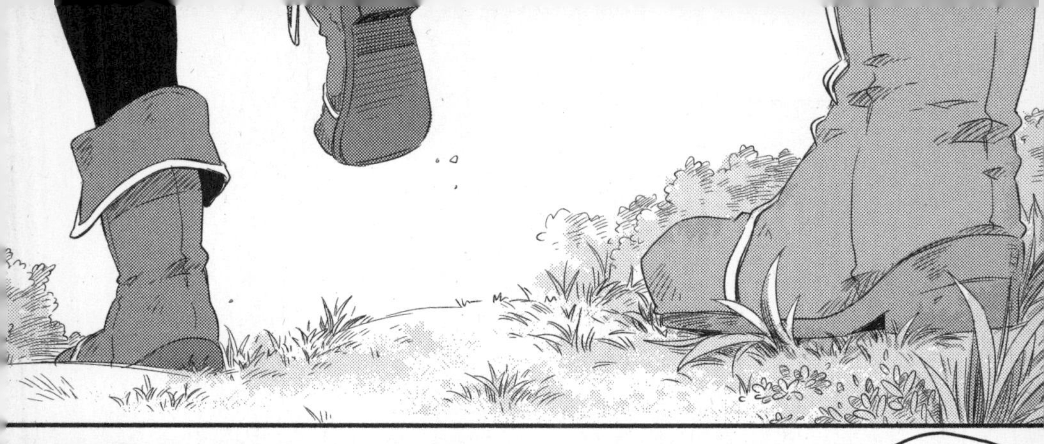

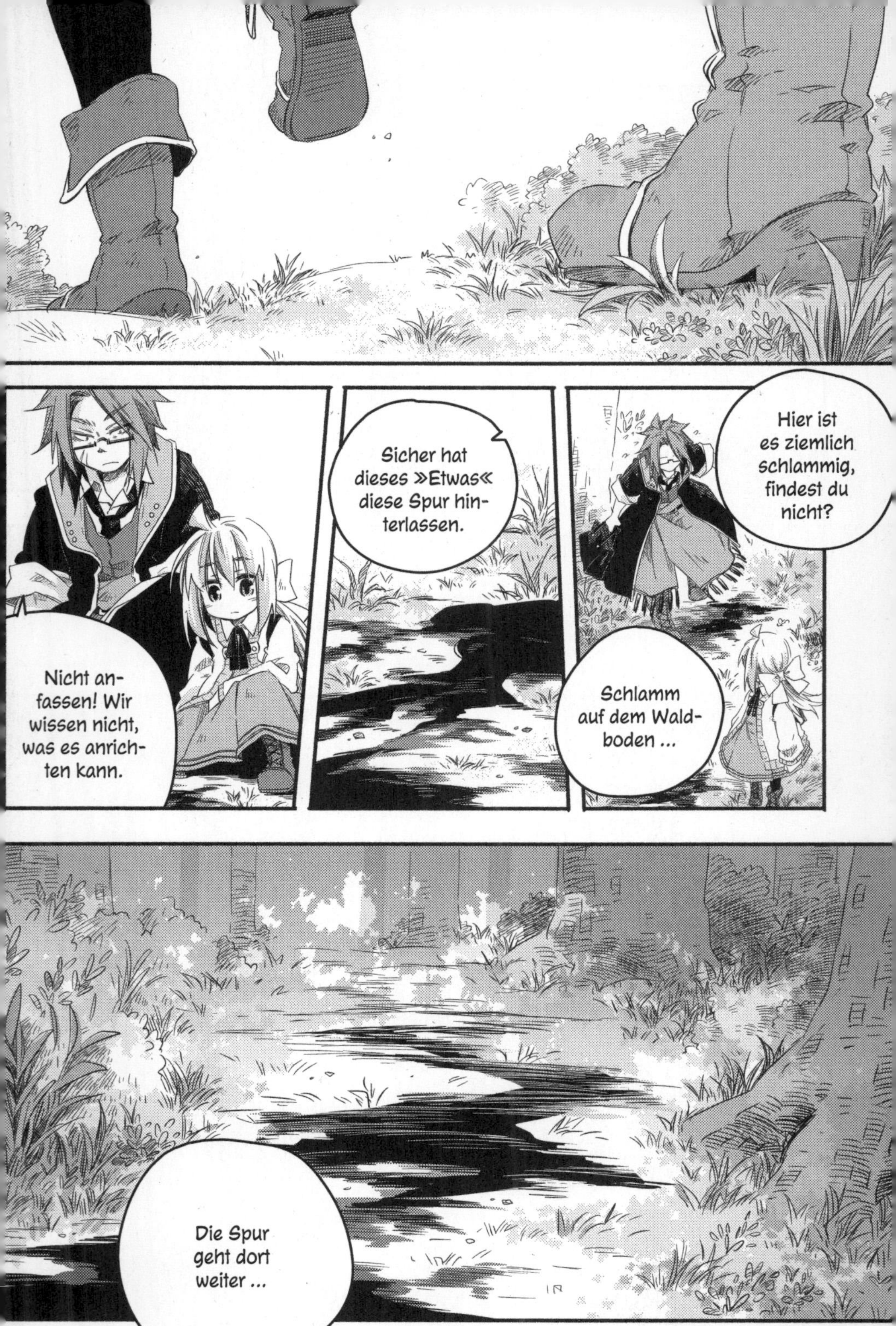

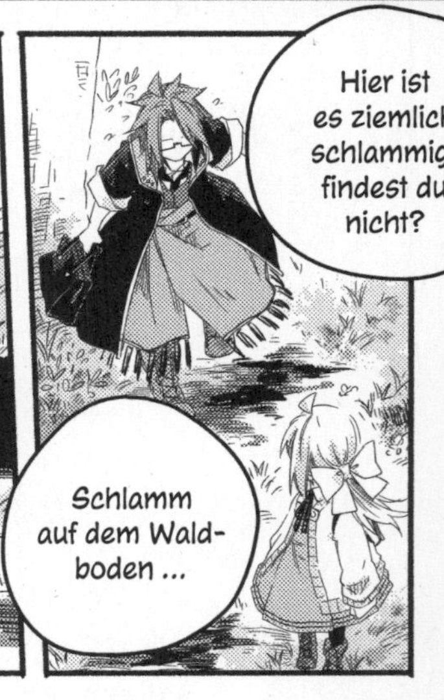

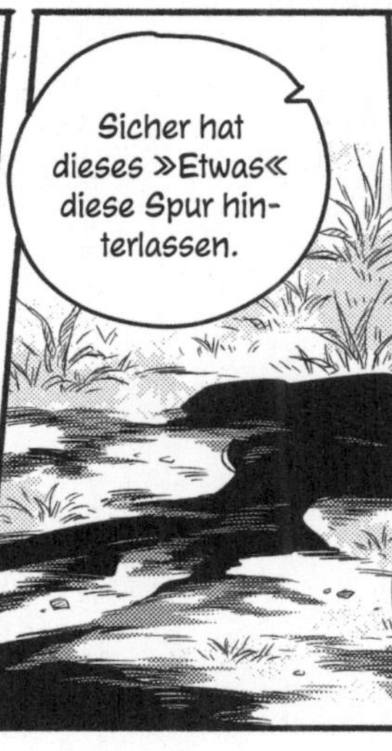

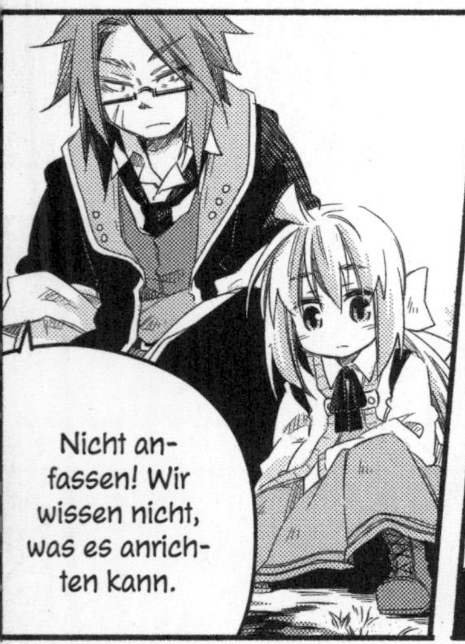

Die Spur geht dort weiter ...

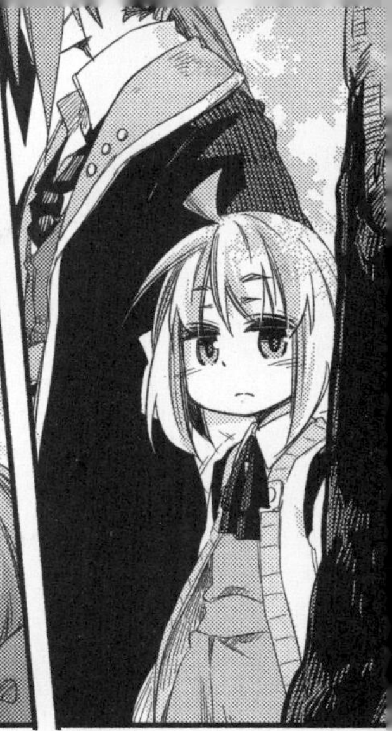
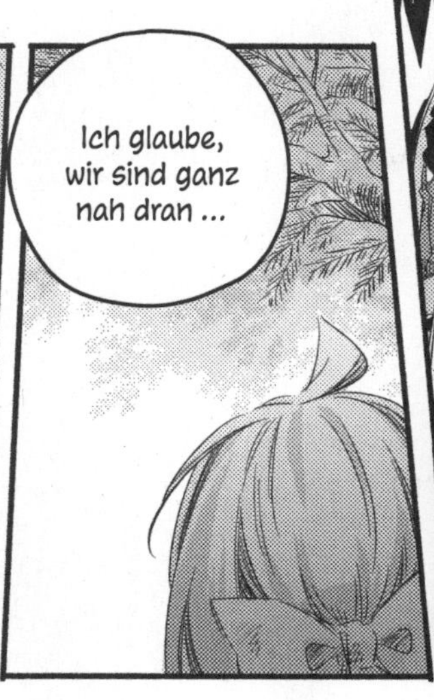
Ich glaube,
wir sind ganz
nah dran ...
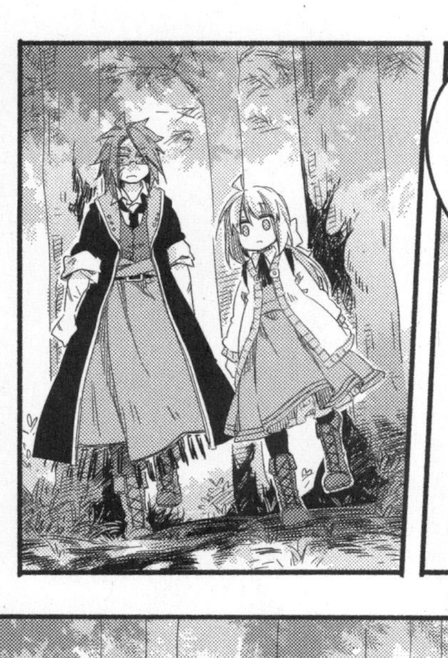
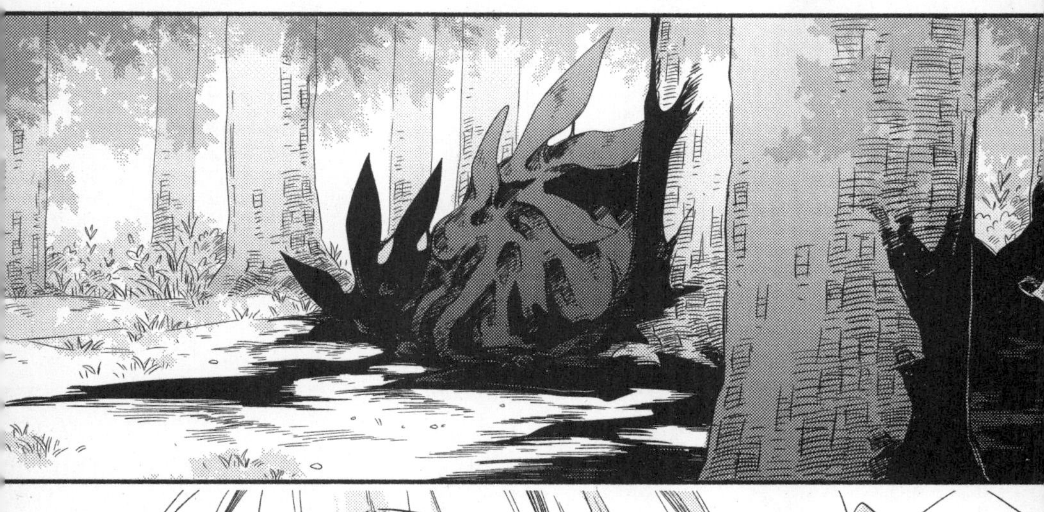
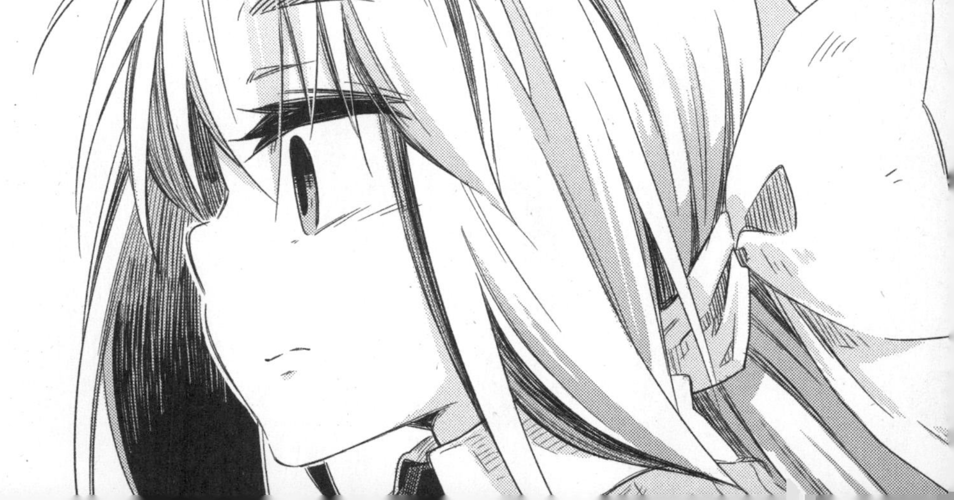

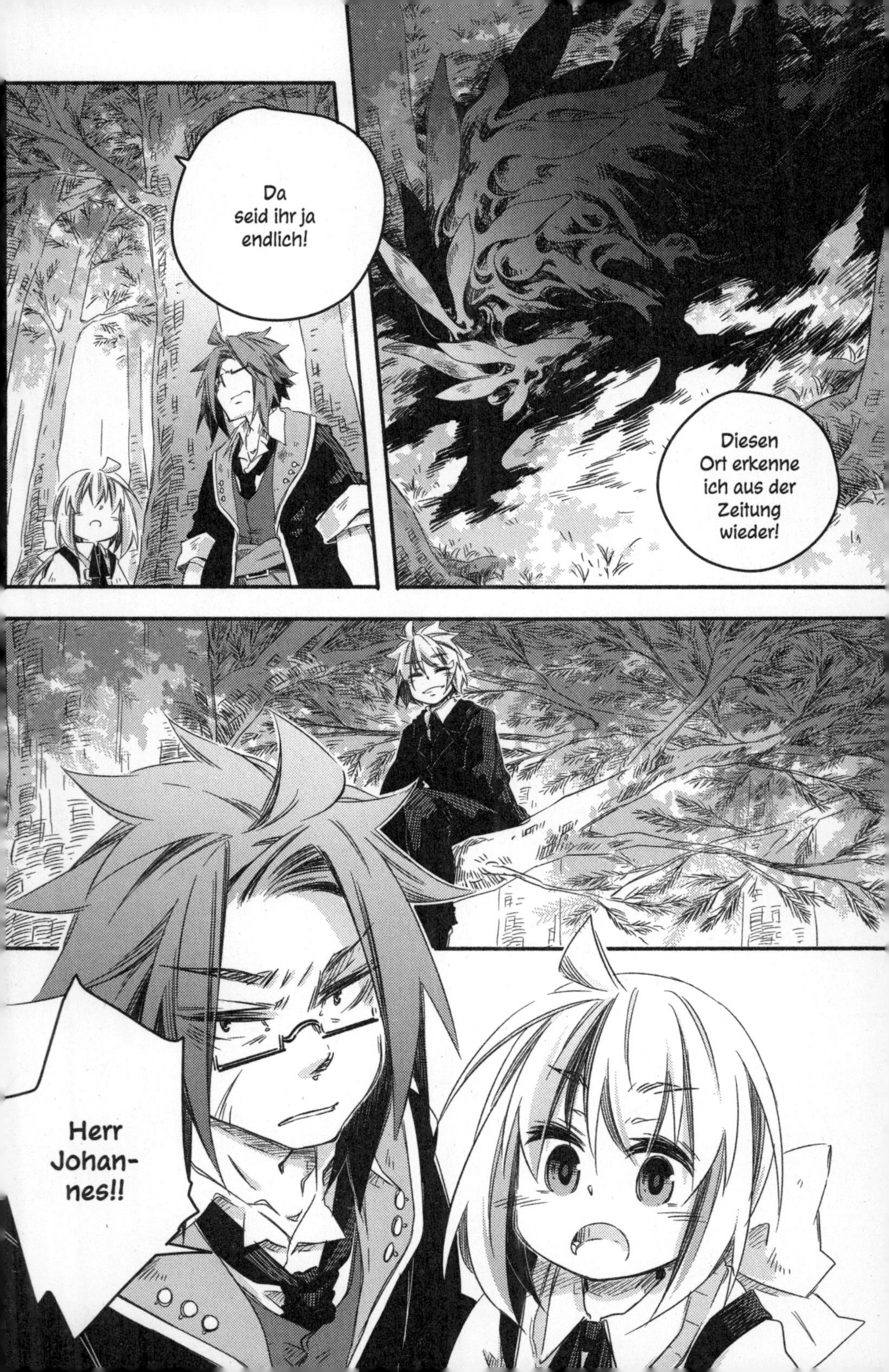

Da seid ihr ja endlich!
Diesen Ort erkenne ich aus der Zeitung wieder!
Herr Johan-nes!!

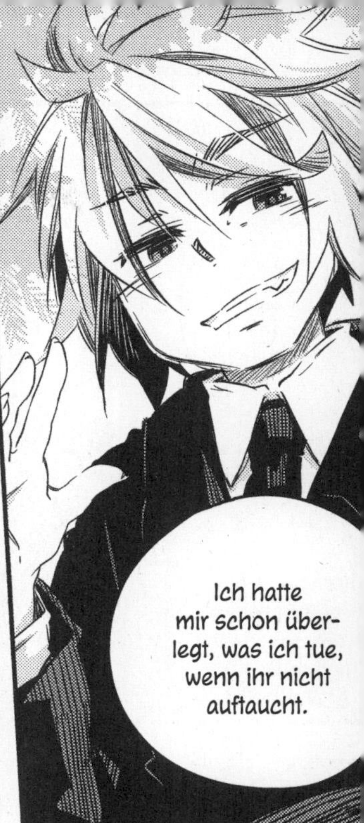

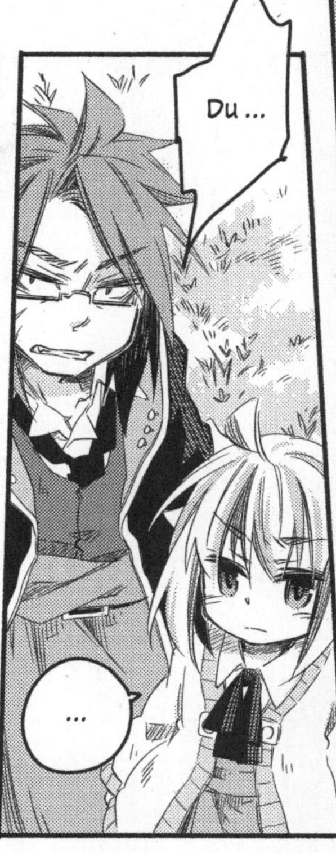

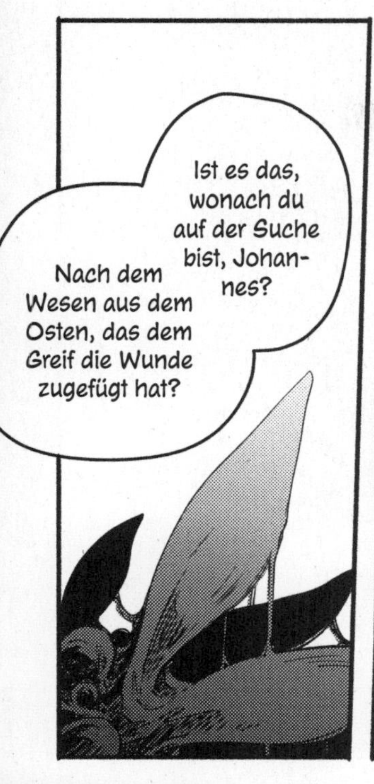

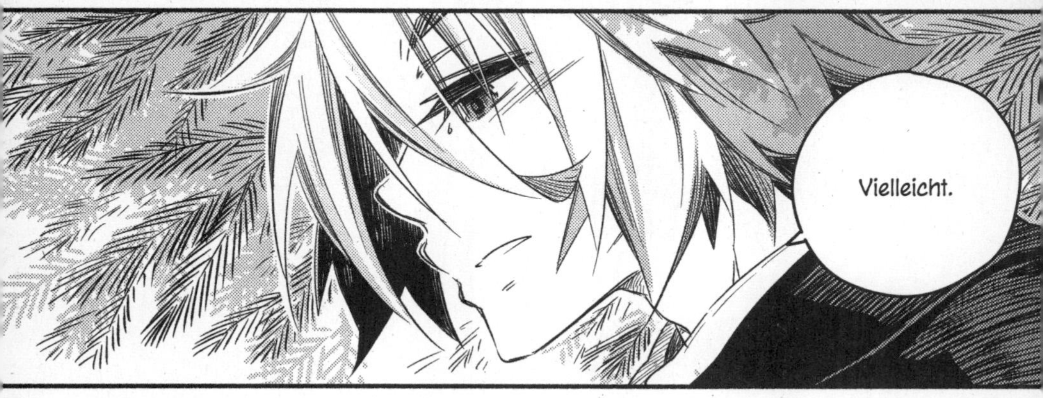

Endlich habe ich es gefunden ...

Ich meine ...

Endlich kann ich es sehen. Ich sitze schon die ganze Zeit hier und passe auf ...

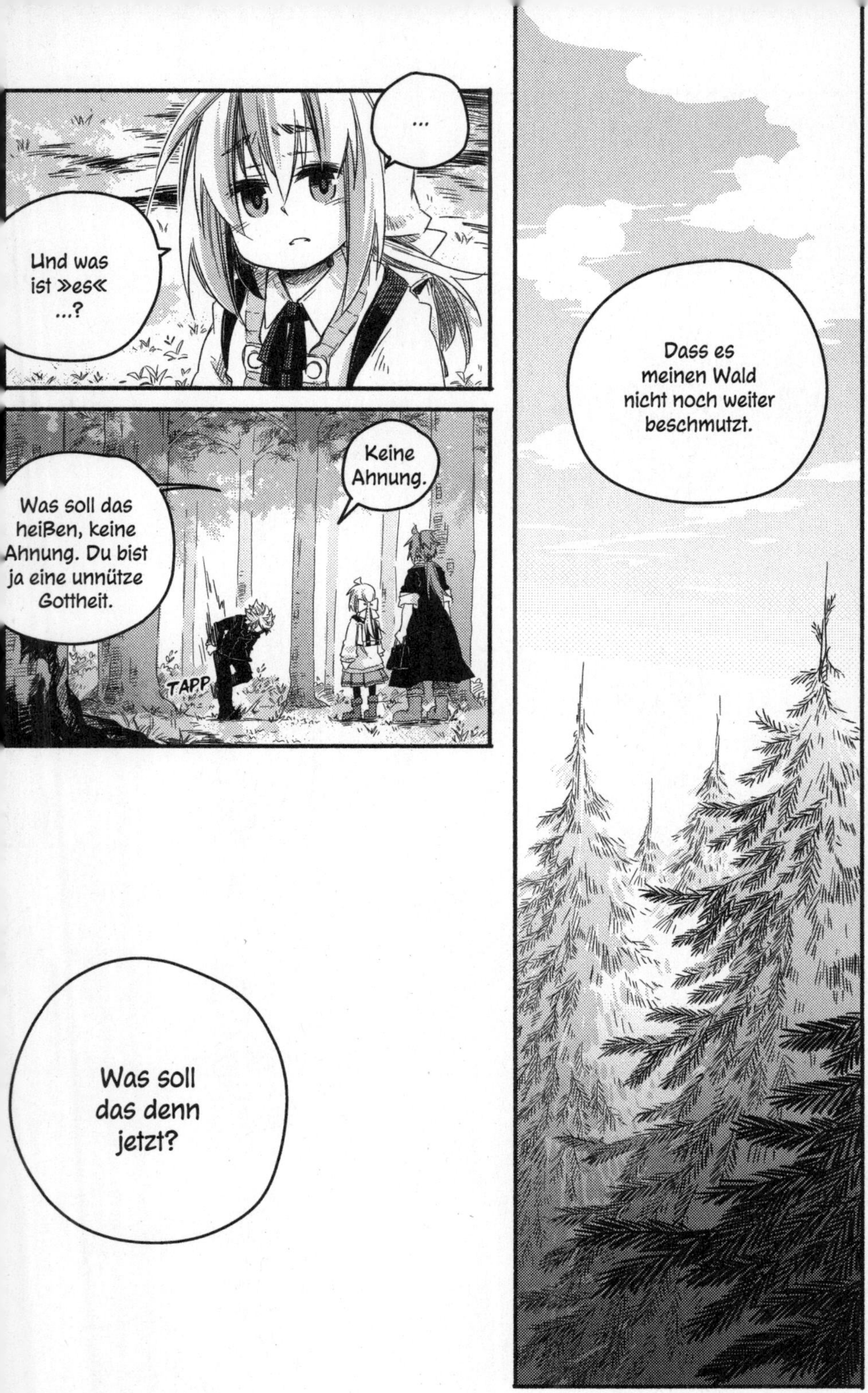

Dass es meinen Wald nicht noch weiter beschmutzt.

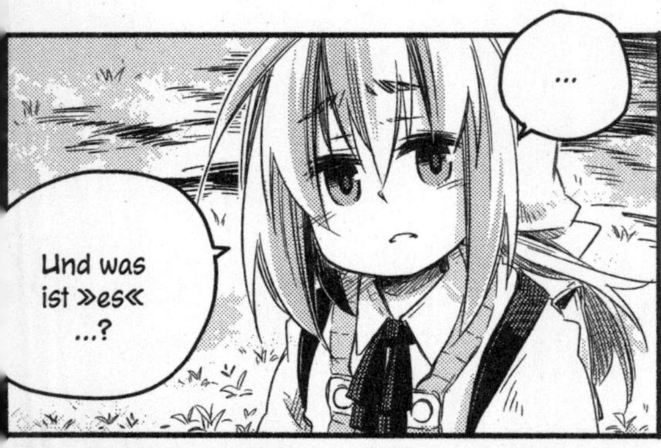

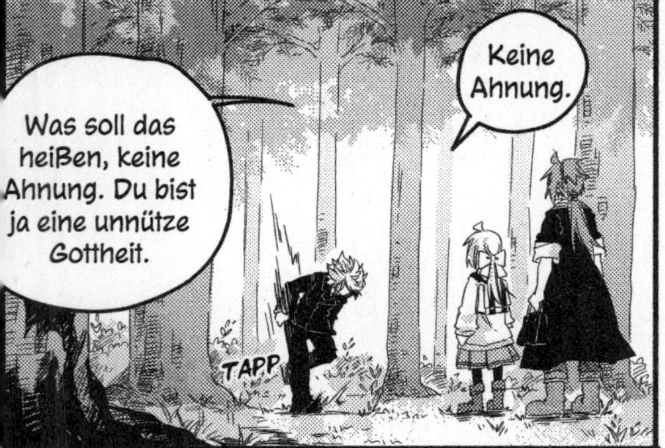

Was soll das denn jetzt?

Ihr wart es doch, die uns allen unsere Namen gegeben habt.

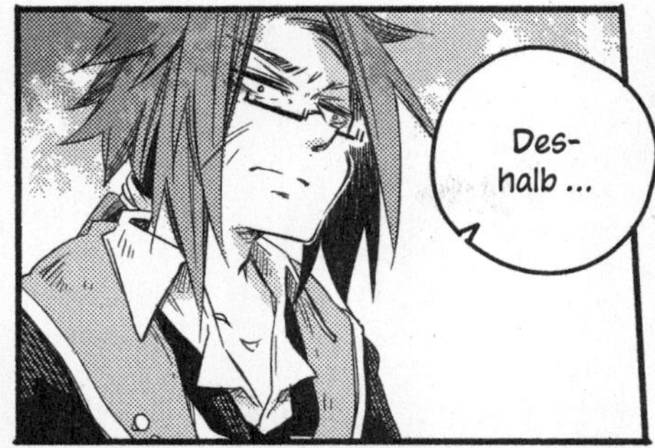
Deshalb ...

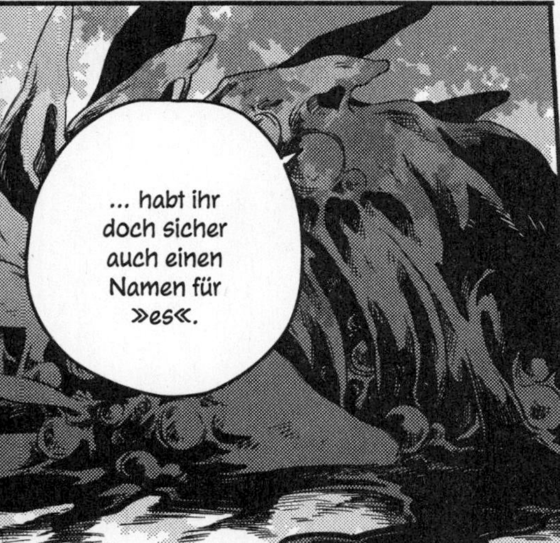
... habt ihr doch sicher auch einen Namen für »es«.

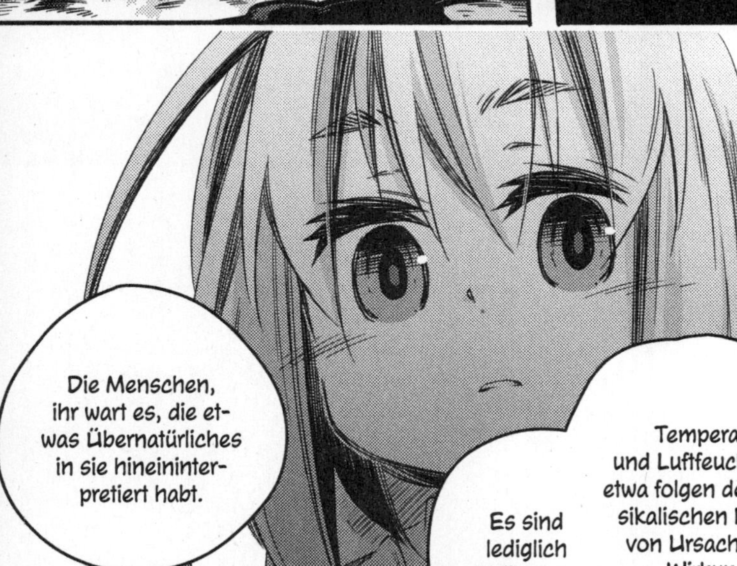
Die Natur verfolgt keine Absicht.
Temperatur und Luftfeuchtigkeit etwa folgen dem physikalischen Prinzip von Ursache und Wirkung.
Es sind lediglich Phänomene.
Die Menschen, ihr wart es, die etwas Übernatürliches in sie hineininterpretiert habt.

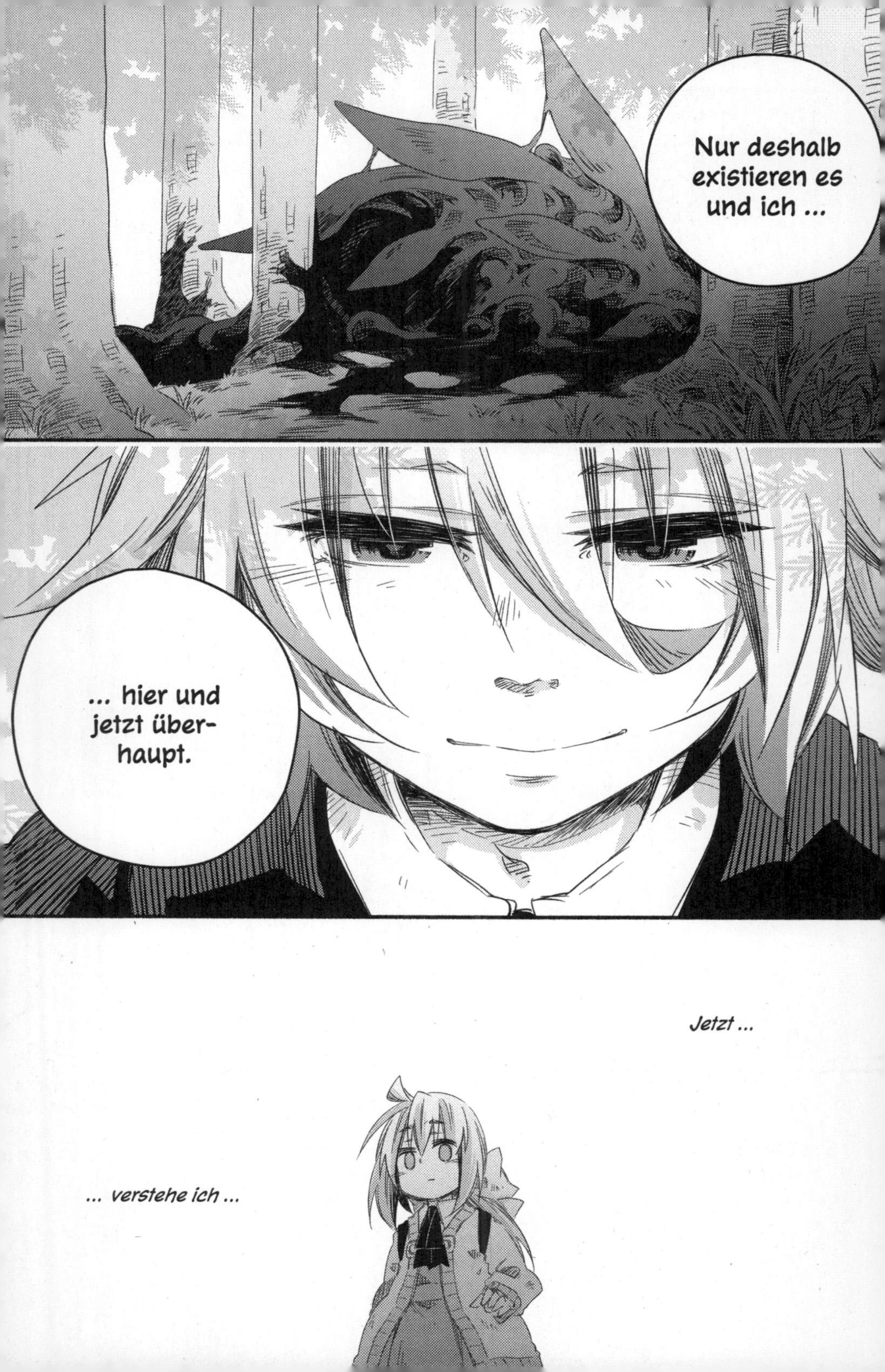

Nur deshalb existieren es und ich ...

... hier und jetzt überhaupt.

Jetzt ...

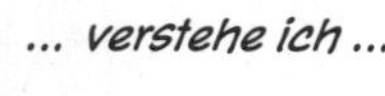

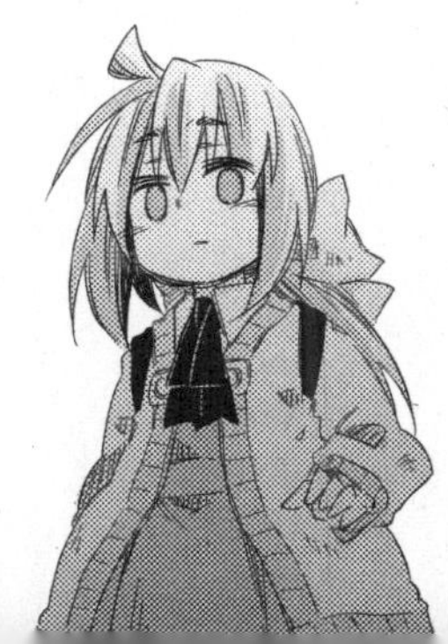

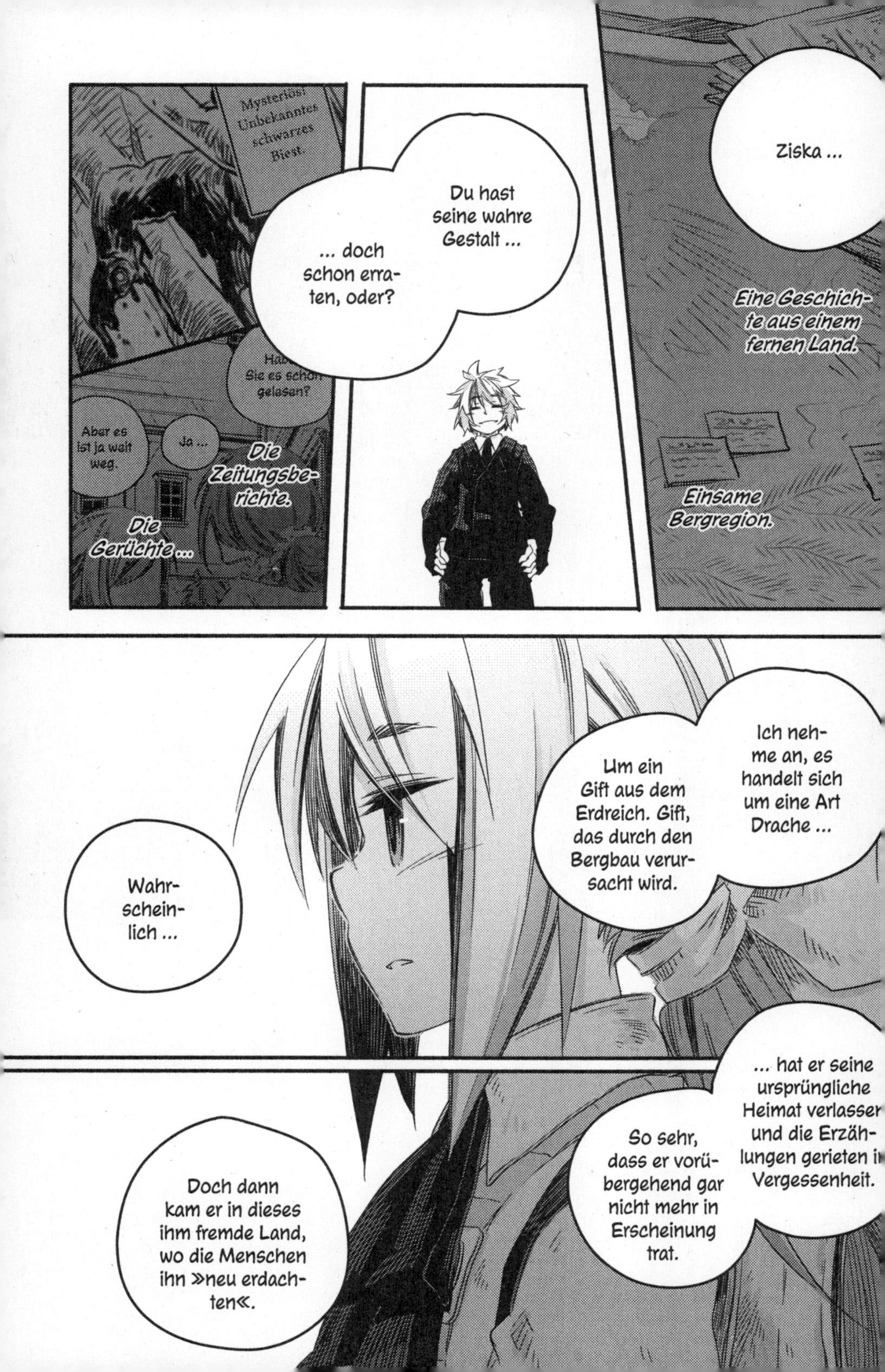

Ziska ...

Eine Geschichte aus einem fernen Land.

Einsame Bergregion.

Du hast seine wahre Gestalt ...

... doch schon erraten, oder?

Mysteriös! Unbekanntes schwarzes Biest.

Hab Sie es schon gelesen?

Ja ...

Aber es ist ja weit weg.

Die Zeitungsberichte.

Die Gerüchte ...

Ich nehme an, es handelt sich um eine Art Drache ...

Um ein Gift aus dem Erdreich. Gift, das durch den Bergbau verursacht wird.

Wahrscheinlich ...

... hat er seine ursprüngliche Heimat verlassen und die Erzählungen gerieten in Vergessenheit.

So sehr, dass er vorübergehend gar nicht mehr in Erscheinung trat.

Doch dann kam er in dieses ihm fremde Land, wo die Menschen ihn »neu erdachten«.

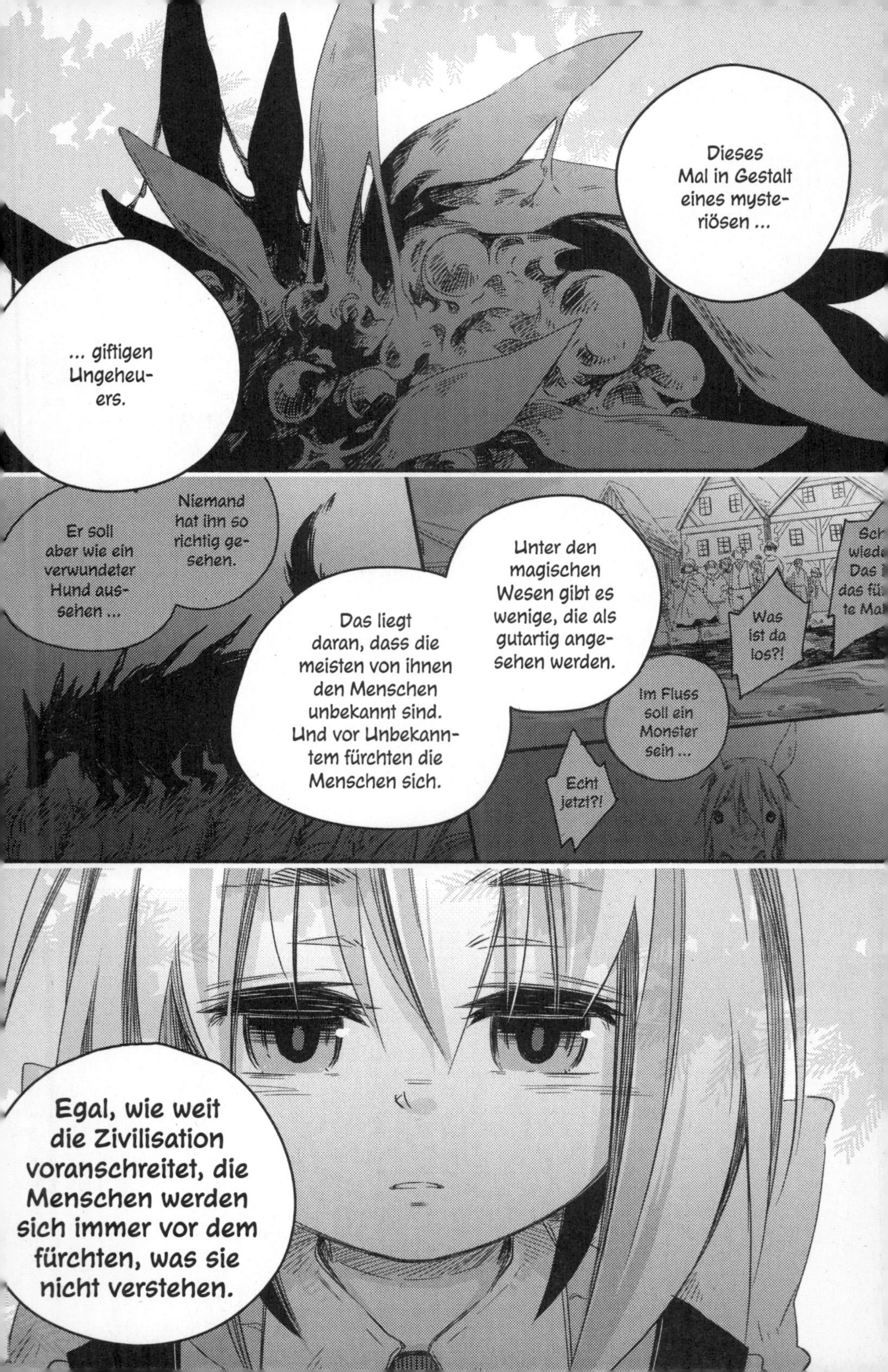
Dieses Mal in Gestalt eines mysteriösen ...
... giftigen Ungeheuers.
Was ist da los?!
Im Fluss soll ein Monster sein ...
Echt jetzt?!
Unter den magischen Wesen gibt es wenige, die als gutartig angesehen werden.
Das liegt daran, dass die meisten von ihnen den Menschen unbekannt sind. Und vor Unbekanntem fürchten die Menschen sich.
Niemand hat ihn so richtig gesehen.
Er soll aber wie ein verwundeter Hund aussehen ...
Egal, wie weit die Zivilisation voranschreitet, die Menschen werden sich immer vor dem fürchten, was sie nicht verstehen.

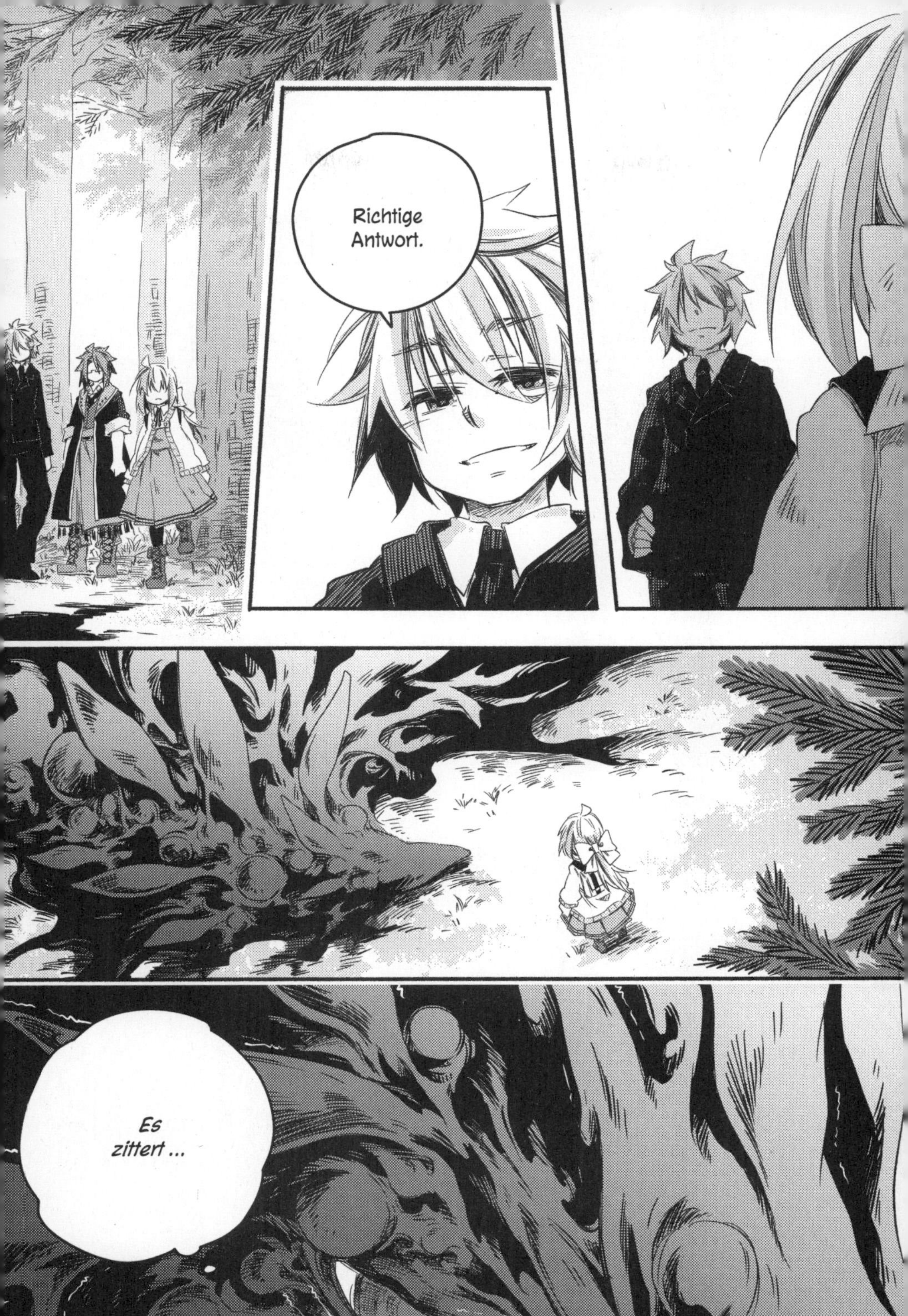
Richtige Antwort.
Es zittert ...

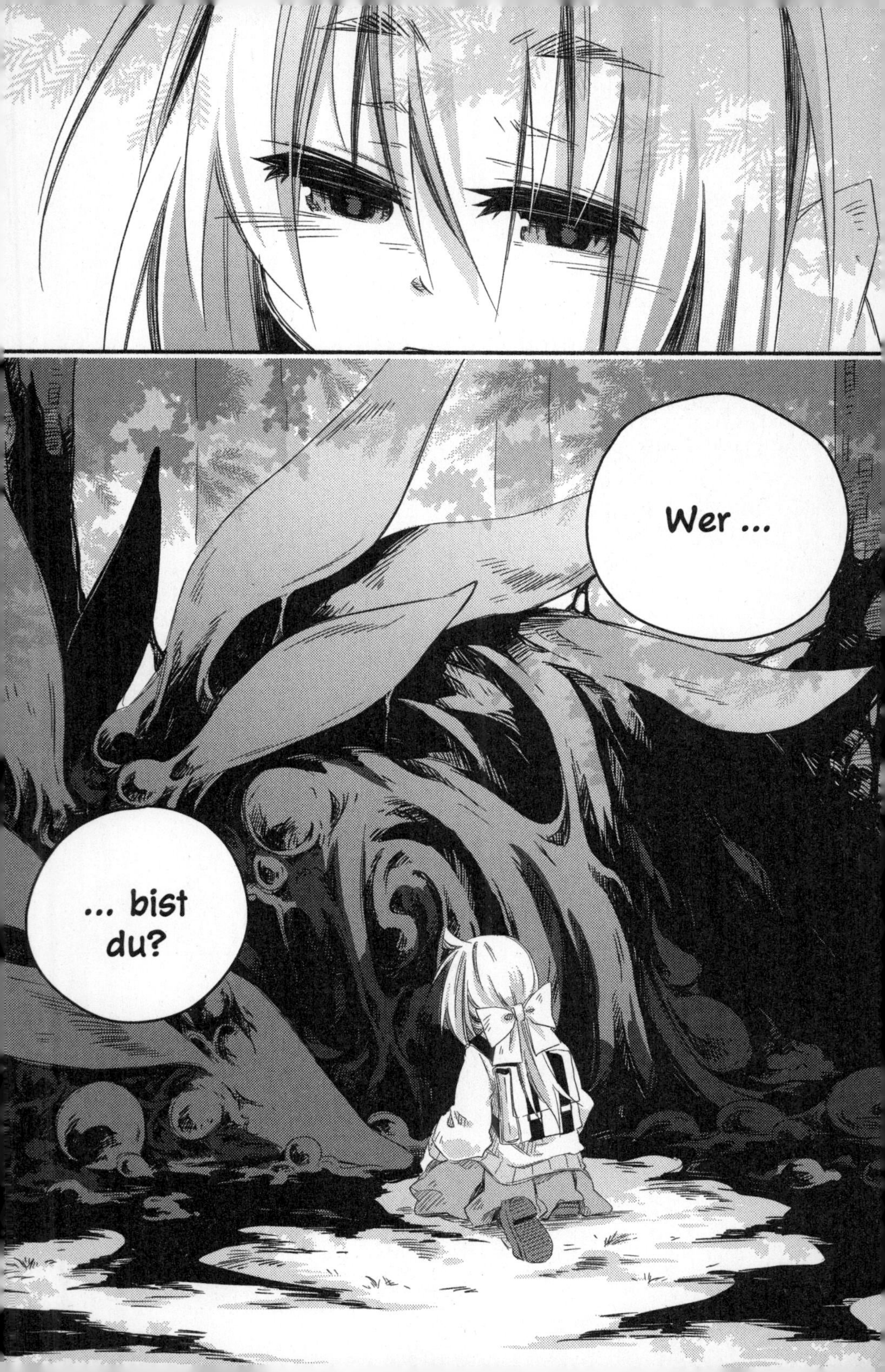
Wer ...
... bist du?

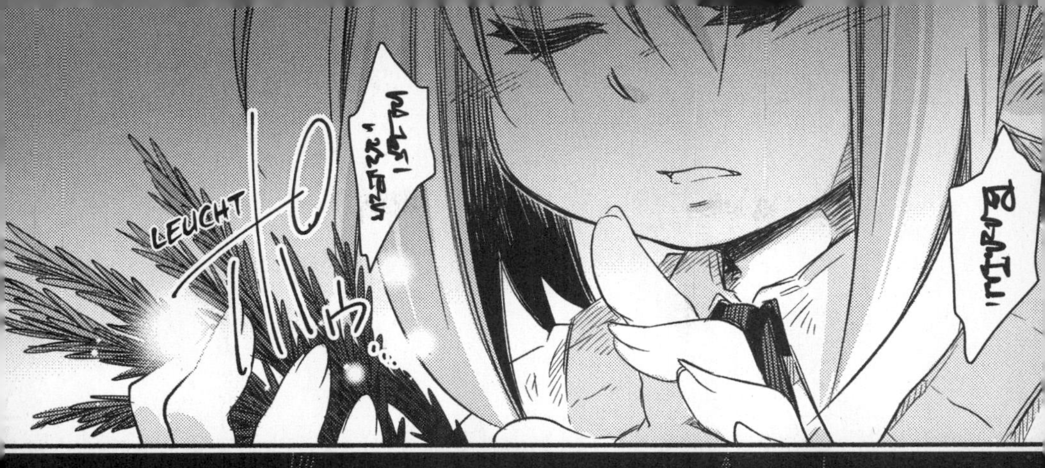

28. Eintrag: Eine Vermutung

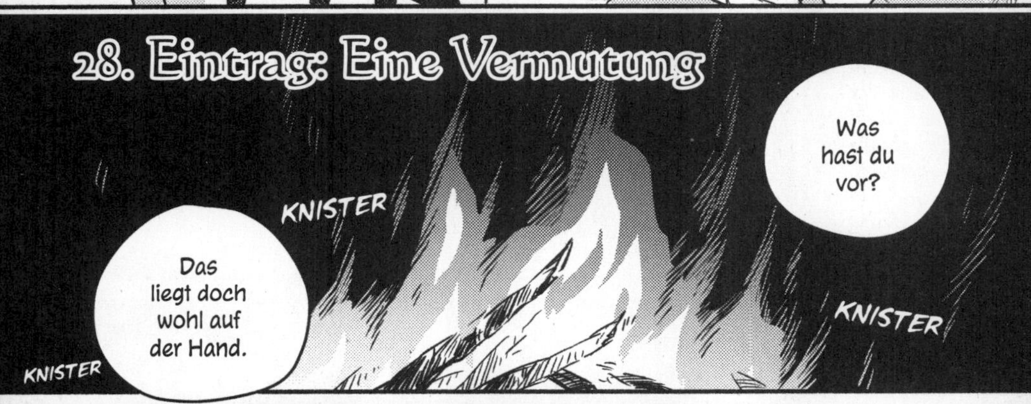

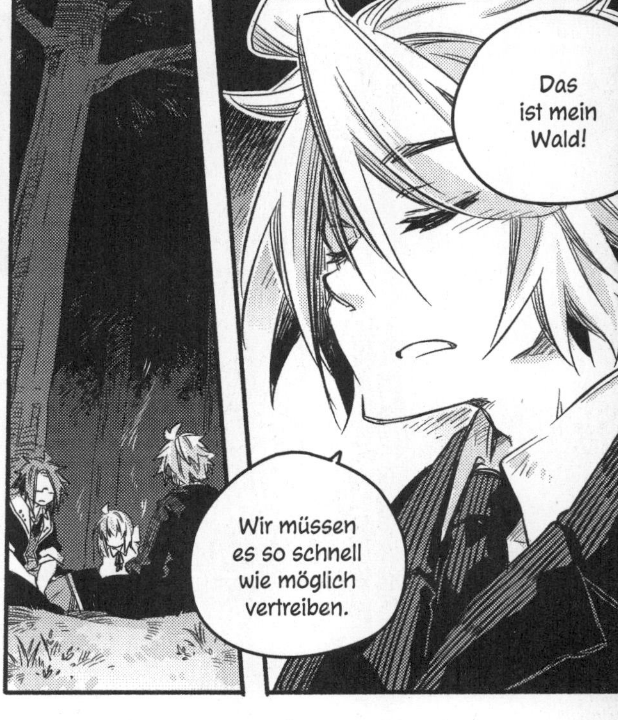

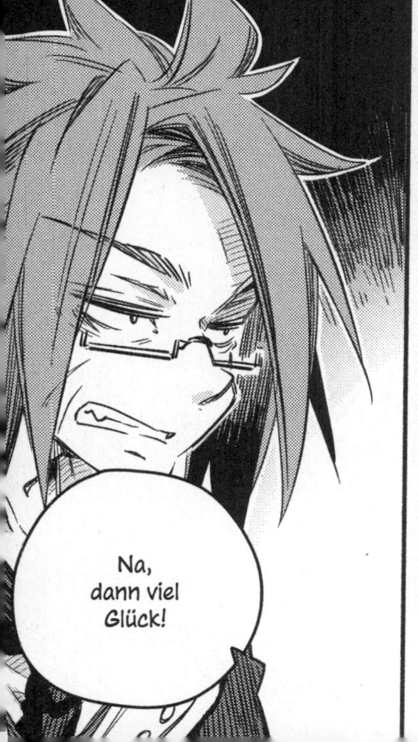

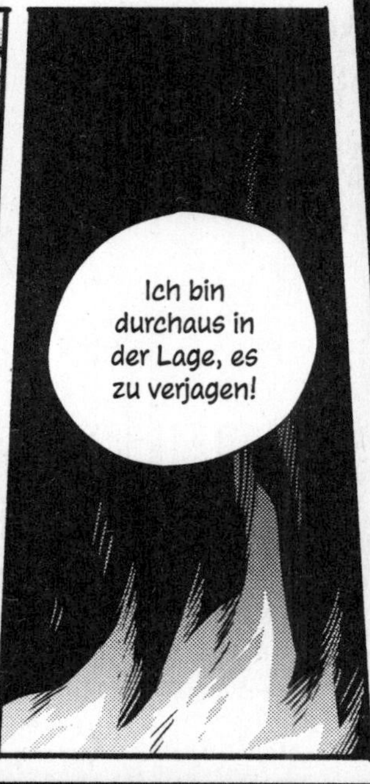
Ich bin durchaus in der Lage, es zu verjagen!
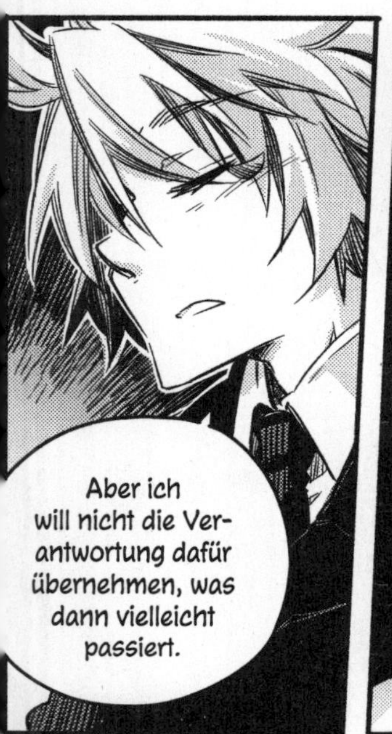
Aber ich will nicht die Verantwortung dafür übernehmen, was dann vielleicht passiert.
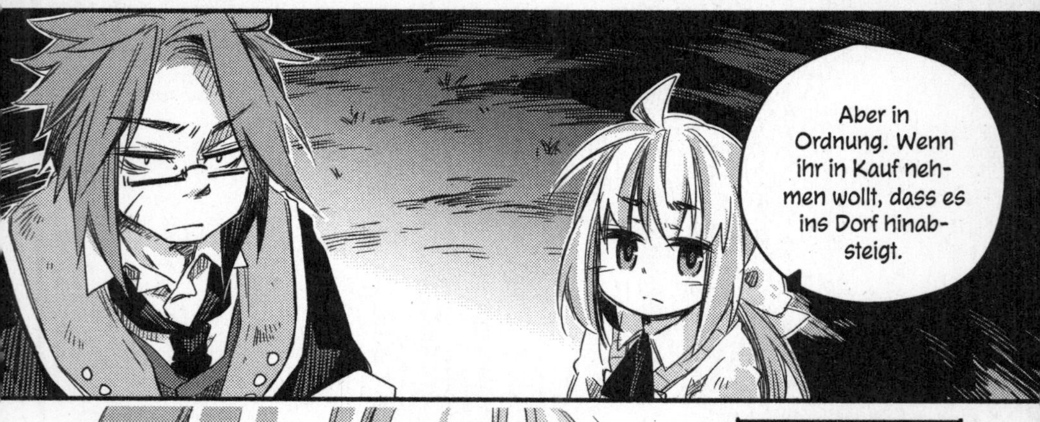
Aber in Ordnung. Wenn ihr in Kauf nehmen wollt, dass es ins Dorf hinabsteigt.
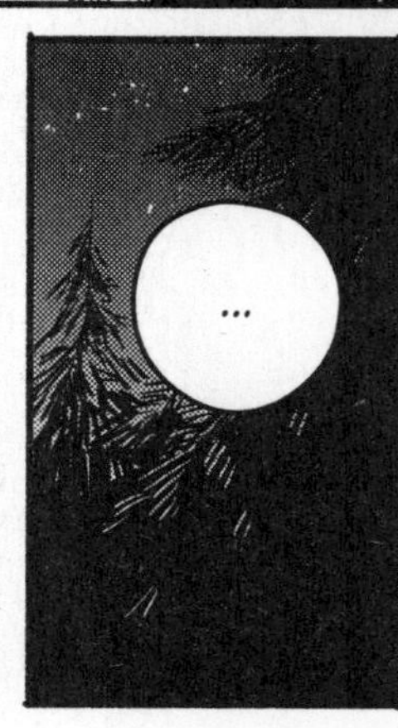
...
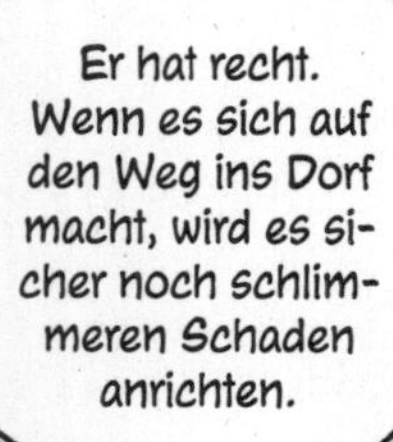
Er hat recht. Wenn es sich auf den Weg ins Dorf macht, wird es sicher noch schlimmeren Schaden anrichten.

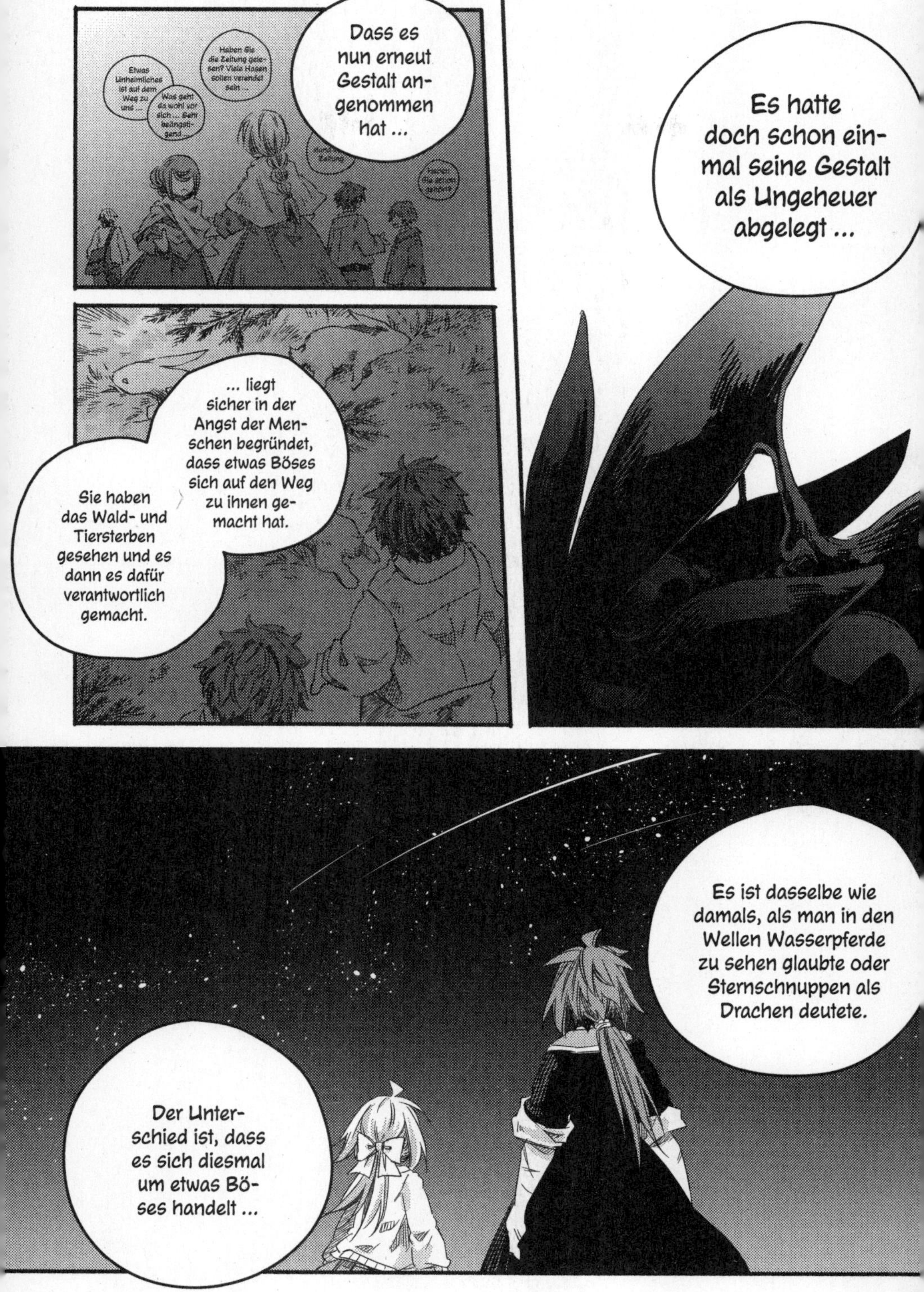

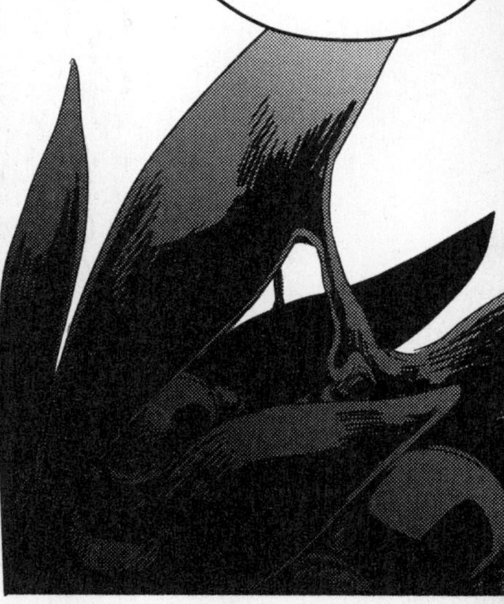

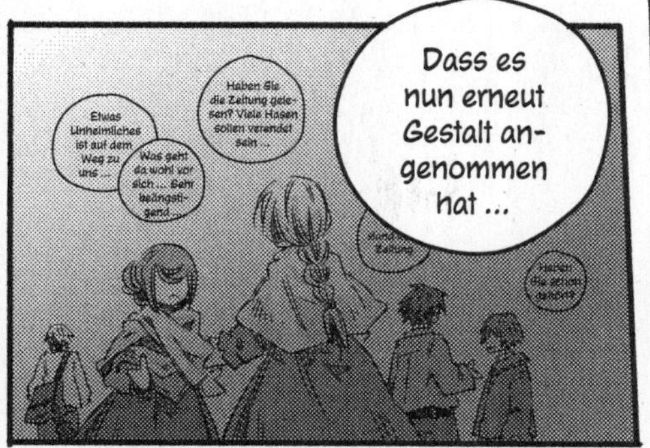

... liegt sicher in der Angst der Menschen begründet, dass etwas Böses sich auf den Weg zu ihnen gemacht hat.

Sie haben das Wald- und Tiersterben gesehen und es dann es dafür verantwortlich gemacht.

Es ist dasselbe wie damals, als man in den Wellen Wasserpferde zu sehen glaubte oder Sternschnuppen als Drachen deutete.

Der Unterschied ist, dass es sich diesmal um etwas Böses handelt ...

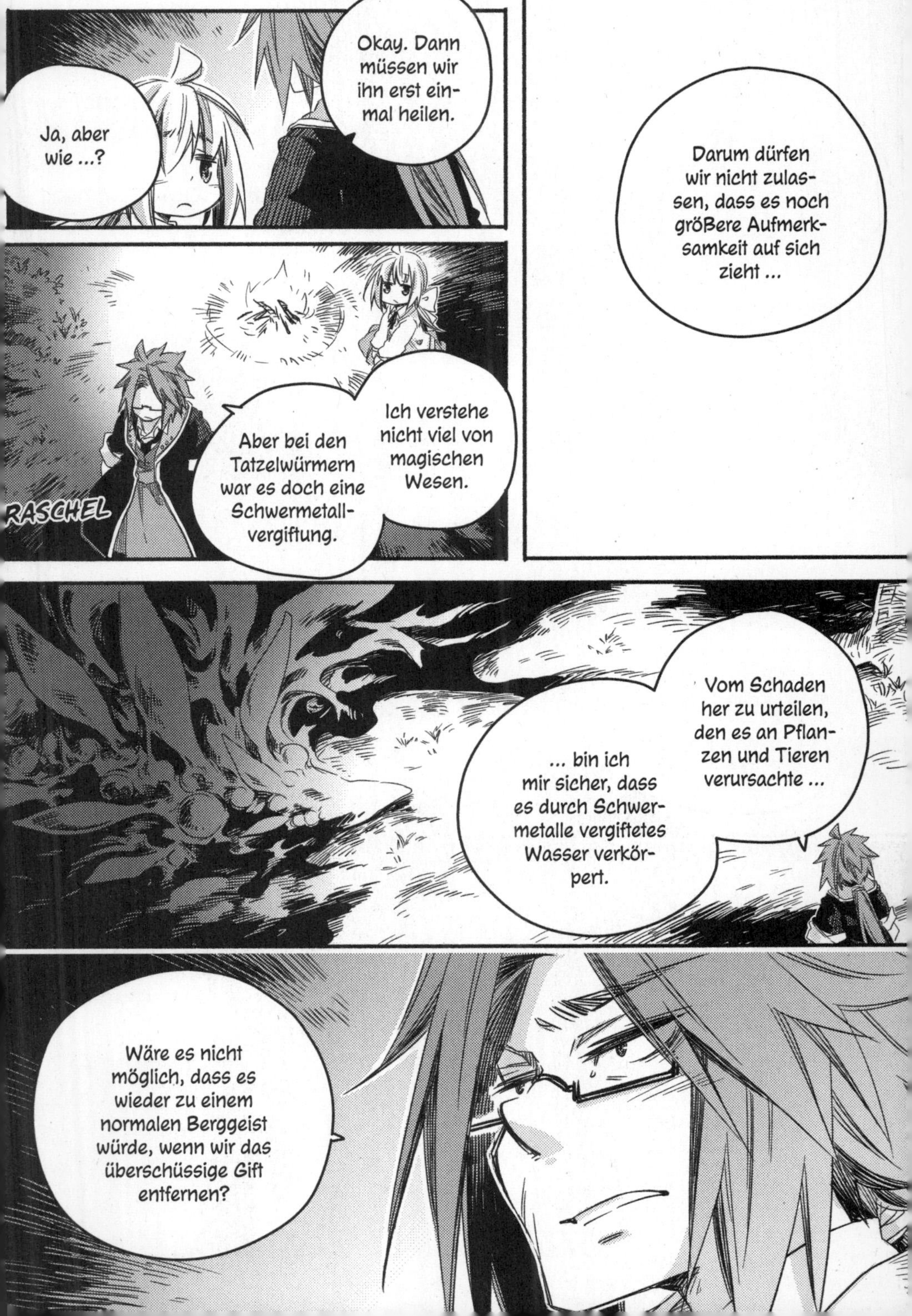

Darum dürfen wir nicht zulassen, dass es noch größere Aufmerksamkeit auf sich zieht ...

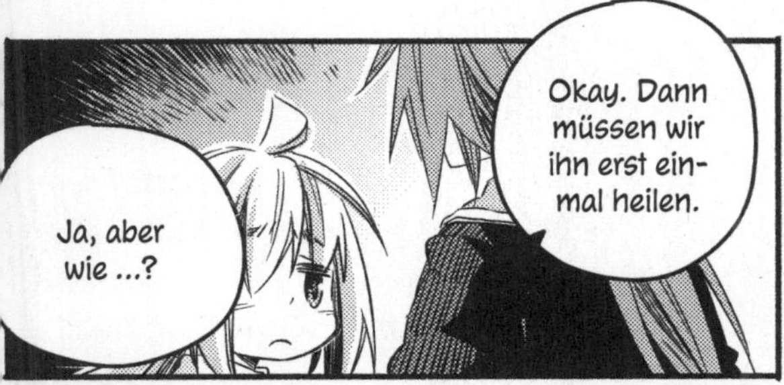

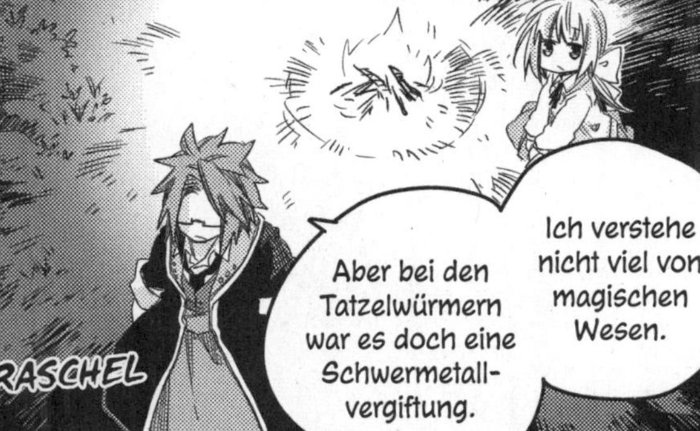

Vom Schaden her zu urteilen, den es an Pflanzen und Tieren verursachte ...

... bin ich mir sicher, dass es durch Schwermetalle vergiftetes Wasser verkörpert.

Wäre es nicht möglich, dass es wieder zu einem normalen Berggeist würde, wenn wir das überschüssige Gift entfernen?

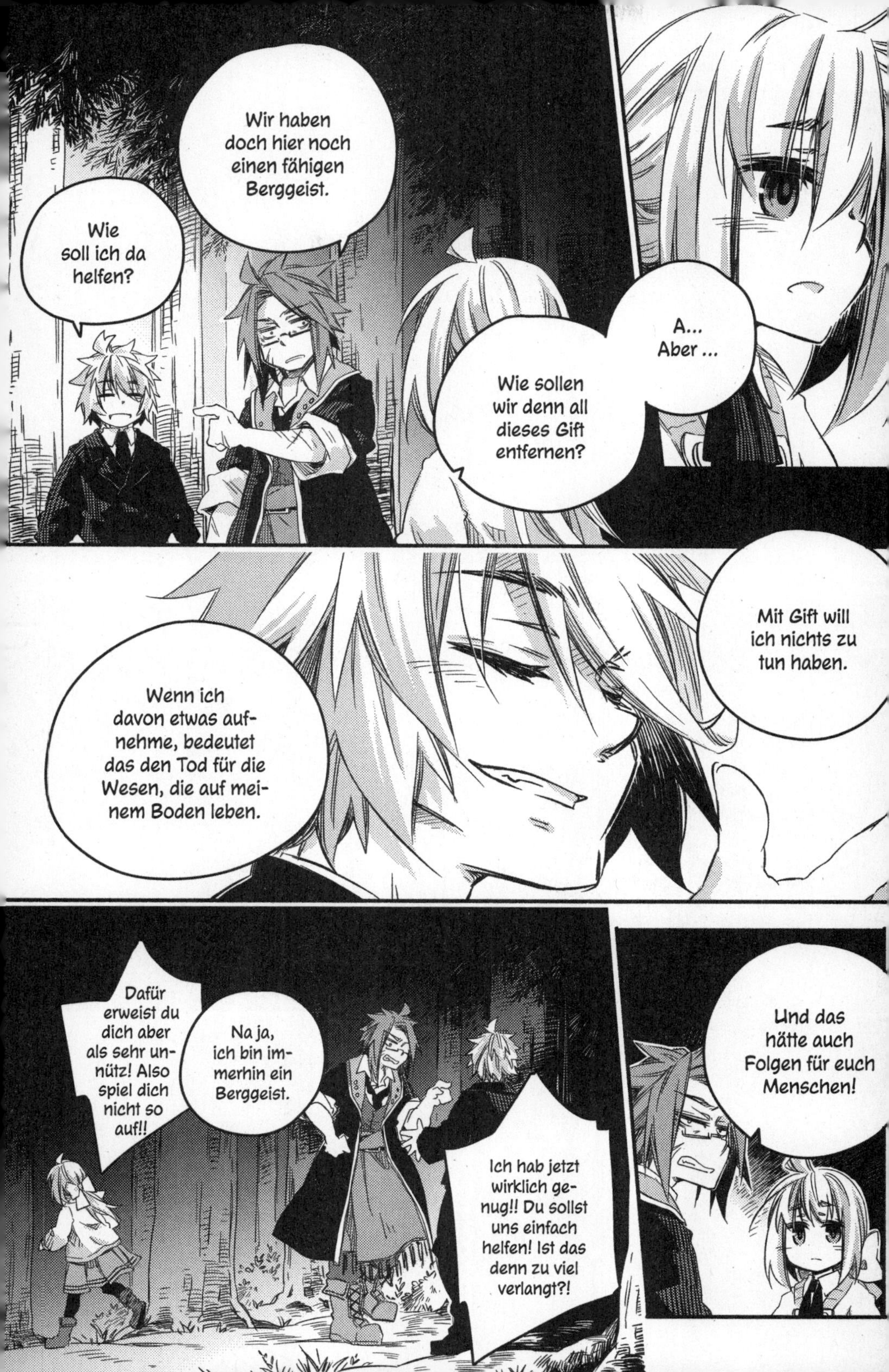

A... Aber ...
Wie sollen wir denn all dieses Gift entfernen?
Wir haben doch hier noch einen fähigen Berggeist.
Wie soll ich da helfen?
Mit Gift will ich nichts zu tun haben.
Wenn ich davon etwas aufnehme, bedeutet das den Tod für die Wesen, die auf meinem Boden leben.
Und das hätte auch Folgen für euch Menschen!
Ich hab jetzt wirklich genug!! Du sollst uns einfach helfen! Ist das denn zu viel verlangt?!
Na ja, ich bin immerhin ein Berggeist.
Dafür erweist du dich aber als sehr unnütz! Also spiel dich nicht so auf!!

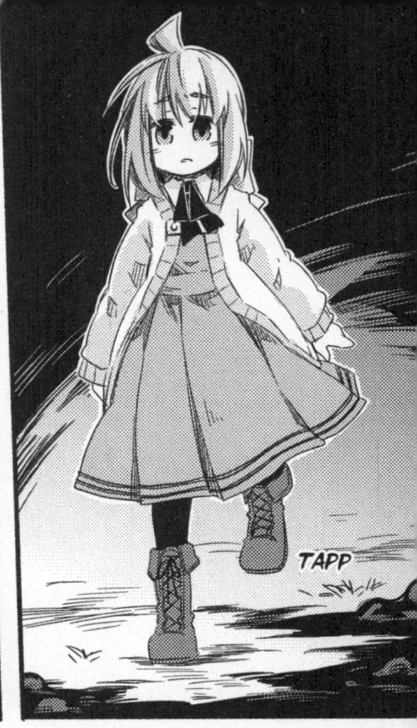
TAPP

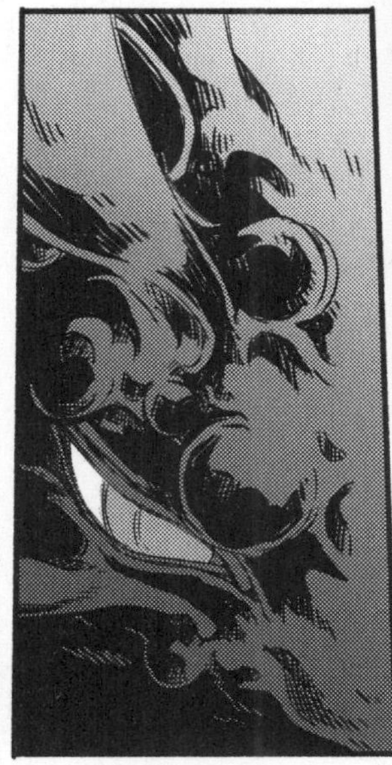

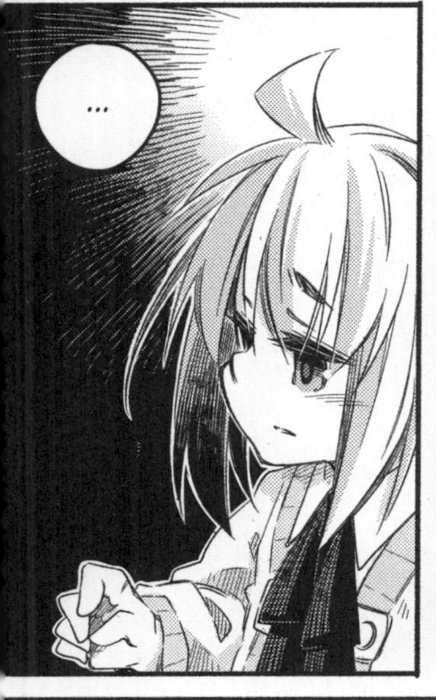
...

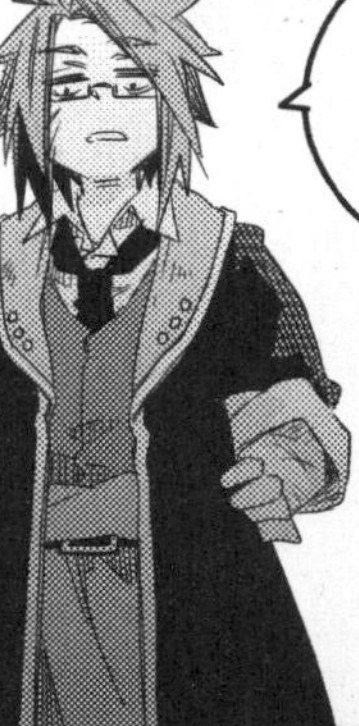
Nicht anfassen!

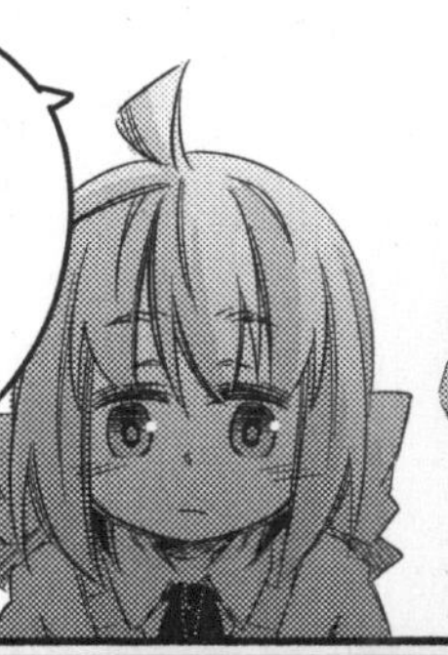
Wir wissen doch noch gar nicht, was es bewirkt.
Es gibt Gifte, die über die Haut aufgenommen werden können.
Aber irgendetwas müssen wir doch tun!
SUCH

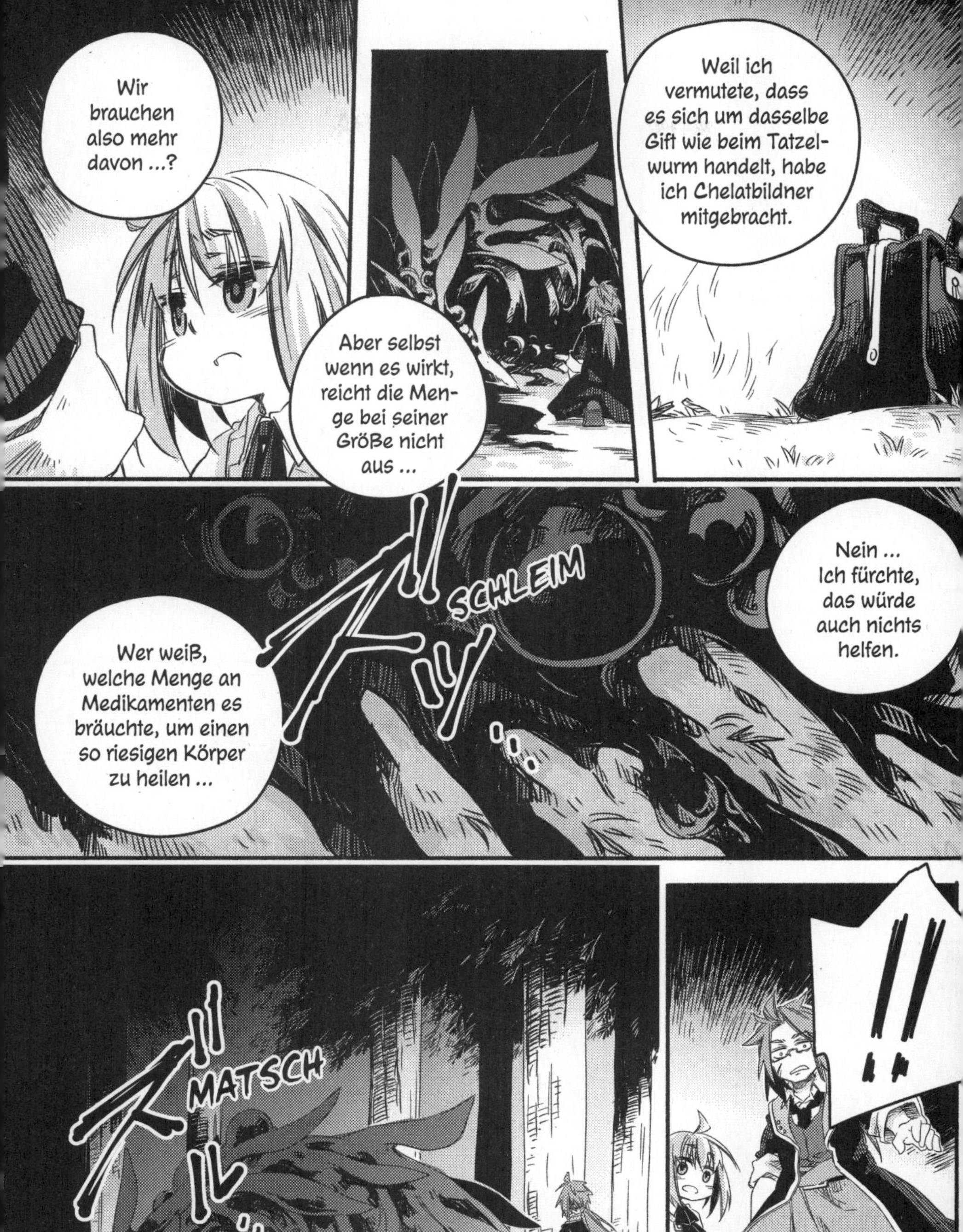
Weil ich vermutete, dass es sich um dasselbe Gift wie beim Tatzelwurm handelt, habe ich Chelatbildner mitgebracht.
Aber selbst wenn es wirkt, reicht die Menge bei seiner Größe nicht aus ...
Wir brauchen also mehr davon ...?
Nein ... Ich fürchte, das würde auch nichts helfen.
SCHLEIM
Wer weiß, welche Menge an Medikamenten es bräuchte, um einen so riesigen Körper zu heilen ...
!!
MATSCH

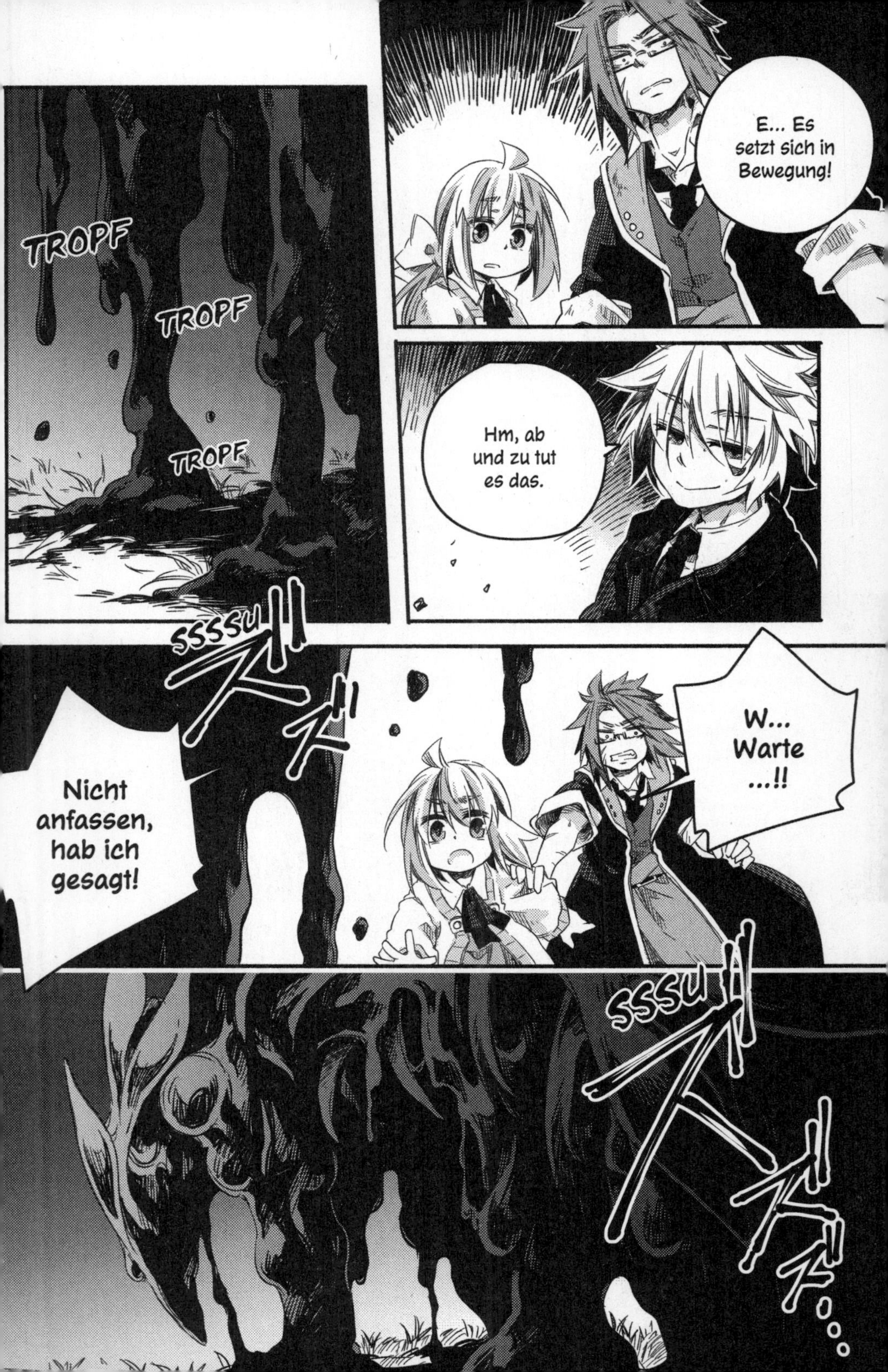
E... Es setzt sich in Bewegung!
TROPF
TROPF
TROPF
Hm, ab und zu tut es das.
SSSSU
W... Warte ...!!
Nicht anfassen, hab ich gesagt!
SSSU

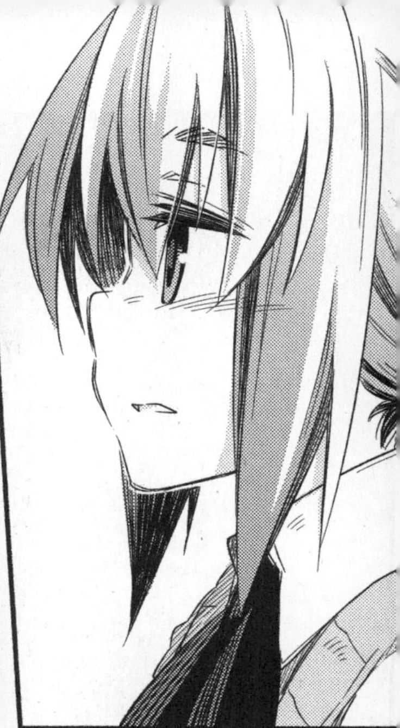

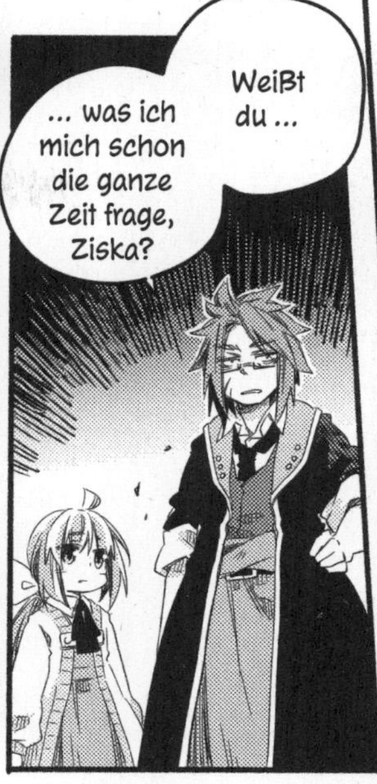
Weißt du ...
... was ich mich schon die ganze Zeit frage, Ziska?

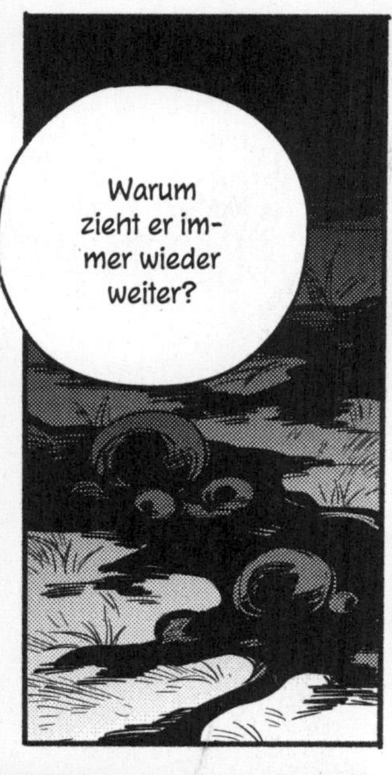
Warum zieht er immer wieder weiter?

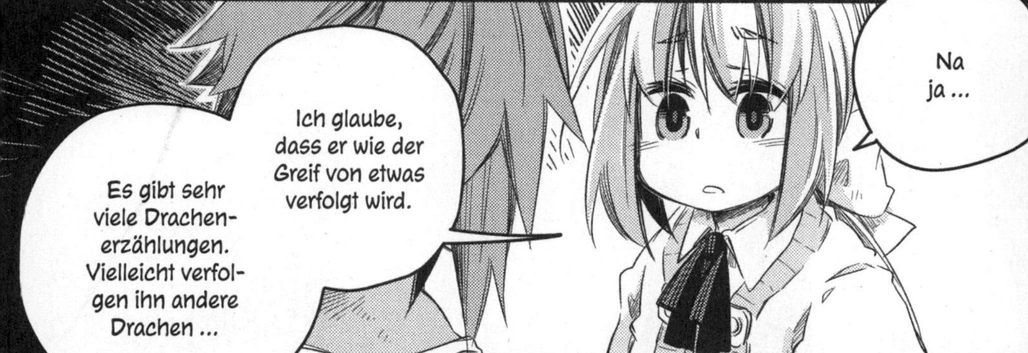
Na ja ...
Ich glaube, dass er wie der Greif von etwas verfolgt wird.
Es gibt sehr viele Drachenerzählungen. Vielleicht verfolgen ihn andere Drachen ...

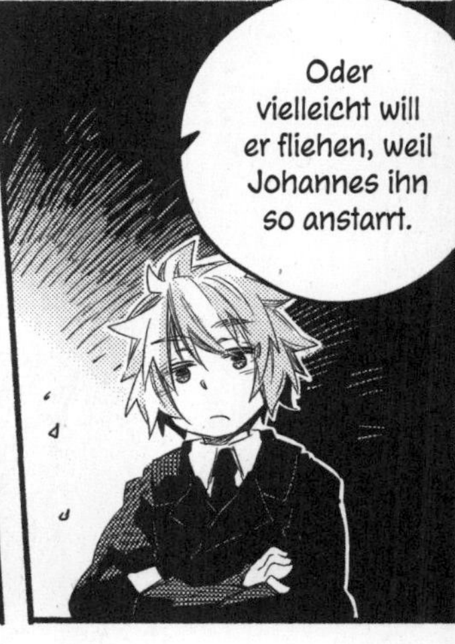
Oder vielleicht will er fliehen, weil Johannes ihn so anstarrt.

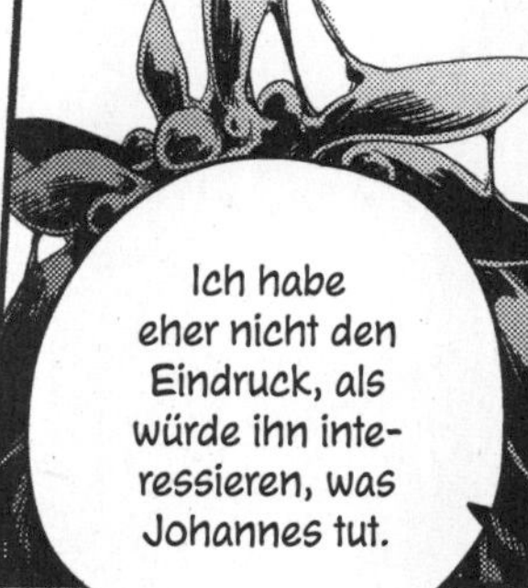
Ich habe eher nicht den Eindruck, als würde ihn interessieren, was Johannes tut.

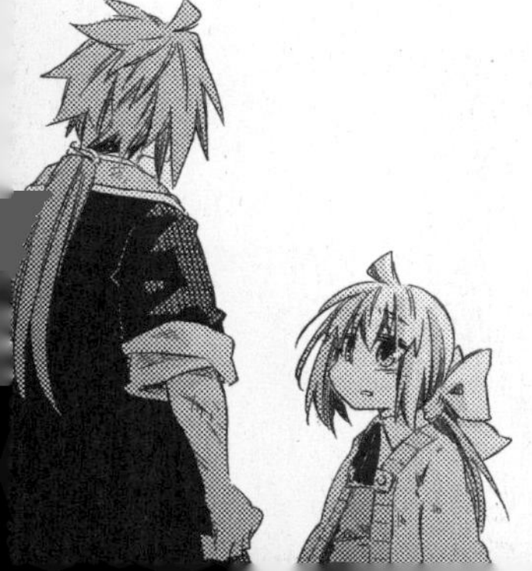

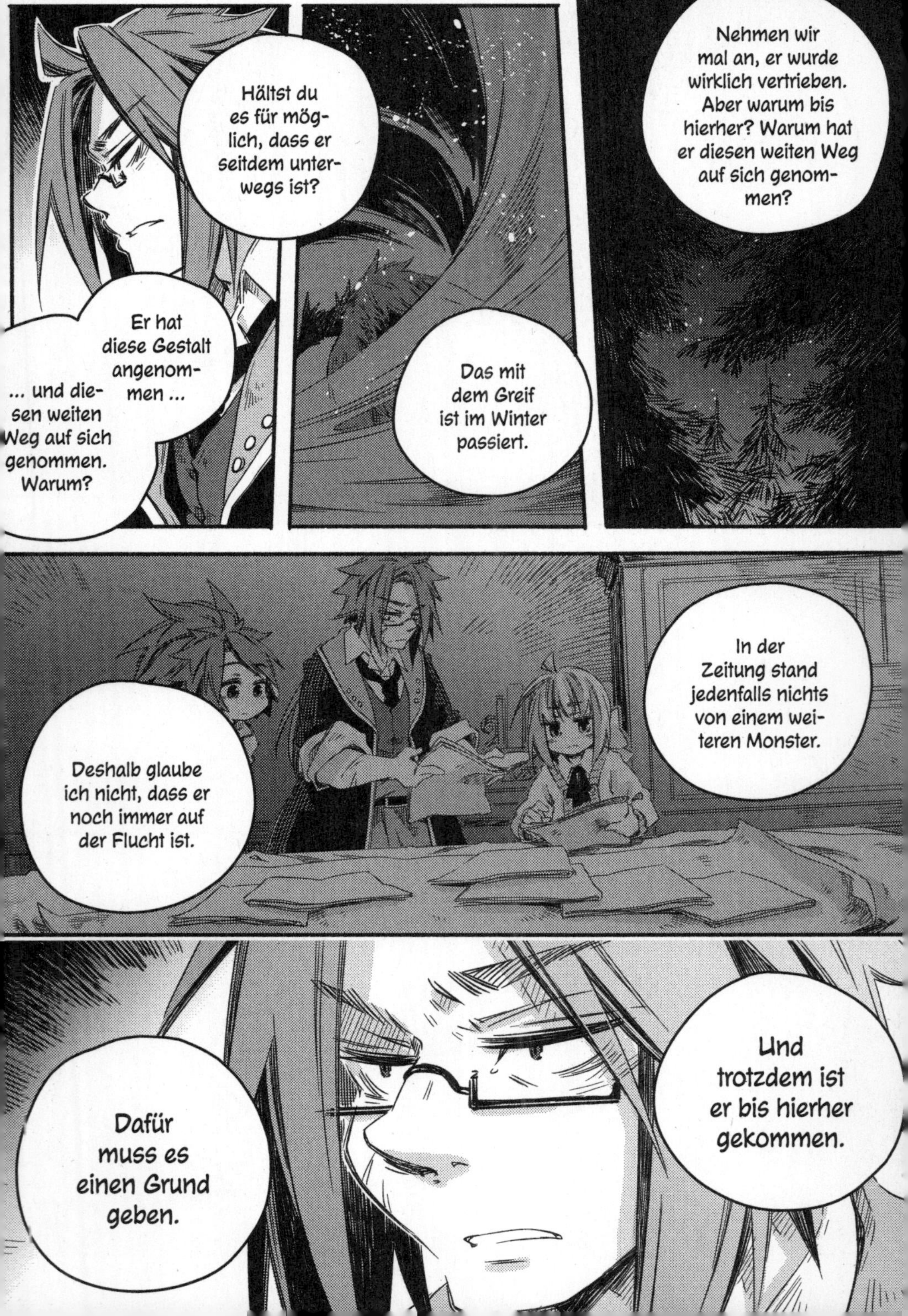

Nehmen wir mal an, er wurde wirklich vertrieben. Aber warum bis hierher? Warum hat er diesen weiten Weg auf sich genommen?

Hältst du es für möglich, dass er seitdem unterwegs ist?

Das mit dem Greif ist im Winter passiert.

Er hat diese Gestalt angenommen ...

... und diesen weiten Weg auf sich genommen. Warum?

In der Zeitung stand jedenfalls nichts von einem weiteren Monster.

Deshalb glaube ich nicht, dass er noch immer auf der Flucht ist.

Und trotzdem ist er bis hierher gekommen.

Dafür muss es einen Grund geben.

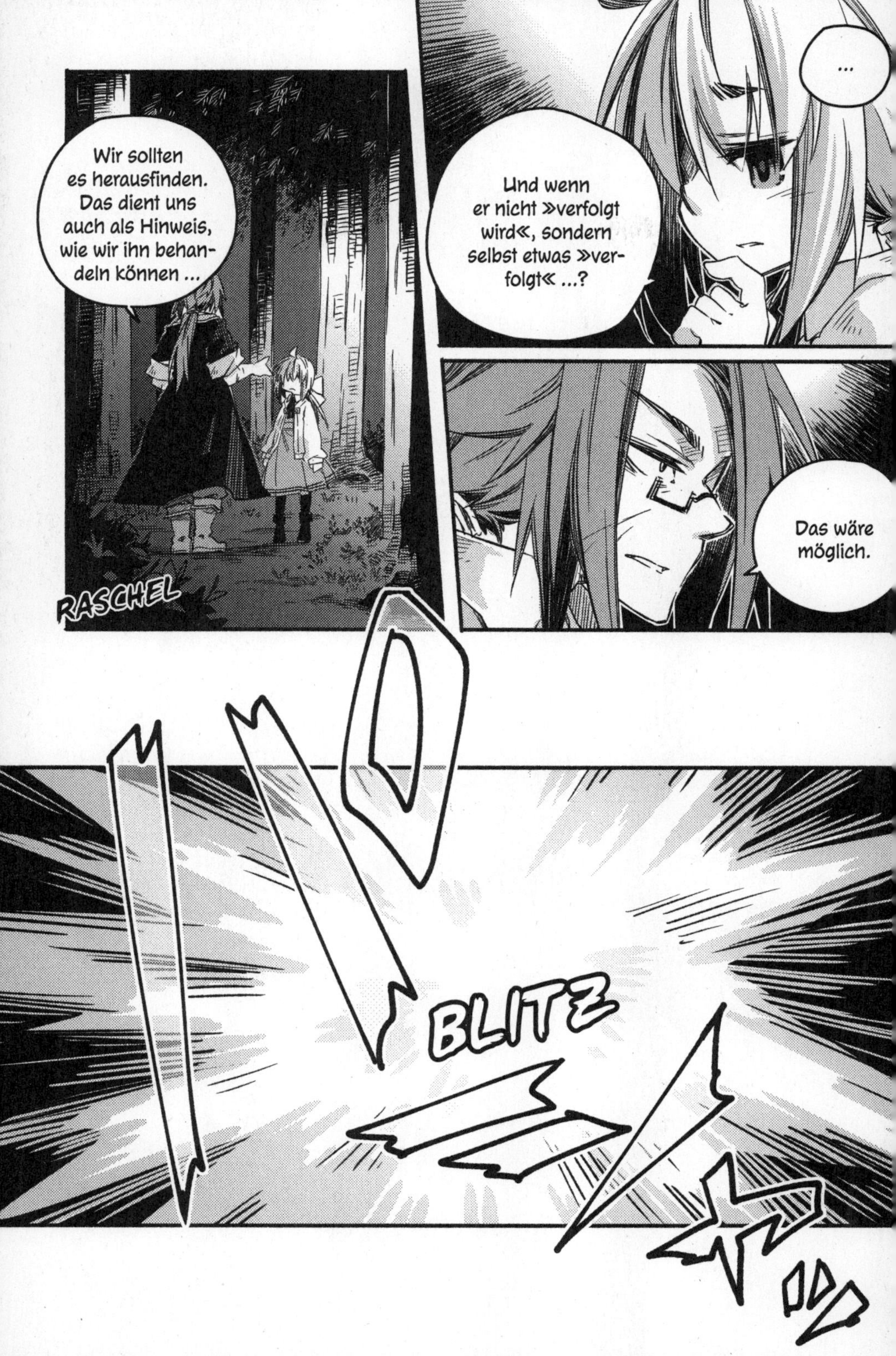
...
Und wenn er nicht »verfolgt wird«, sondern selbst etwas »verfolgt« ...?
Das wäre möglich.
Wir sollten es herausfinden. Das dient uns auch als Hinweis, wie wir ihn behandeln können ...
RASCHEL
BLITZ

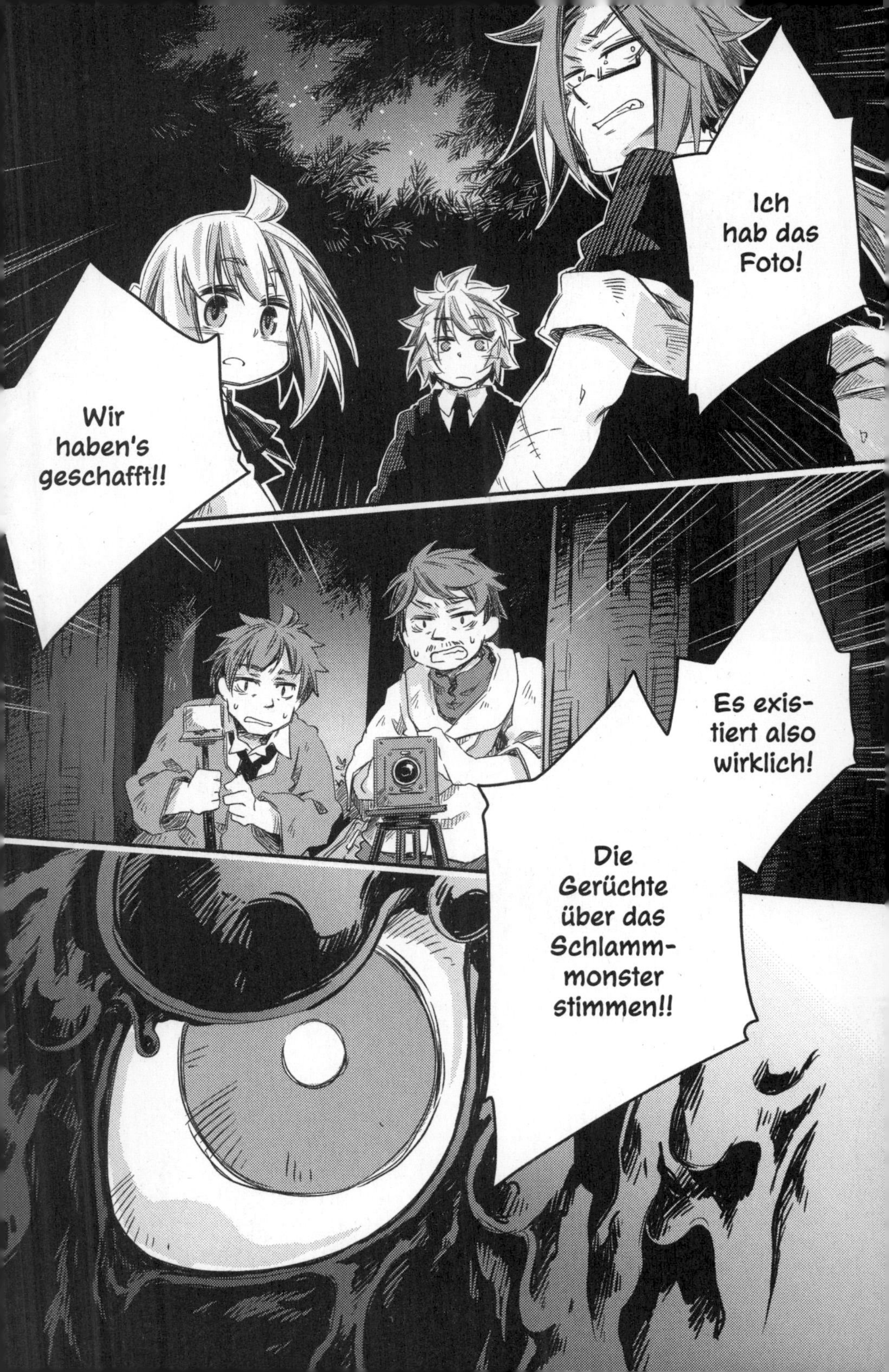
Ich hab das Foto!
Wir haben's geschafft!!
Es existiert also wirklich!
Die Gerüchte über das Schlammmonster stimmen!!

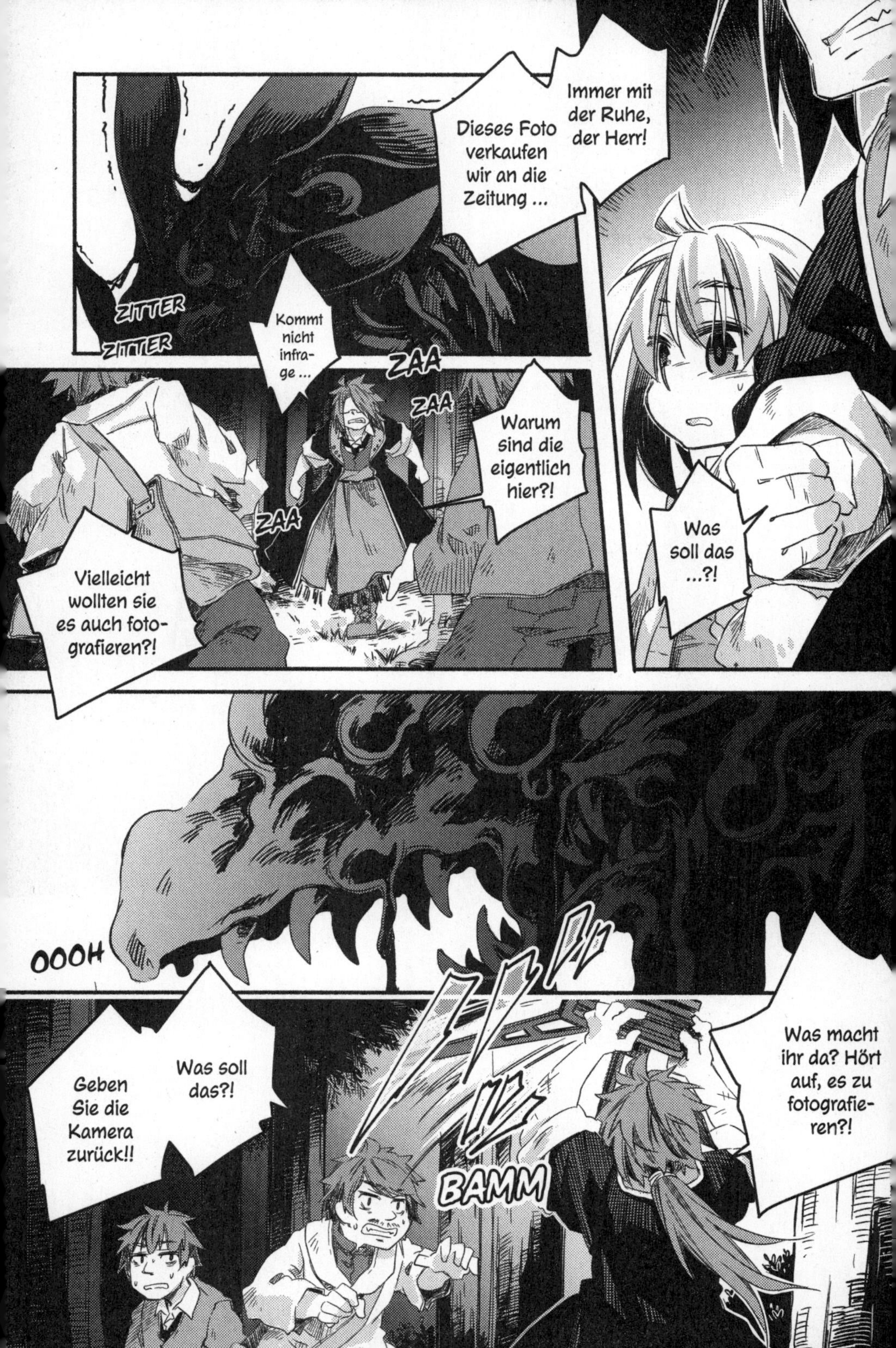
Immer mit der Ruhe, der Herr!
Dieses Foto verkaufen wir an die Zeitung ...
Kommt nicht infrage ...
ZITTER
ZITTER
Was soll das ...?!
Warum sind die eigentlich hier?!
ZAA
ZAA
ZAA
Vielleicht wollten sie es auch fotografieren?!
OOOH
Was macht ihr da? Hört auf, es zu fotografieren?!
BAMM
Was soll das?!
Geben Sie die Kamera zurück!!

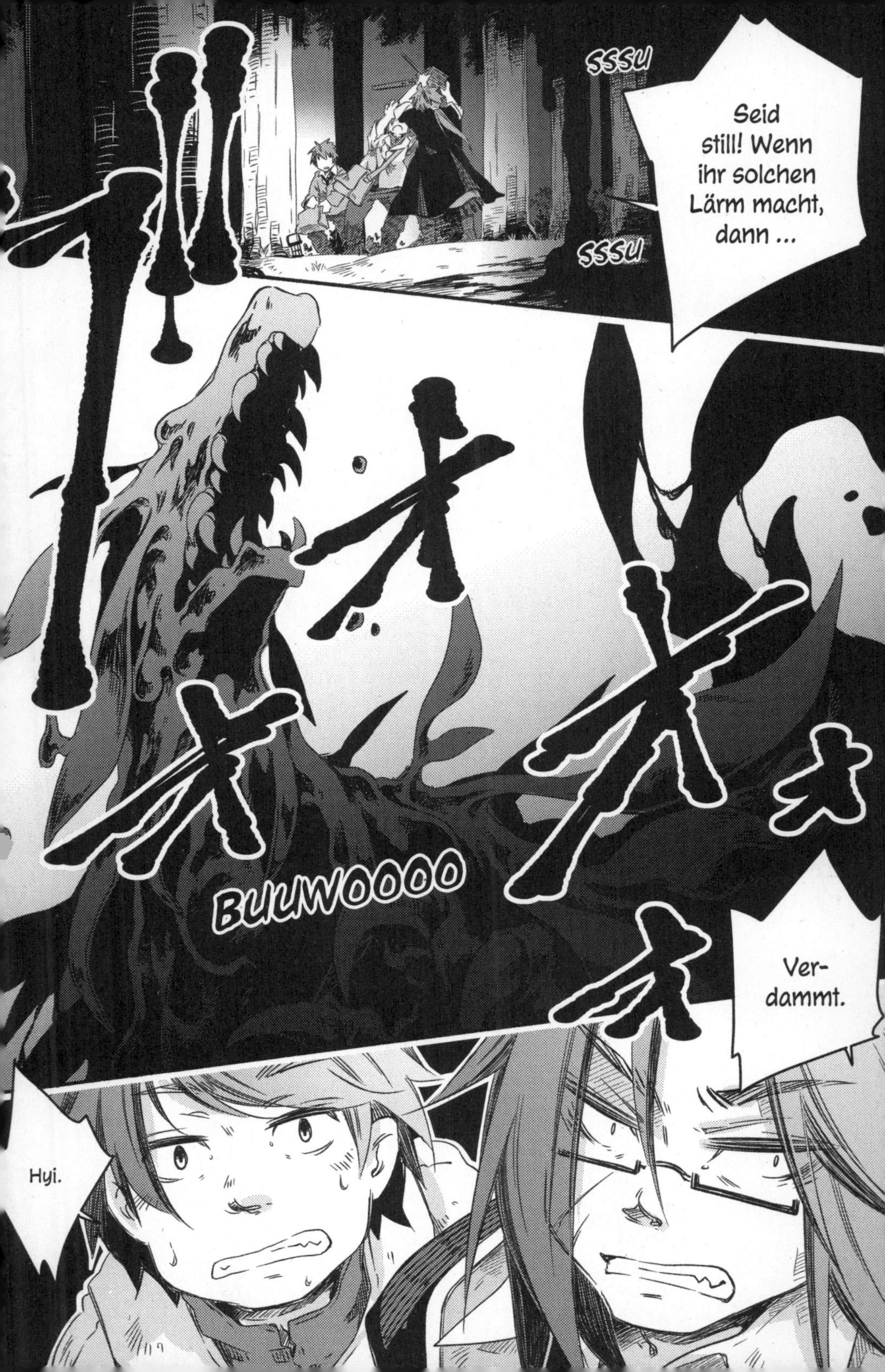
Seid still! Wenn ihr solchen Lärm macht, dann ...
SSSU
SSSU
BULWOOOO
Ver-dammt.
Hyi.

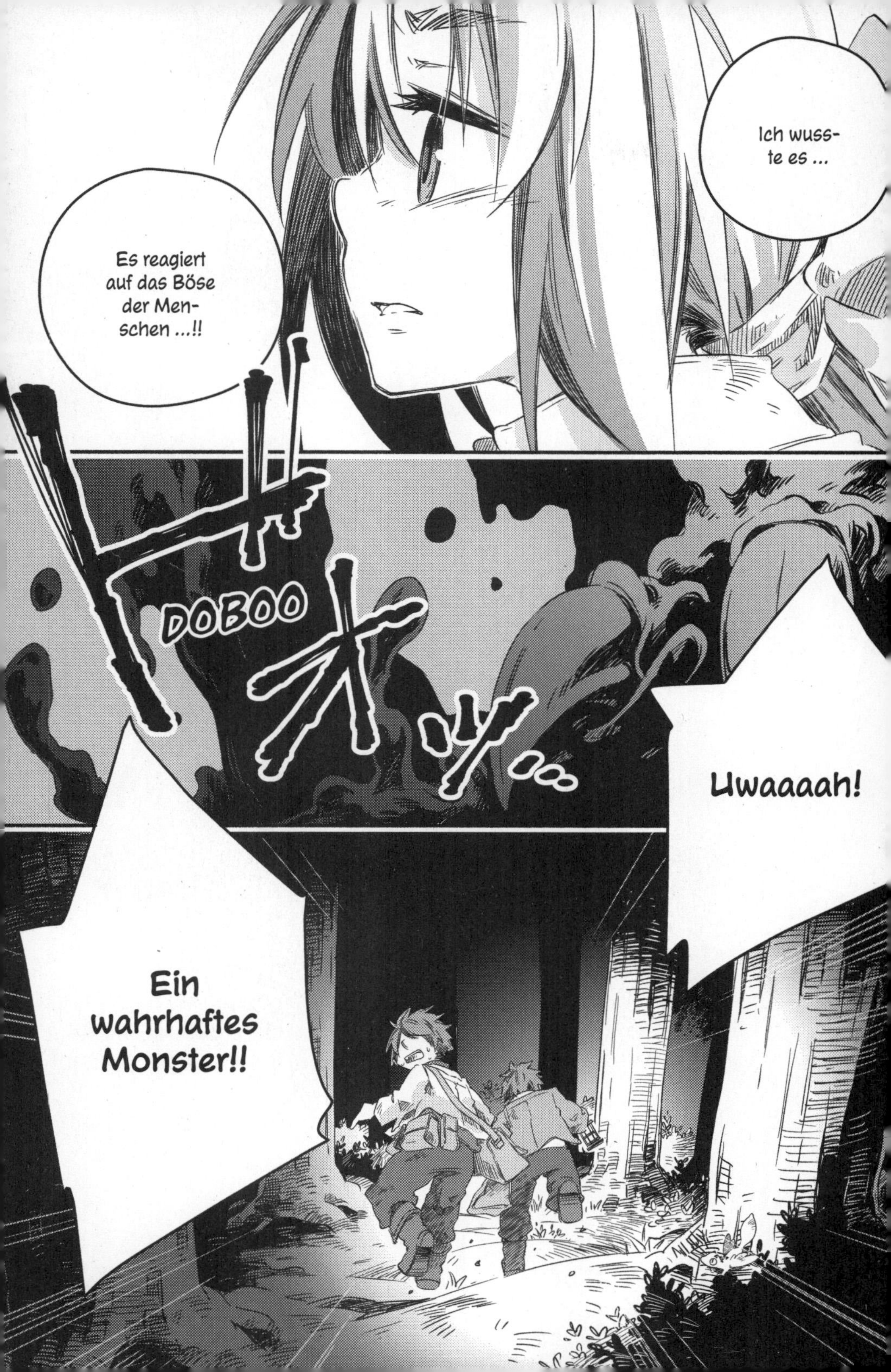
Ich wusste es ...
Es reagiert auf das Böse der Menschen ...!!
DOBOO
Uwaaaah!
Ein wahrhaftes Monster!!

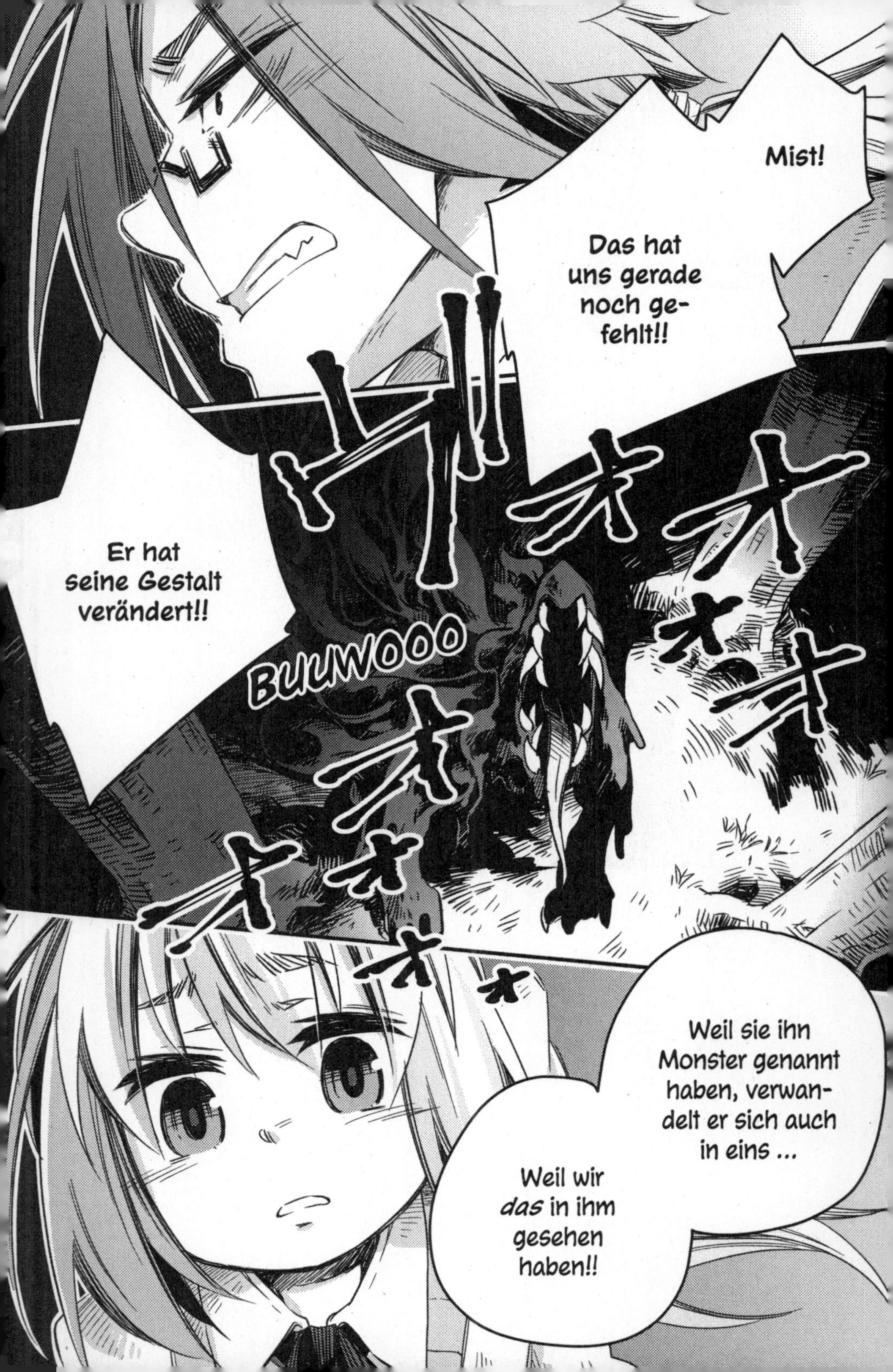
Mist!
Das hat uns gerade noch gefehlt!!
Er hat seine Gestalt verändert!!
BUUWOOO
Weil sie ihn Monster genannt haben, verwandelt er sich auch in eins ...
Weil wir *das* in ihm gesehen haben!!

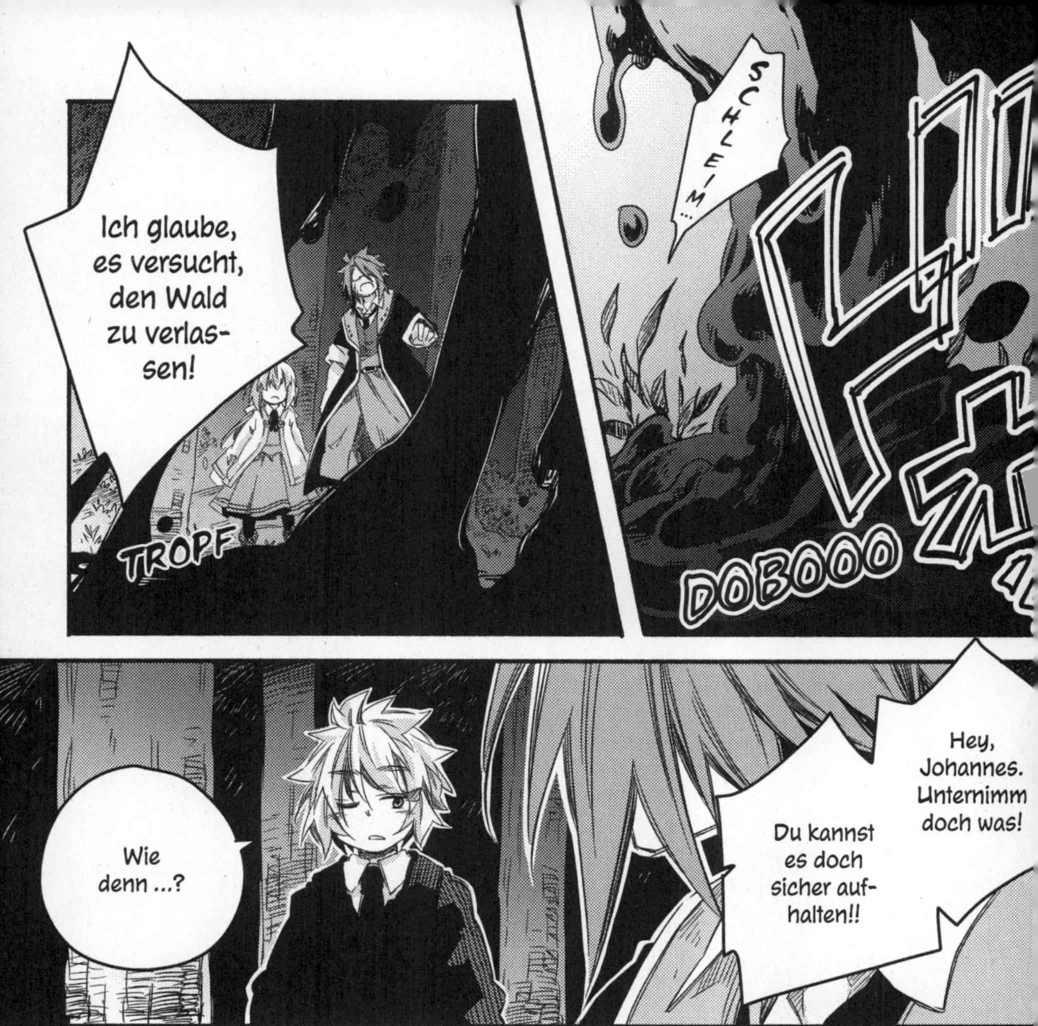

Wie ich eben schon sagte ...

Ich weiß, was passiert, wenn es diesen Wald verlässt.

Andererseits kann ich auf keinen Fall mit dem Gift in Berührung kommen.

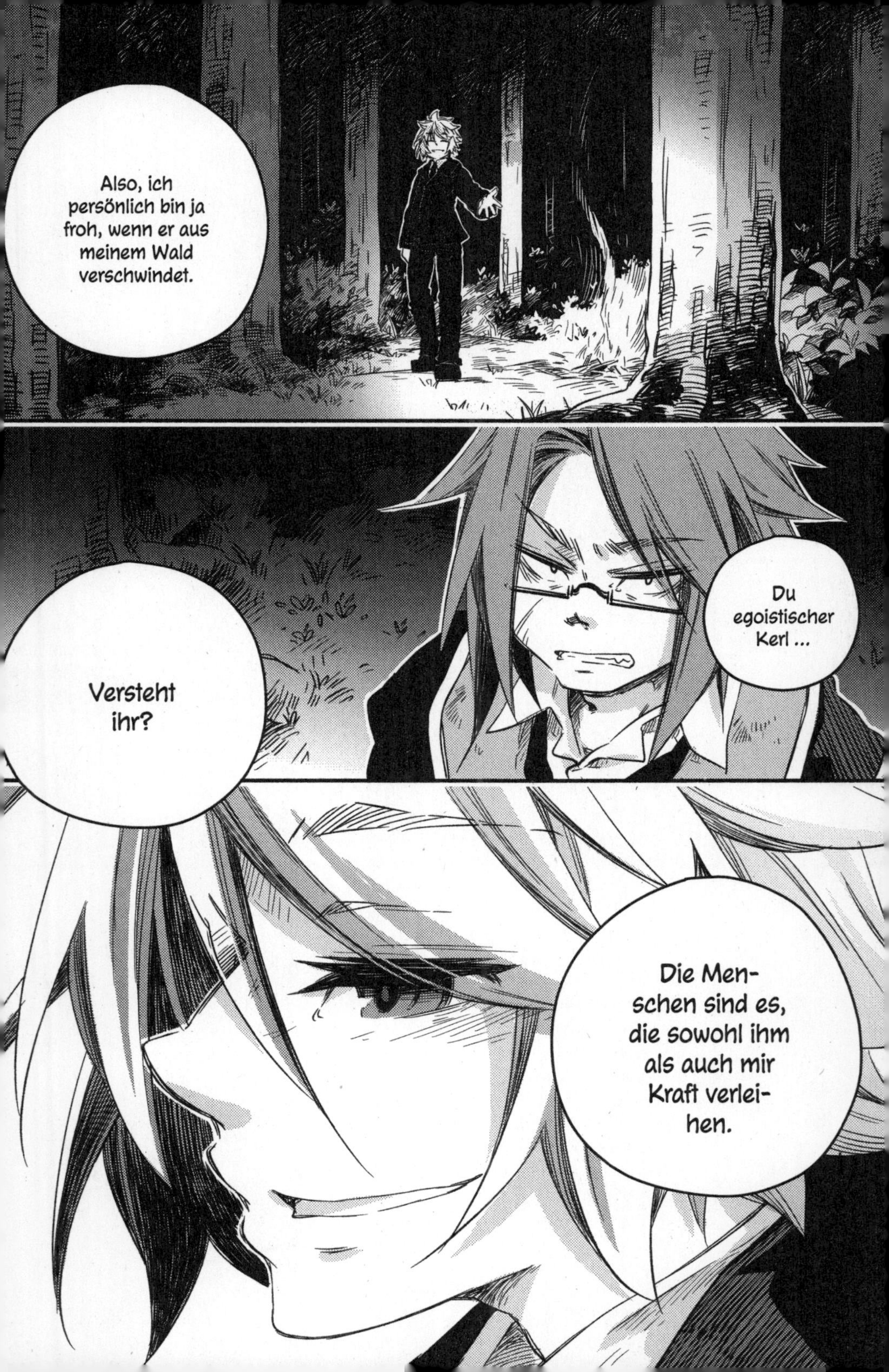
Also, ich persönlich bin ja froh, wenn er aus meinem Wald verschwindet.
Du egoistischer Kerl ...
Versteht ihr?
Die Menschen sind es, die sowohl ihm als auch mir Kraft verleihen.

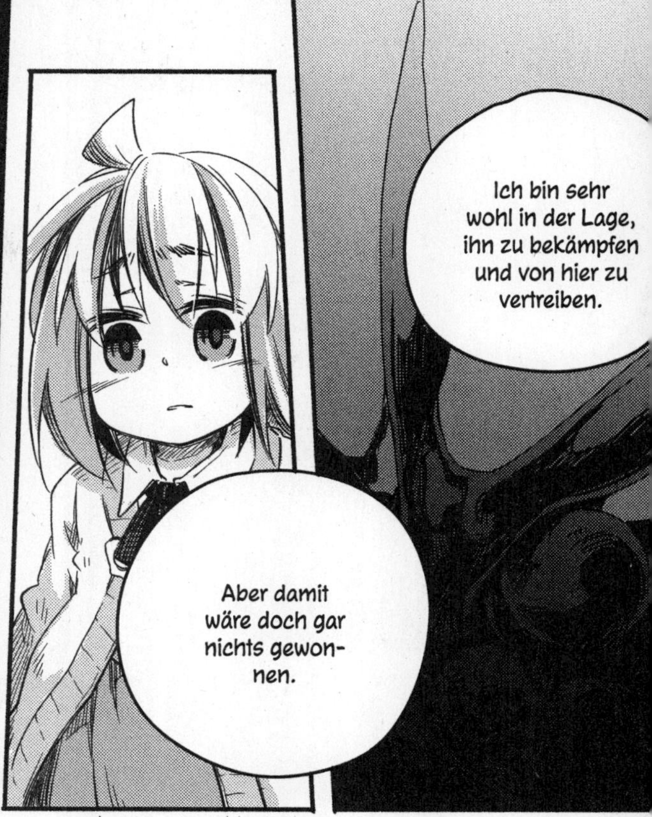

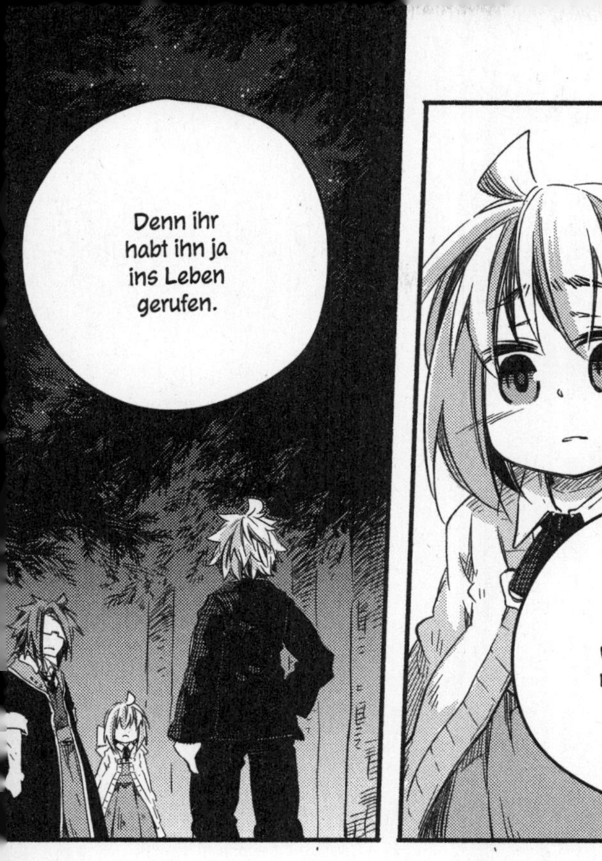

Deshalb wollte ich, dass ihr hierherkommt.

Nur ihr könnt ihn wieder unschädlich machen.

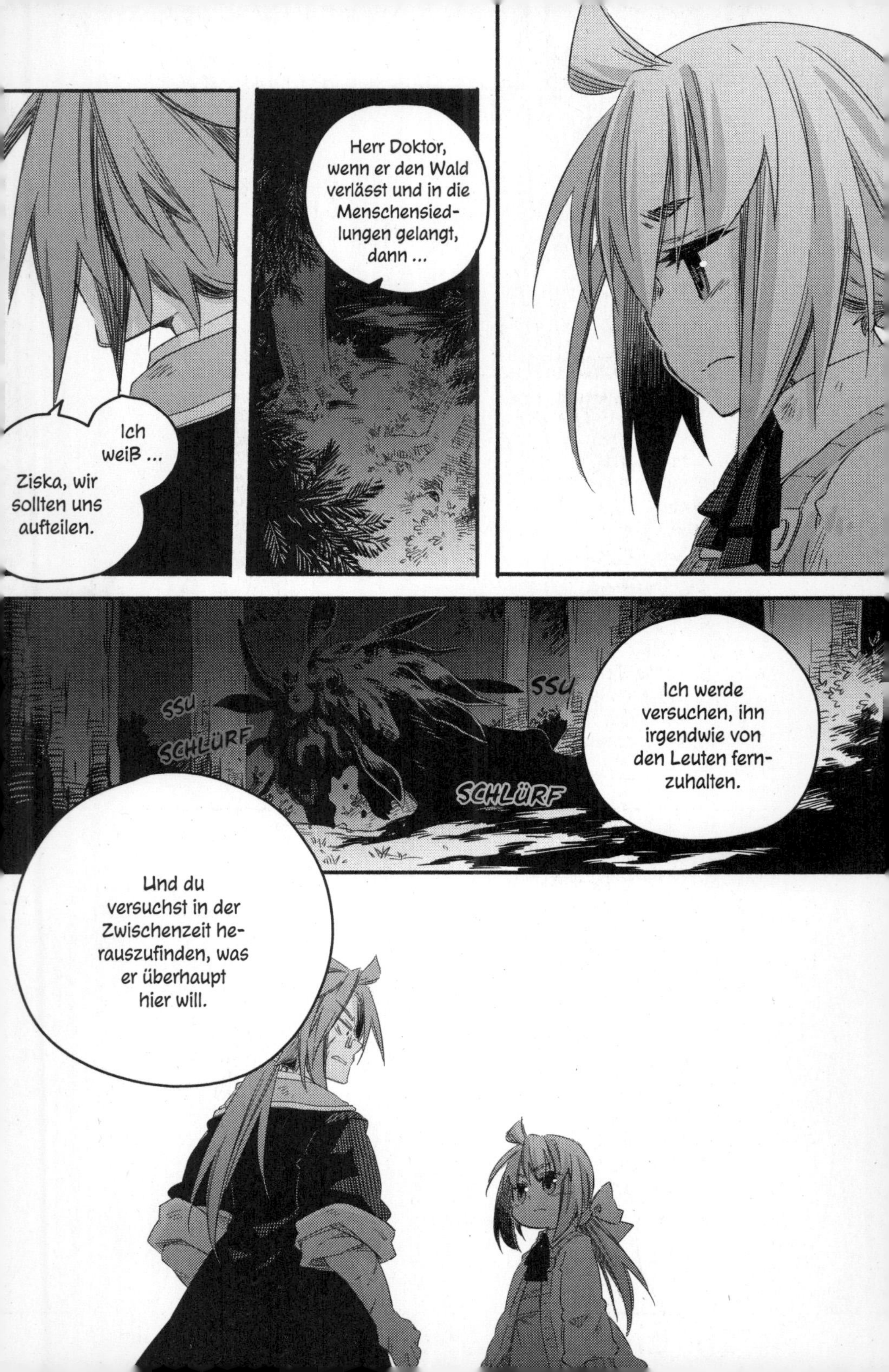

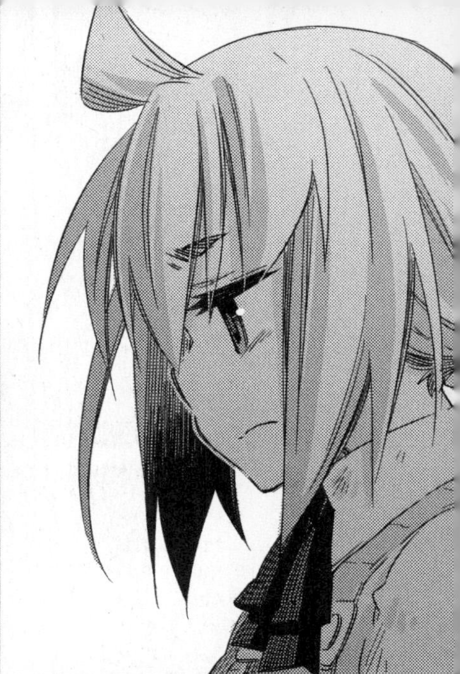

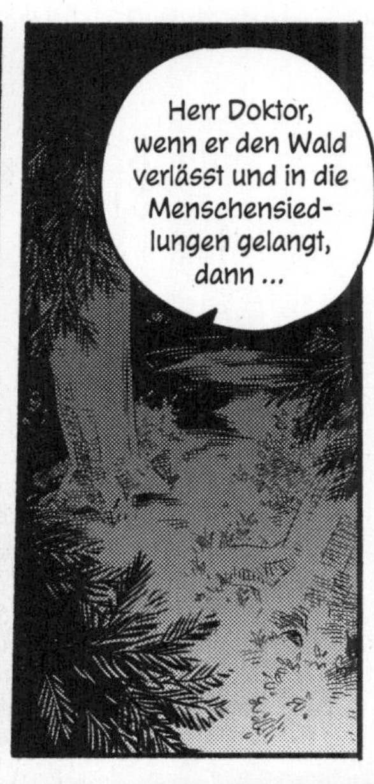

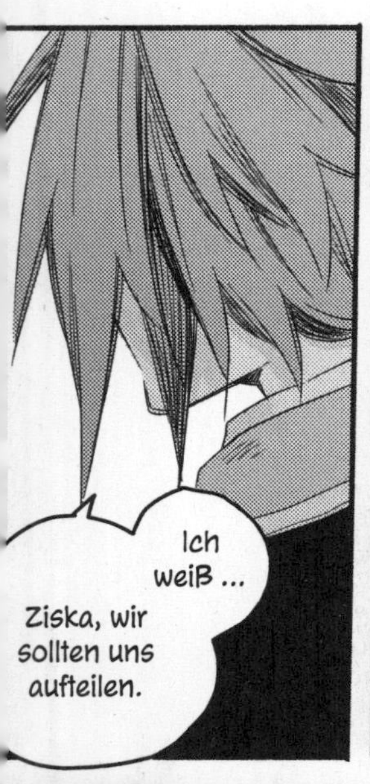

Ich werde versuchen, ihn irgendwie von den Leuten fernzuhalten.

SSU

SCHLÜRF

SSU

SCHLÜRF

Und du versuchst in der Zwischenzeit herauszufinden, was er überhaupt hier will.

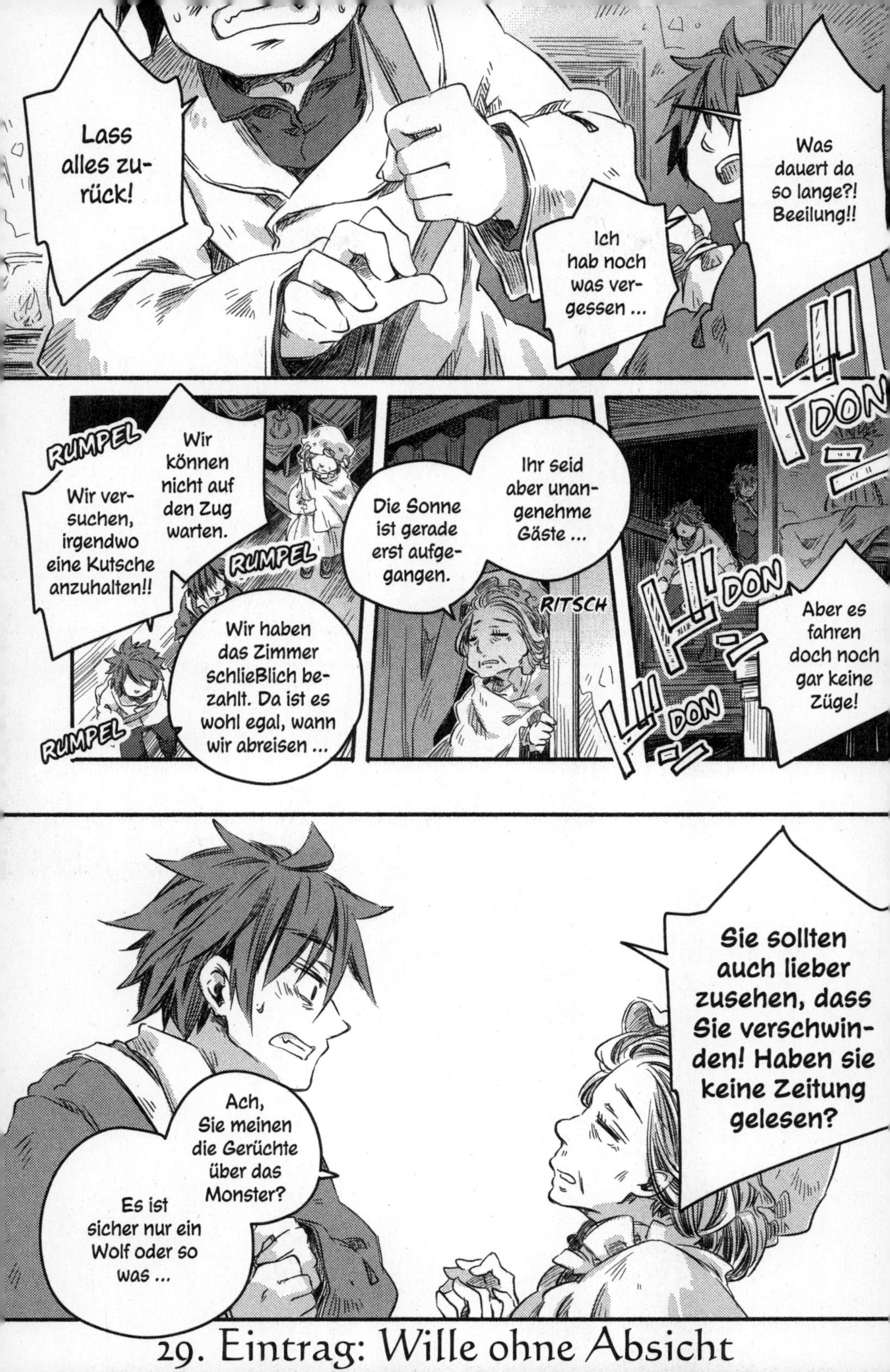

29. Eintrag: Wille ohne Absicht

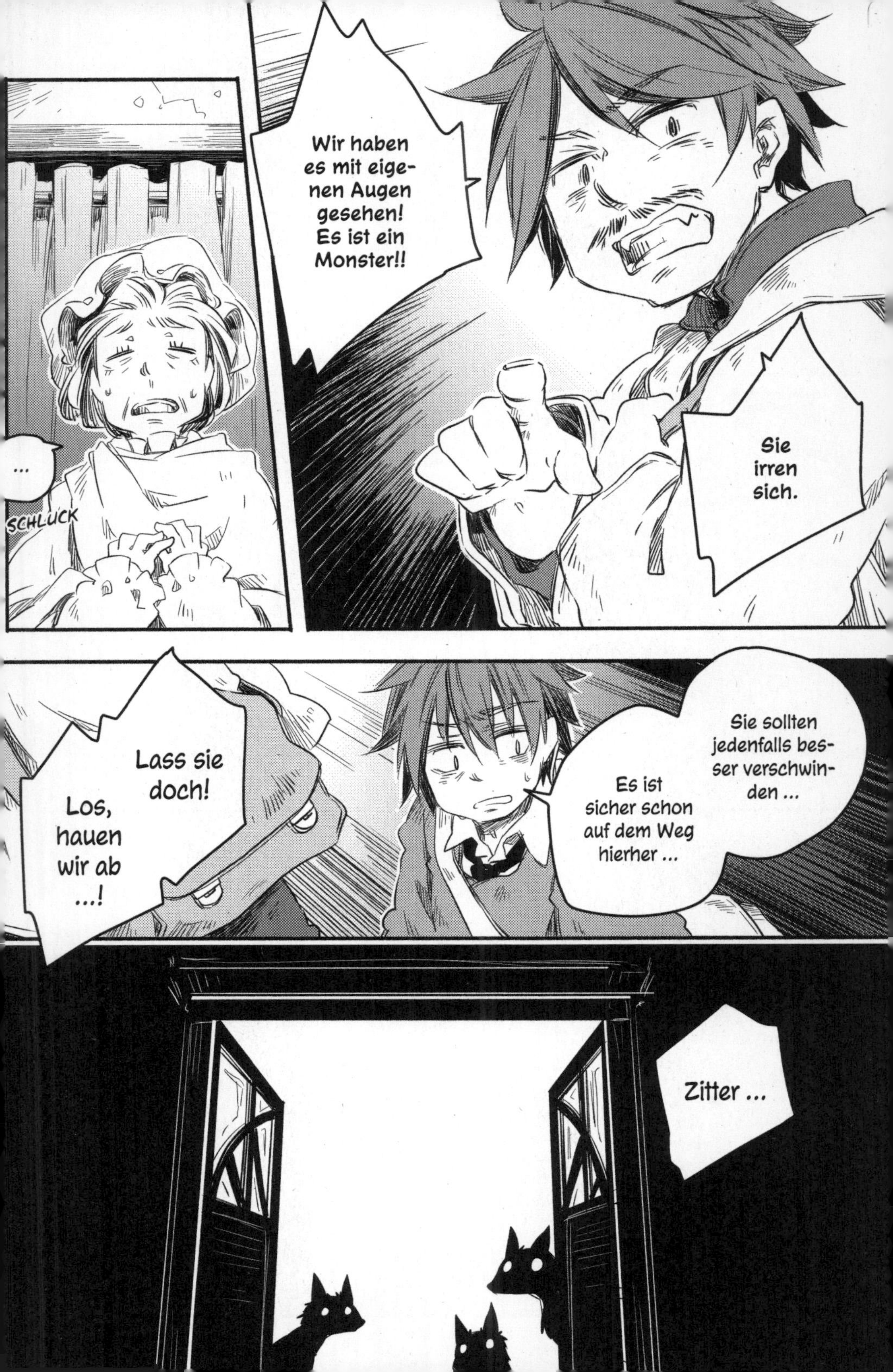
Wir haben es mit eigenen Augen gesehen! Es ist ein Monster!!
Sie irren sich.
...
SCHLUCK
Sie sollten jedenfalls besser verschwinden ...
Es ist sicher schon auf dem Weg hierher ...
Lass sie doch!
Los, hauen wir ab ...!
Zitter ...

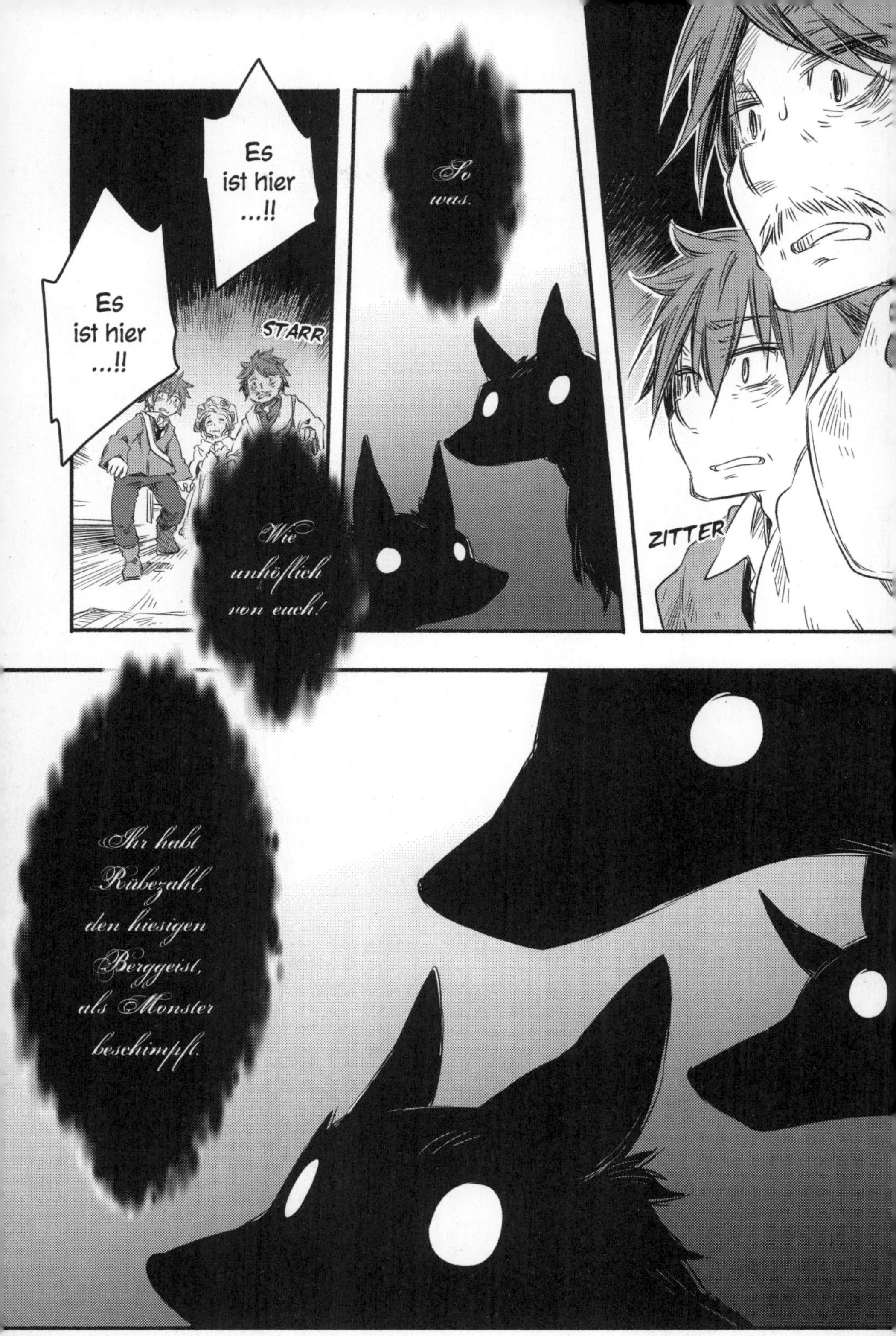

ZITTER

Es ist hier ...!!

Es ist hier ...!!

STARR

So was.

Wie unhöflich von euch!

Ihr habt Rübezahl, den hiesigen Berggeist, als Monster beschimpft.

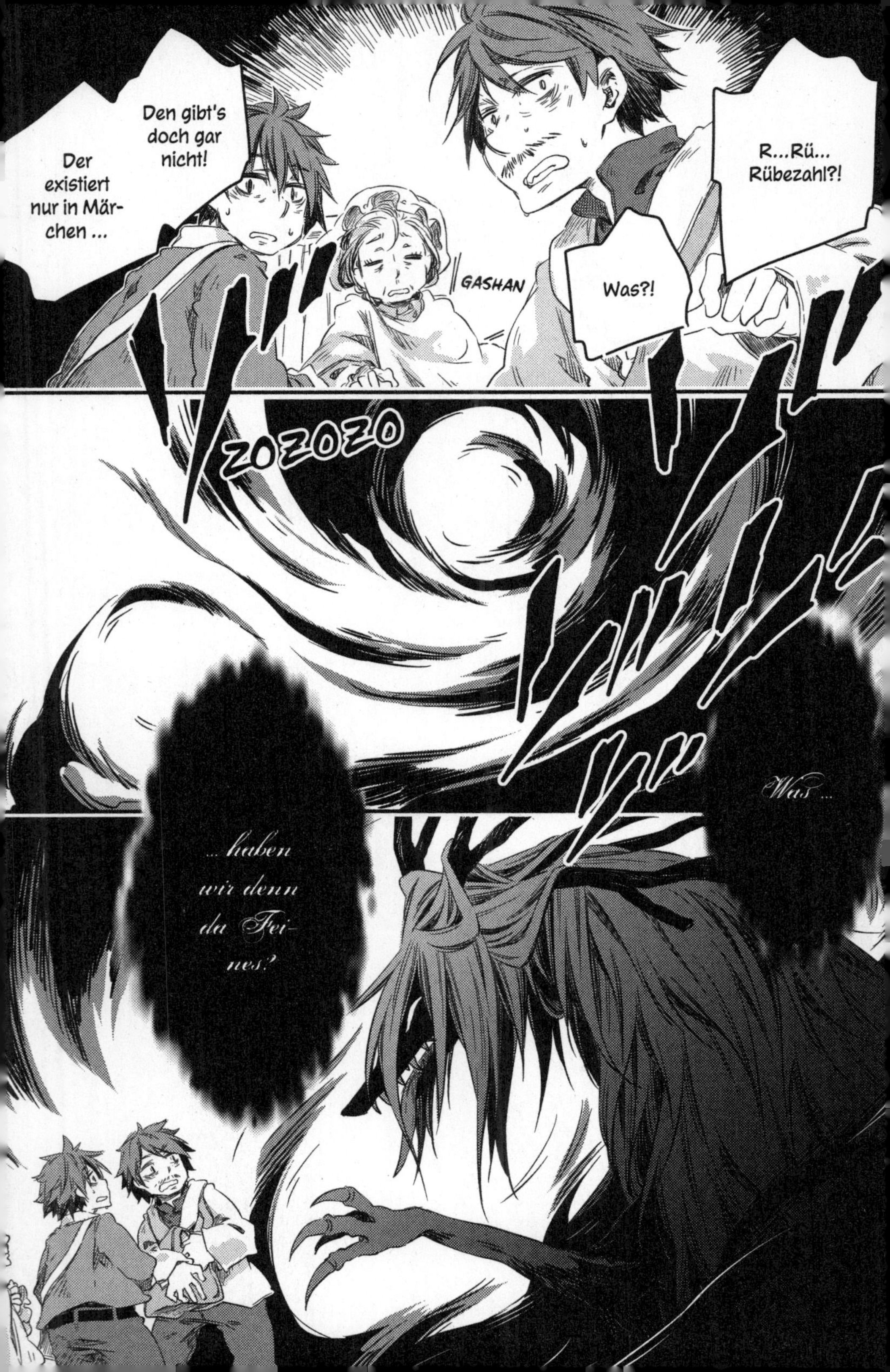
R...Rü...
Rübezahl?!
Was?!
GASHAN
Den gibt's doch gar nicht!
Der existiert nur in Märchen ...
ZOZOZO
Was ...
... haben wir denn da Feines?

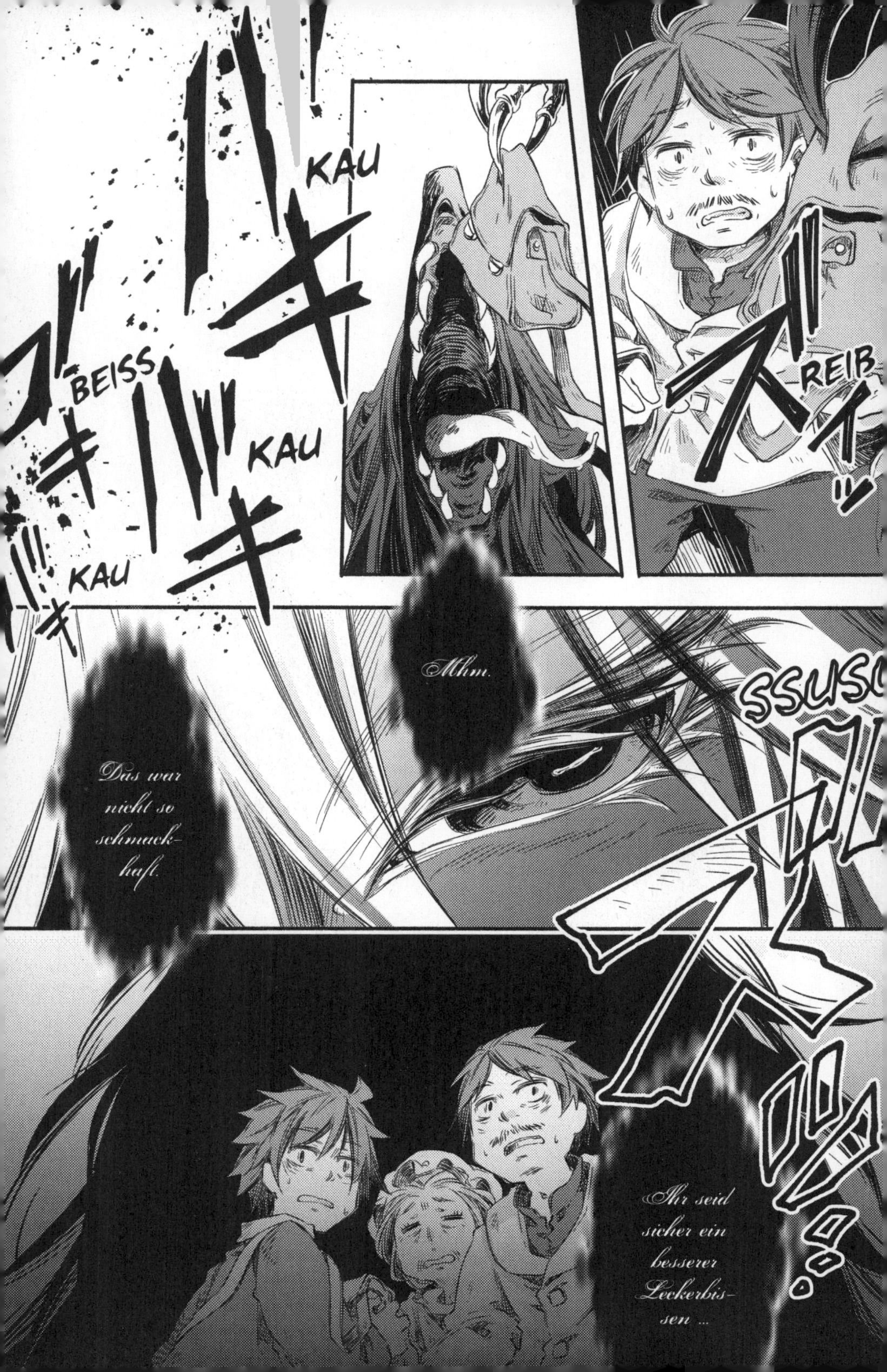
REIB
KAU
BEISS
KAU
KAU
SSUSU
Mhm.
Das war nicht so schmack-haft.
Ihr seid sicher ein besserer Leckerbis-sen ...

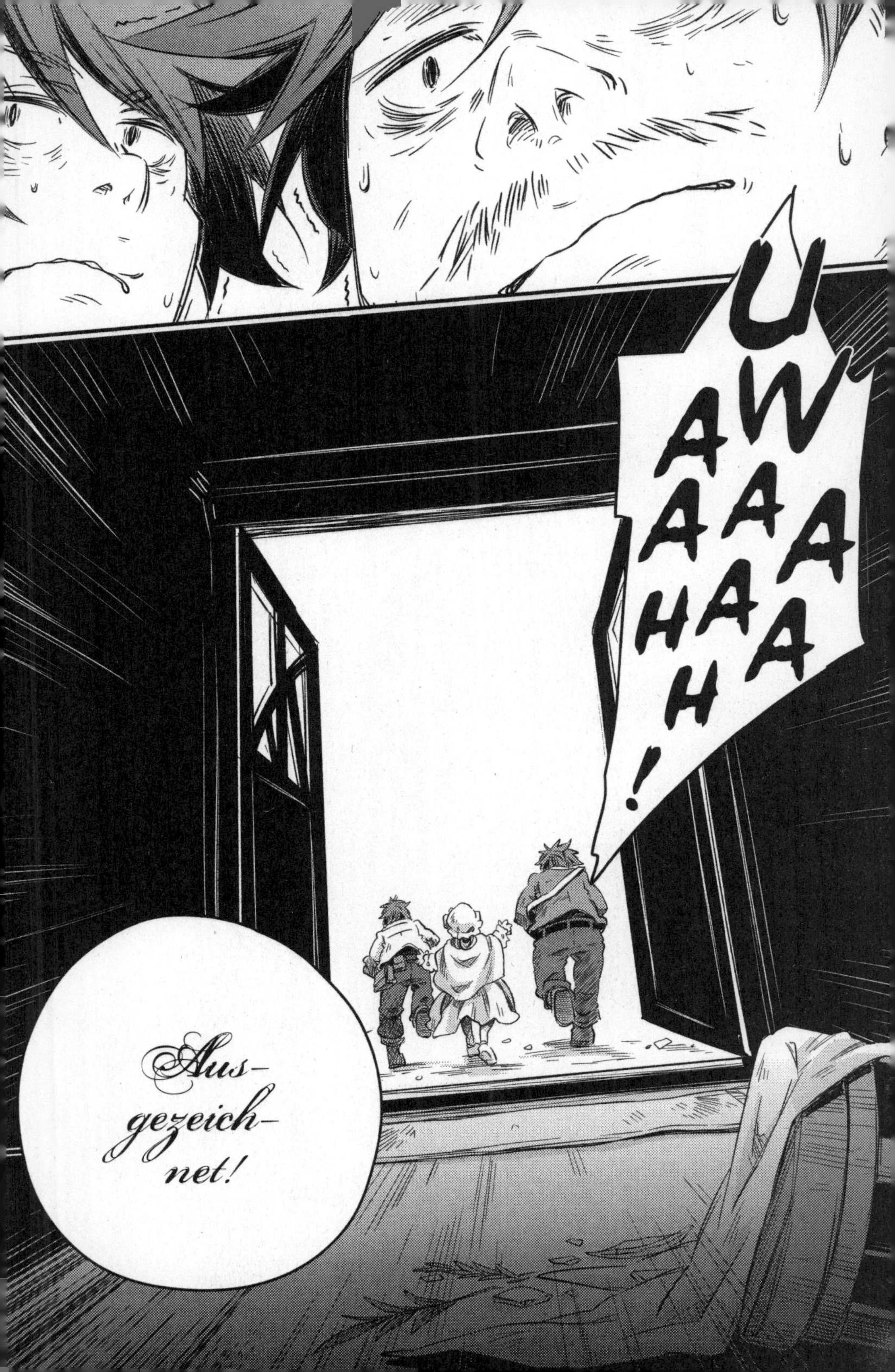
UWAAAAAAHAHAH!
Aus-
gezeich-
net!

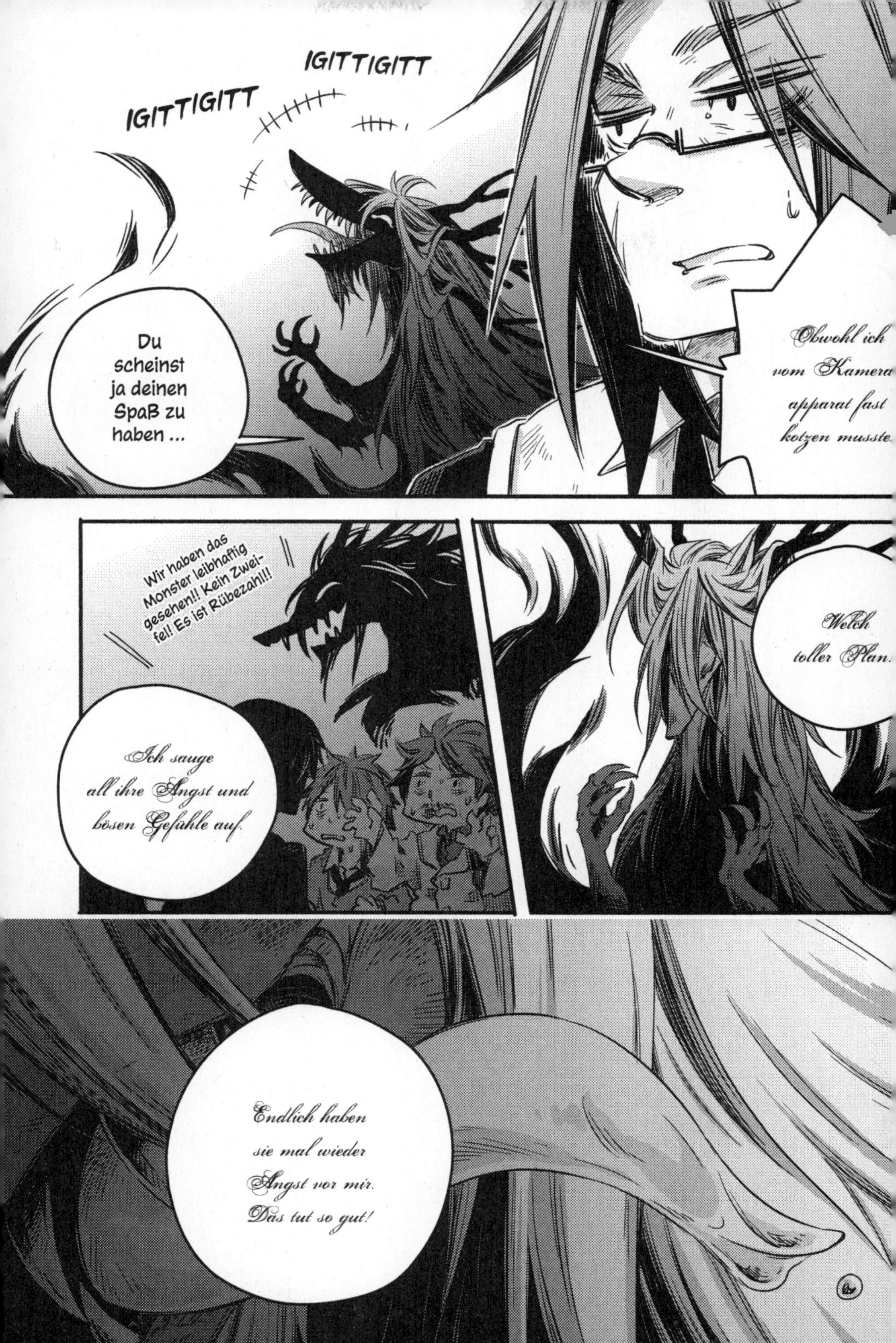
Obwohl ich vom Kameraapparat fast kotzen musste.
IGITTIGITT
IGITTIGITT
Du scheinst ja deinen Spaß zu haben ...
Welch toller Plan.
Wir haben das Monster leibhaftig gesehen!! Kein Zweifel! Es ist Rübezahl!!!
Ich sauge all ihre Angst und bösen Gefühle auf.
Endlich haben sie mal wieder Angst vor mir. Das tut so gut!

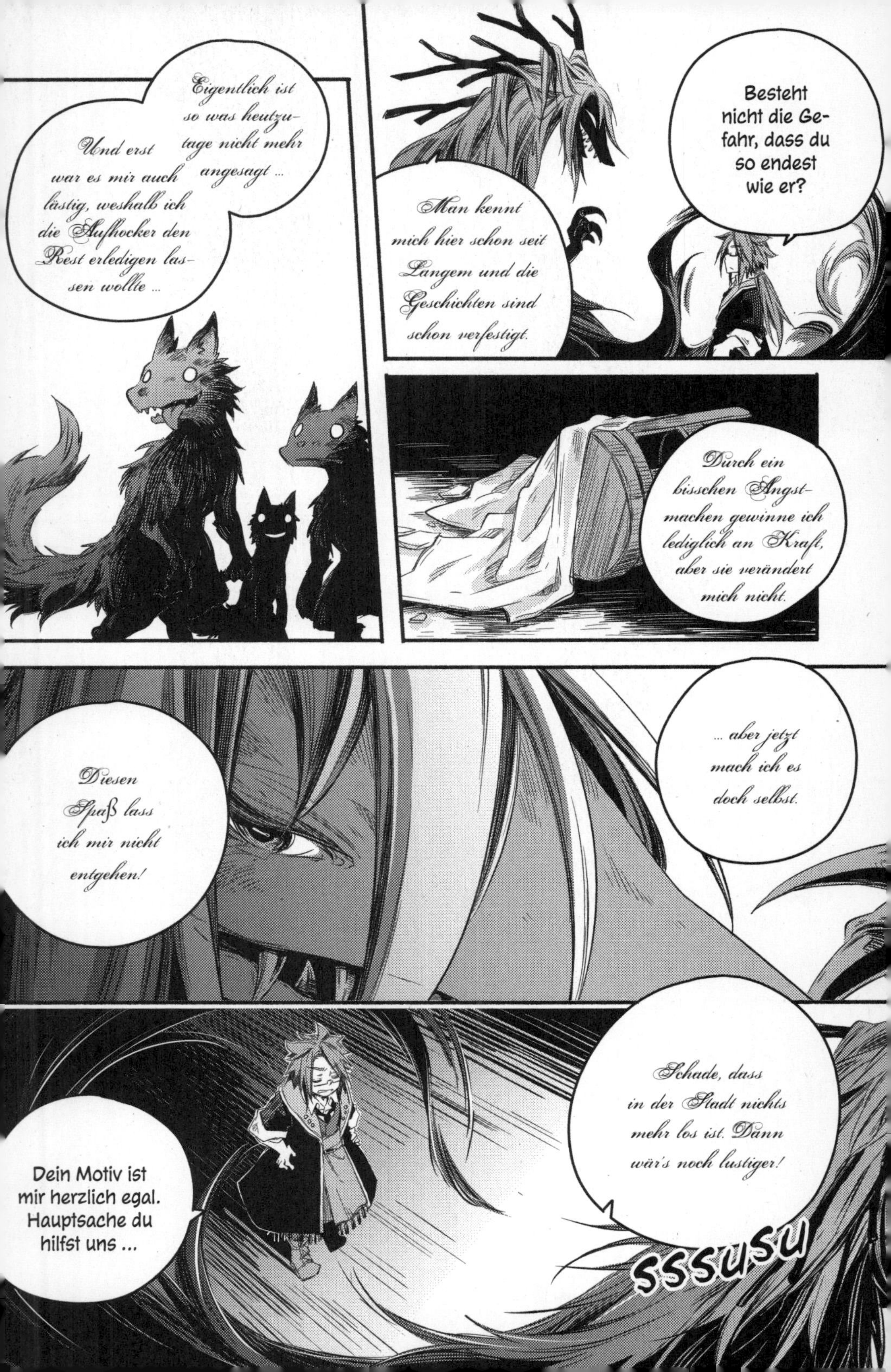

Besteht nicht die Gefahr, dass du so endest wie er?

Man kennt mich hier schon seit Langem und die Geschichten sind schon verfestigt.

Eigentlich ist so was heutzutage nicht mehr angesagt ...

Und erst war es mir auch lästig, weshalb ich die Aufhocker den Rest erledigen lassen wollte ...

Durch ein bisschen Angstmachen gewinne ich lediglich an Kraft, aber sie verändert mich nicht.

... aber jetzt mach ich es doch selbst.

Diesen Spaß lass ich mir nicht entgehen!

Schade, dass in der Stadt nichts mehr los ist. Dann wär's noch lustiger!

SSSUSU

Dein Motiv ist mir herzlich egal. Hauptsache du hilfst uns ...

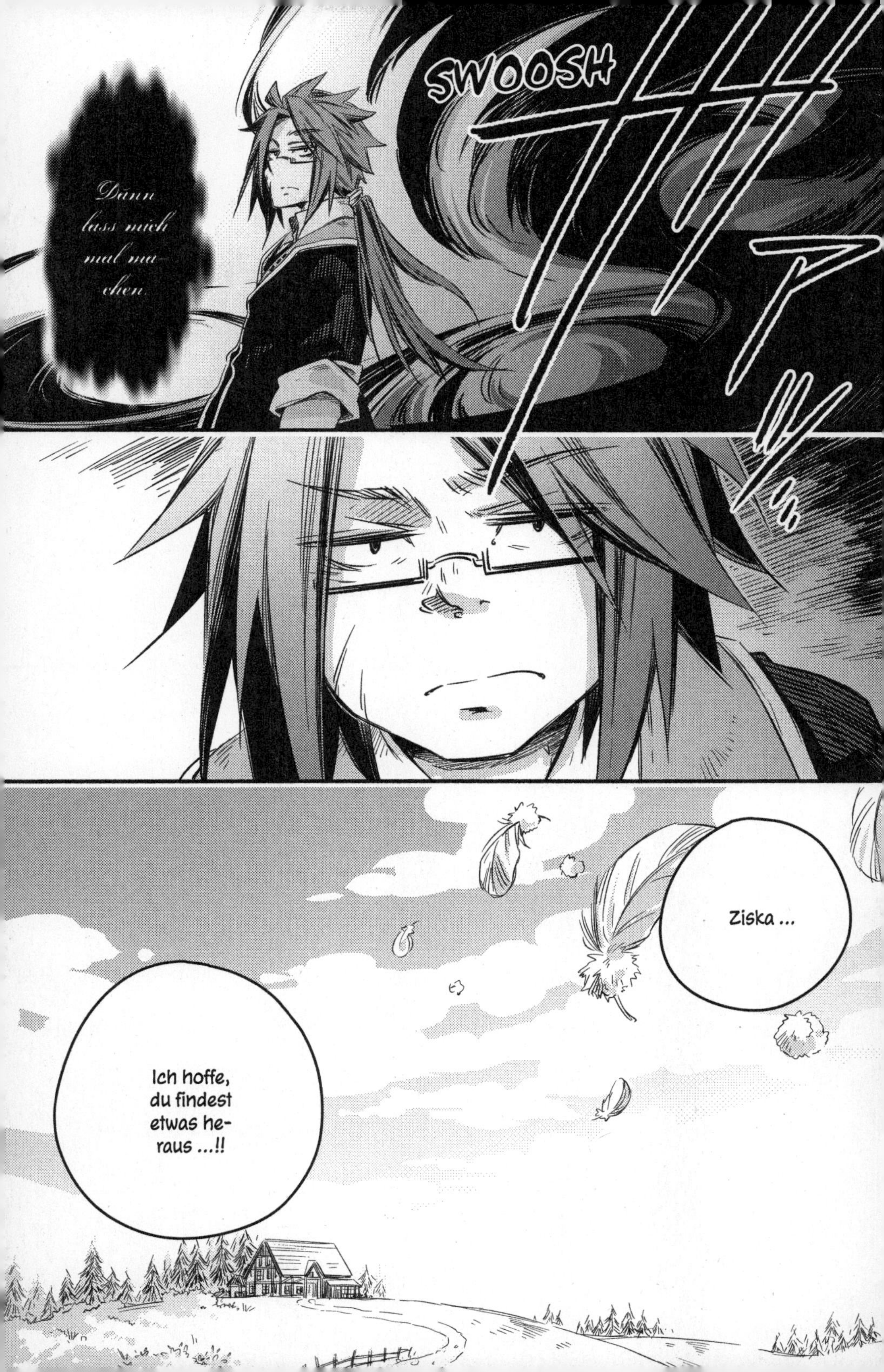
SWOOSH
Dann lass mich mal machen.
Ziska ...
Ich hoffe, du findest etwas heraus ...!!

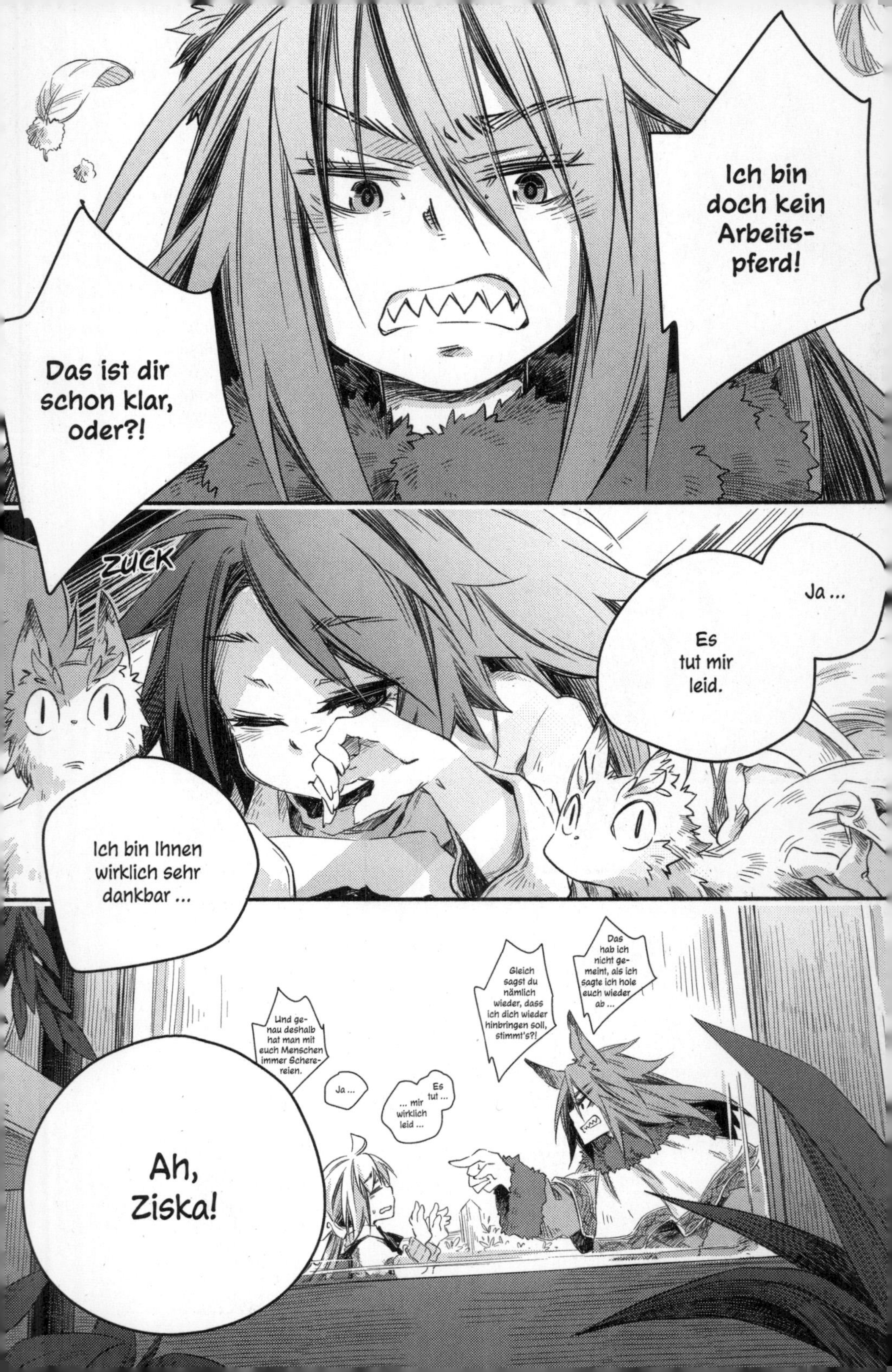

Ich bin doch kein Arbeitspferd!
Das ist dir schon klar, oder?!
ZUCK
Ja ... Es tut mir leid.
Ich bin Ihnen wirklich sehr dankbar ...
Das hab ich nicht gemeint, als ich sagte ich hole euch wieder ab ...
Gleich sagst du nämlich wieder, dass ich dich wieder hinbringen soll, stimmt's?!
Und genau deshalb hat man mit euch Menschen immer Scherereien.
Es tut ...
... mir wirklich leid ...
Ja ...
Ah, Ziska!

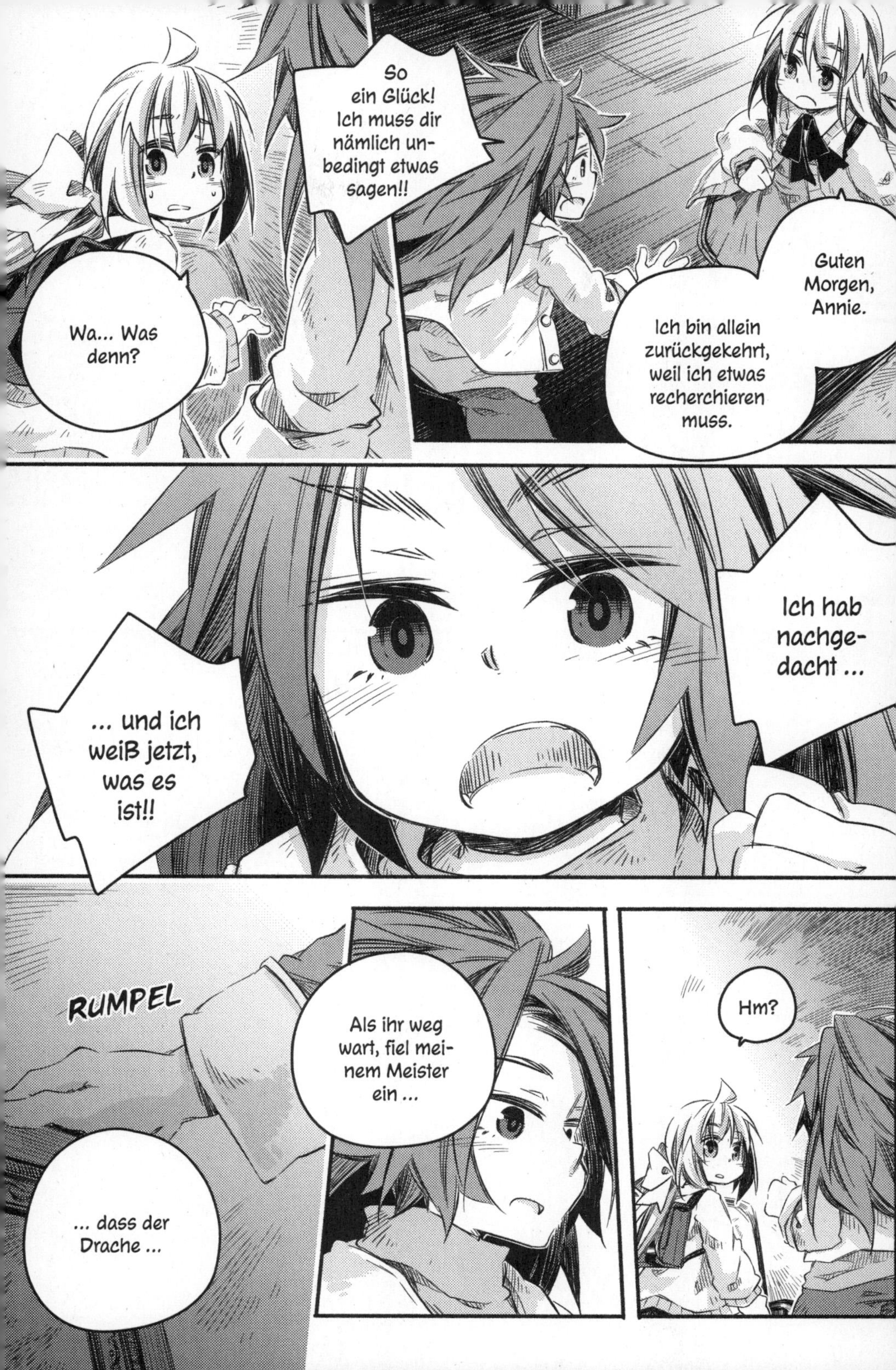
Guten Morgen, Annie.
Ich bin allein zurückgekehrt, weil ich etwas recherchieren muss.
So ein Glück! Ich muss dir nämlich unbedingt etwas sagen!!
Wa... Was denn?
Ich hab nachgedacht ...
... und ich weiß jetzt, was es ist!!
Hm?
Als ihr weg wart, fiel meinem Meister ein ...
RUMPEL
... dass der Drache ...

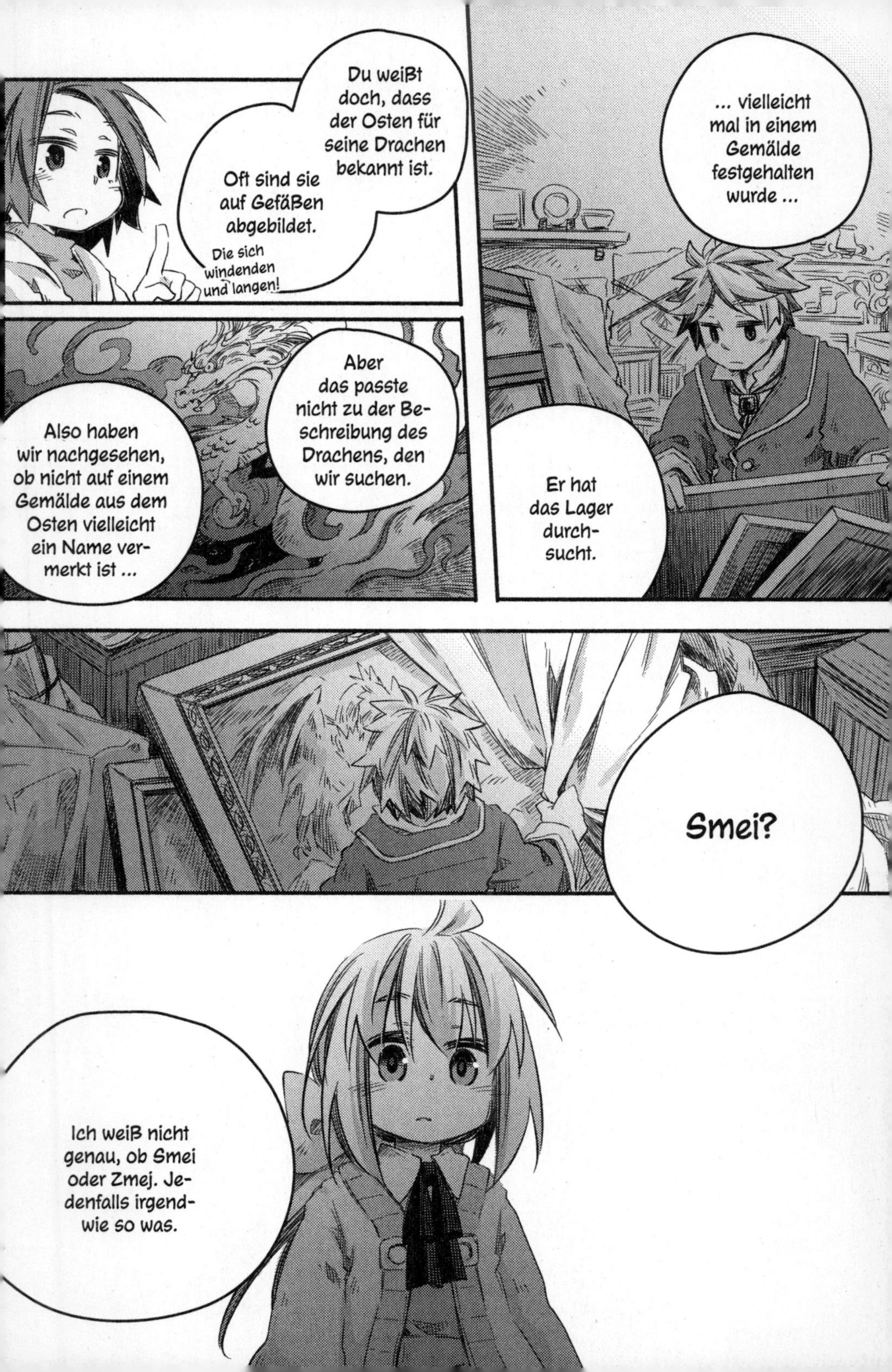

... vielleicht mal in einem Gemälde festgehalten wurde ...

Du weißt doch, dass der Osten für seine Drachen bekannt ist.

Oft sind sie auf Gefäßen abgebildet.

Die sich windenden und langen!

Aber das passte nicht zu der Beschreibung des Drachens, den wir suchen.

Also haben wir nachgesehen, ob nicht auf einem Gemälde aus dem Osten vielleicht ein Name vermerkt ist ...

Er hat das Lager durchsucht.

Smei?

Ich weiß nicht genau, ob Smei oder Zmej. Jedenfalls irgendwie so was.

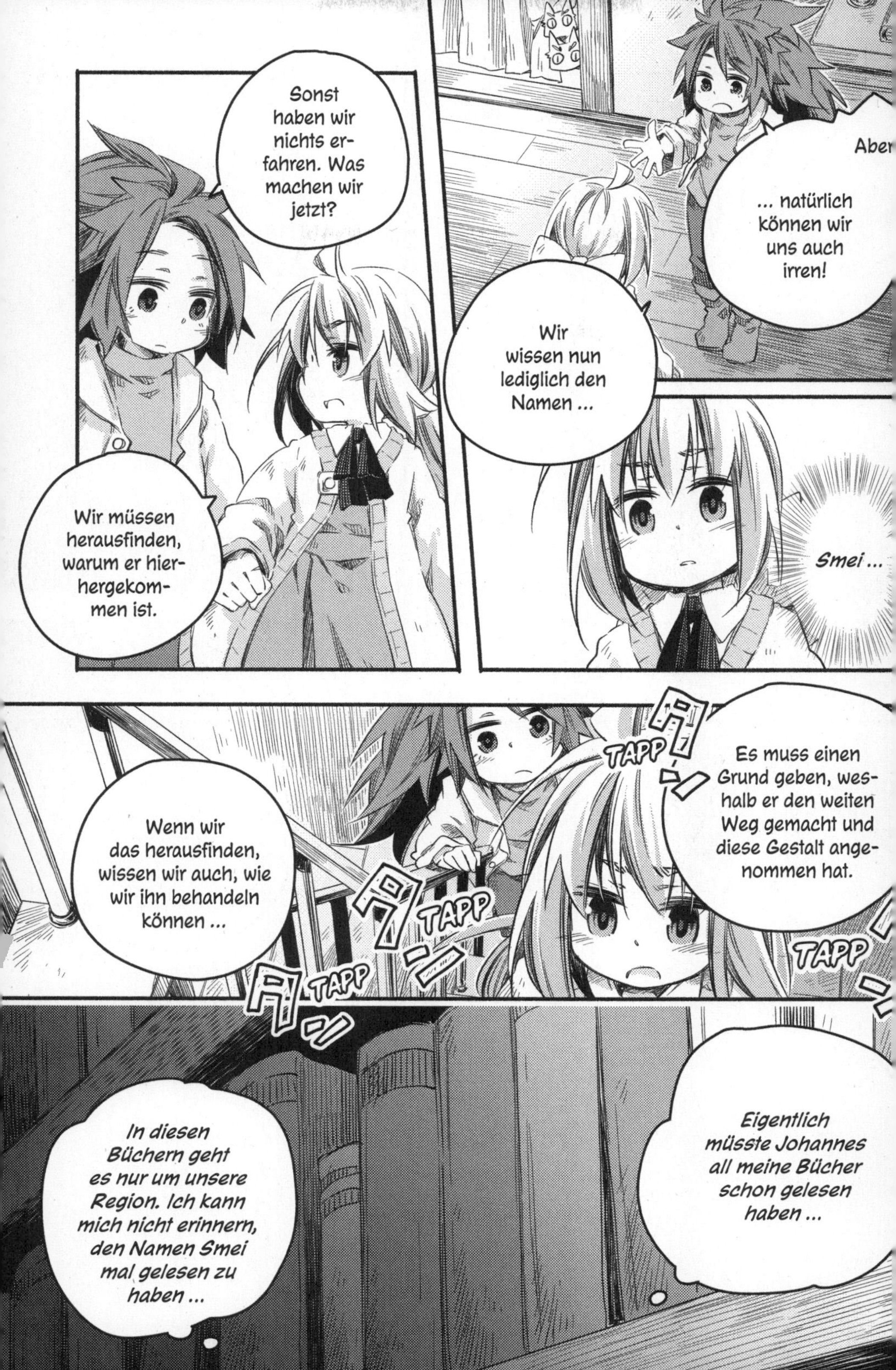

Aber
... natürlich können wir uns auch irren!
Wir wissen nun lediglich den Namen ...
Smei ...
Sonst haben wir nichts erfahren. Was machen wir jetzt?
Wir müssen herausfinden, warum er hierhergekommen ist.
Es muss einen Grund geben, weshalb er den weiten Weg gemacht und diese Gestalt angenommen hat.
TAPP
TAPP
TAPP
TAPP
Wenn wir das herausfinden, wissen wir auch, wie wir ihn behandeln können ...
Eigentlich müsste Johannes all meine Bücher schon gelesen haben ...
In diesen Büchern geht es nur um unsere Region. Ich kann mich nicht erinnern, den Namen Smei mal gelesen zu haben ...

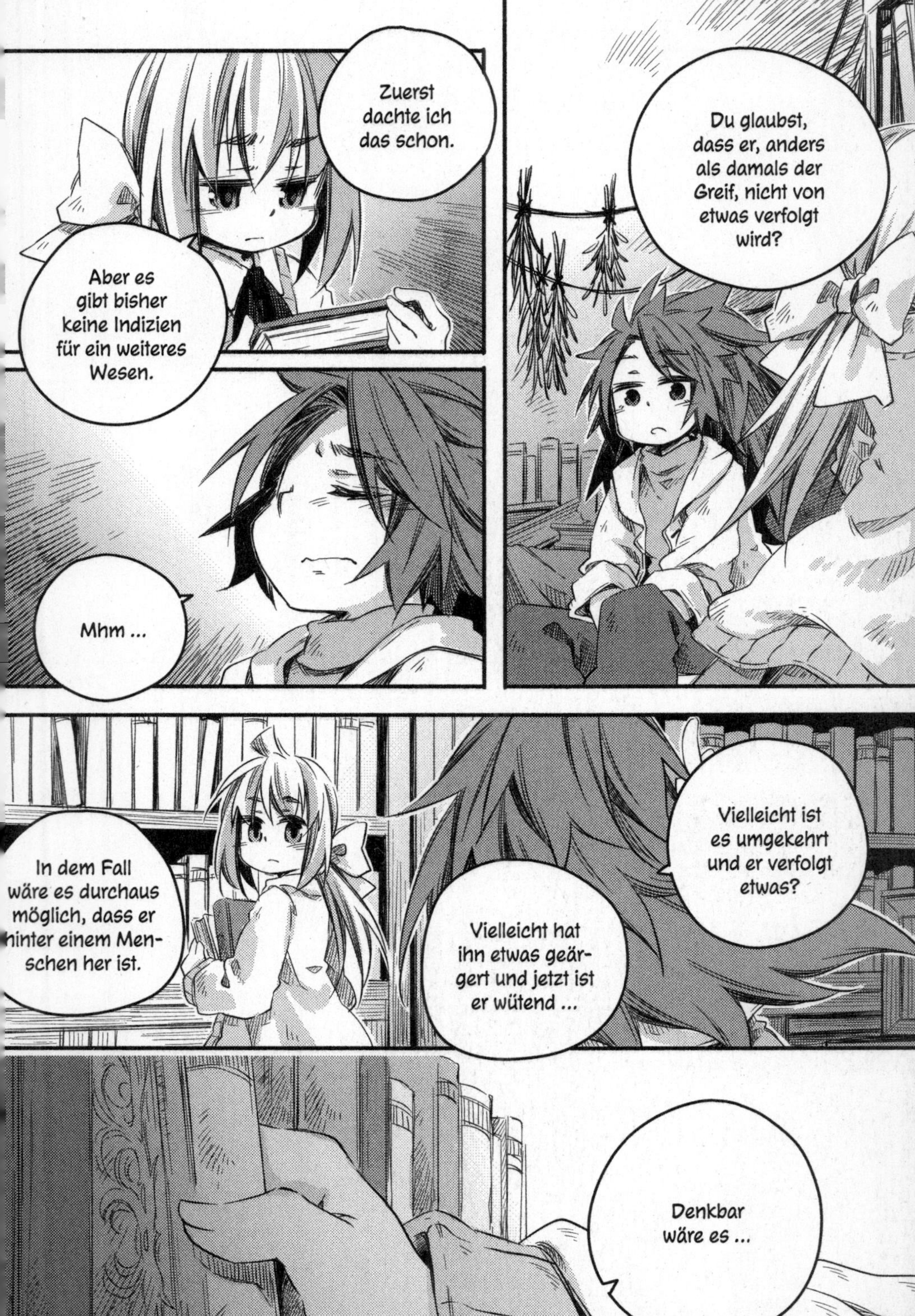

Du glaubst, dass er, anders als damals der Greif, nicht von etwas verfolgt wird?
Zuerst dachte ich das schon.
Aber es gibt bisher keine Indizien für ein weiteres Wesen.
Mhm ...
Vielleicht ist es umgekehrt und er verfolgt etwas?
Vielleicht hat ihn etwas geärgert und jetzt ist er wütend ...
In dem Fall wäre es durchaus möglich, dass er hinter einem Menschen her ist.
Denkbar wäre es ...

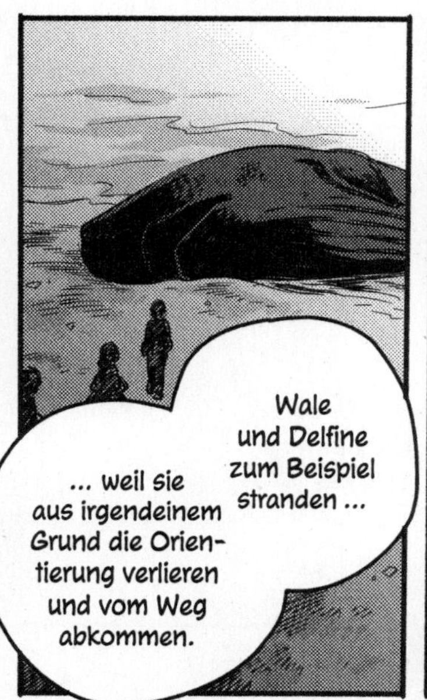

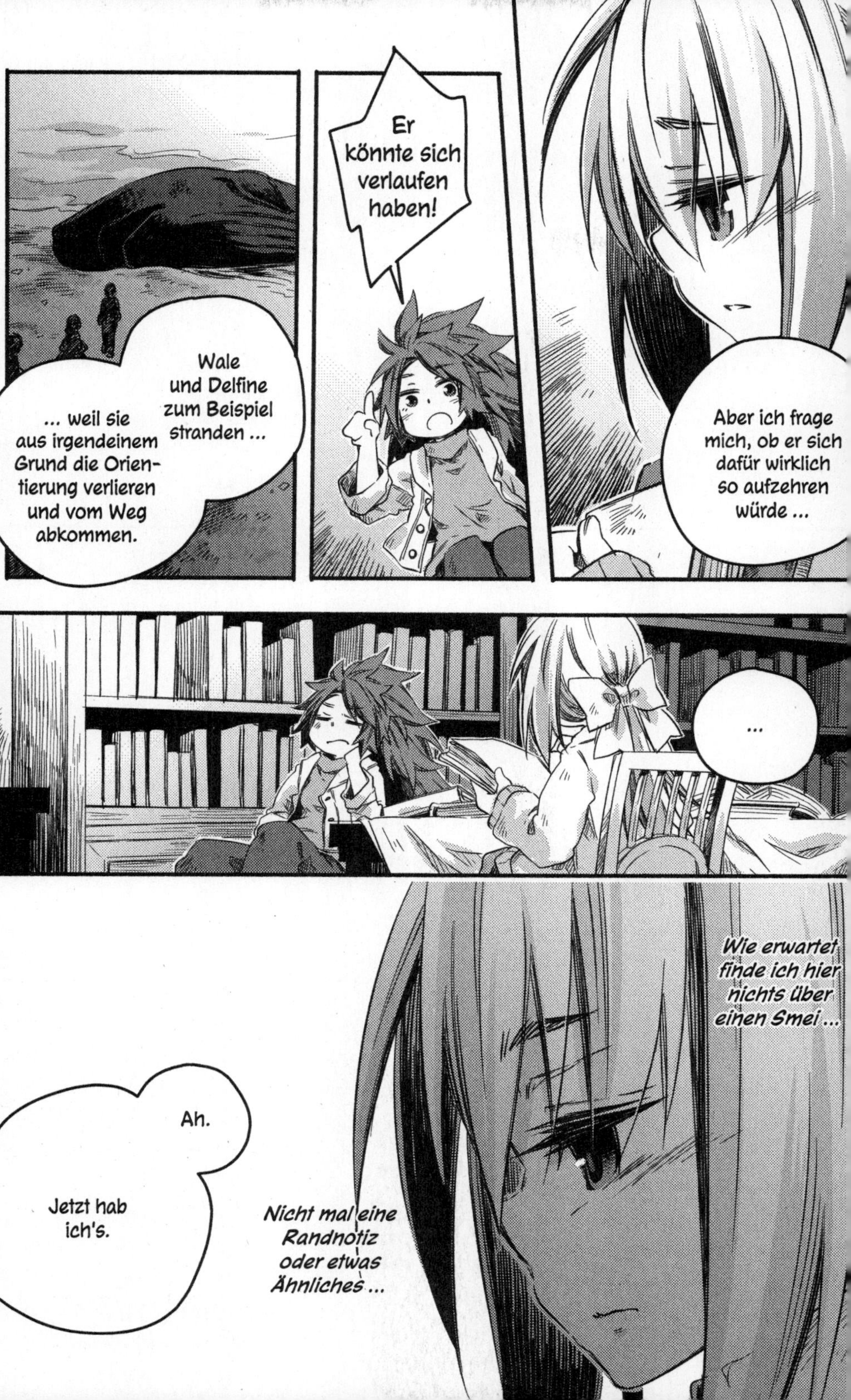

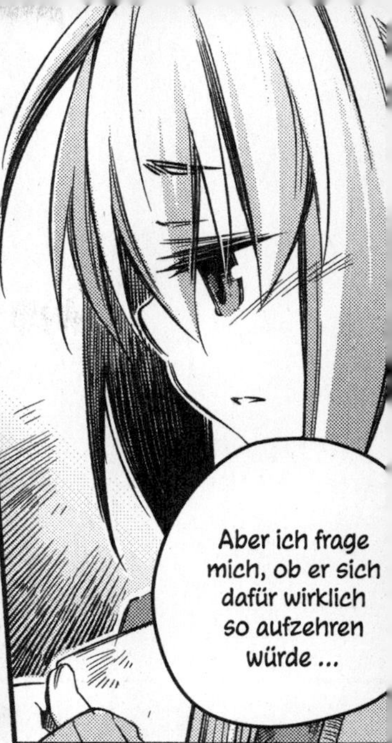

...

Wie erwartet finde ich hier nichts über einen Smei ...

Nicht mal eine Randnotiz oder etwas Ähnliches ...

Ah.

Jetzt hab ich's.

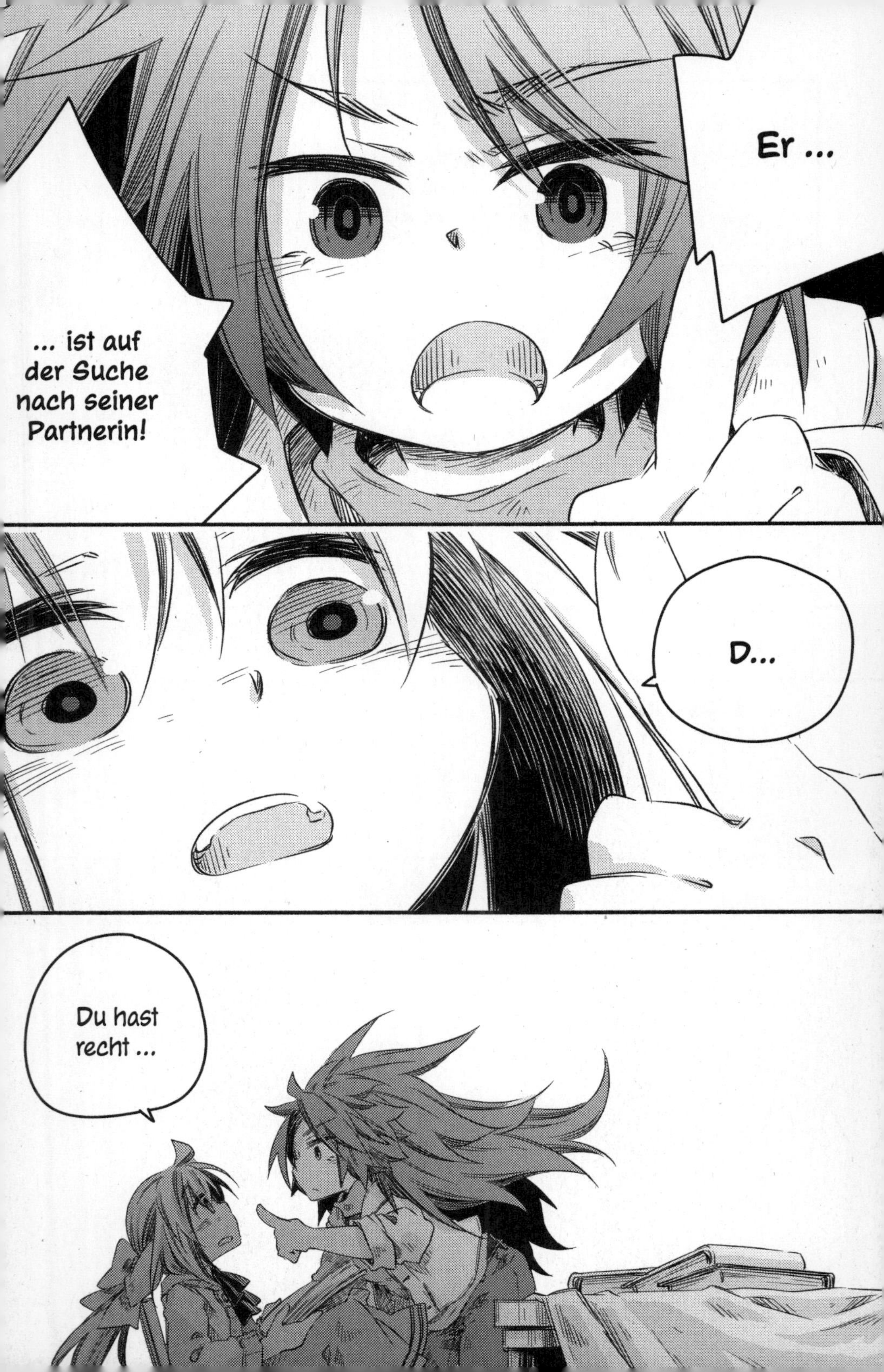
Er ...
... ist auf der Suche nach seiner Partnerin!
D...
Du hast recht ...

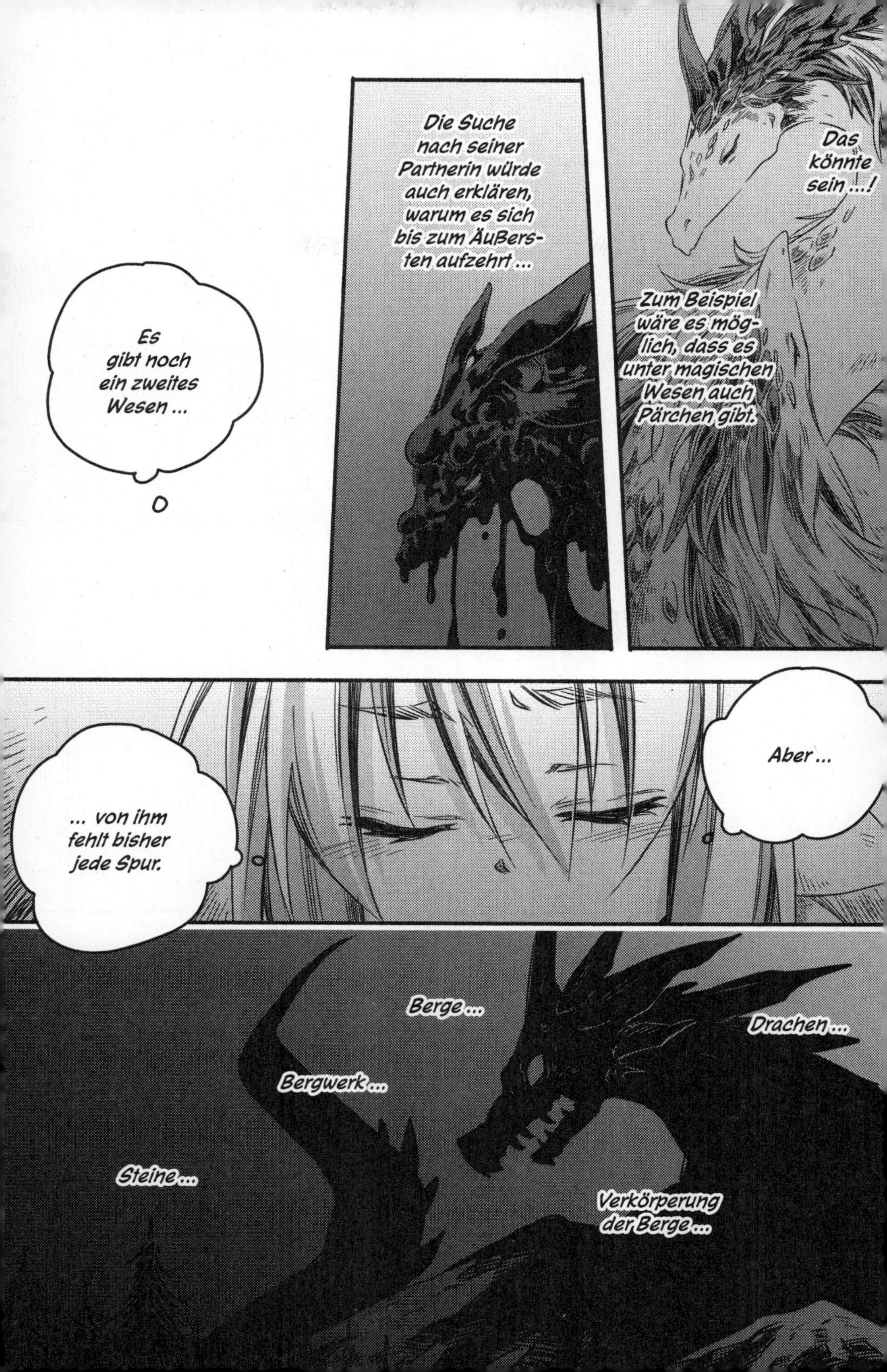

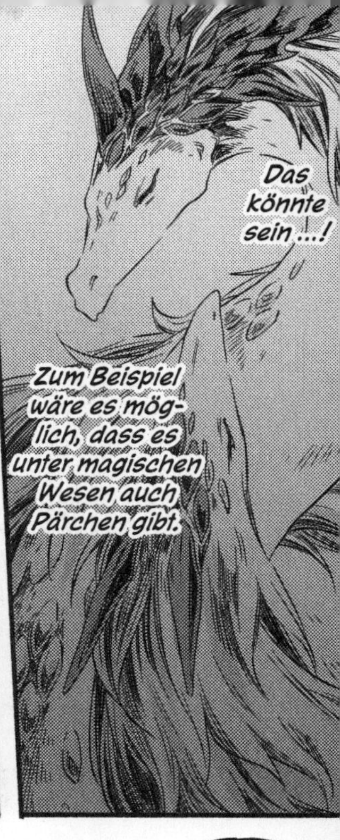
Das könnte sein ...!
Zum Beispiel wäre es möglich, dass es unter magischen Wesen auch Pärchen gibt.

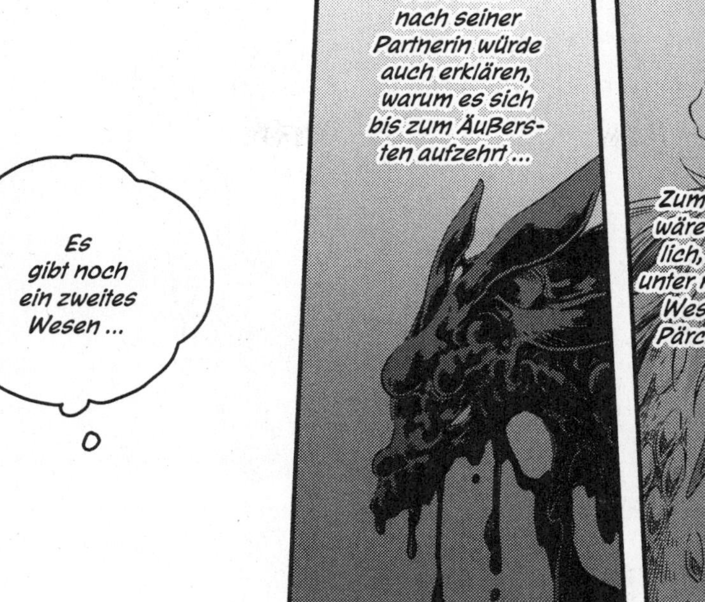
Die Suche nach seiner Partnerin würde auch erklären, warum es sich bis zum Äußersten aufzehrt ...
Es gibt noch ein zweites Wesen ...
Aber ...
... von ihm fehlt bisher jede Spur.
Drachen ...
Berge ...
Verkörperung der Berge ...
Bergwerk ...
Steine ...

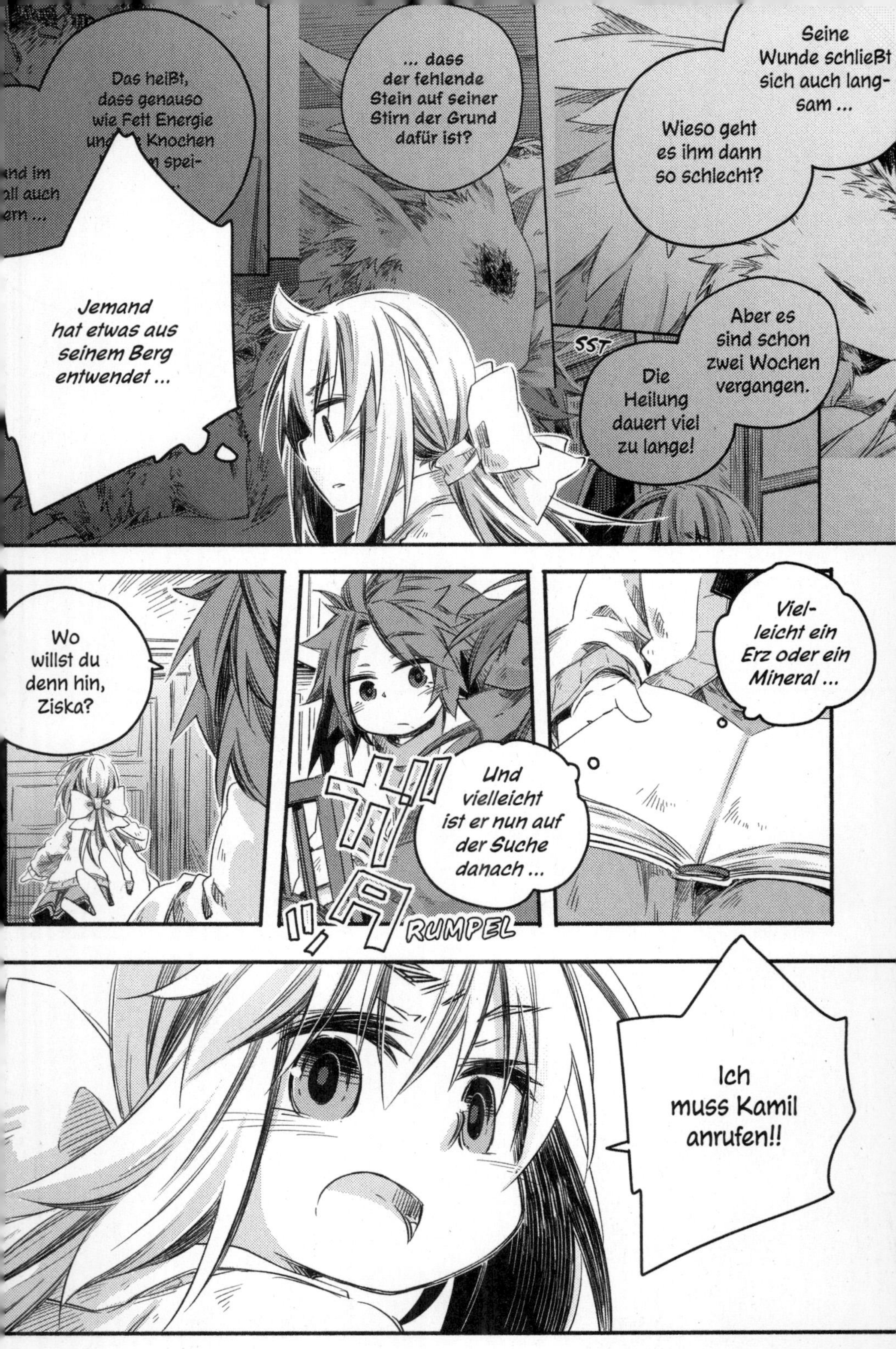
Seine Wunde schließt sich auch lang-sam ...
Wieso geht es ihm dann so schlecht?
... dass der fehlende Stein auf seiner Stirn der Grund dafür ist?
Das heißt, dass genauso wie Fett Energie und Knochen spei-
nd im all auch ern ...
Aber es sind schon zwei Wochen vergangen.
Die Heilung dauert viel zu lange!
SST
Jemand hat etwas aus seinem Berg entwendet ...
Viel-leicht ein Erz oder ein Mineral ...
Und vielleicht ist er nun auf der Suche danach ...
RUMPEL
Wo willst du denn hin, Ziska?
Ich muss Kamil anrufen!!

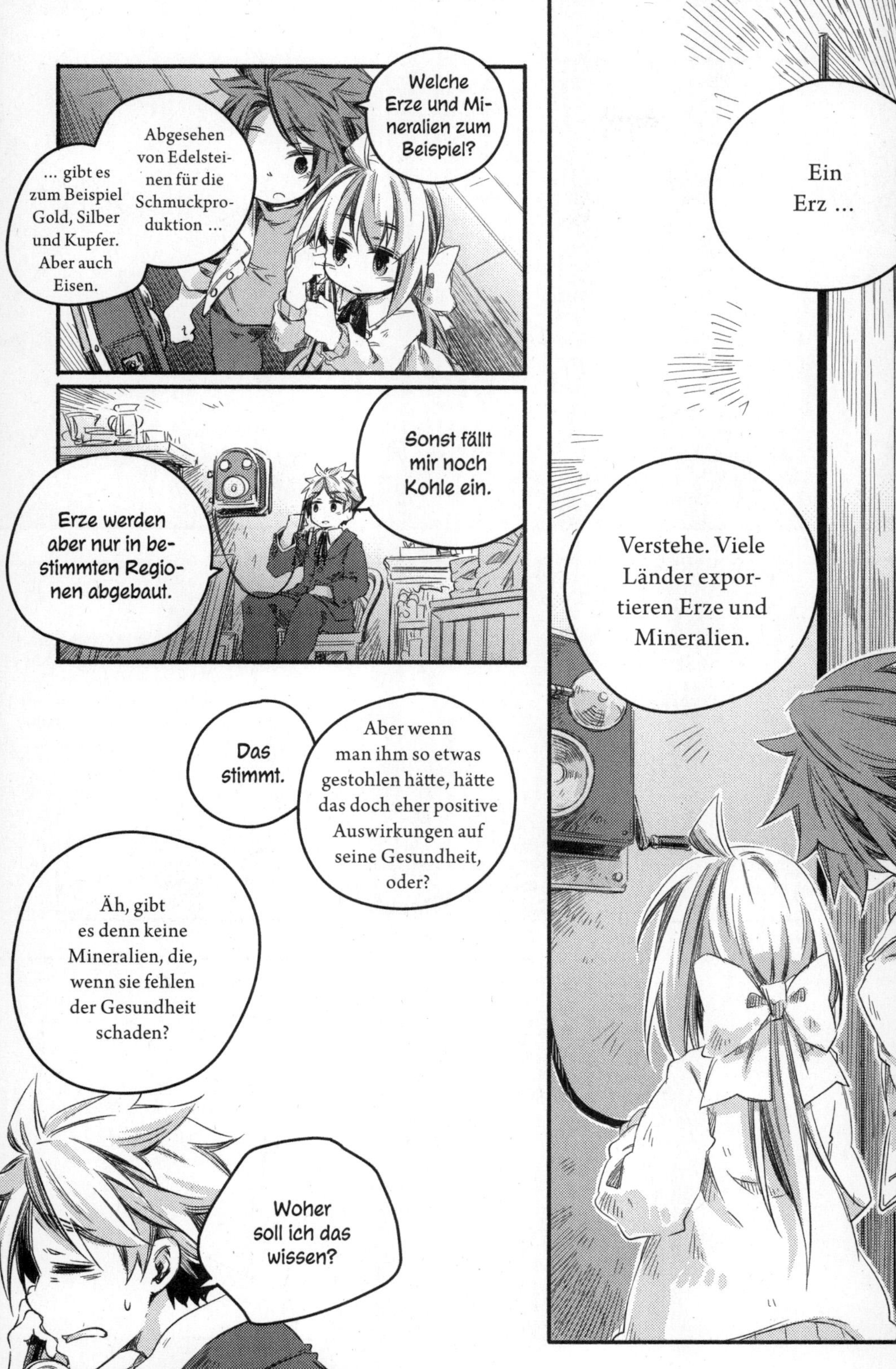
Ein Erz …
Verstehe. Viele Länder exportieren Erze und Mineralien.
Welche Erze und Mineralien zum Beispiel?
Abgesehen von Edelsteinen für die Schmuckproduktion …
… gibt es zum Beispiel Gold, Silber und Kupfer. Aber auch Eisen.
Sonst fällt mir noch Kohle ein.
Erze werden aber nur in bestimmten Regionen abgebaut.
Aber wenn man ihm so etwas gestohlen hätte, hätte das doch eher positive Auswirkungen auf seine Gesundheit, oder?
Das stimmt.
Äh, gibt es denn keine Mineralien, die, wenn sie fehlen der Gesundheit schaden?
Woher soll ich das wissen?

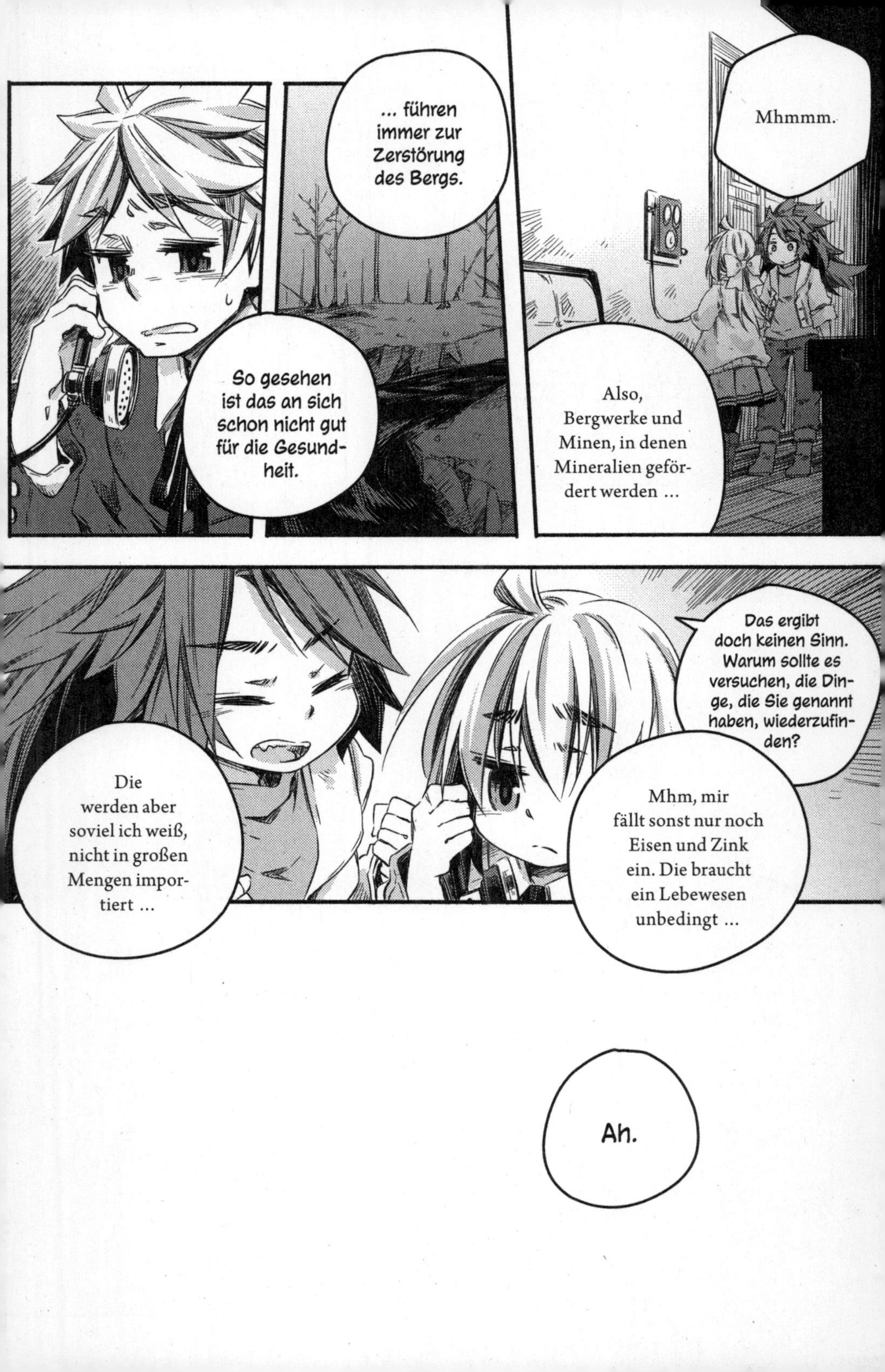

Mhmmm.

Also, Bergwerke und Minen, in denen Mineralien gefördert werden …

… führen immer zur Zerstörung des Bergs.

So gesehen ist das an sich schon nicht gut für die Gesundheit.

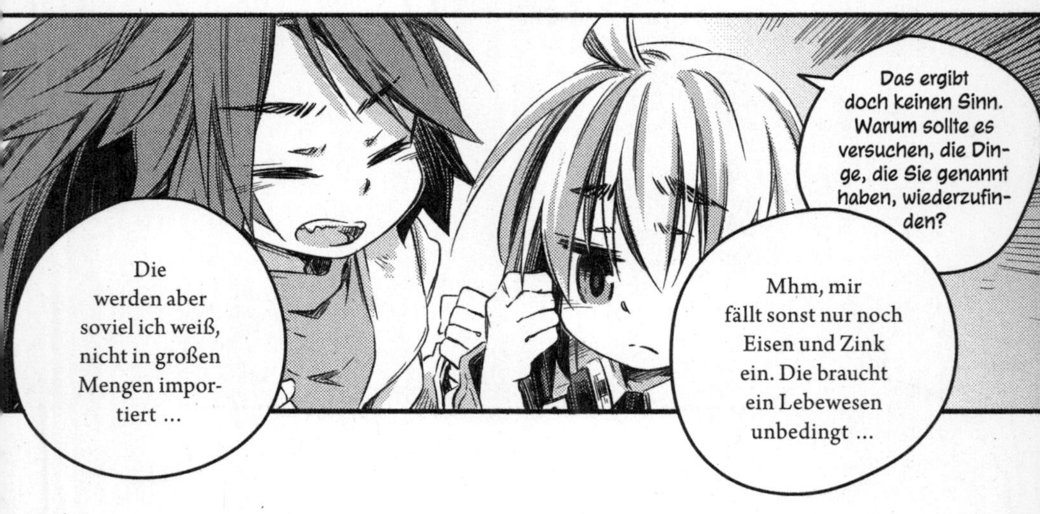

Ah.

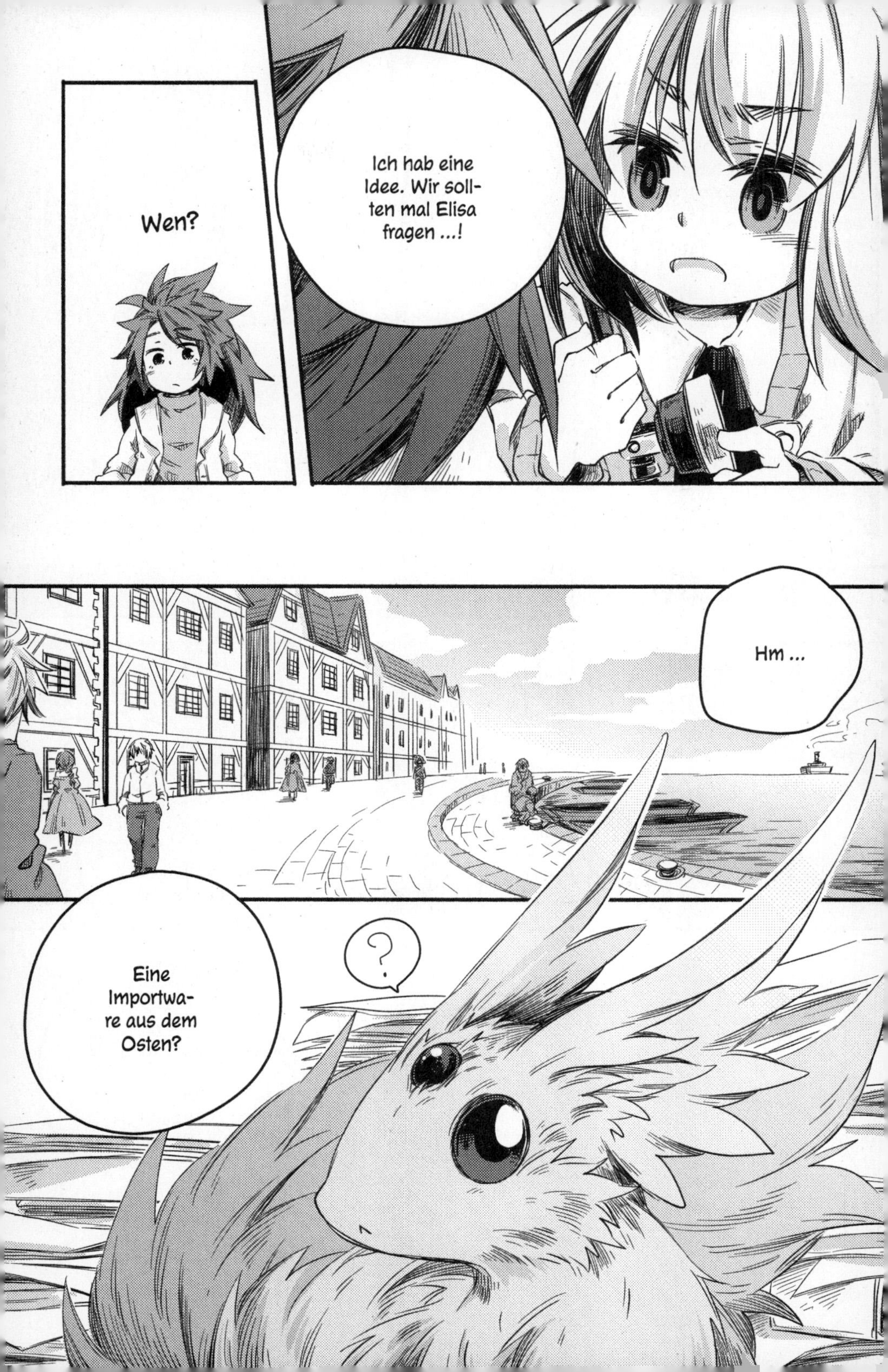

Ich hab eine Idee. Wir sollten mal Elisa fragen ...!

Wen?

Hm ...

?

Eine Importware aus dem Osten?

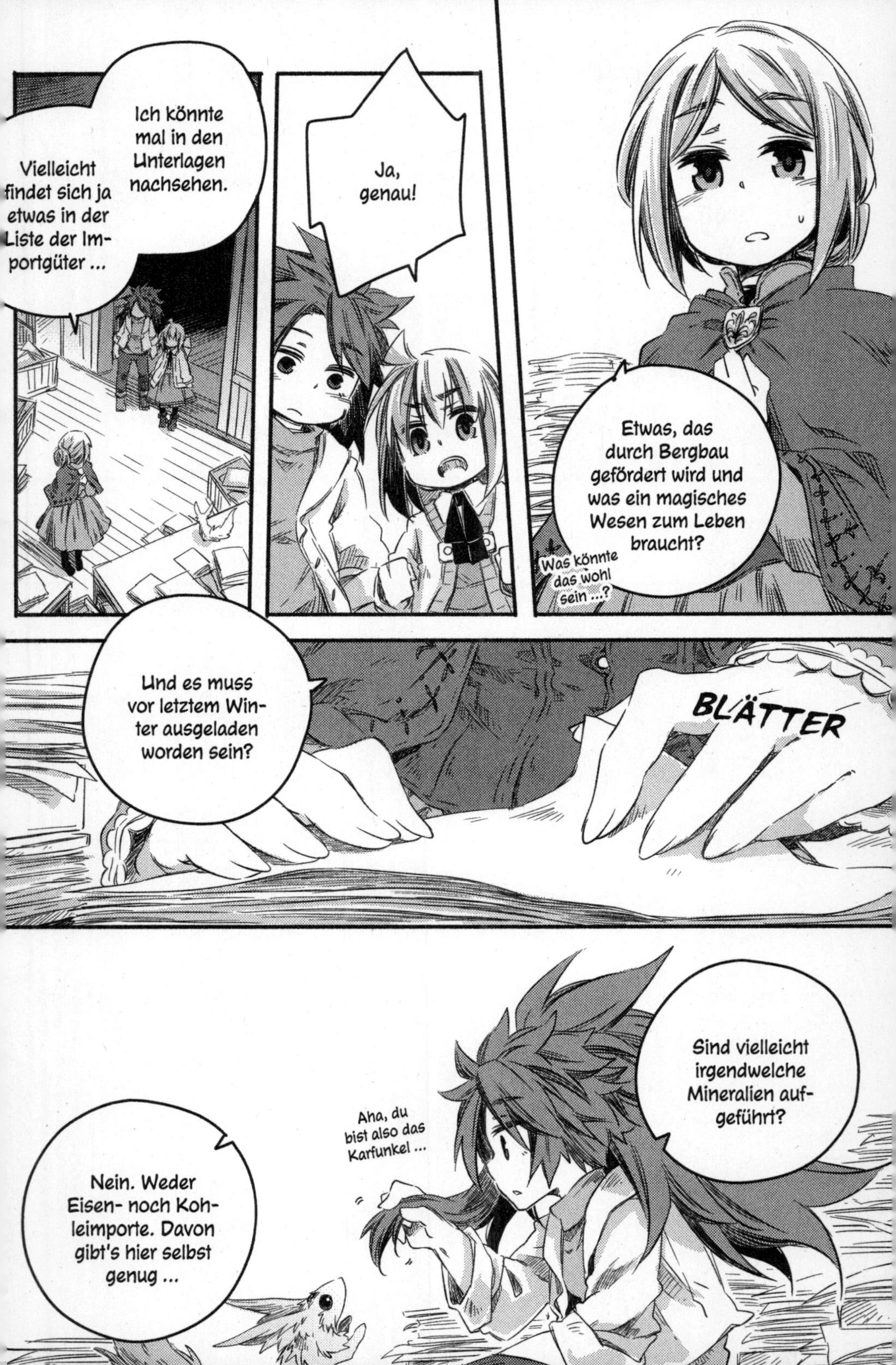
Etwas, das durch Bergbau gefördert wird und was ein magisches Wesen zum Leben braucht?
Was könnte das wohl sein ...?
Ja, genau!
Ich könnte mal in den Unterlagen nachsehen.
Vielleicht findet sich ja etwas in der Liste der Importgüter ...
Und es muss vor letztem Winter ausgeladen worden sein?
BLÄTTER
Sind vielleicht irgendwelche Mineralien aufgeführt?
Aha, du bist also das Karfunkel ...
Nein. Weder Eisen- noch Kohleimporte. Davon gibt's hier selbst genug ...

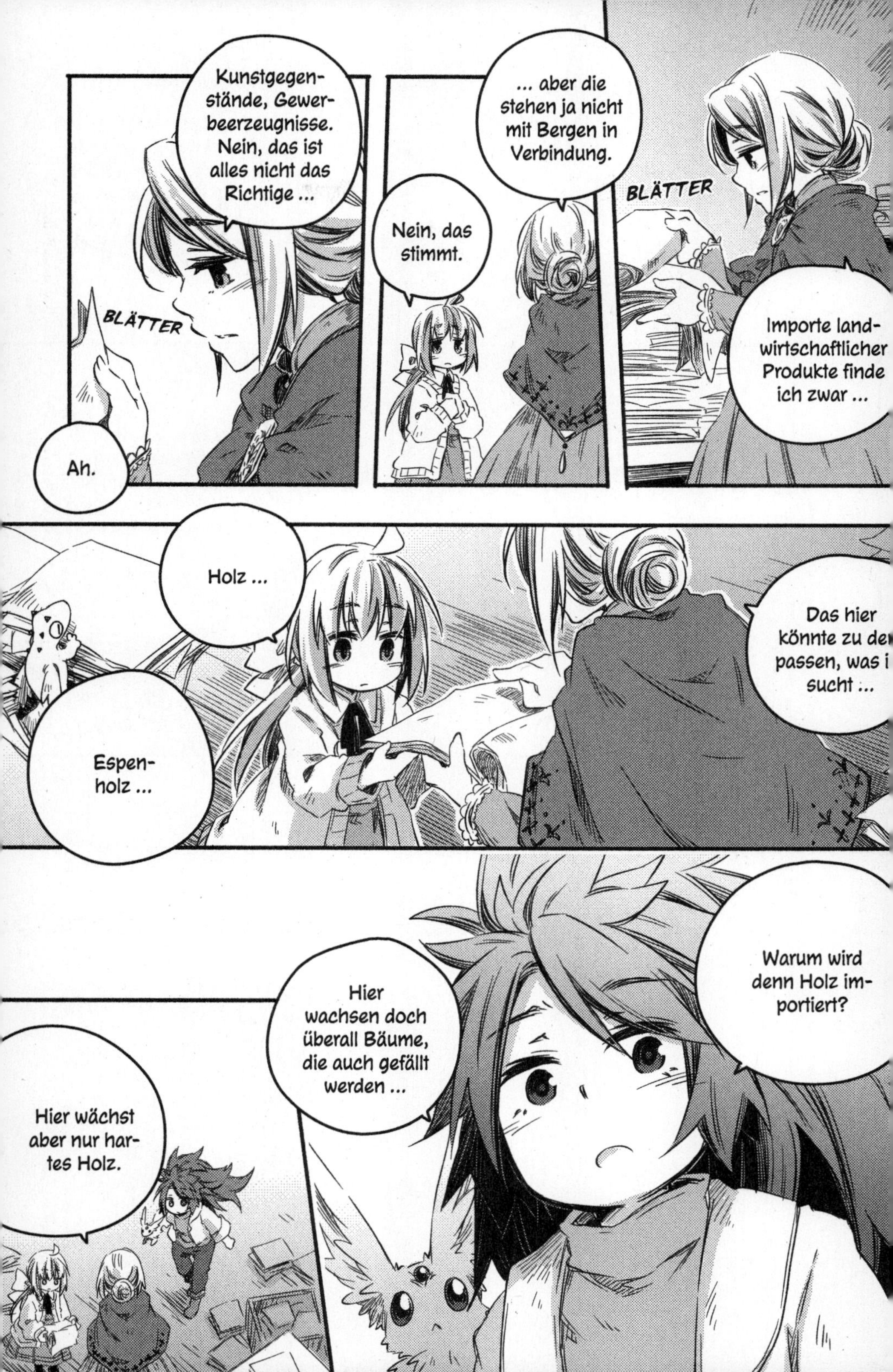
BLÄTTER
Importe landwirtschaftlicher Produkte finde ich zwar ...
... aber die stehen ja nicht mit Bergen in Verbindung.
Nein, das stimmt.
Kunstgegenstände, Gewerbeerzeugnisse. Nein, das ist alles nicht das Richtige ...
BLÄTTER
Ah.
Das hier könnte zu de passen, was i sucht ...
Holz ...
Espenholz ...
Warum wird denn Holz importiert?
Hier wachsen doch überall Bäume, die auch gefällt werden ...
Hier wächst aber nur hartes Holz.

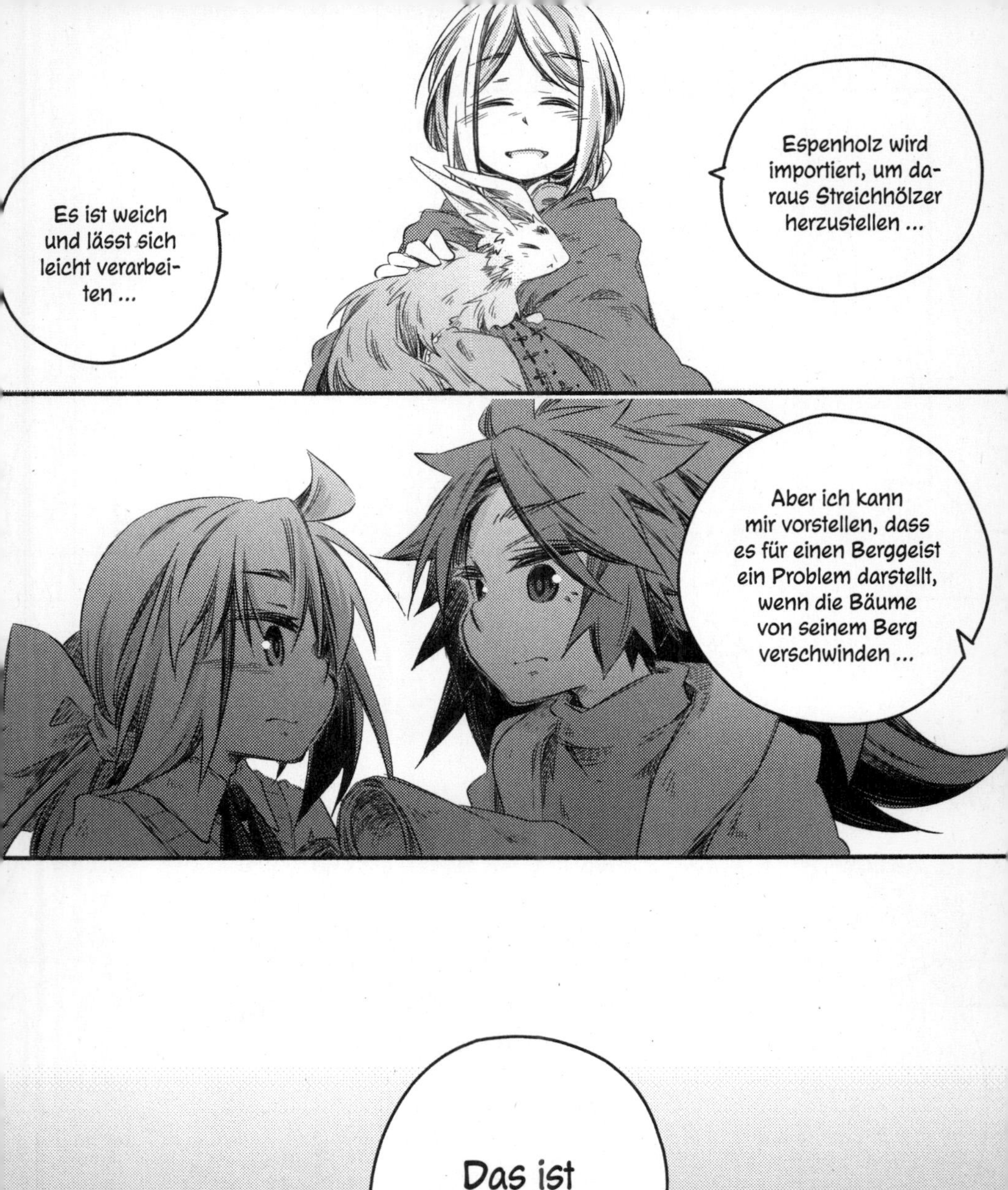
Espenholz wird importiert, um daraus Streichhölzer herzustellen ...
Es ist weich und lässt sich leicht verarbeiten ...
Aber ich kann mir vorstellen, dass es für einen Berggeist ein Problem darstellt, wenn die Bäume von seinem Berg verschwinden ...

Das ist es ...

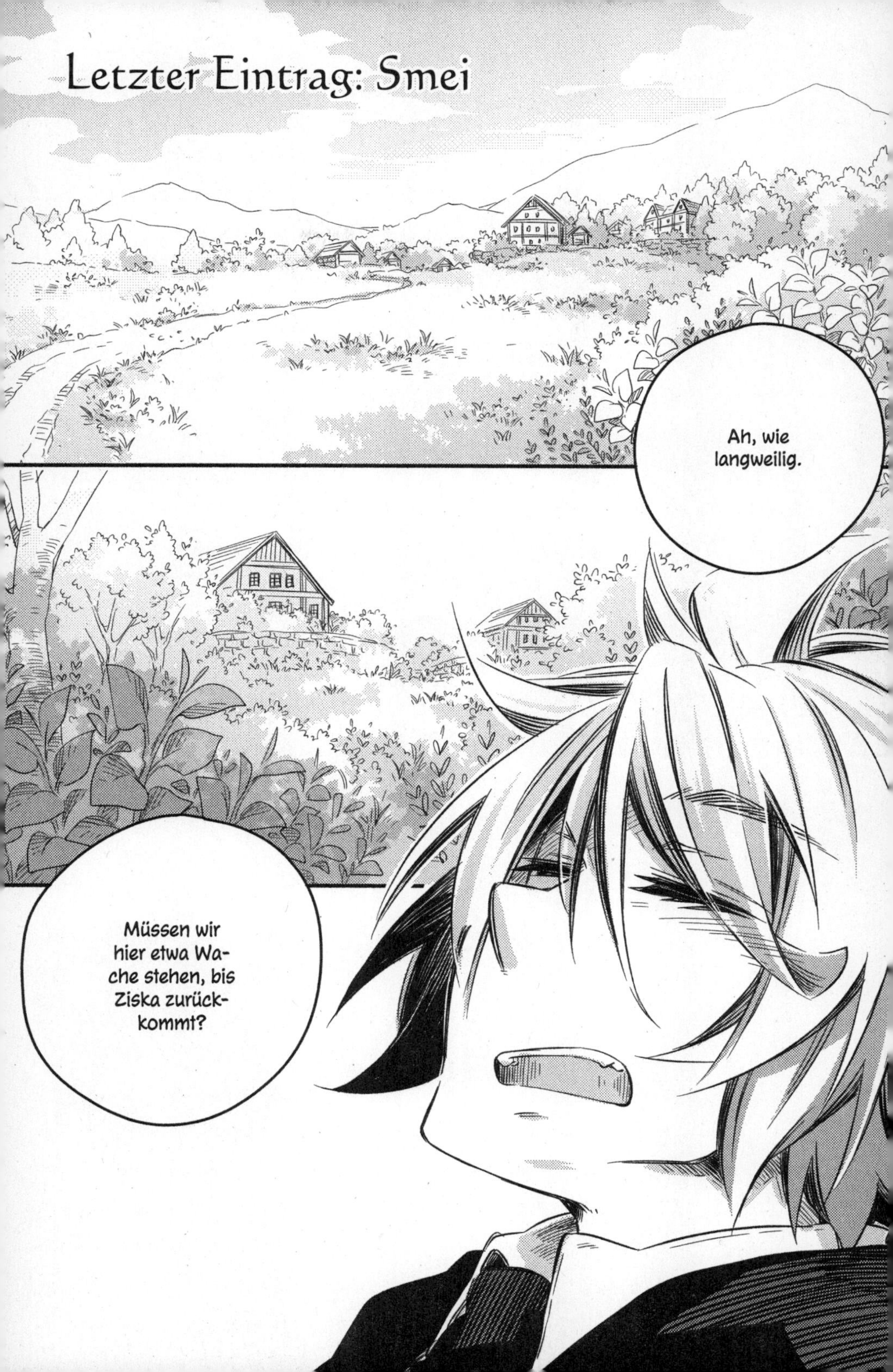
Letzter Eintrag: Smei
Ah, wie langweilig.
Müssen wir hier etwa Wache stehen, bis Ziska zurückkommt?

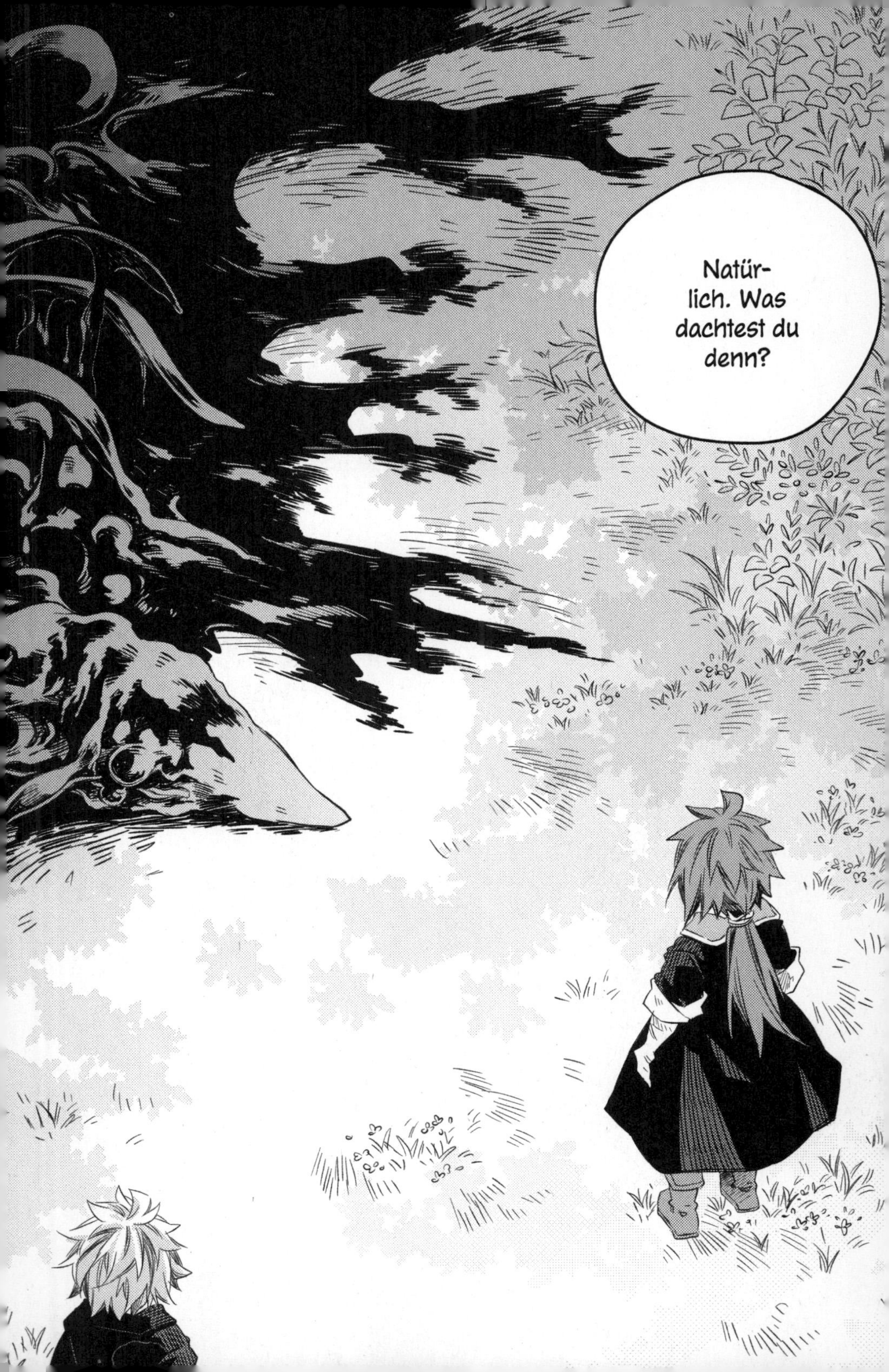
Natür-
lich. Was
dachtest du
denn?

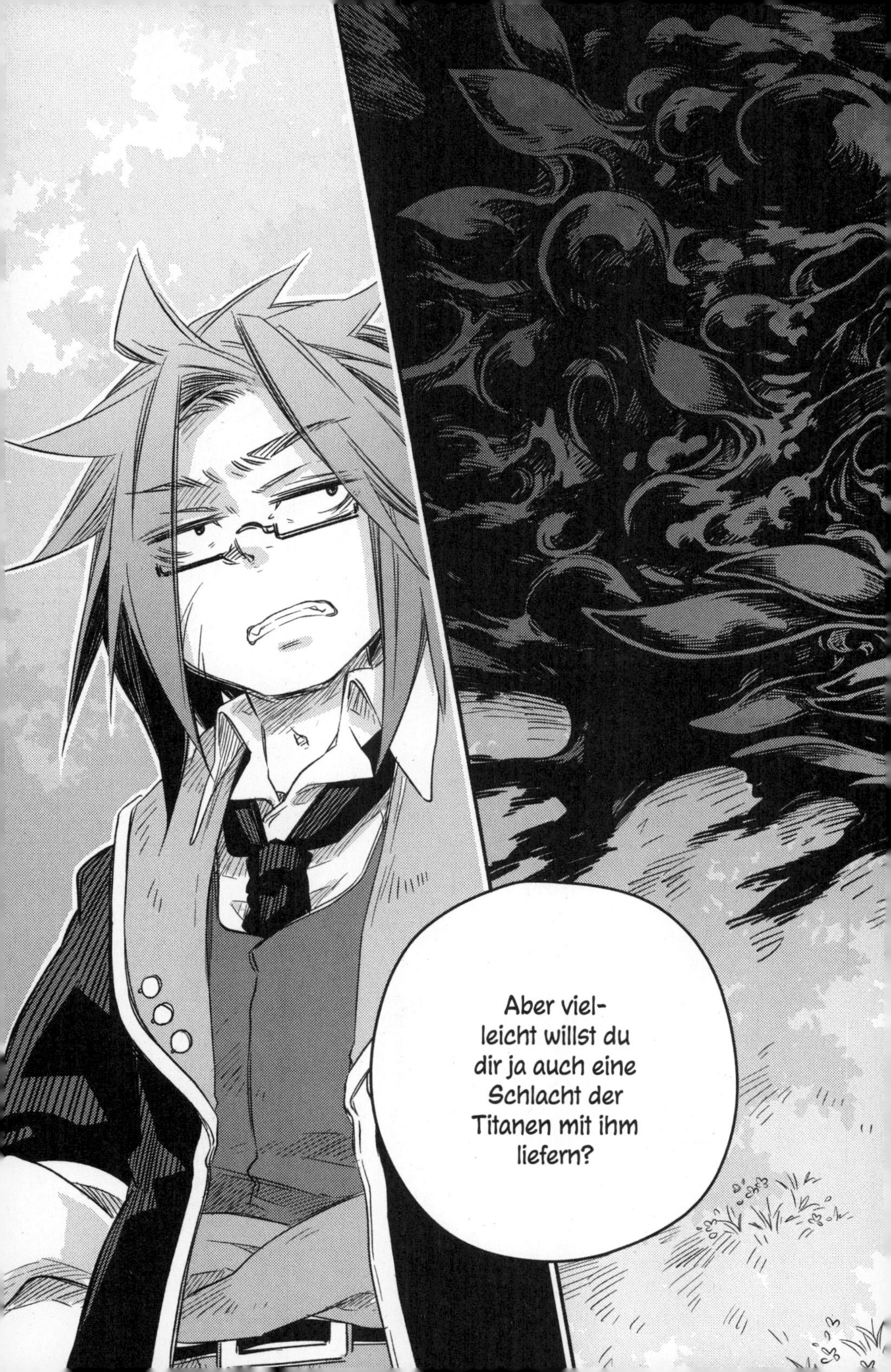
Aber viel-
leicht willst du
dir ja auch eine
Schlacht der
Titanen mit ihm
liefern?

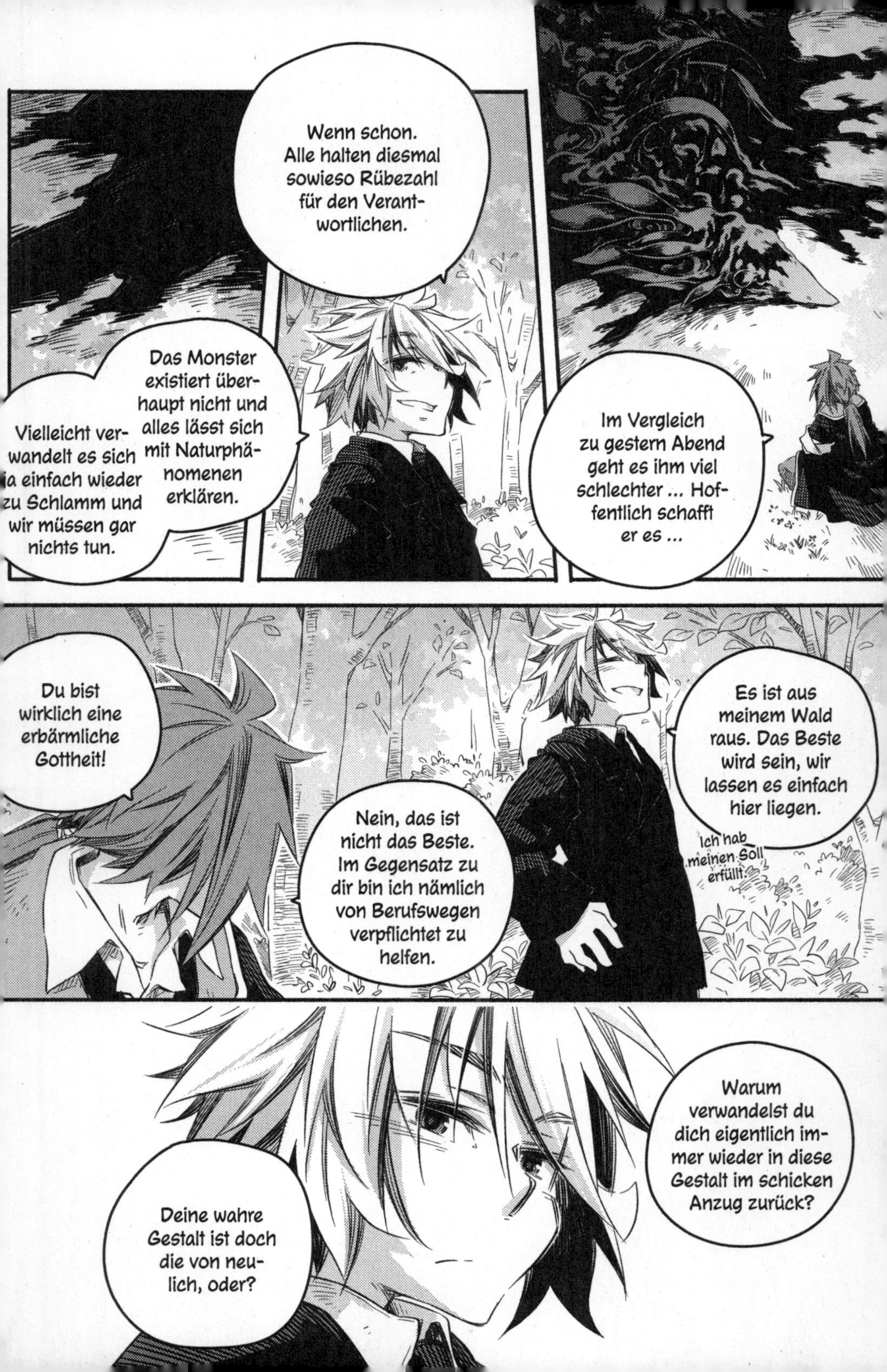

Im Vergleich zu gestern Abend geht es ihm viel schlechter ... Hoffentlich schafft er es ...

Wenn schon. Alle halten diesmal sowieso Rübezahl für den Verantwortlichen.

Das Monster existiert überhaupt nicht und alles lässt sich mit Naturphänomenen erklären.

Vielleicht verwandelt es sich ja einfach wieder zu Schlamm und wir müssen gar nichts tun.

Es ist aus meinem Wald raus. Das Beste wird sein, wir lassen es einfach hier liegen.

Ich hab meinen Soll erfüllt.

Nein, das ist nicht das Beste. Im Gegensatz zu dir bin ich nämlich von Berufswegen verpflichtet zu helfen.

Du bist wirklich eine erbärmliche Gottheit!

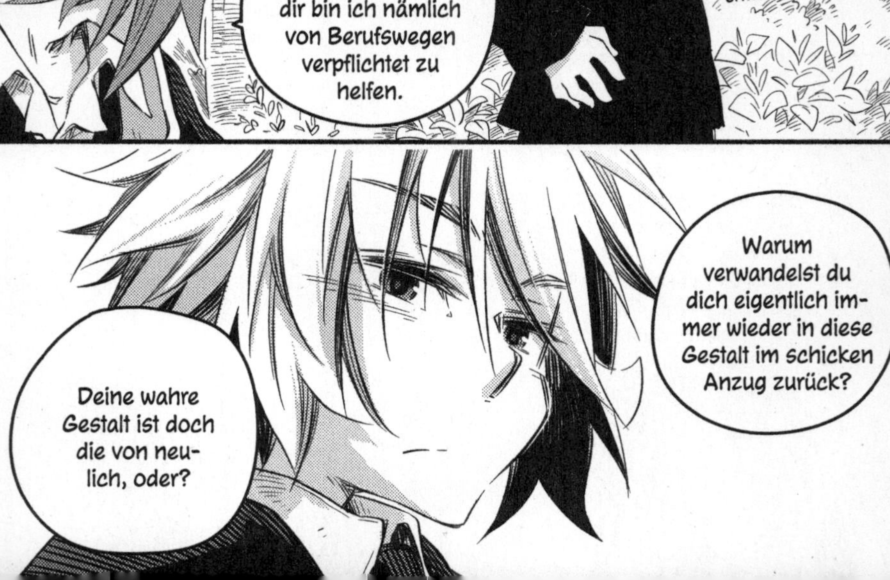

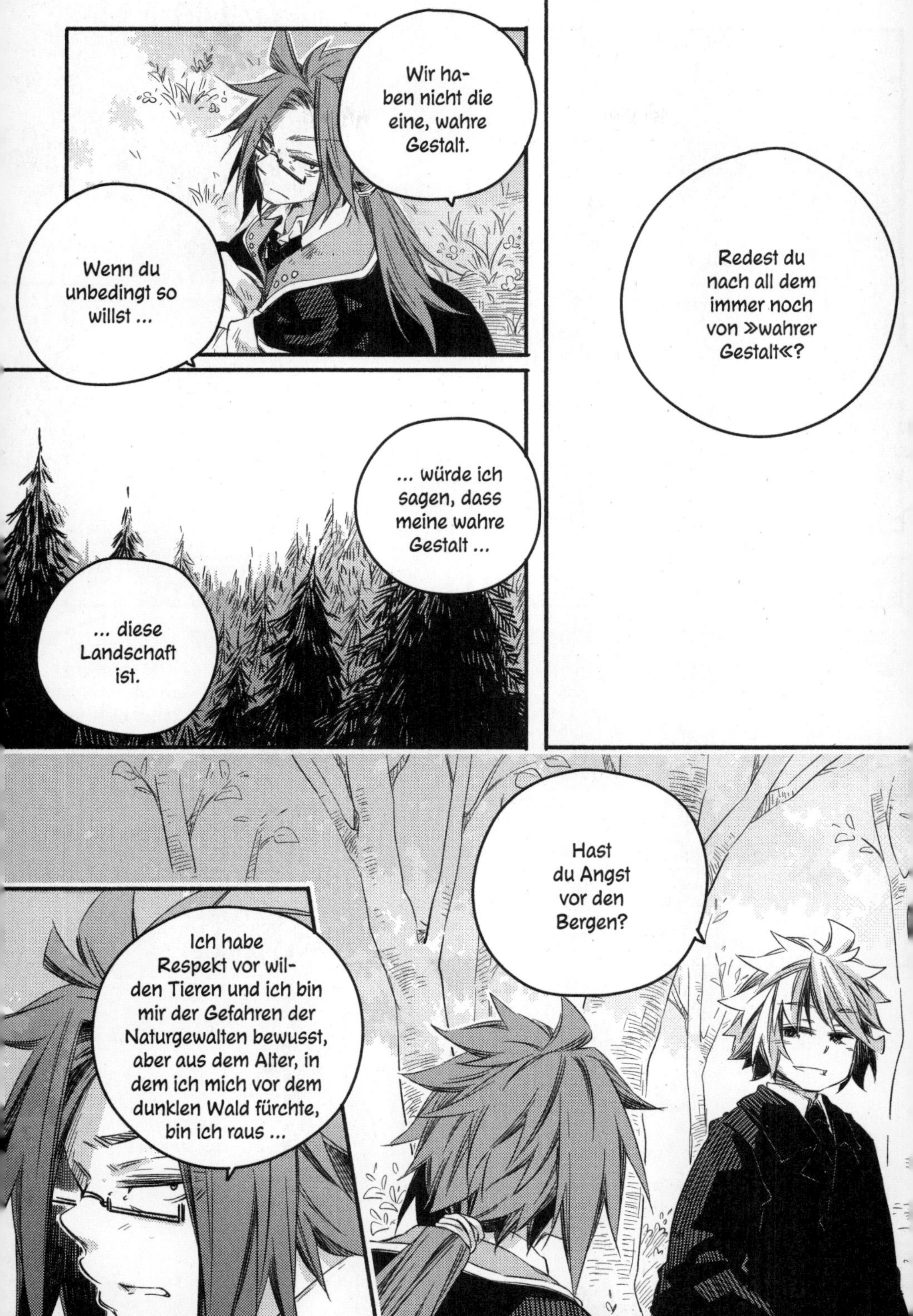
Redest du nach all dem immer noch von »wahrer Gestalt«?
Wir haben nicht die eine, wahre Gestalt.
Wenn du unbedingt so willst ...
... würde ich sagen, dass meine wahre Gestalt ...
... diese Landschaft ist.
Hast du Angst vor den Bergen?
Ich habe Respekt vor wilden Tieren und ich bin mir der Gefahren der Naturgewalten bewusst, aber aus dem Alter, in dem ich mich vor dem dunklen Wald fürchte, bin ich raus ...

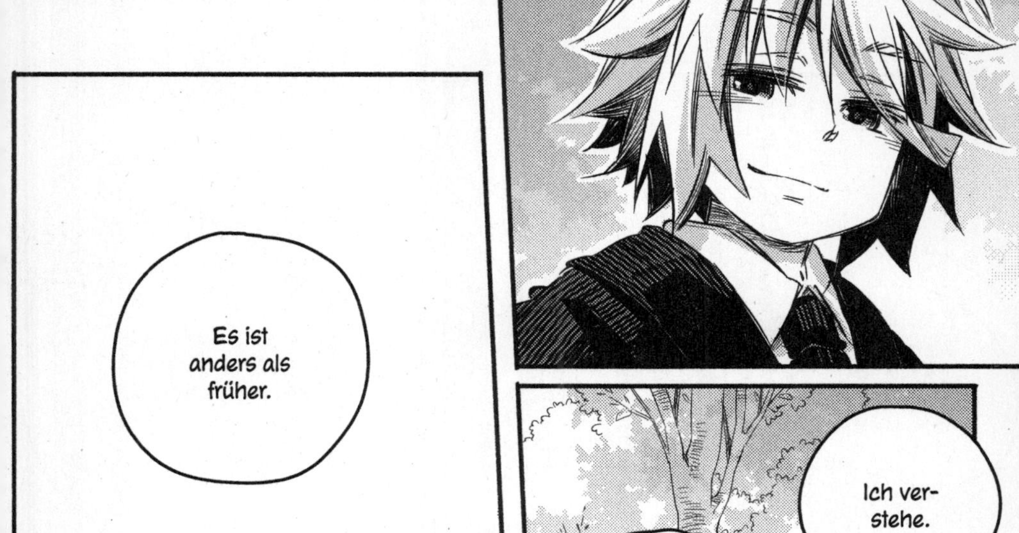

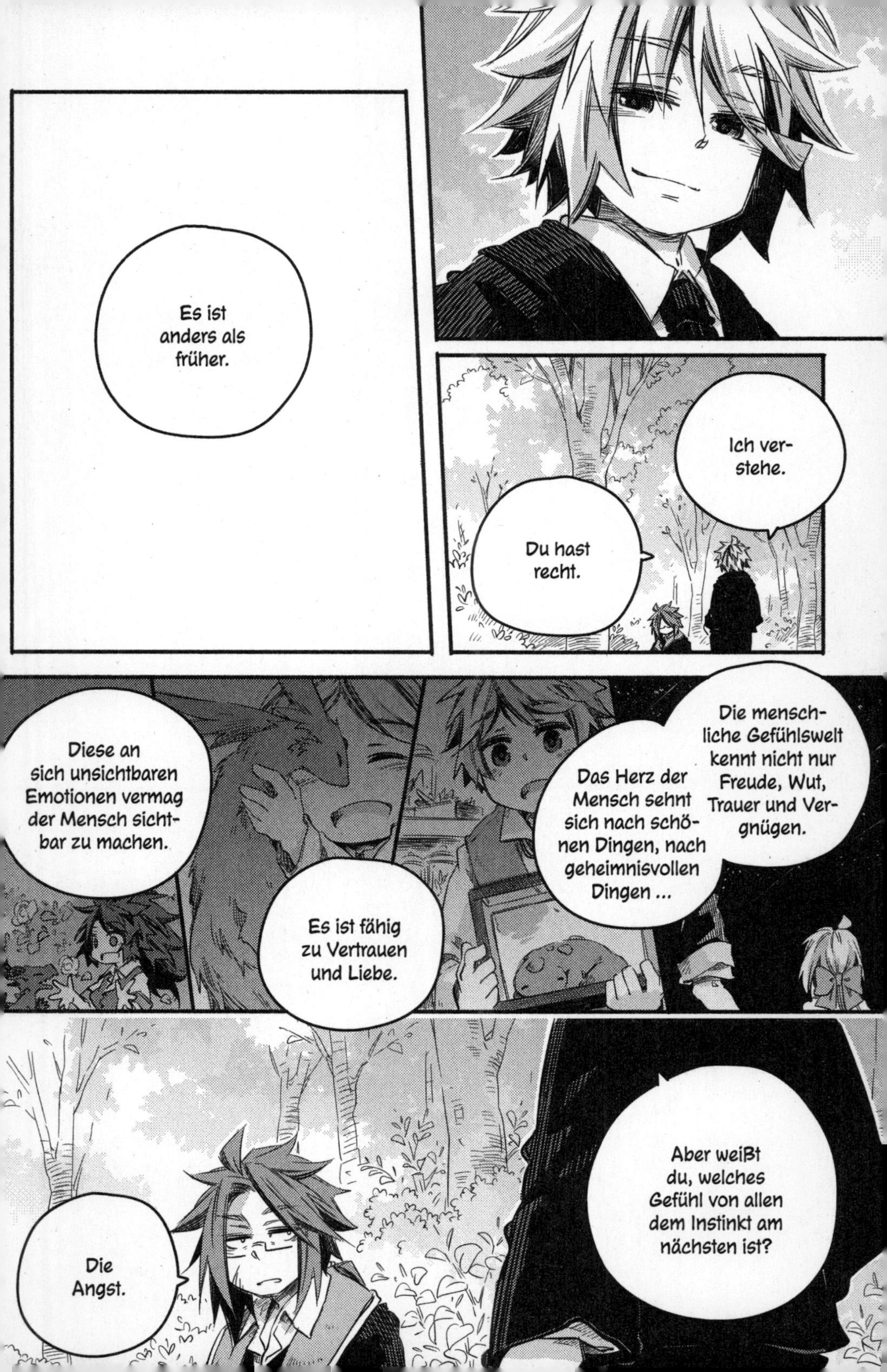

Die menschliche Gefühlswelt kennt nicht nur Freude, Wut, Trauer und Vergnügen.

Das Herz der Mensch sehnt sich nach schönen Dingen, nach geheimnisvollen Dingen ...

Es ist fähig zu Vertrauen und Liebe.

Diese an sich unsichtbaren Emotionen vermag der Mensch sichtbar zu machen.

Aber weißt du, welches Gefühl von allen dem Instinkt am nächsten ist?

Die Angst.

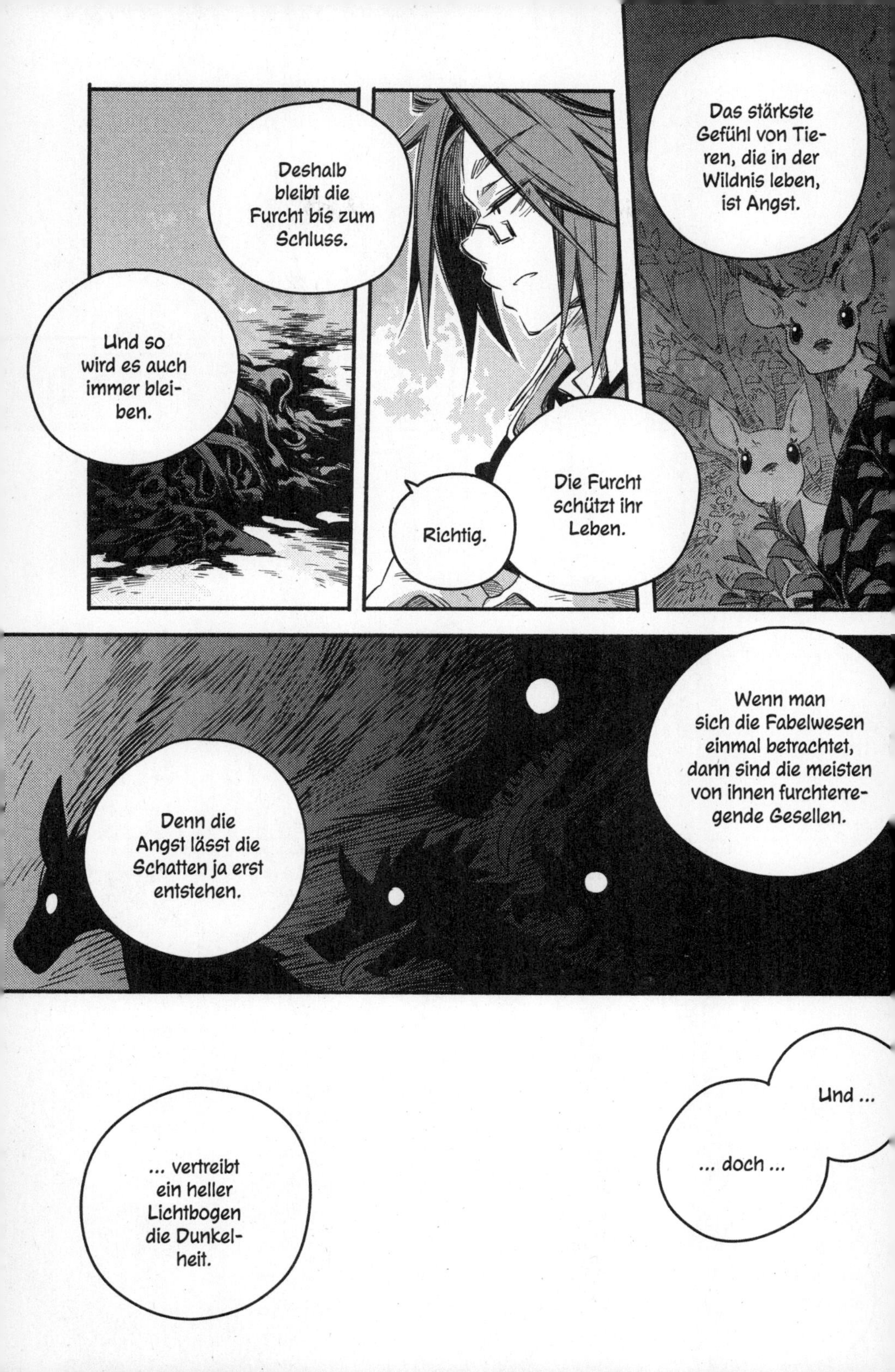

Das stärkste Gefühl von Tieren, die in der Wildnis leben, ist Angst.

Die Furcht schützt ihr Leben.

Richtig.

Deshalb bleibt die Furcht bis zum Schluss.

Und so wird es auch immer bleiben.

Wenn man sich die Fabelwesen einmal betrachtet, dann sind die meisten von ihnen furchterregende Gesellen.

Denn die Angst lässt die Schatten ja erst entstehen.

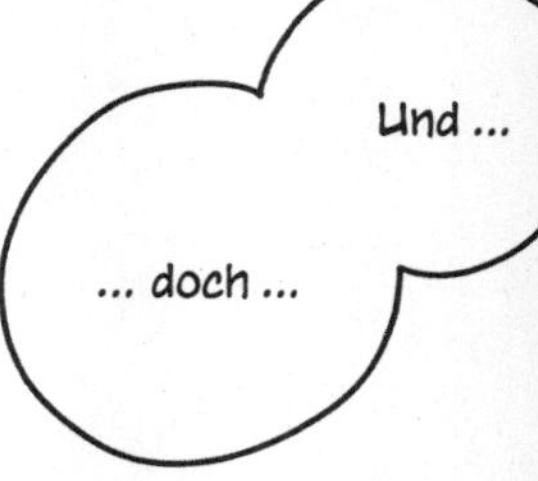

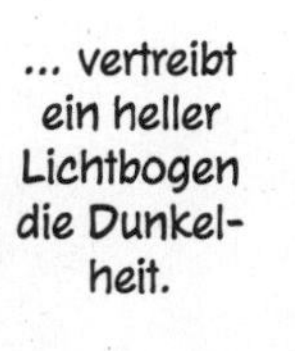

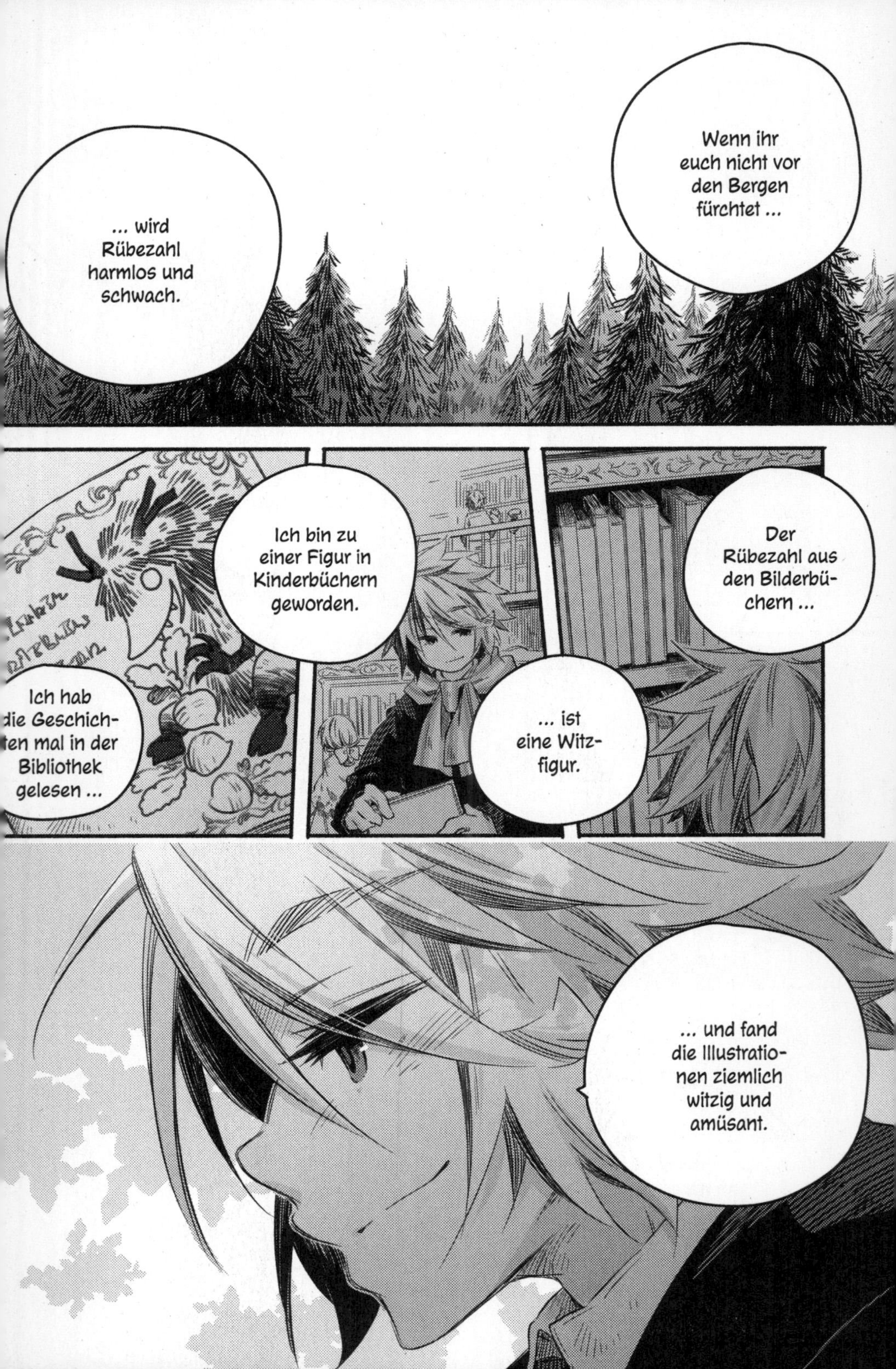

Wenn ihr euch nicht vor den Bergen fürchtet ...
... wird Rübezahl harmlos und schwach.
Der Rübezahl aus den Bilderbüchern ...
... ist eine Witzfigur.
Ich bin zu einer Figur in Kinderbüchern geworden.
Ich hab die Geschichten mal in der Bibliothek gelesen ...
... und fand die Illustrationen ziemlich witzig und amüsant.

Die Menschen brauchen uns nicht mehr.
Sie müssen nicht mehr für eine gute Ernte beten oder den Sturm fürchten.
Also mir ist es ja so ganz recht.
Das Licht der Wissenschaft hat uns als Gespinste entlarvt und unsichtbar gemacht.
Aber wir sind natürlich nach wie vor noch da.

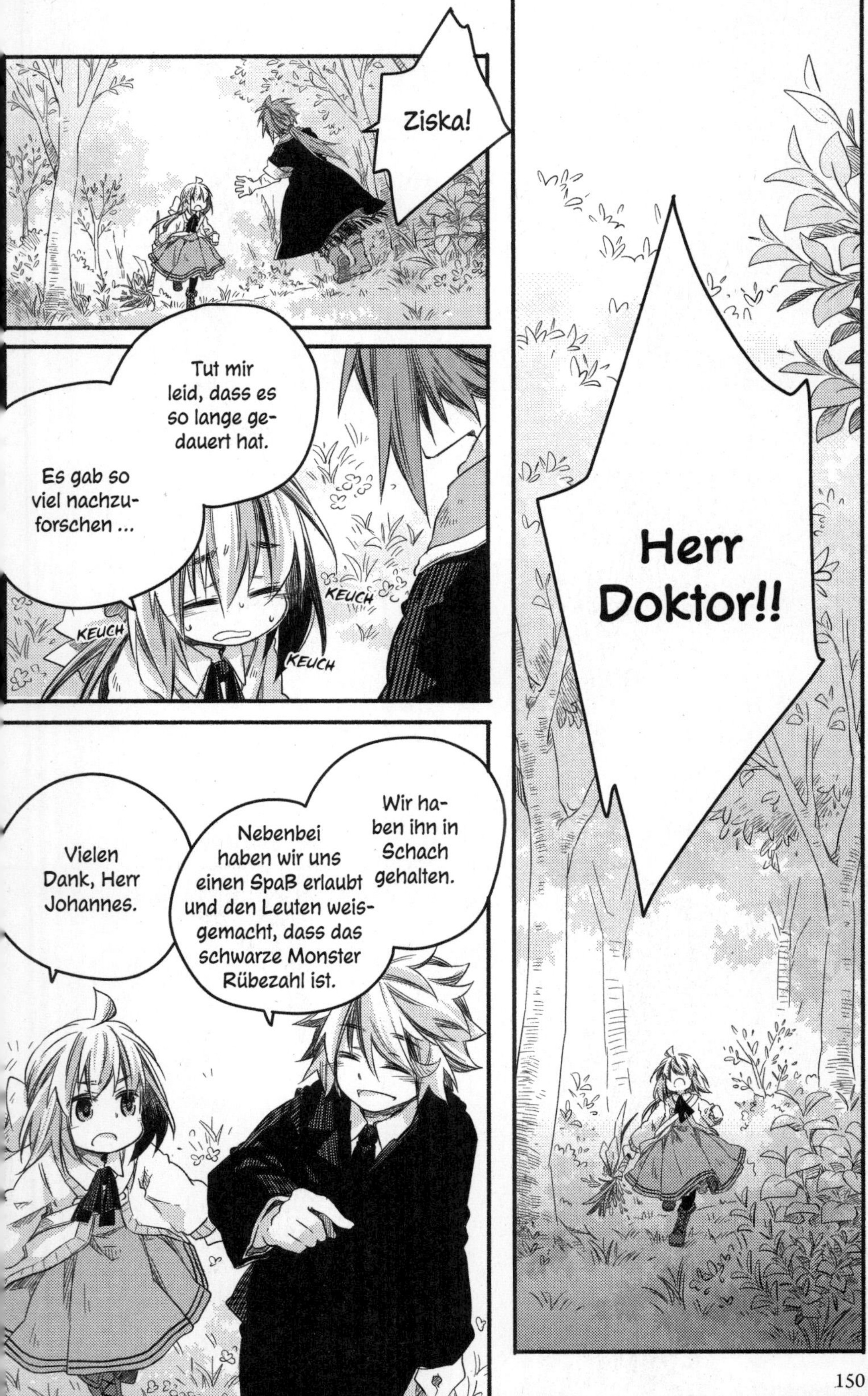

Herr Doktor!!

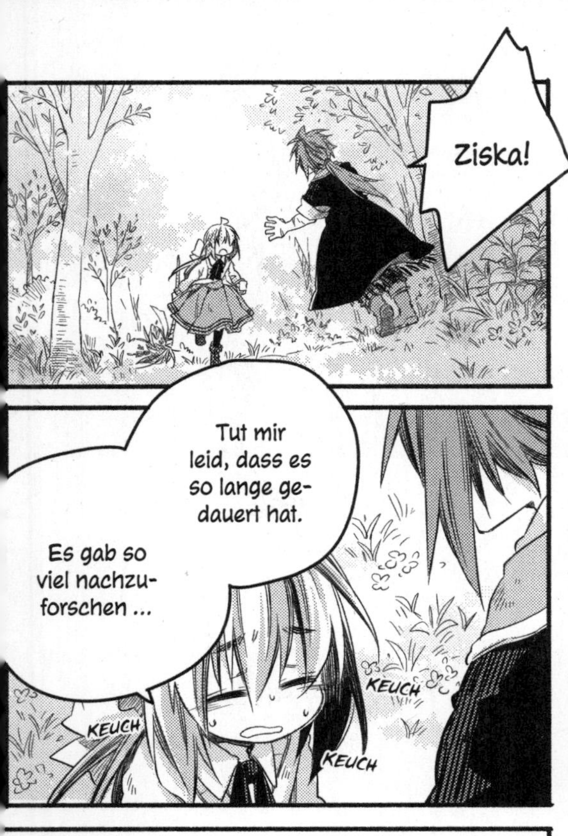
Ziska!
Tut mir leid, dass es so lange gedauert hat.
Es gab so viel nachzuforschen ...
KEUCH
KEUCH
KEUCH

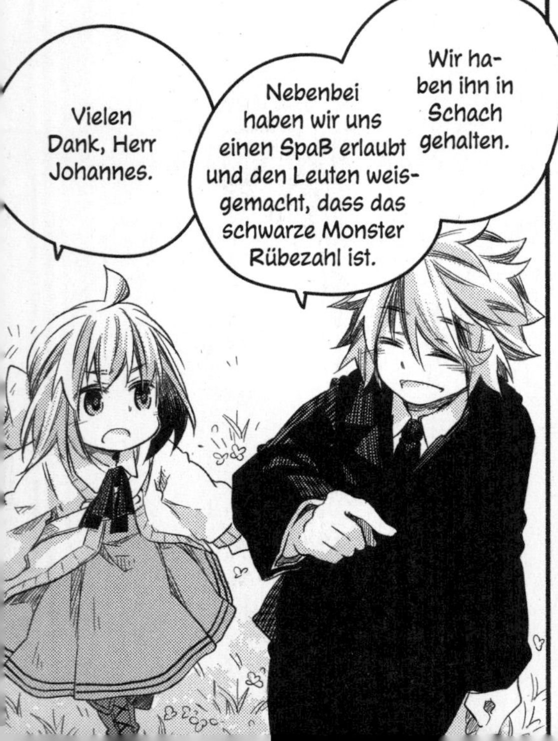
Wir haben ihn in Schach gehalten.
Nebenbei haben wir uns einen Spaß erlaubt und den Leuten weisgemacht, dass das schwarze Monster Rübezahl ist.
Vielen Dank, Herr Johannes.

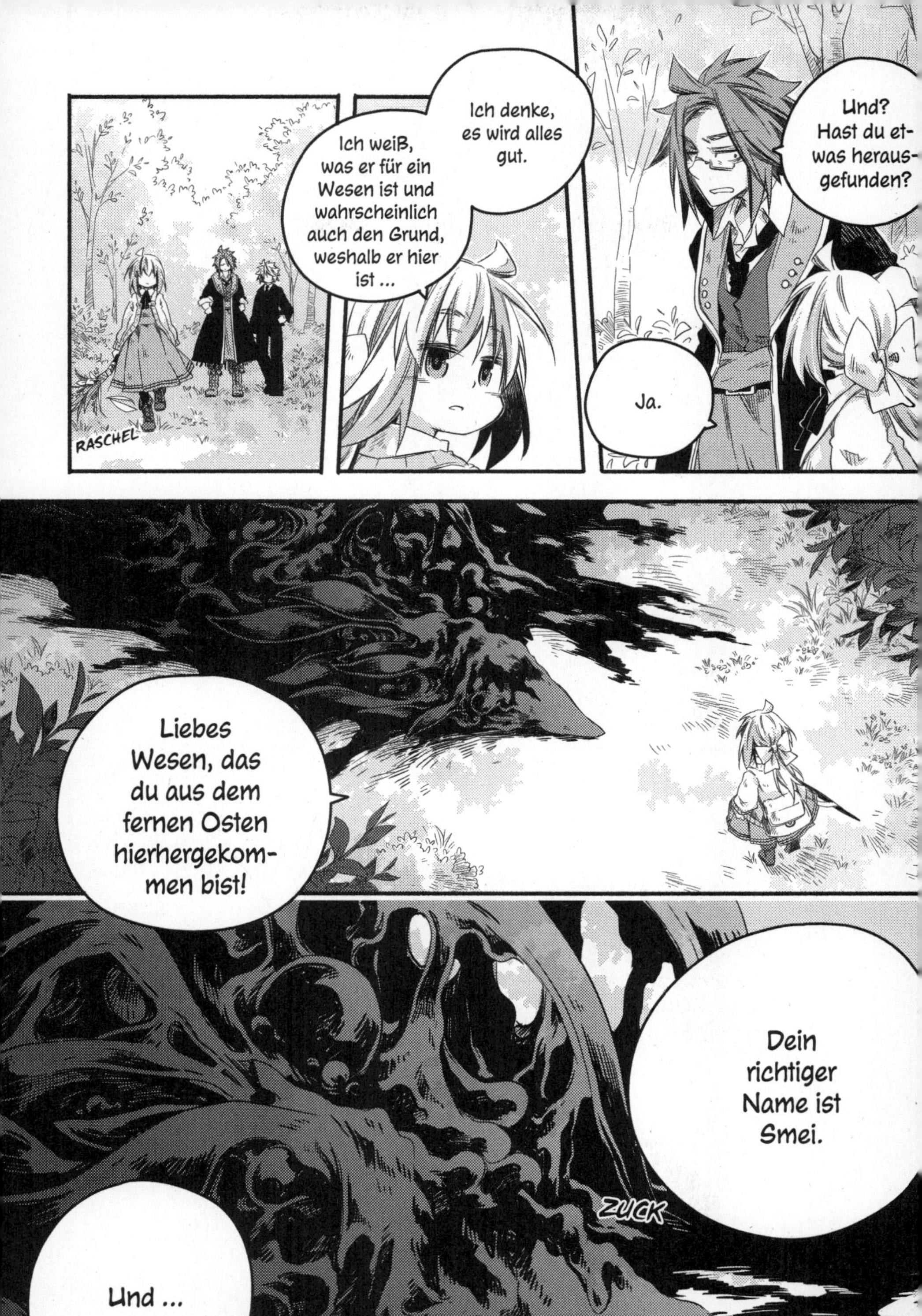
Und?
Hast du etwas herausgefunden?
Ja.
Ich denke, es wird alles gut.
Ich weiß, was er für ein Wesen ist und wahrscheinlich auch den Grund, weshalb er hier ist ...
RASCHEL
Liebes Wesen, das du aus dem fernen Osten hierhergekommen bist!
Dein richtiger Name ist Smei.
ZUCK
Und ...

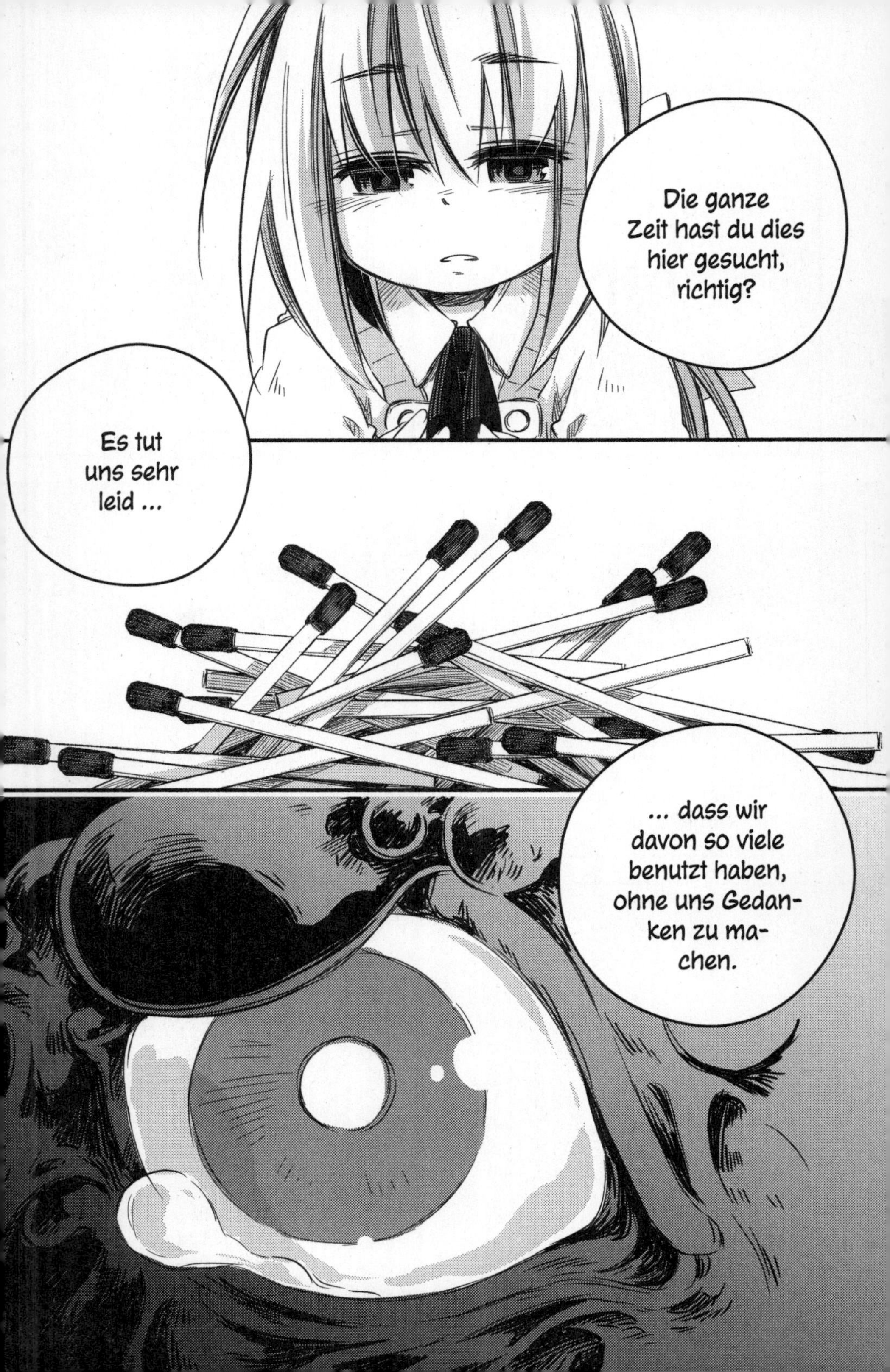
Die ganze Zeit hast du dies hier gesucht, richtig?
Es tut uns sehr leid ...
... dass wir davon so viele benutzt haben, ohne uns Gedan-ken zu ma-chen.

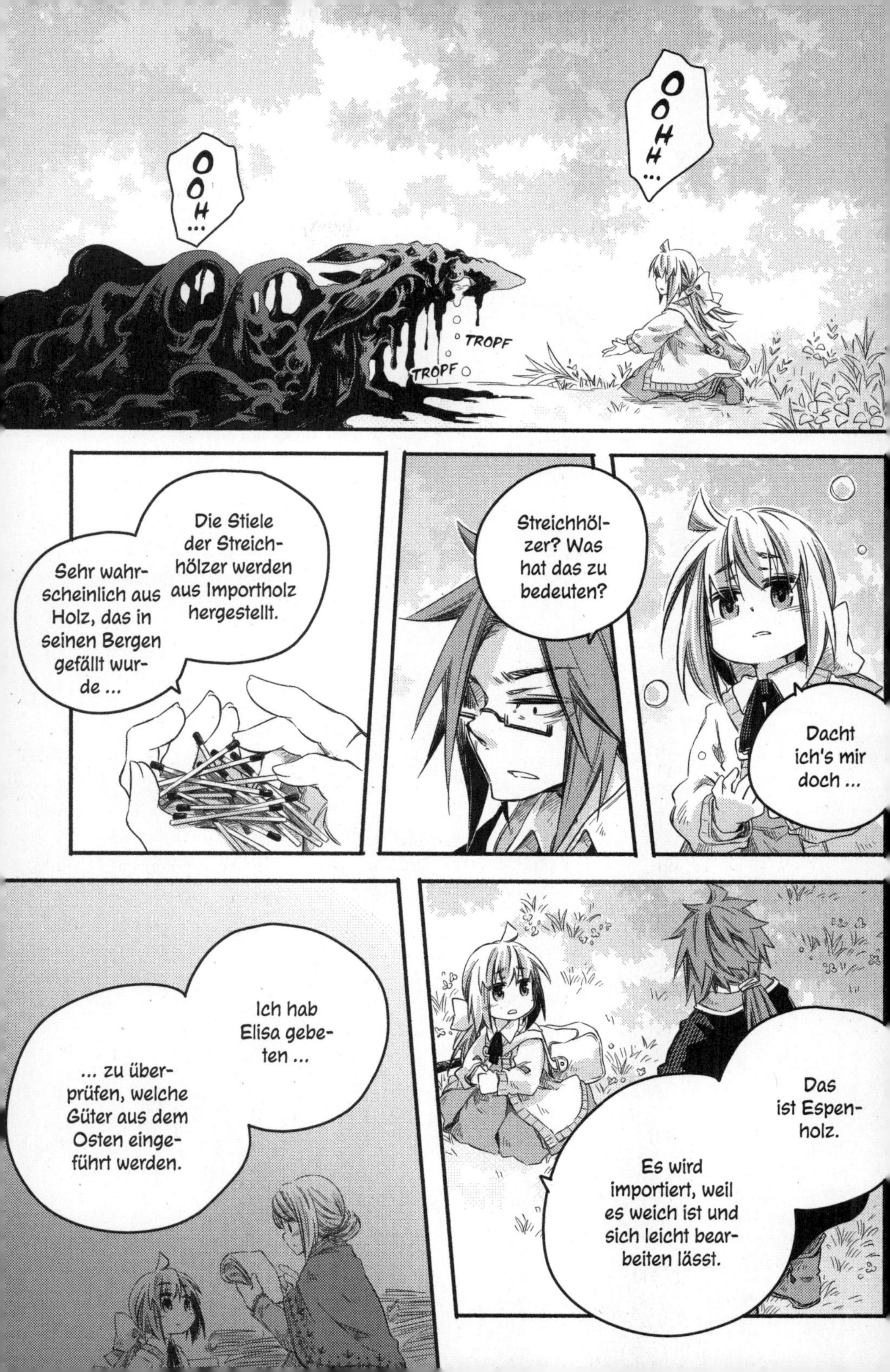

OOHH ...
OOH ...
TROPF
TROPF

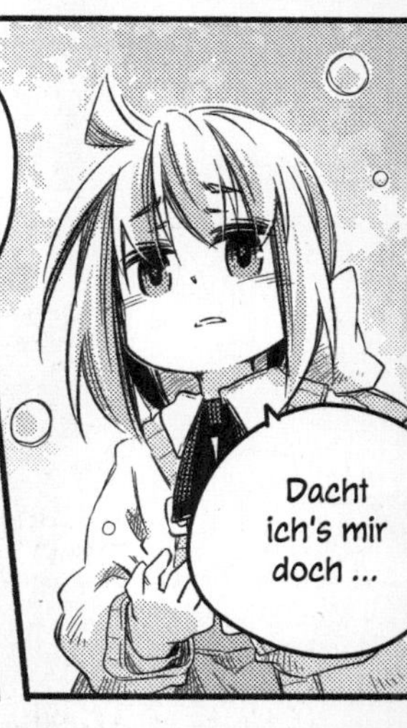

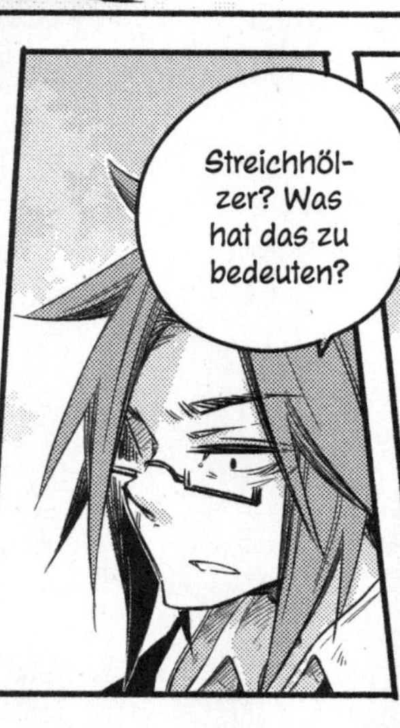

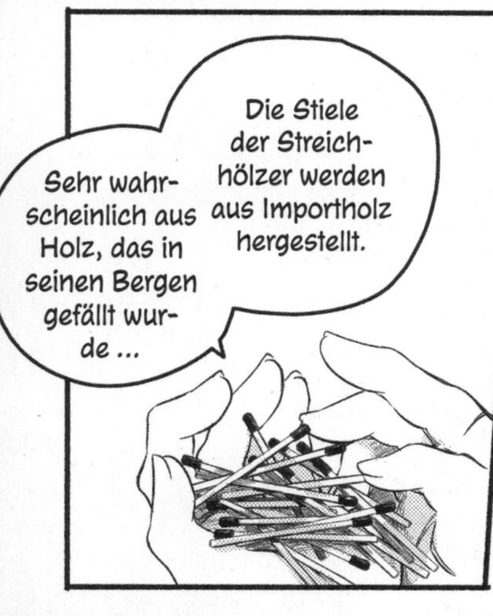

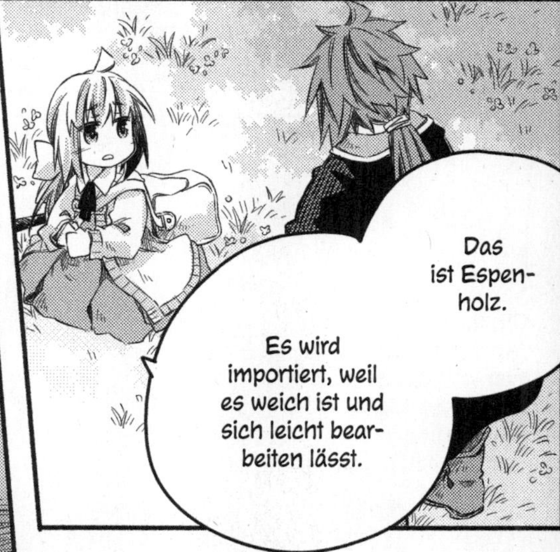

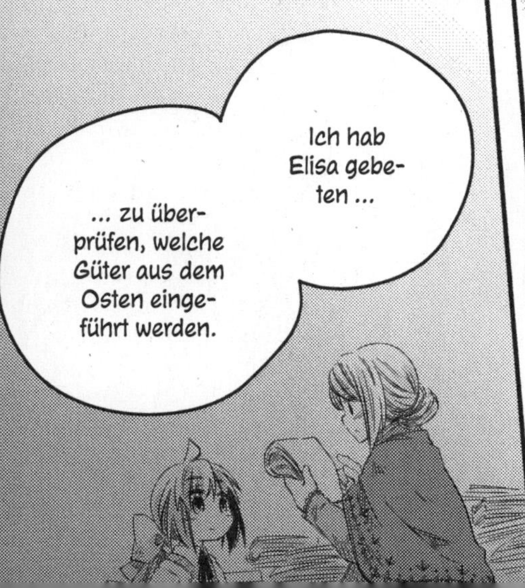

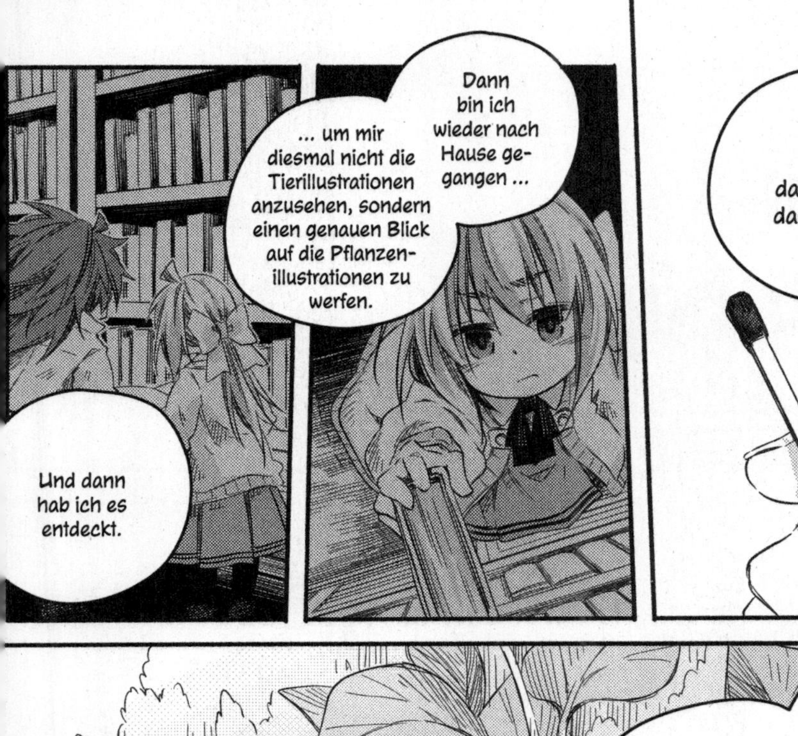
Dann bin ich wieder nach Hause gegangen ...
... um mir diesmal nicht die Tierillustrationen anzusehen, sondern einen genauen Blick auf die Pflanzenillustrationen zu werfen.
Und dann hab ich es entdeckt.

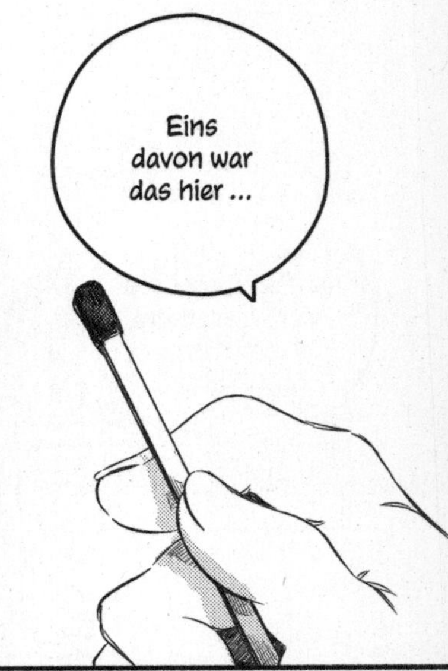
Eins davon war das hier ...

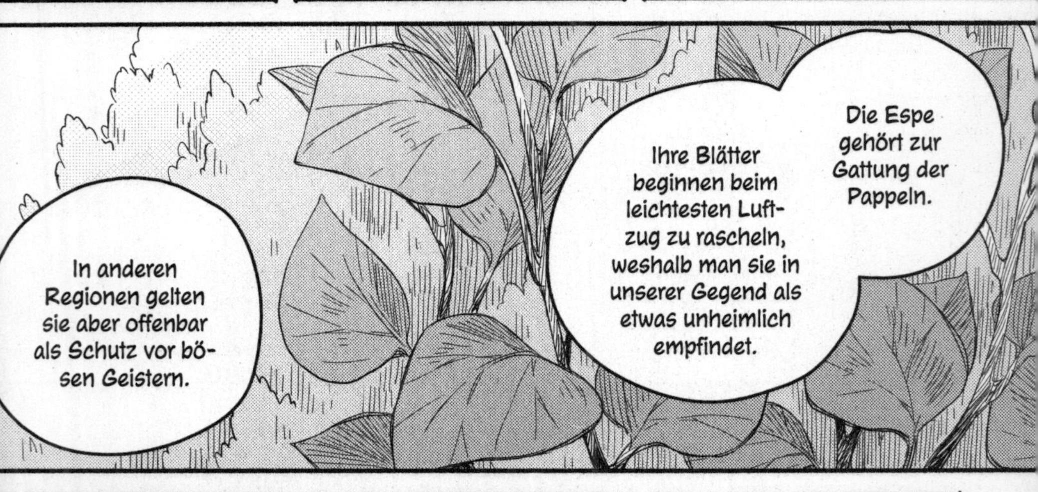
Die Espe gehört zur Gattung der Pappeln.
Ihre Blätter beginnen beim leichtesten Luftzug zu rascheln, weshalb man sie in unserer Gegend als etwas unheimlich empfindet.
In anderen Regionen gelten sie aber offenbar als Schutz vor bösen Geistern.

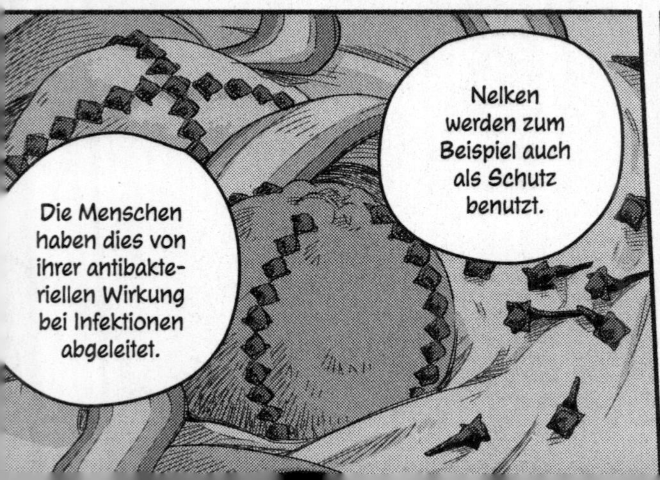
Nelken werden zum Beispiel auch als Schutz benutzt.
Die Menschen haben dies von ihrer antibakteriellen Wirkung bei Infektionen abgeleitet.

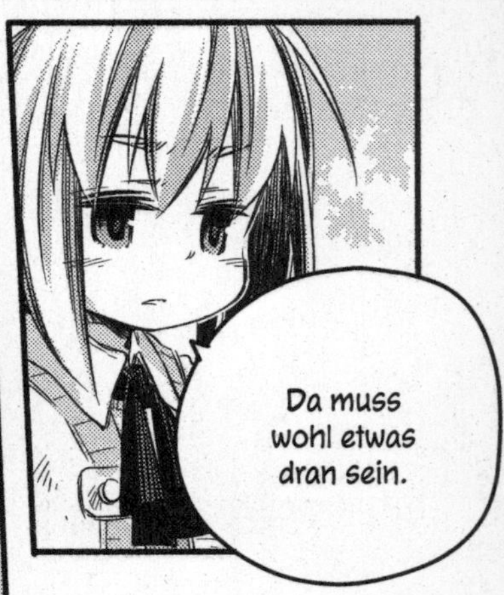
Da muss wohl etwas dran sein.

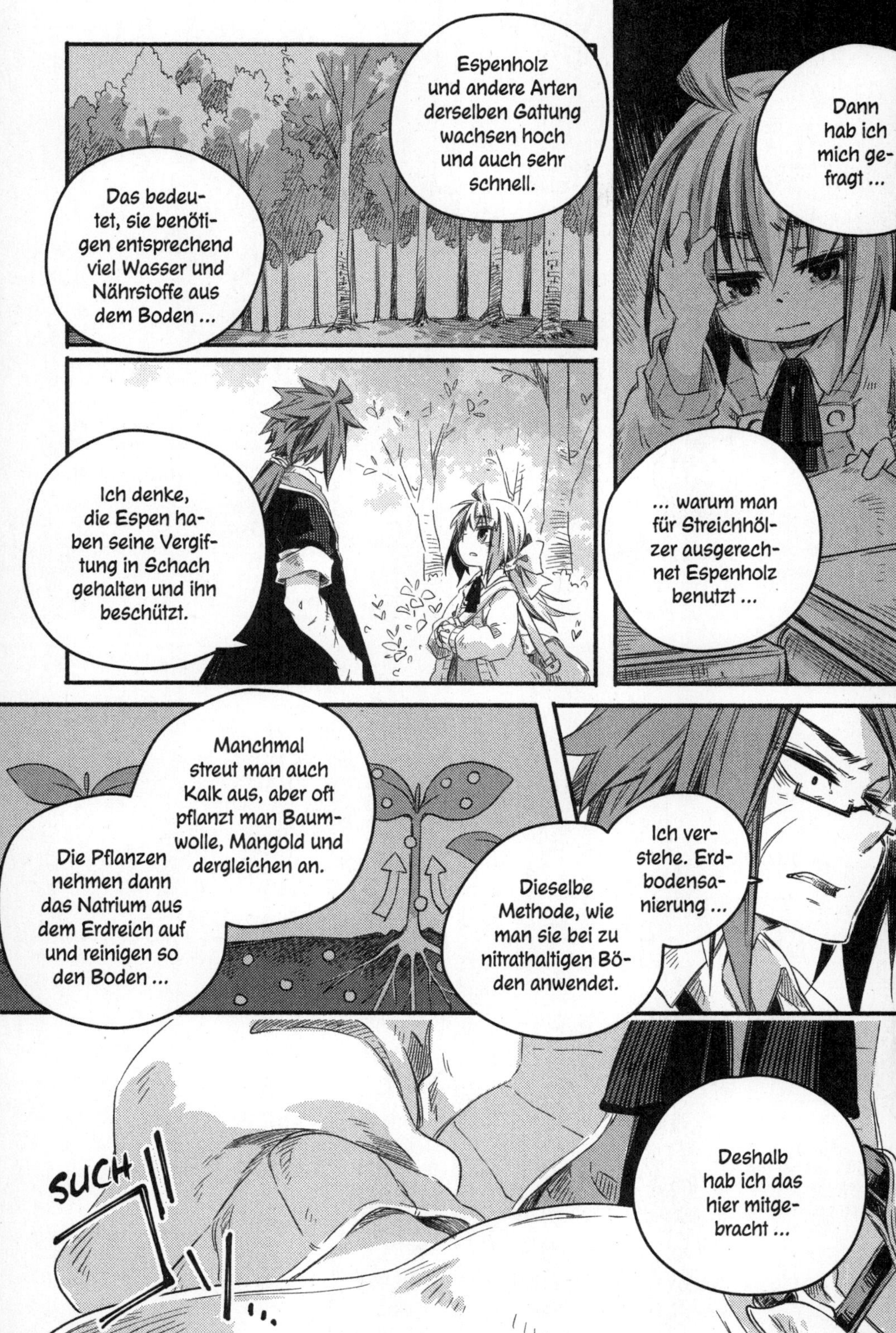
Dann hab ich mich gefragt ...
... warum man für Streichhölzer ausgerechnet Espenholz benutzt ...
Espenholz und andere Arten derselben Gattung wachsen hoch und auch sehr schnell.
Das bedeutet, sie benötigen entsprechend viel Wasser und Nährstoffe aus dem Boden ...
Ich denke, die Espen haben seine Vergiftung in Schach gehalten und ihn beschützt.
Ich verstehe. Erdbodensanierung ...
Dieselbe Methode, wie man sie bei zu nitrathaltigen Böden anwendet.
Manchmal streut man auch Kalk aus, aber oft pflanzt man Baumwolle, Mangold und dergleichen an.
Die Pflanzen nehmen dann das Natrium aus dem Erdreich auf und reinigen so den Boden ...
Deshalb hab ich das hier mitgebracht ...
SUCH
...

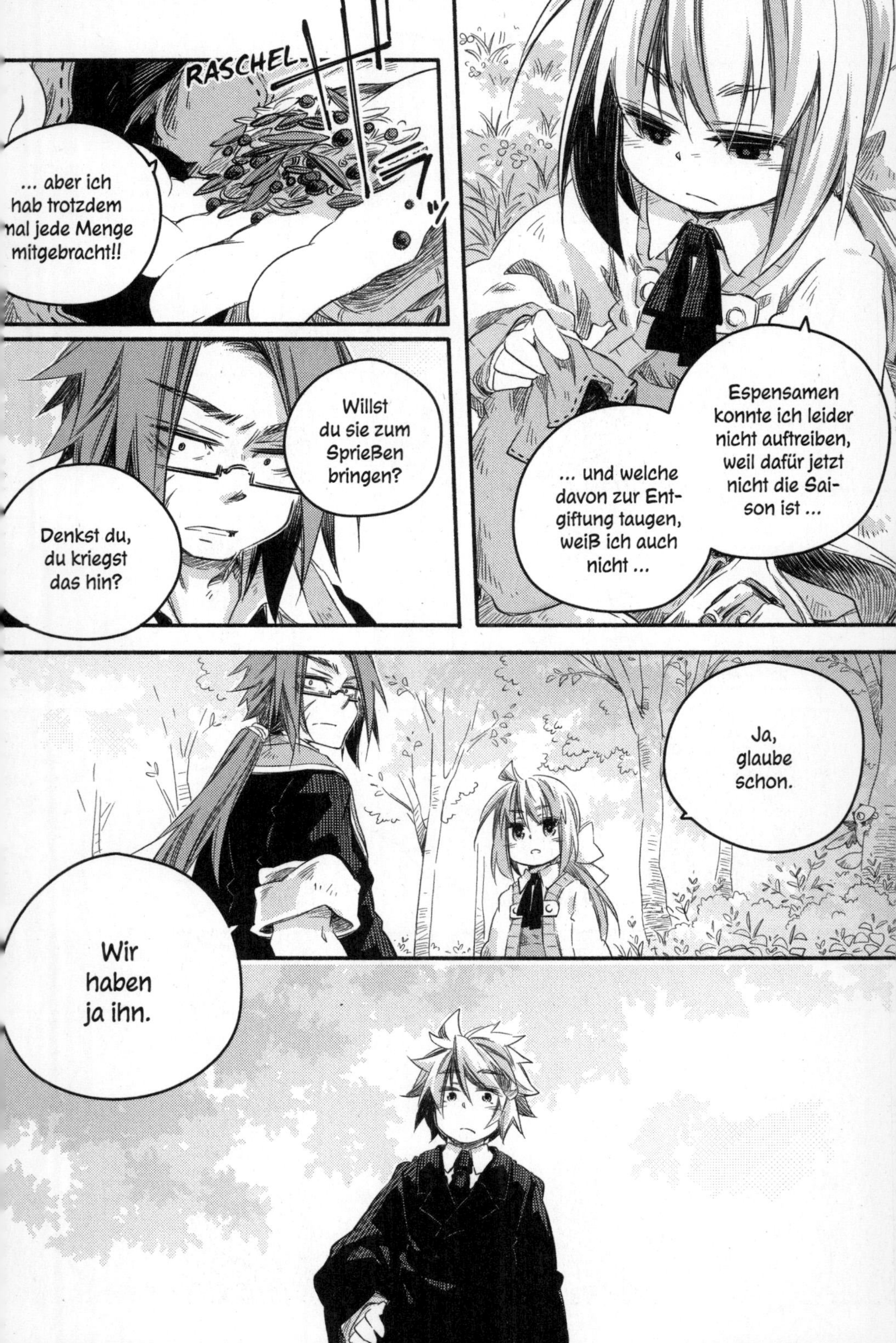
Espensamen konnte ich leider nicht auftreiben, weil dafür jetzt nicht die Saison ist ...
... und welche davon zur Entgiftung taugen, weiß ich auch nicht ...
RASCHEL
... aber ich hab trotzdem mal jede Menge mitgebracht!!
Willst du sie zum Sprießen bringen?
Denkst du, du kriegst das hin?
Ja, glaube schon.
Wir haben ja ihn.

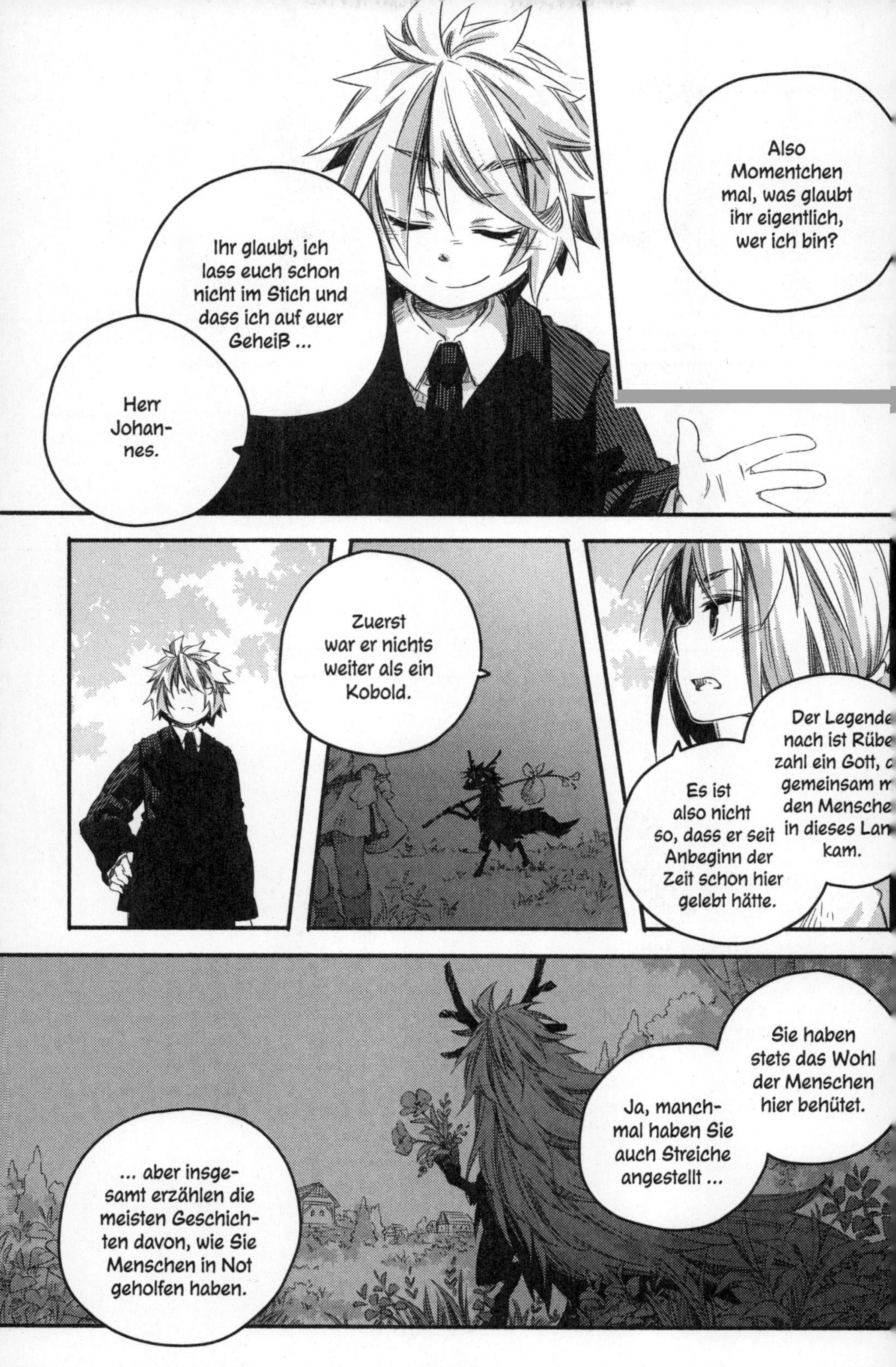
Also Momentchen mal, was glaubt ihr eigentlich, wer ich bin?
Ihr glaubt, ich lass euch schon nicht im Stich und dass ich auf euer Geheiß ...
Herr Johannes.
Der Legende nach ist Rübe zahl ein Gott, d gemeinsam m den Mensche in dieses Lan kam.
Es ist also nicht so, dass er seit Anbeginn der Zeit schon hier gelebt hätte.
Zuerst war er nichts weiter als ein Kobold.
Sie haben stets das Wohl der Menschen hier behütet.
Ja, manchmal haben Sie auch Streiche angestellt ...
... aber insgesamt erzählen die meisten Geschichten davon, wie Sie Menschen in Not geholfen haben.

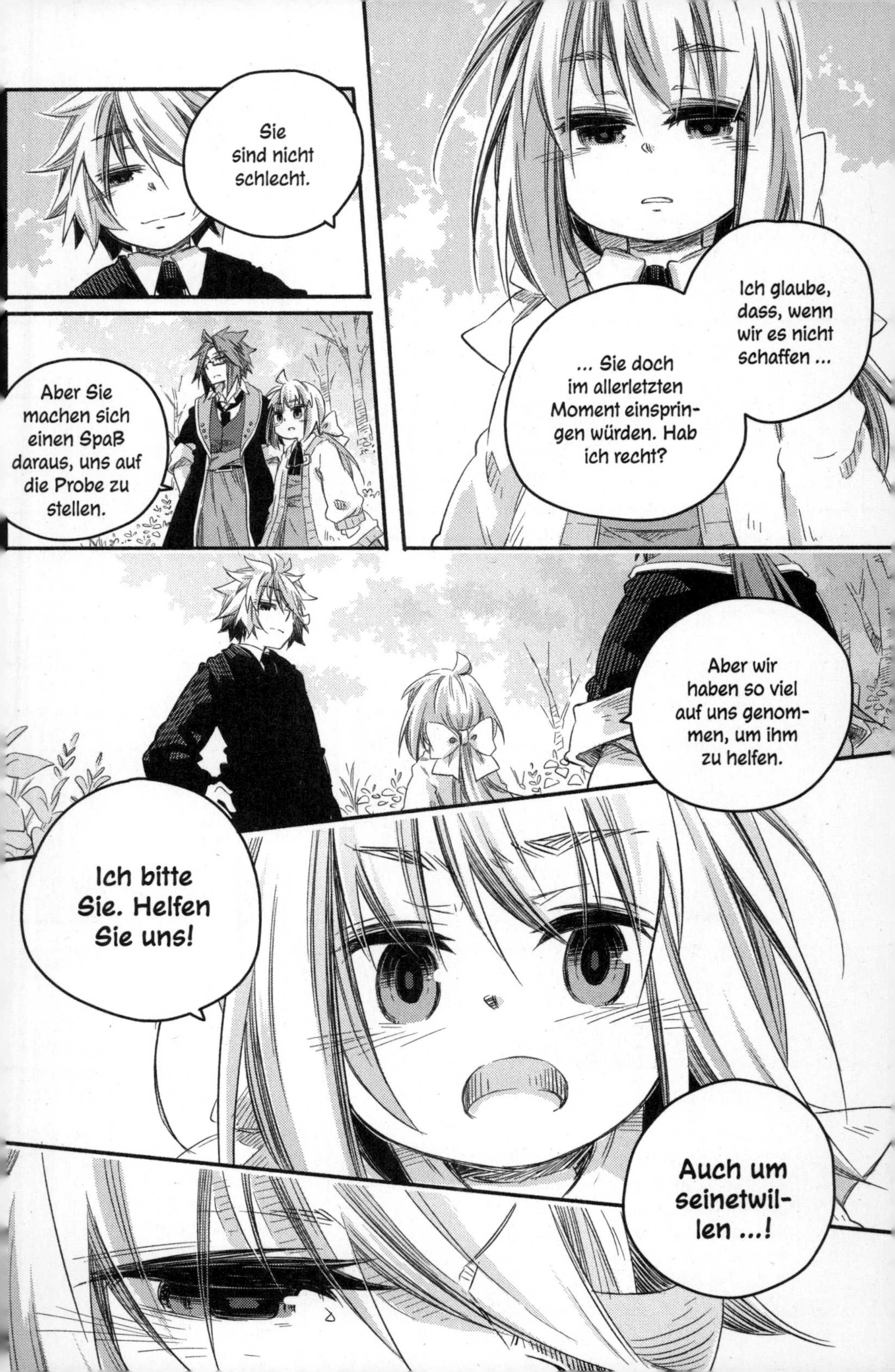
Sie sind nicht schlecht.
Aber Sie machen sich einen Spaß daraus, uns auf die Probe zu stellen.
Ich glaube, dass, wenn wir es nicht schaffen ...
... Sie doch im allerletzten Moment einsprin-gen würden. Hab ich recht?
Aber wir haben so viel auf uns genom-men, um ihm zu helfen.
Ich bitte Sie. Helfen Sie uns!
Auch um seinetwil-len ...!

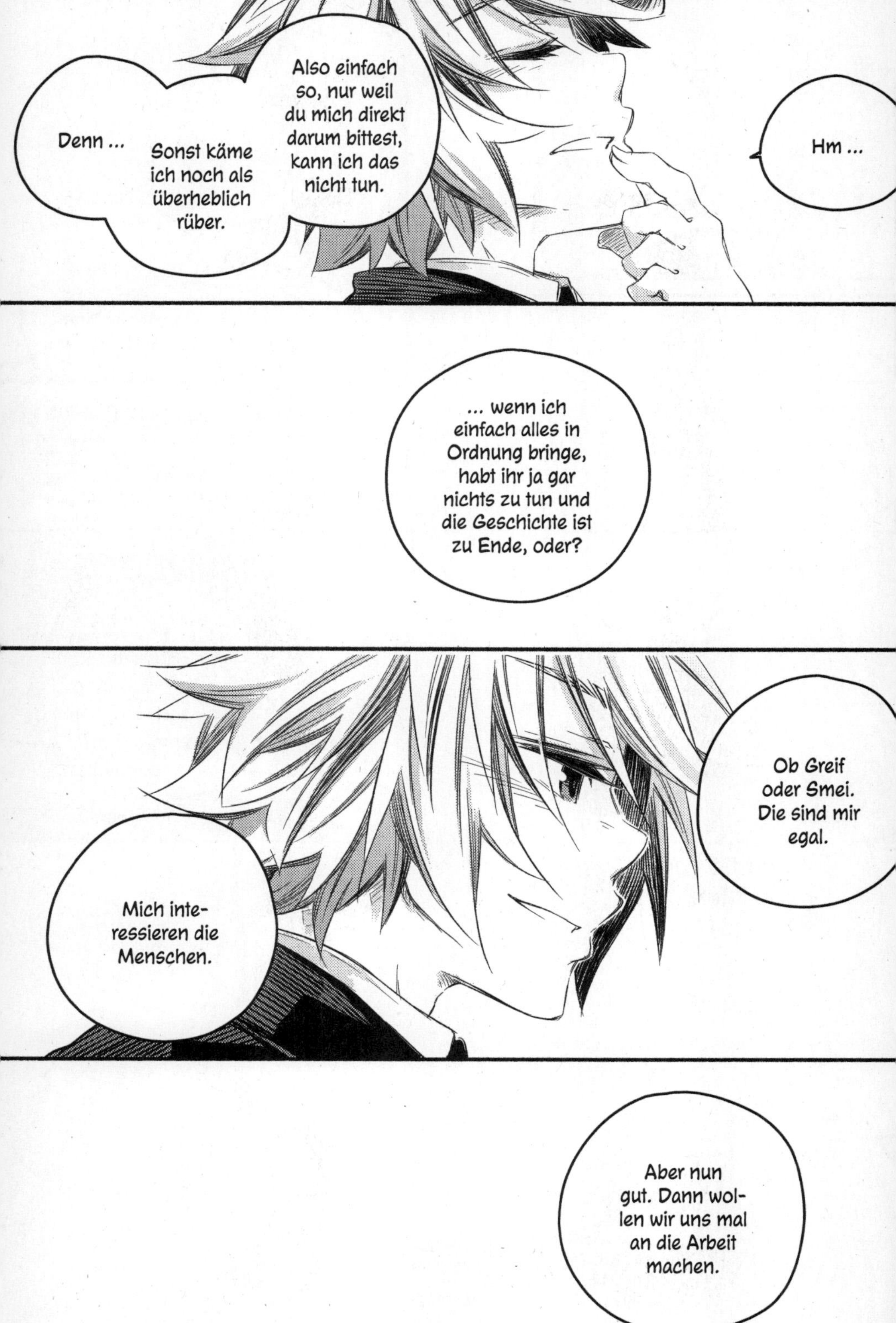
Hm ...
Also einfach so, nur weil du mich direkt darum bittest, kann ich das nicht tun.
Sonst käme ich noch als überheblich rüber.
Denn ...
... wenn ich einfach alles in Ordnung bringe, habt ihr ja gar nichts zu tun und die Geschichte ist zu Ende, oder?
Ob Greif oder Smei. Die sind mir egal.
Mich inte-ressieren die Menschen.
Aber nun gut. Dann wol-len wir uns mal an die Arbeit machen.

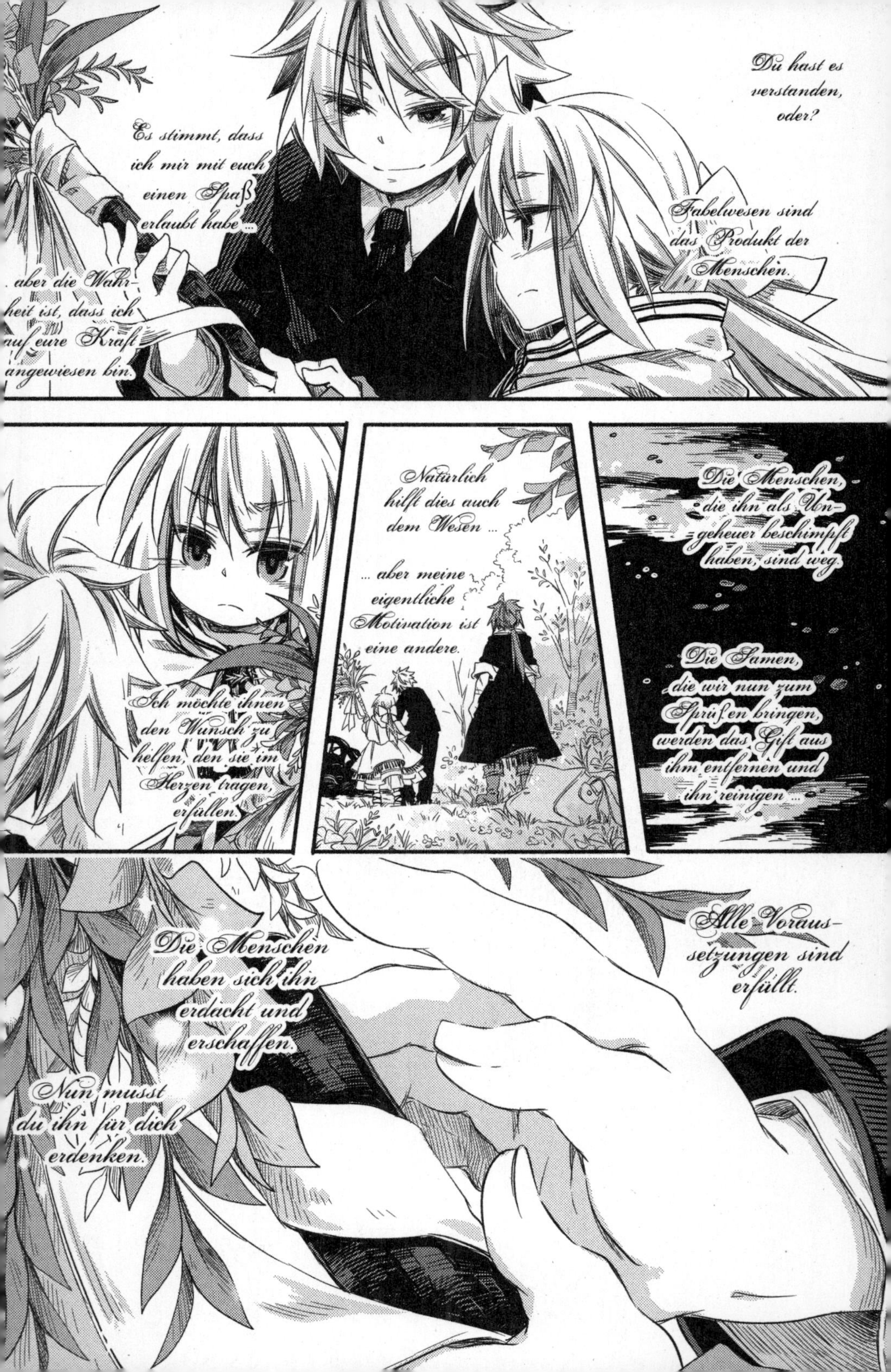
Du hast es verstanden, oder?
Fabelwesen sind das Produkt der Menschen.
Es stimmt, dass ich mir mit euch einen Spaß erlaubt habe ...
... aber die Wahrheit ist, dass ich auf eure Kraft angewiesen bin.
Die Menschen, die ihn als Ungeheuer beschimpft haben, sind weg.
Die Samen, die wir nun zum Sprießen bringen, werden das Gift aus ihm entfernen und ihn reinigen ...
Natürlich hilft dies auch dem Wesen ...
... aber meine eigentliche Motivation ist eine andere.
Ich möchte ihnen den Wunsch zu helfen, den sie im Herzen tragen, erfüllen.
Alle Voraussetzungen sind erfüllt.
Die Menschen haben sich ihn erdacht und erschaffen.
Nun musst du ihn für dich erdenken.

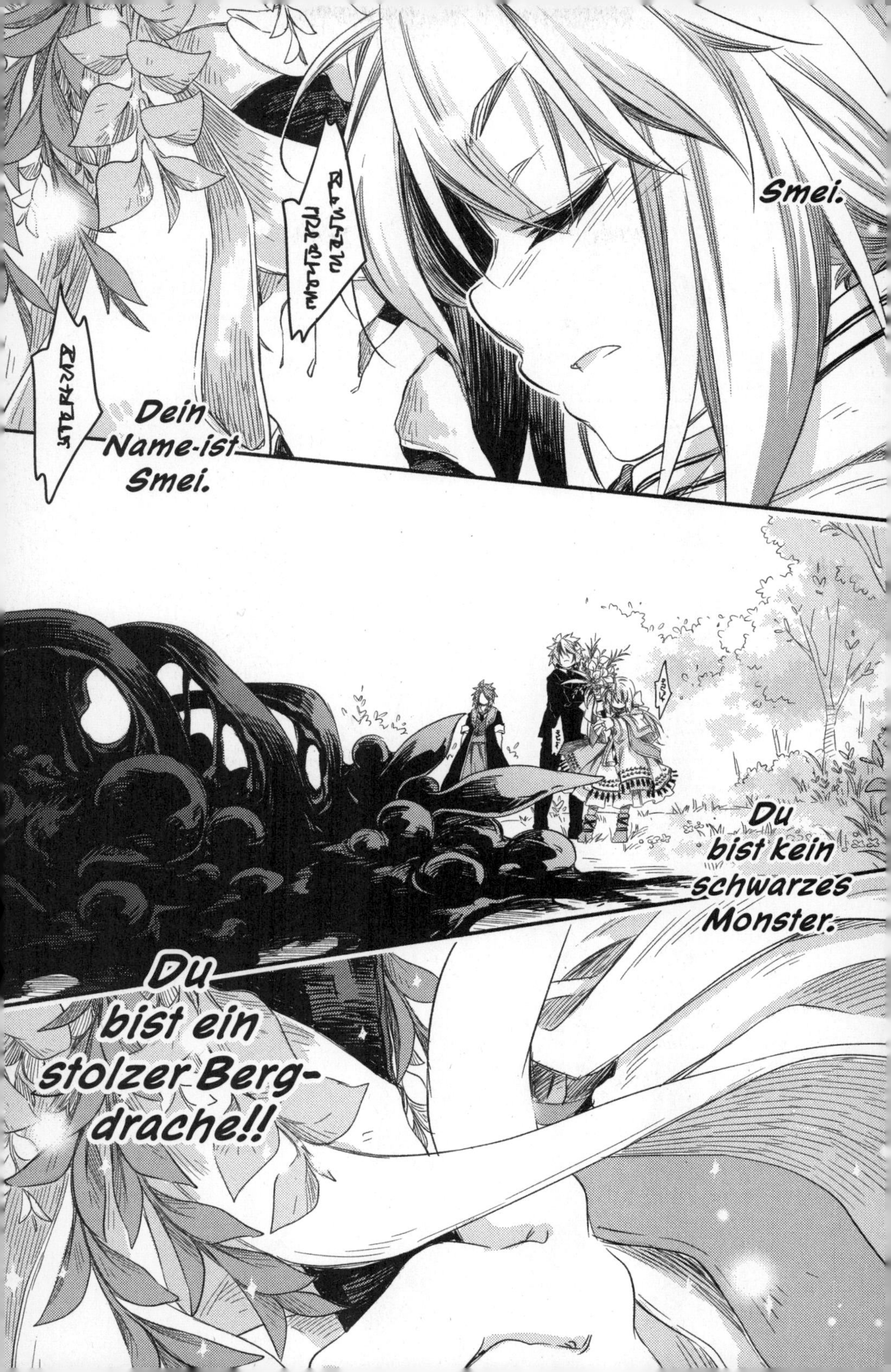
Smei.
Dein Name ist Smei.
Du bist kein schwarzes Monster.
Du bist ein stolzer Berg-drache!!

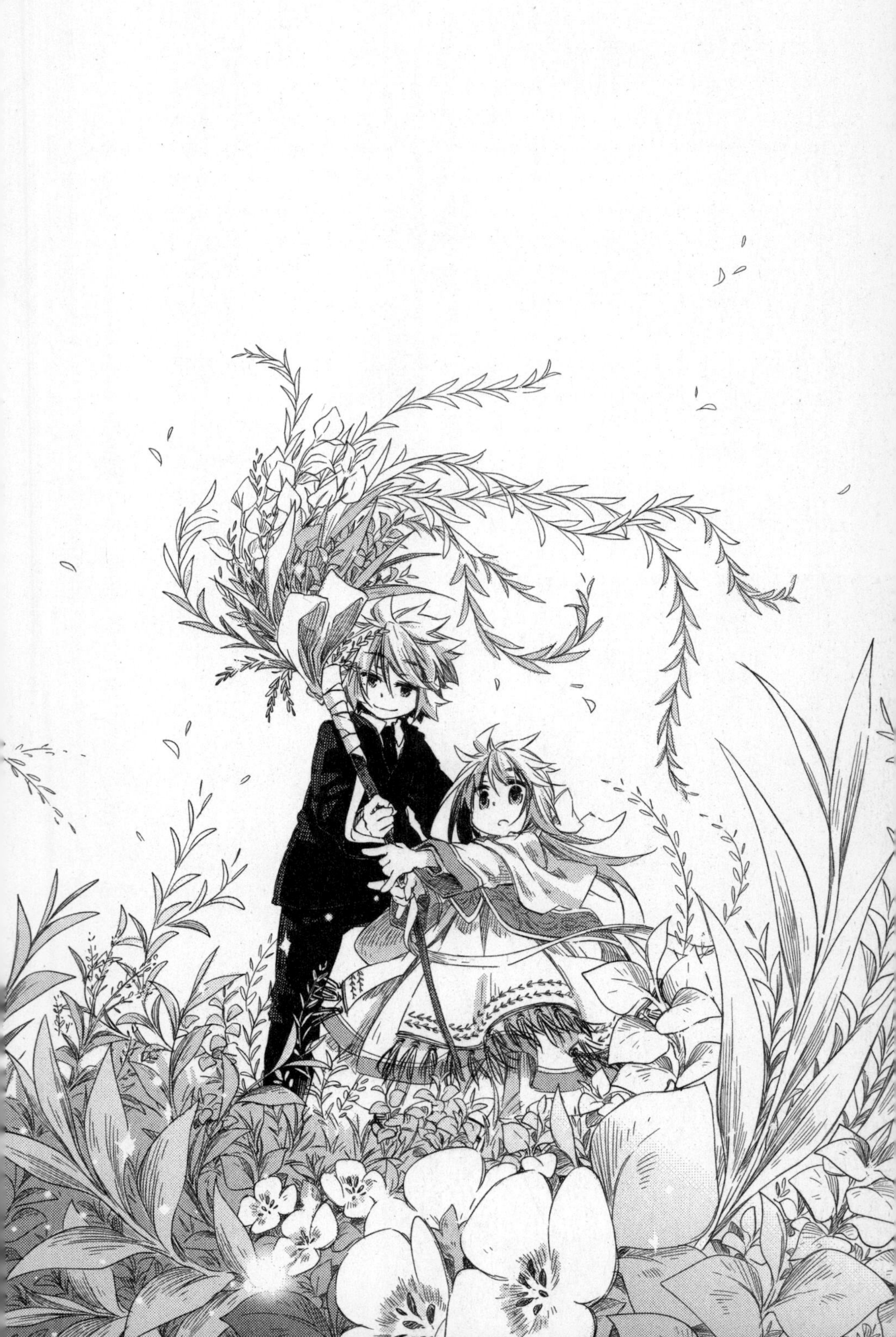

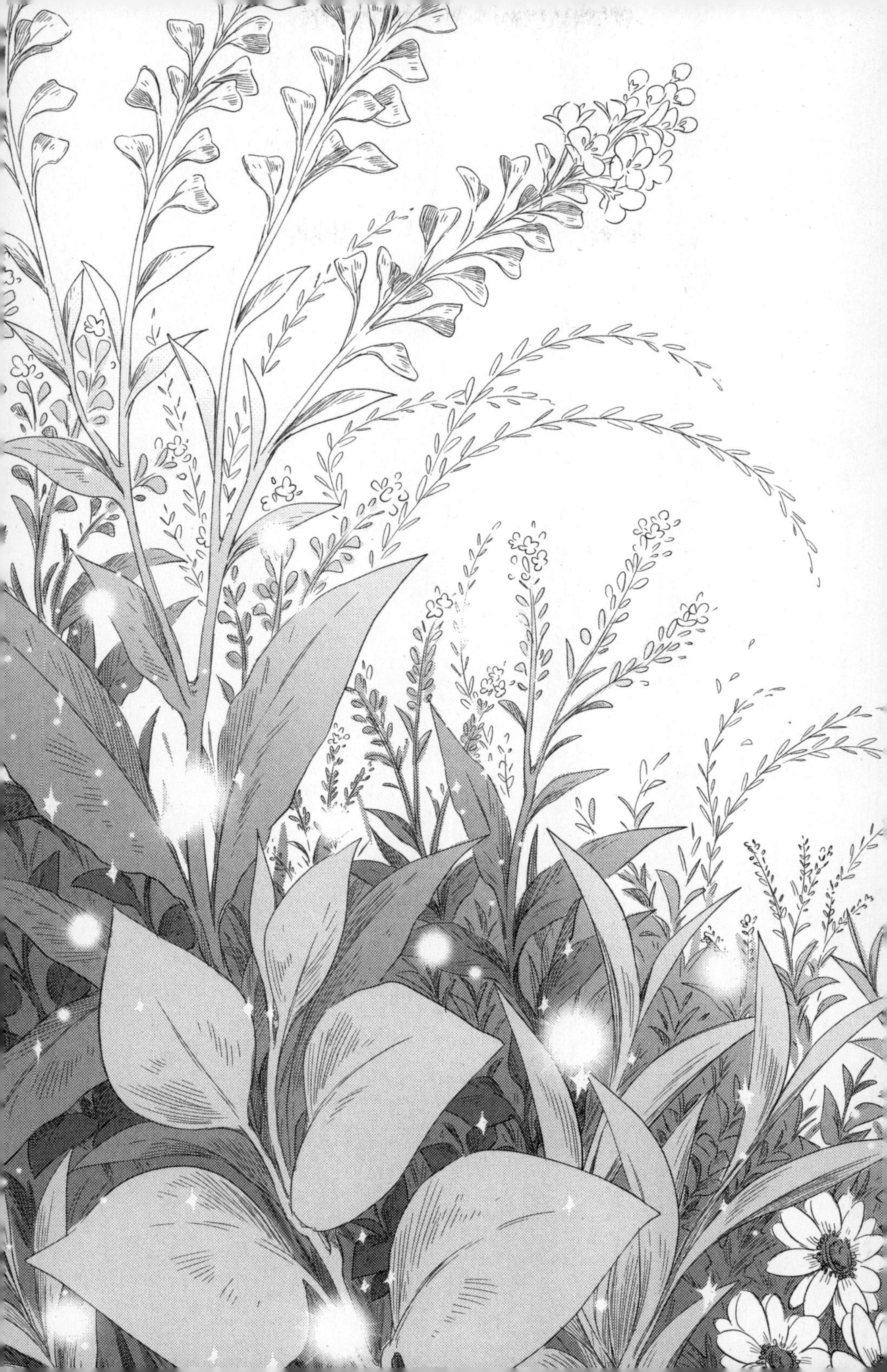

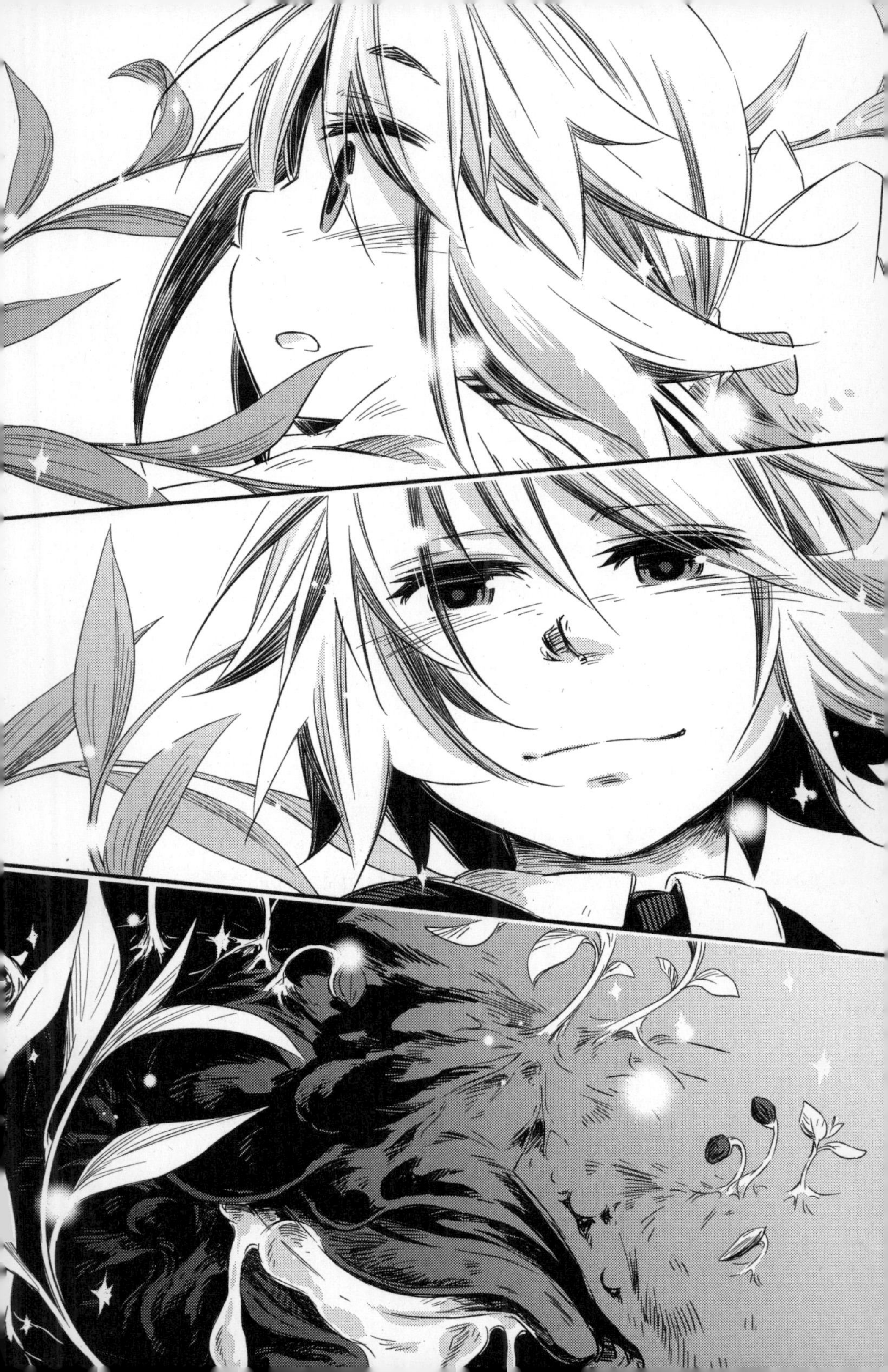

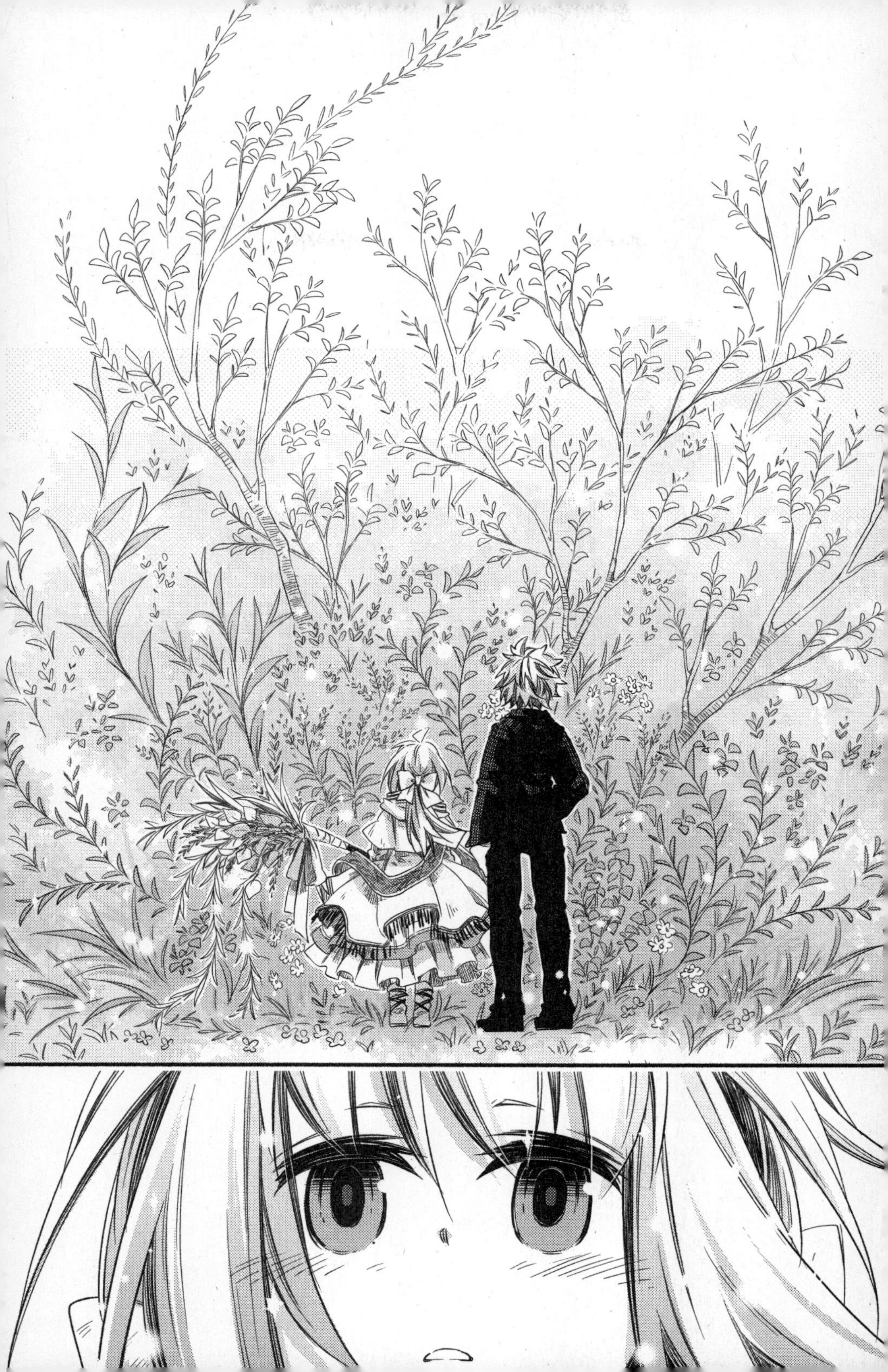

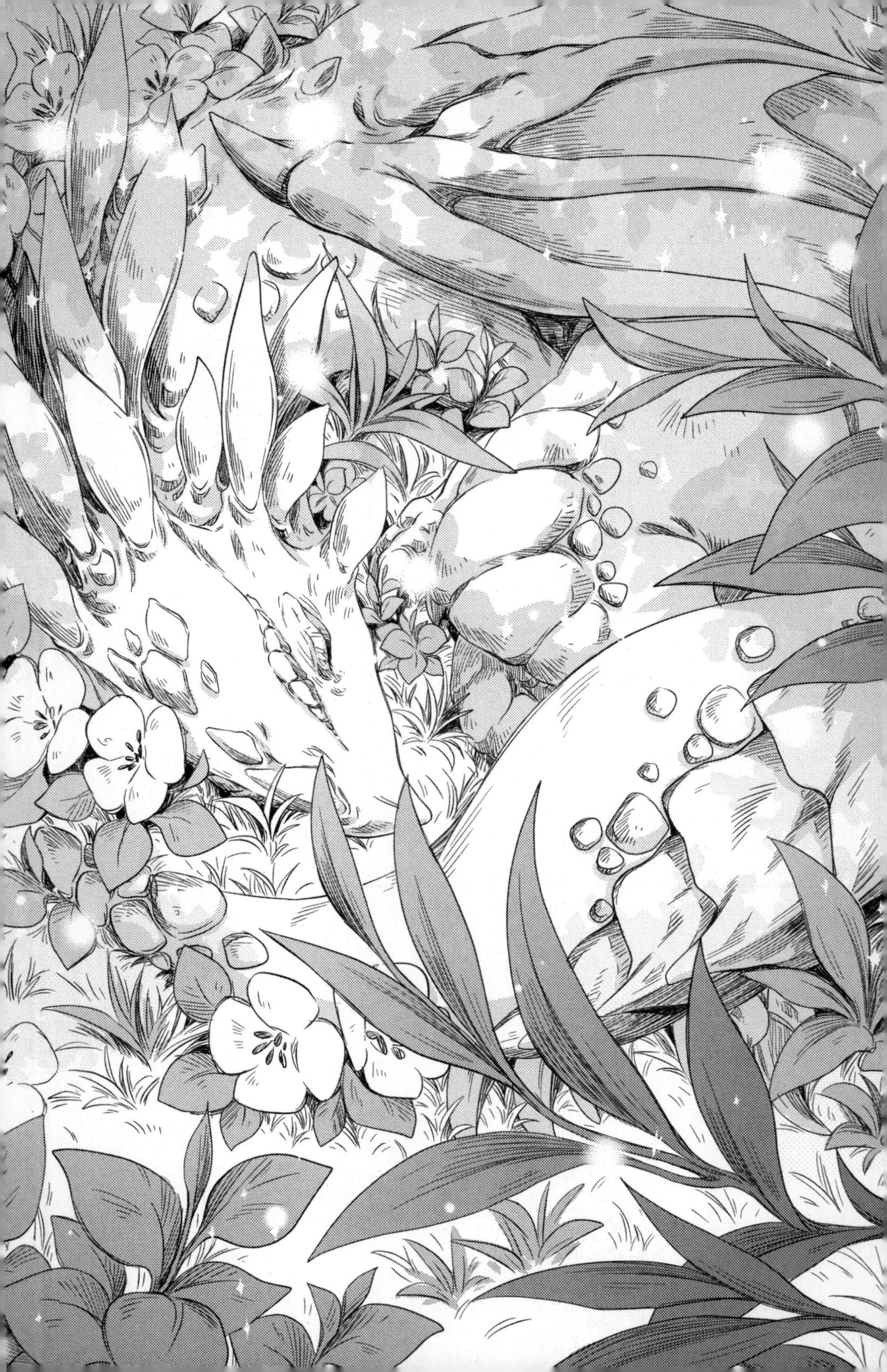

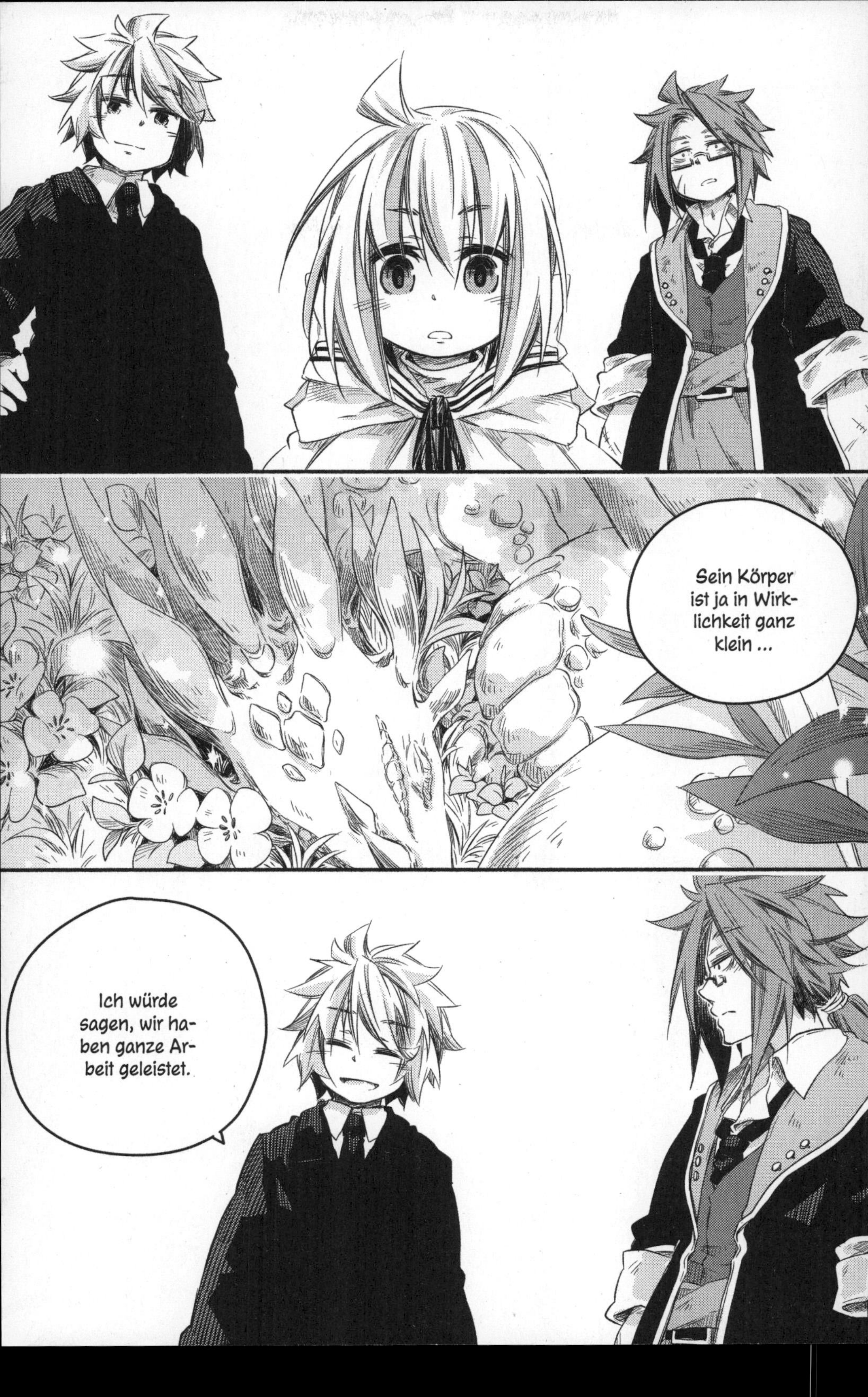
Sein Körper ist ja in Wirklichkeit ganz klein ...
Ich würde sagen, wir haben ganze Arbeit geleistet.

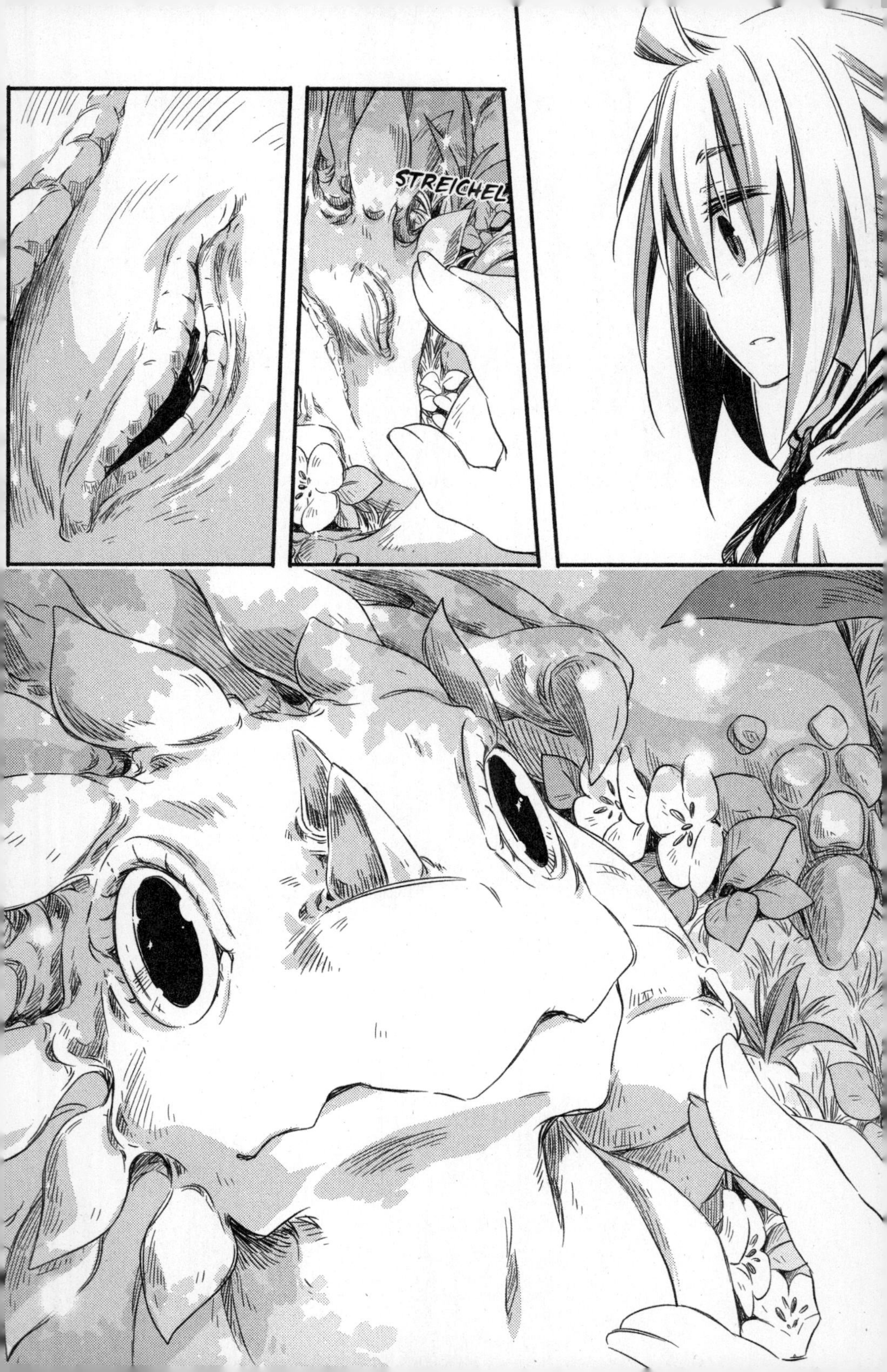
STREICHEL

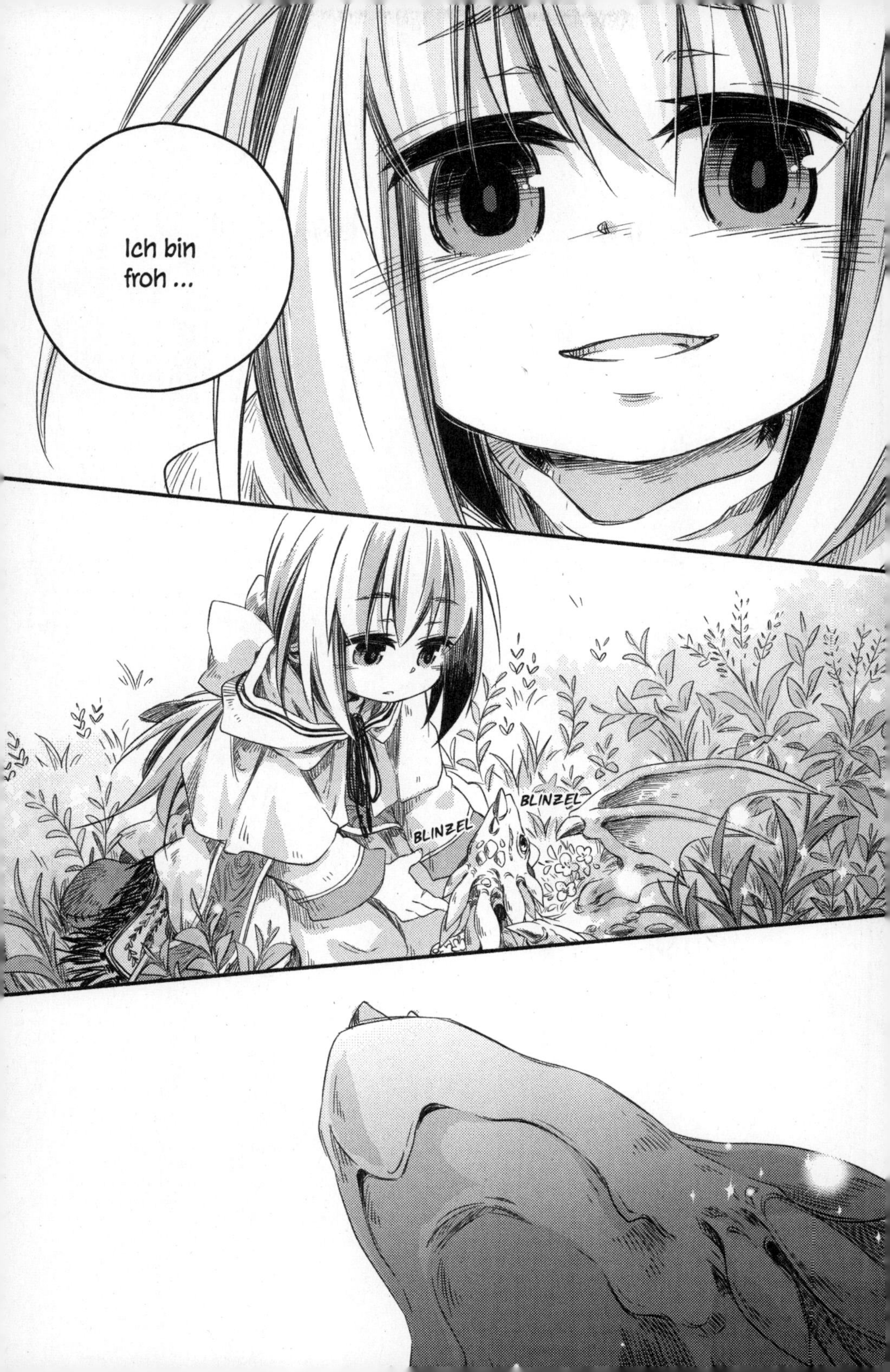
Ich bin froh ...
BLINZEL
BLINZEL

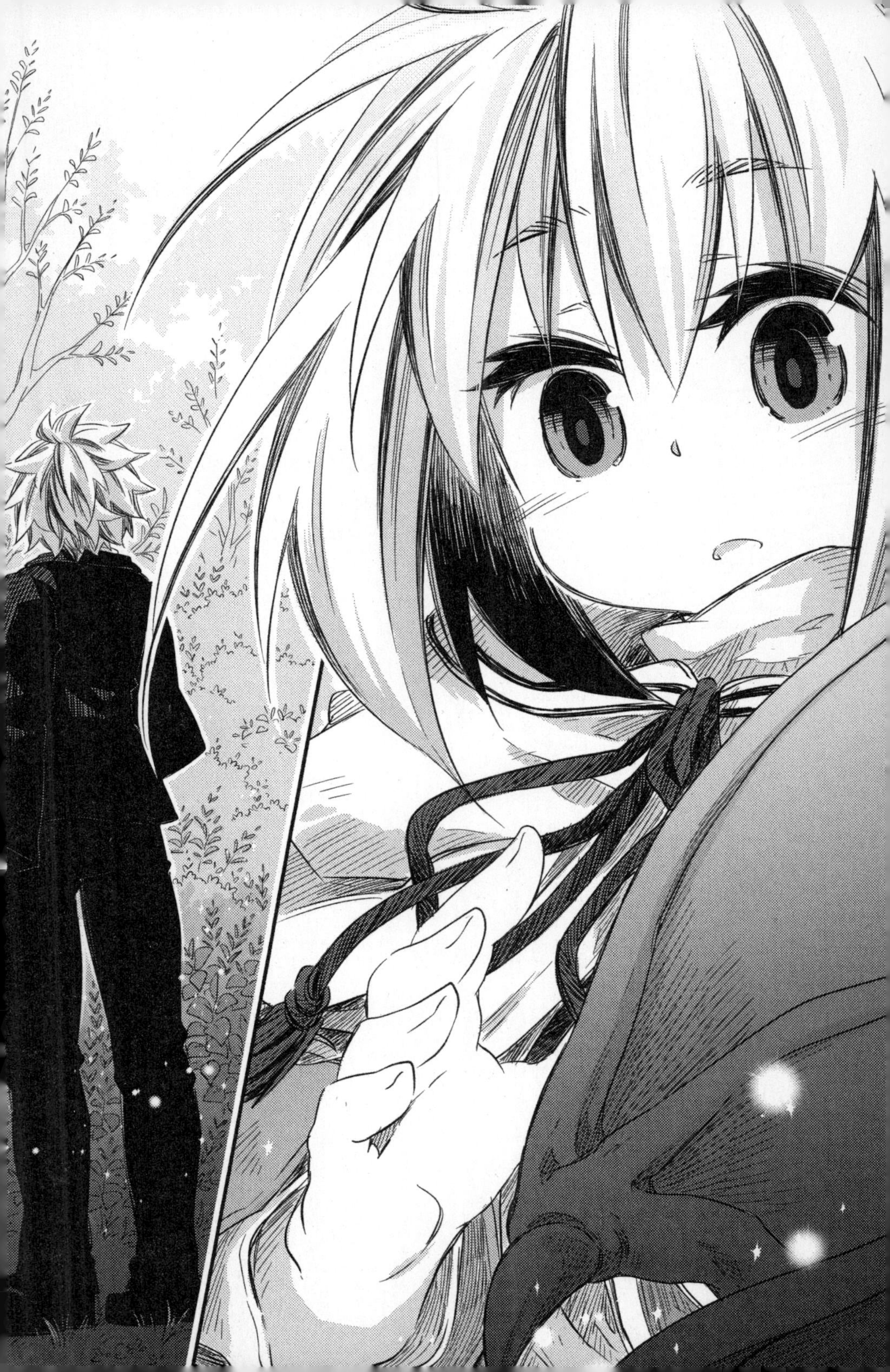

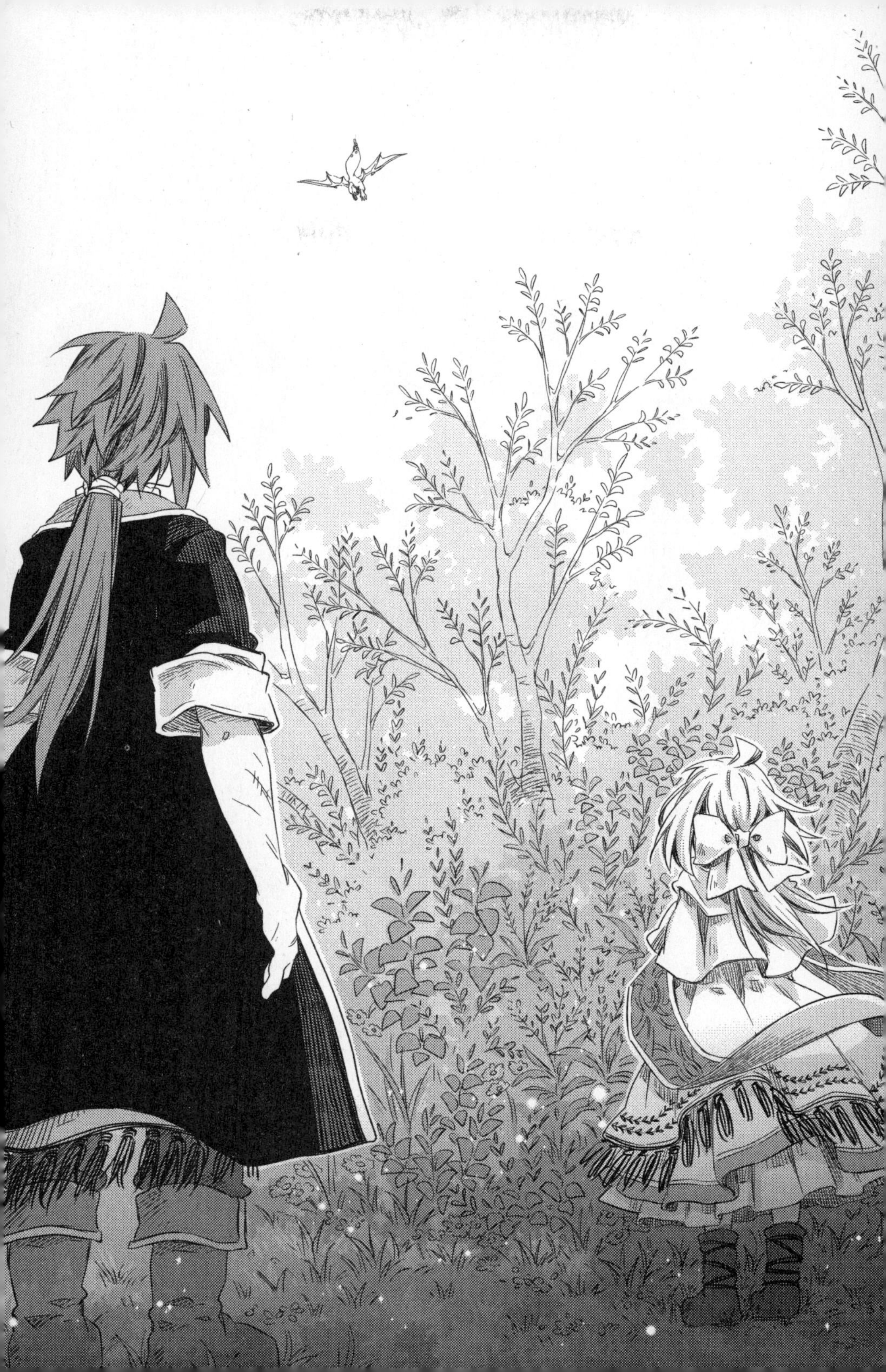

Er fliegt davon ...
Es verweilte nur einen Augenblick.
Immer ist es so.
Warum helft ihr überhaupt, wenn es euch nicht mal gedankt wird!
Man hilft nicht um des Dankes Willen, du Blödkopf.

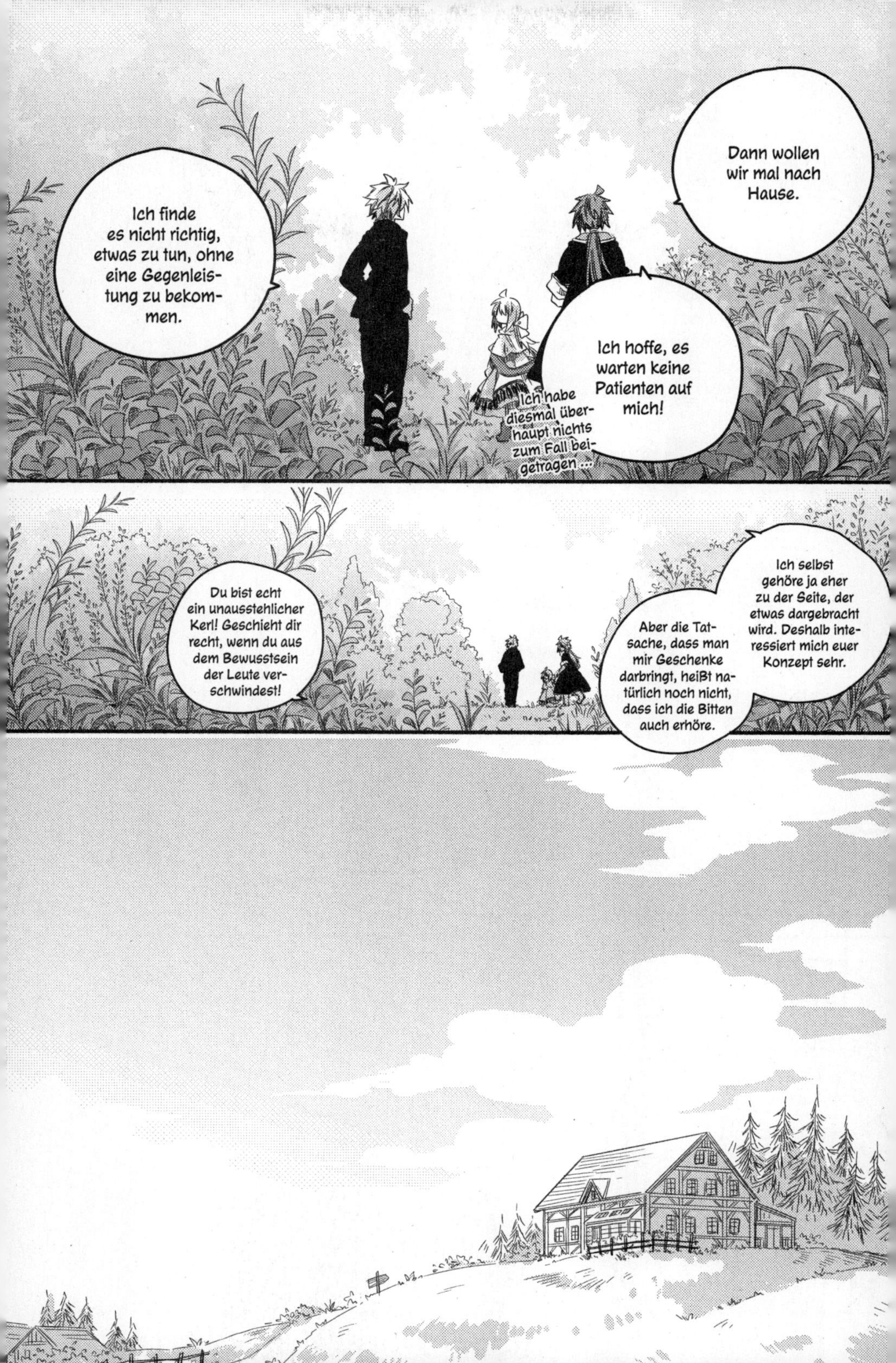
Dann wollen wir mal nach Hause.
Ich finde es nicht richtig, etwas zu tun, ohne eine Gegenleistung zu bekommen.
Ich hoffe, es warten keine Patienten auf mich!
Ich habe diesmal überhaupt nichts zum Fall beigetragen …
Ich selbst gehöre ja eher zu der Seite, der etwas dargebracht wird. Deshalb interessiert mich euer Konzept sehr.
Aber die Tatsache, dass man mir Geschenke darbringt, heißt natürlich noch nicht, dass ich die Bitten auch erhöre.
Du bist echt ein unausstehlicher Kerl! Geschieht dir recht, wenn du aus dem Bewusstsein der Leute verschwindest!

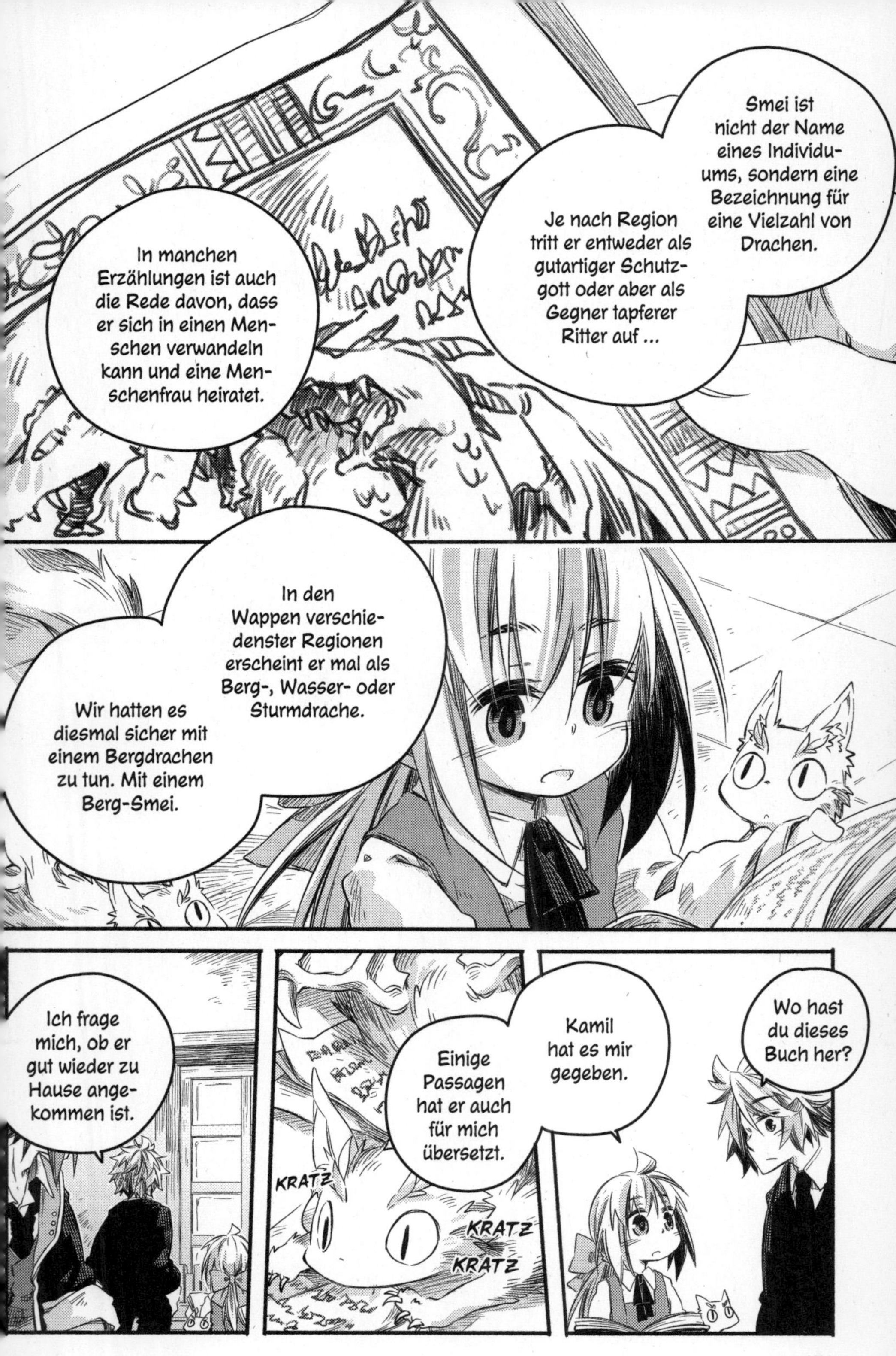
Smei ist nicht der Name eines Individuums, sondern eine Bezeichnung für eine Vielzahl von Drachen.
Je nach Region tritt er entweder als gutartiger Schutzgott oder aber als Gegner tapferer Ritter auf ...
In manchen Erzählungen ist auch die Rede davon, dass er sich in einen Menschen verwandeln kann und eine Menschenfrau heiratet.
In den Wappen verschiedenster Regionen erscheint er mal als Berg-, Wasser- oder Sturmdrache.
Wir hatten es diesmal sicher mit einem Bergdrachen zu tun. Mit einem Berg-Smei.
Wo hast du dieses Buch her?
Kamil hat es mir gegeben.
Einige Passagen hat er auch für mich übersetzt.
KRATZ
KRATZ
KRATZ
Ich frage mich, ob er gut wieder zu Hause angekommen ist.

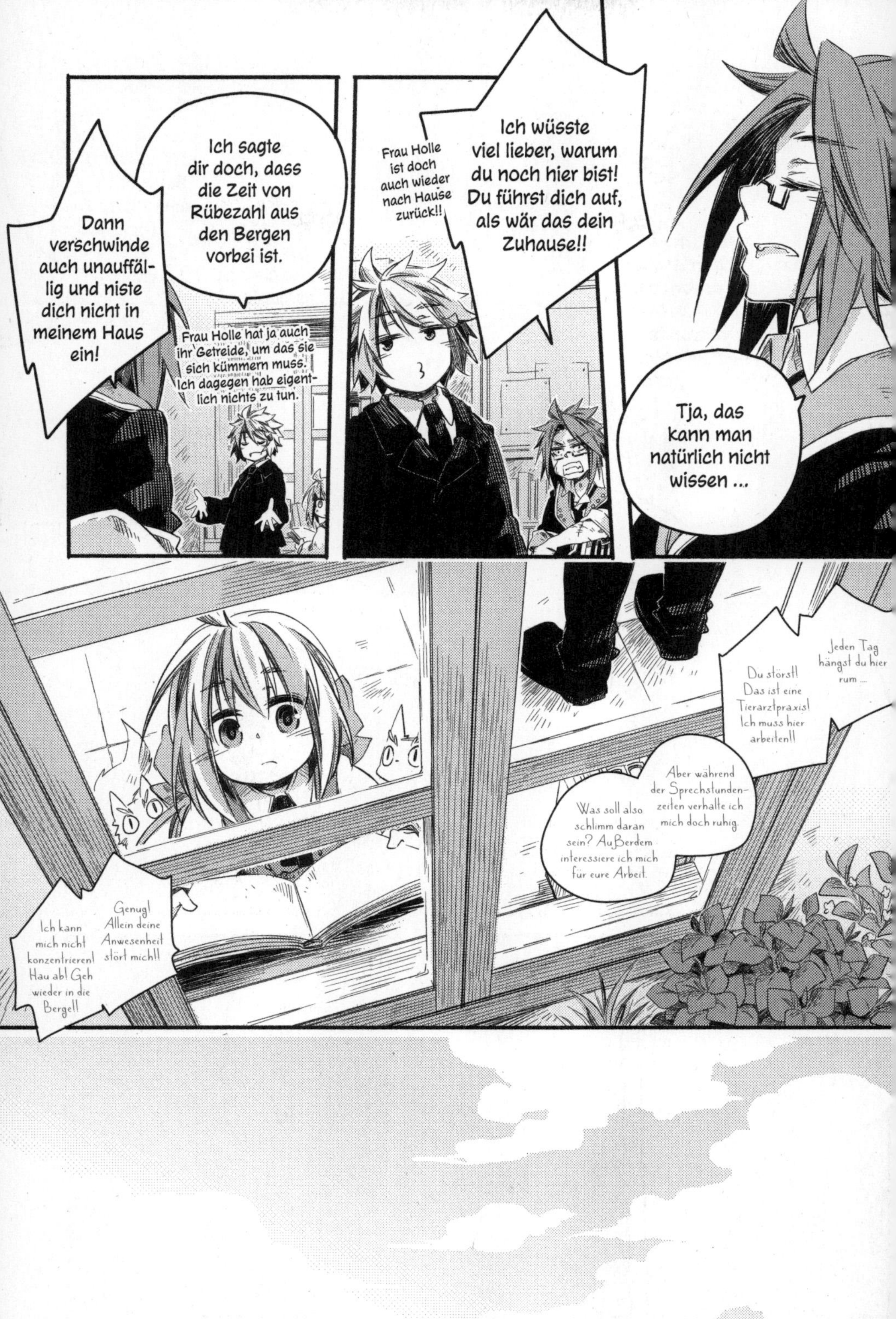
Ich wüsste viel lieber, warum du noch hier bist! Du führst dich auf, als wär das dein Zuhause!!
Frau Holle ist doch auch wieder nach Hause zurück!!
Ich sagte dir doch, dass die Zeit von Rübezahl aus den Bergen vorbei ist.
Frau Holle hat ja auch ihr Getreide, um das sie sich kümmern muss. Ich dagegen hab eigentlich nichts zu tun.
Dann verschwinde auch unauffällig und niste dich nicht in meinem Haus ein!
Tja, das kann man natürlich nicht wissen ...
Jeden Tag hängst du hier rum ...
Du störst! Das ist eine Tierarztpraxis! Ich muss hier arbeiten!!
Aber während der Sprechstundenzeiten verhalte ich mich doch ruhig.
Was soll also schlimm daran sein? Außerdem interessiere ich mich für eure Arbeit.
Genug! Allein deine Anwesenheit stört mich!!
Ich kann mich nicht konzentrieren! Hau ab! Geh wieder in die Berge!!

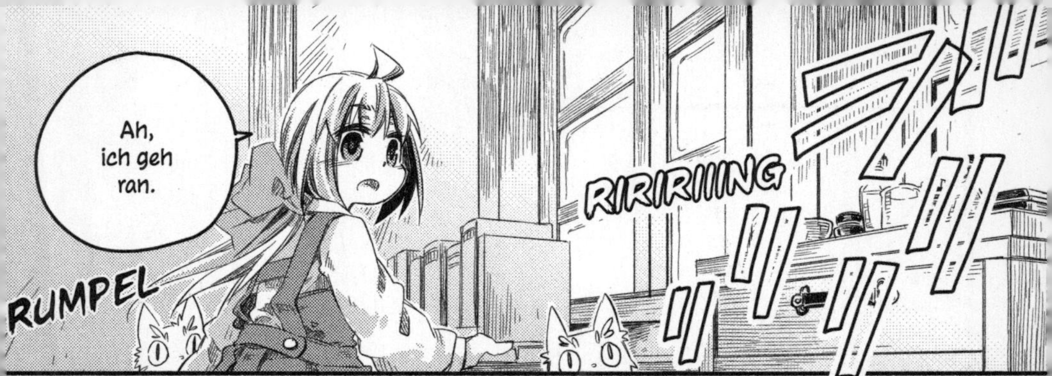

RIRIRIIING

Ah, ich geh ran.

RUMPEL

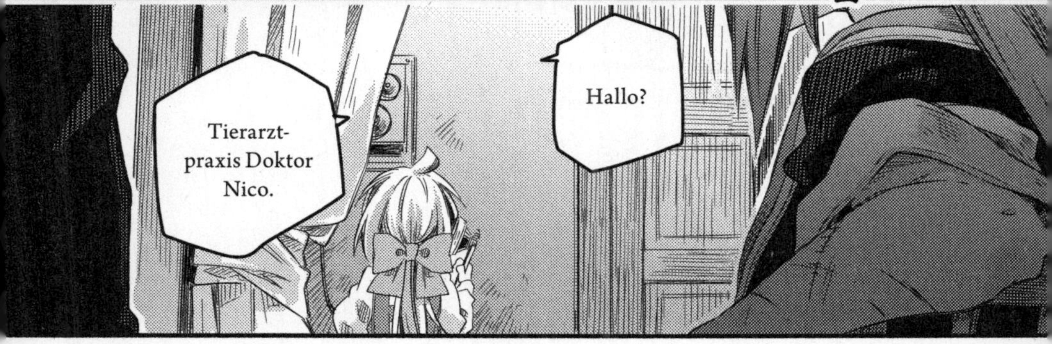

Hallo?

Tierarzt-praxis Doktor Nico.

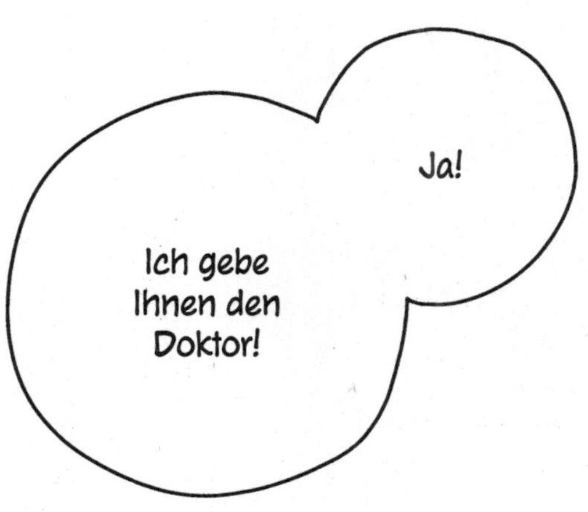

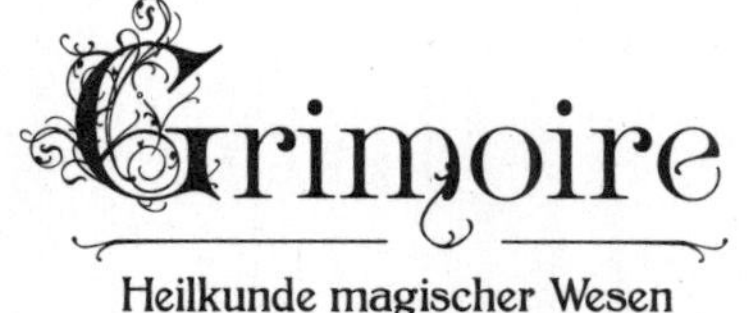

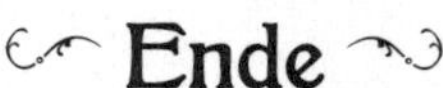

Ich hab ihn gesehen!!

Das ist das Werk Rübezahls!!

Er soll das Monster aus der Zeitung in Blumen verwandelt haben?

Ja, genau!!

Es sind auch Heilkräuter dabei. Kein Zweifel!!

RAUN

MURMEL

MURMEL

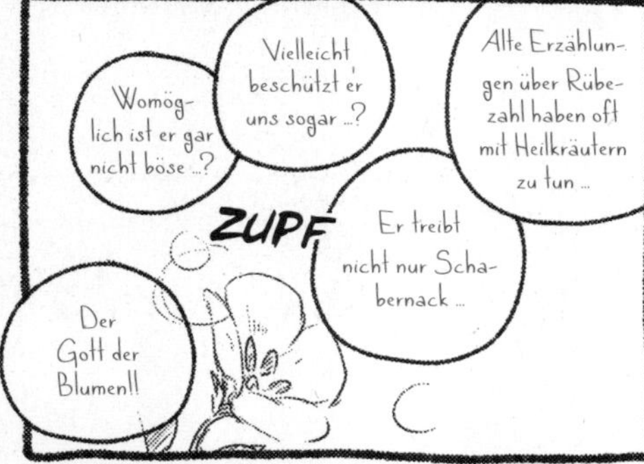

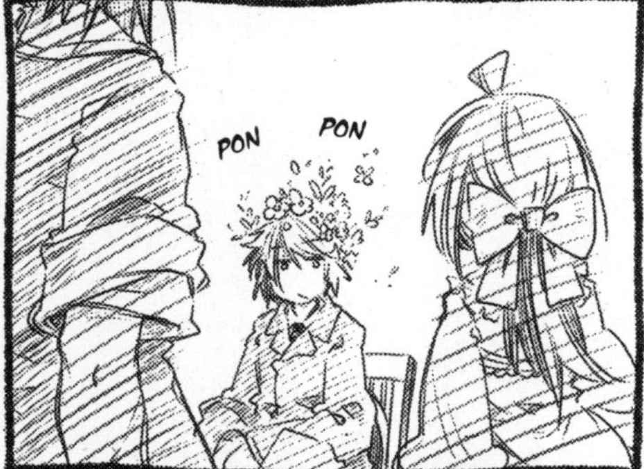

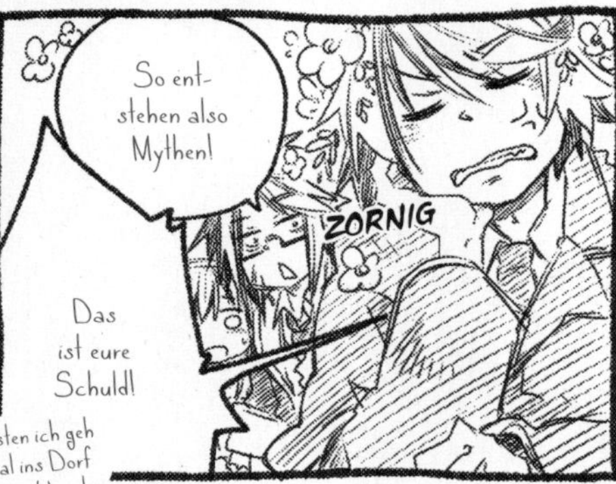

Vielen Dank an die Assistenten Yuki Asakura und Funahana Satoumi für die Unterstützung in den Kapiteln 24 und 25!!

Am besten ich geh nochmal ins Dorf zurück, um Unruhe zu stiften!!

Vielen Dank, dass ihr den Manga bis zum Ende gelesen habt!!

Es war recht schwierig, Material zu bekommen und manchmal wusste ich nicht weiter. Aber ich bin erleichtert, dass ich die Geschichte doch im Großen und Ganzen so schreiben konnte, wie ich sie geplant hatte.

Ich hoffe, wir sehen uns bei einem anderen Werk wieder!!

Remi Kaziya

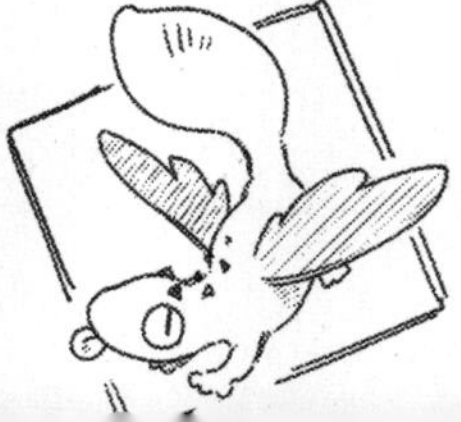

Auch diesmal hat sich in jedem Kapitel ein Pook versteckt!!! Viel Spaß beim Suchen!

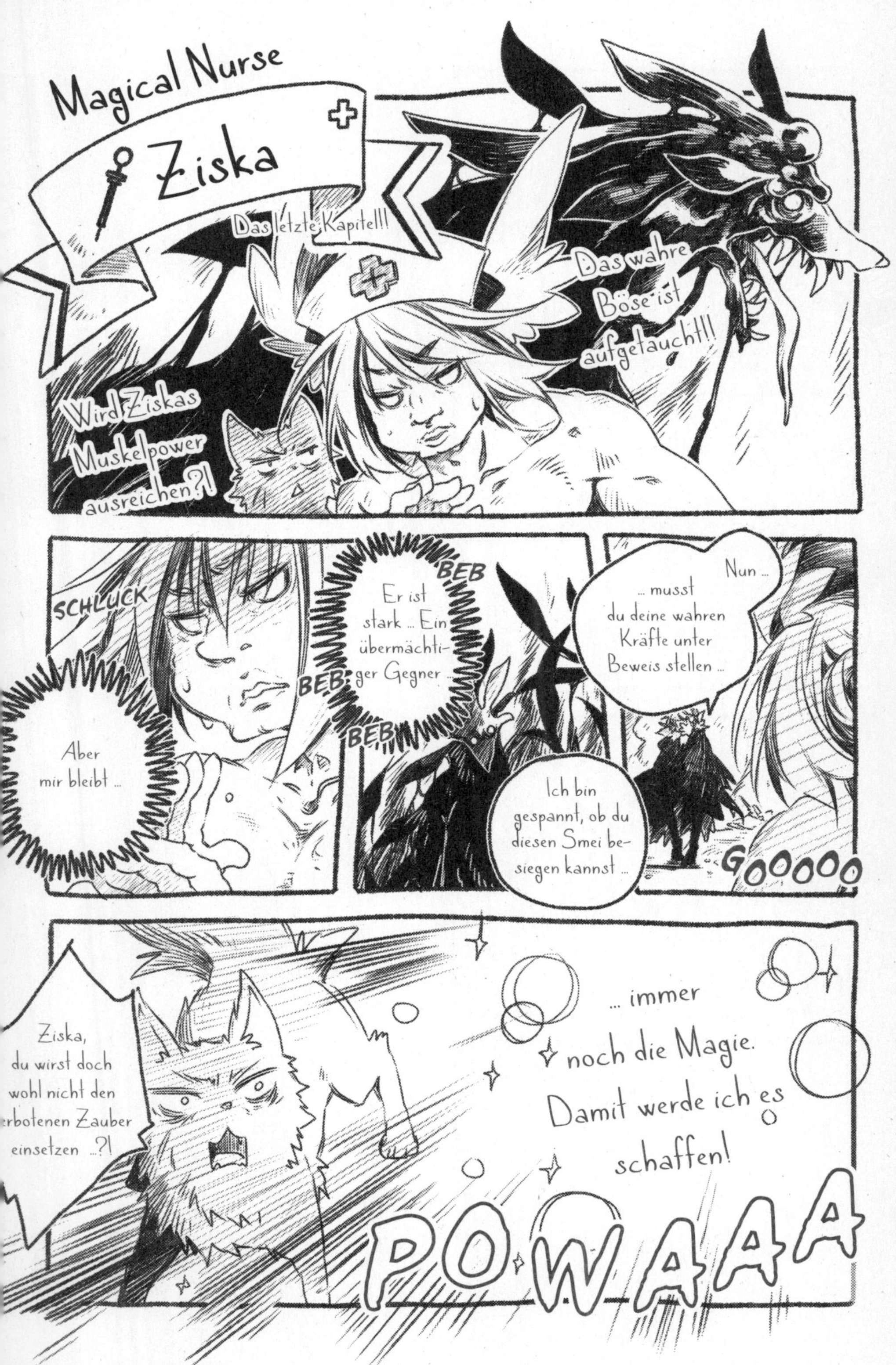
Magical Nurse
Ziska
Das letzte Kapitel!!
Das wahre Böse ist aufgetaucht!!
Wird Ziskas Muskelpower ausreichen?!
SCHLUCK
BEB
Er ist stark ... Ein übermächtiger Gegner ...
BEB
BEB
Aber mir bleibt ...
Nun ...
... musst du deine wahren Kräfte unter Beweis stellen ...
Ich bin gespannt, ob du diesen Smei besiegen kannst ...
GOOOOO
Ziska, du wirst doch wohl nicht den erbotenen Zauber einsetzen ...?!
... immer noch die Magie. Damit werde ich es schaffen!
POWAAA

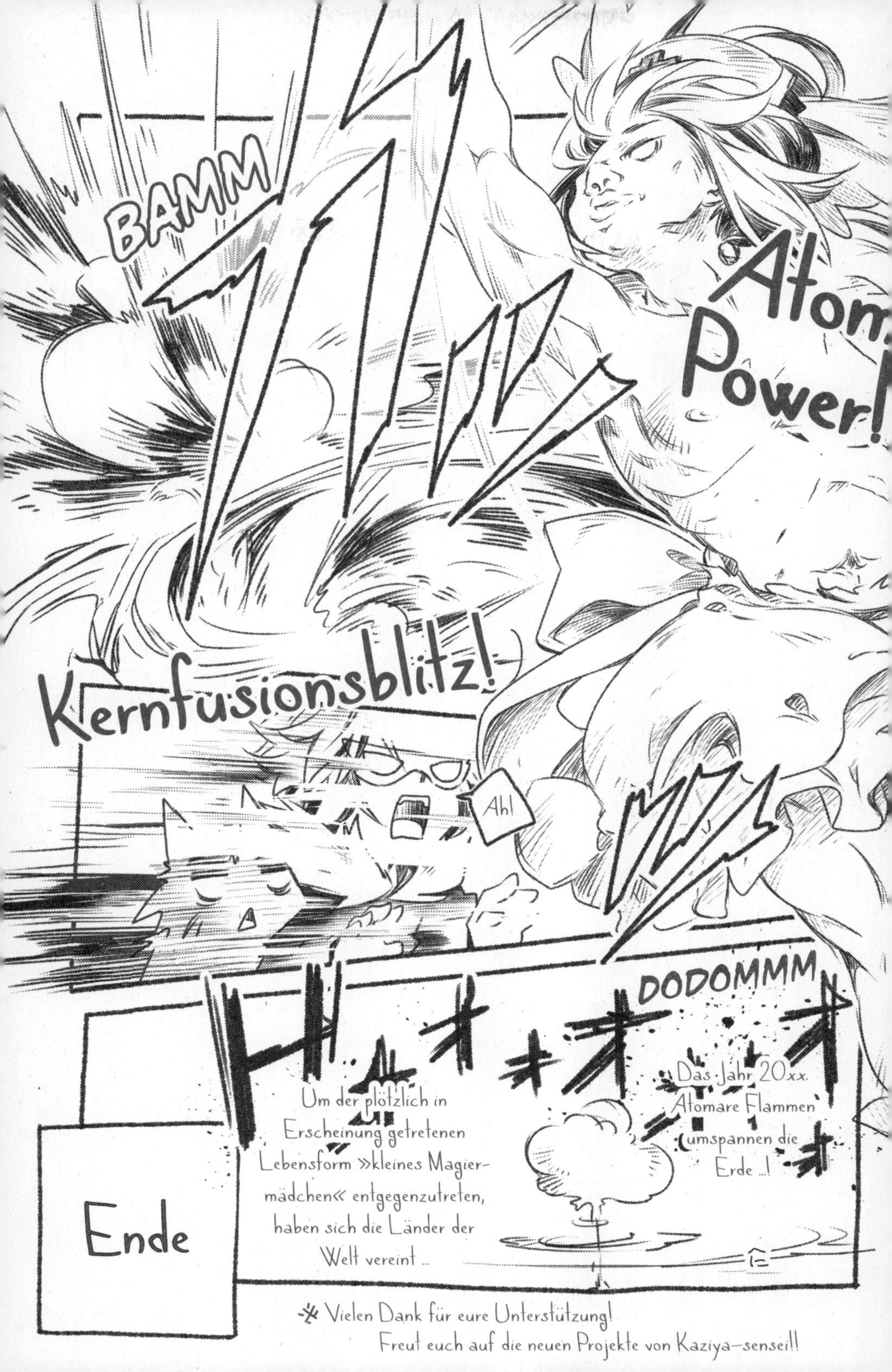
BAMM
Atom-Power!
Kernfusionsblitz!
Ah!
DODOMMM
Das Jahr 20xx. Atomare Flammen umspannen die Erde …!
Um der plötzlich in Erscheinung getretenen Lebensform »kleines Magiermädchen« entgegenzutreten, haben sich die Länder der Welt vereint …
Ende
※ Vielen Dank für eure Unterstützung! Freut euch auf die neuen Projekte von Kaziya-sensei!!

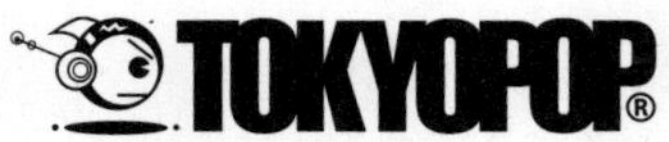

TOKYOPOP GmbH
Hamburg

TOKYOPOP
1. Auflage, 2021
Deutsche Ausgabe/German Edition

Aus dem Japanischen von Noreen Adolf

WATASHI TO SENSEI NO GENJYU SHINRYOUROKU volume 5

First published in Japan in 2020 by MAG Garden Corporation
German translation rights arranged with MAG Garden corporation
through Tuttle-Mori Agency, Inc, Tokyo

Redaktion: Aranka Schindler
Lettering: Vibrant Publishing Studio
Herstellung: Alina Kronenberg
Druck und buchbinderische Verarbeitung:
CPI–Clausen & Bosse GmbH, Leck
Printed in Germany

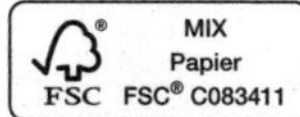

Wir achten auf die Umwelt.
Dieses Produkt besteht aus FSC®-zertifizierten
und anderen kontrollierten Materialien.

ISBN 978-3-8420-6916-9

www.tokyopop.de

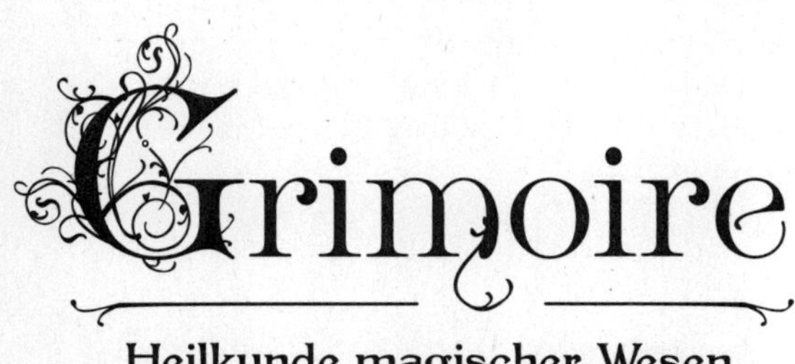
Grimoire
Heilkunde magischer Wesen

KURO

Somato

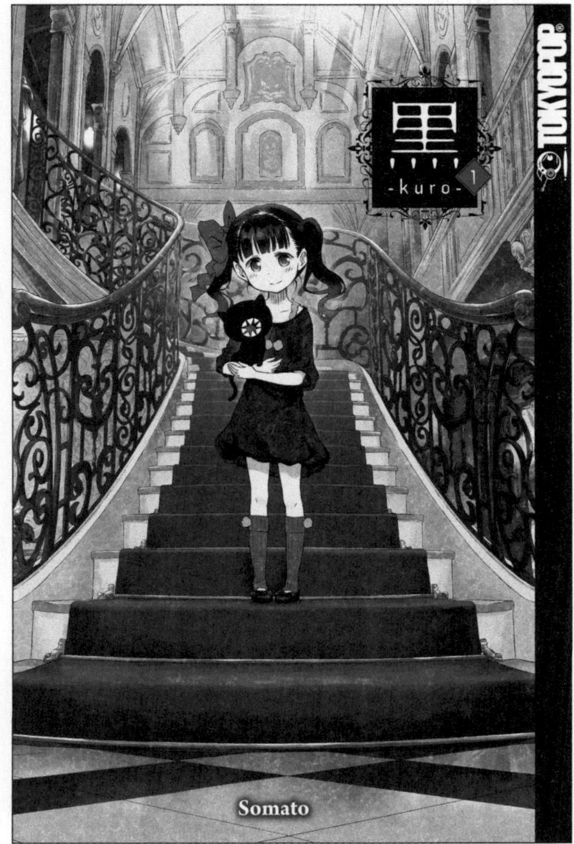

Kleiner schwarzer Kater!

Das kleine Mädchen Coco und ihr Kater Kuro genießen gemeinsam ihren wundersamen Alltag in einer Stadt, in der niemand die Straßen verlassen darf. Warum, weiß Coco nicht, denn im Gegensatz zu allen anderen kann sie die Monster in ihrer Umgebung nicht sehen. Und so hat Kuro alle Pfoten voll zu tun, Coco auf seine ganz eigene mysteriöse Art die Störenfriede vom Hals zu halten ...

RELIFE

YayoiSo

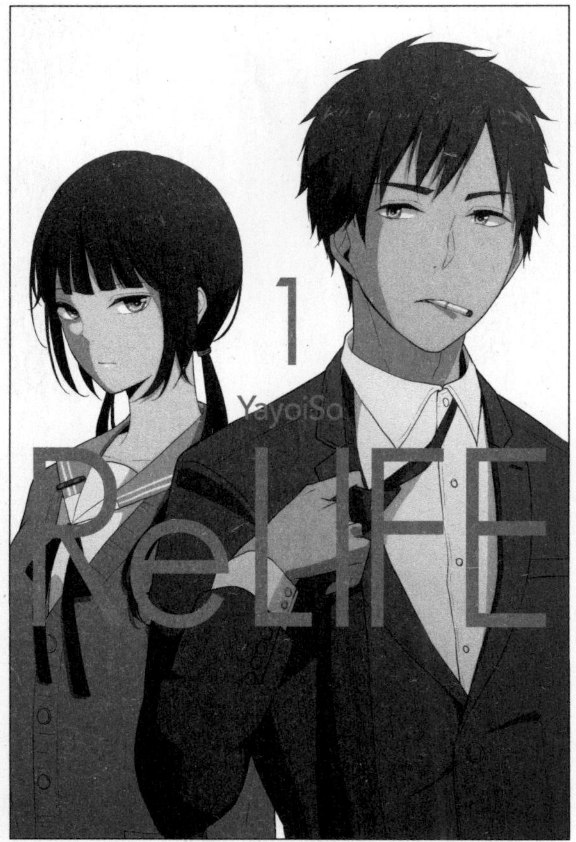

Das Experiment beginnt!

Für den 27 Jahre alten Arata Kaizaki sieht die Welt nicht gerade rosig aus: Nach nur drei Monaten kündigt er seinen ersten Job, seine Eltern streichen ihm daraufhin die finanzielle Unterstützung und eine Freundin hat er auch nicht in Aussicht. Da steht auf einmal Ryo Yoake vom ReLIFE-Forschungsinstitut vor ihm und lädt ihn ein, an einem kuriosen Rehabilitierungsprogramm teilzunehmen. Er übergibt ihm eine Kapsel, die ihn angeblich verjüngen soll. Da Arata nichts zu verlieren hat, schluckt er sie und erwacht am nächsten Morgen als 17-jähriger Highschool-Schüler!

DEAD DEAD DEMON'S DEDEDEDE DESTRUCTION

Inio Asano

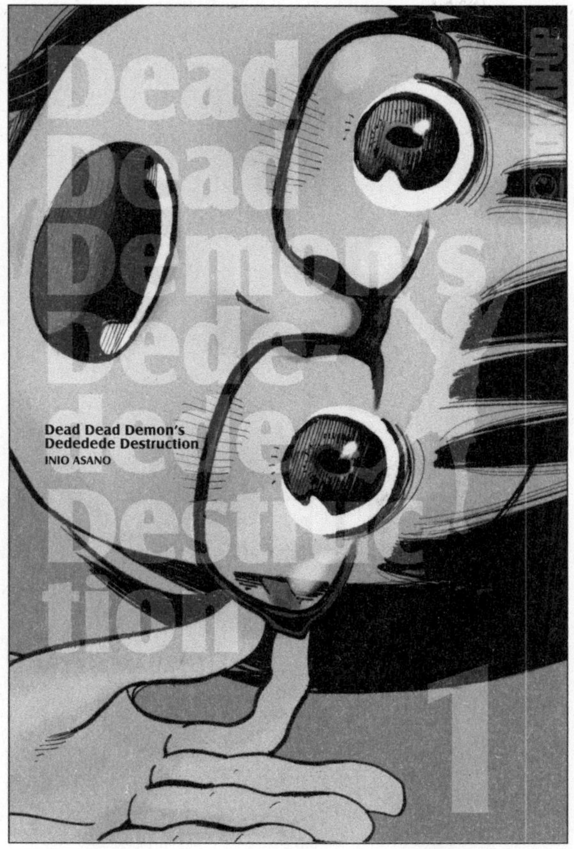

3, 2, 1 ... Zerstööörung!

Die Welt spielt verrückt: Riesige Raumschiffe sind am Himmel erschienen und schweben einfach über den Köpfen der Menschen. Sie töteten wahllos, doch seit geraumer Zeit tut sich nichts mehr. Manchmal verirrt sich ein Mini-Ufo auf die Erde, aber Schaden richtet es nicht gerade an. Kadode und On-tan finden ihre ganz eigenen Methoden, um mit dieser merkwürdigen »Bedrohung« umzugehen. Verändert hat sich allerdings nicht viel und man geht weiter zur Schule, trifft sich und hat Spaß ... Nur für wie lange?

THE RISING OF THE SHIELD HERO

Kyu Aiya / Yusagi Aneko / Seira Minami

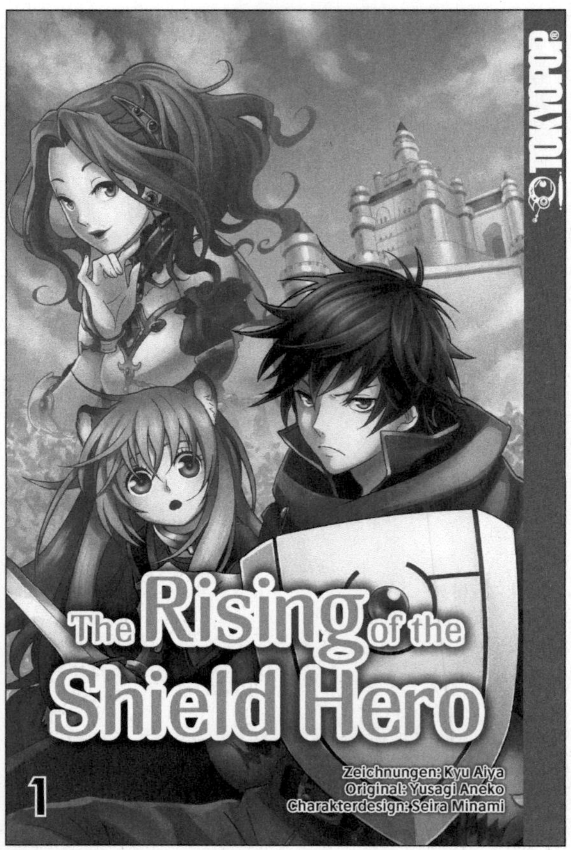

Held der Verteidigung

Der Nerd Naofumi soll die unbekannte Fantasy-Welt, in die er beschworen wurde, vor dem Untergang bewahren. Doch als unbeliebter, weil auf Verteidigung spezialisierter, »Held des Schildes« muss er seine Tauglichkeit erst einmal unter Beweis stellen und der Verachtung seiner Mitstreiter und Schutzbefohlenen mutig entgegentreten!

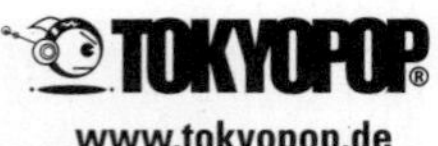

www.tokyopop.de

THE LEGEND OF ZELDA
TWILIGHT PRINCESS

Akira Himekawa

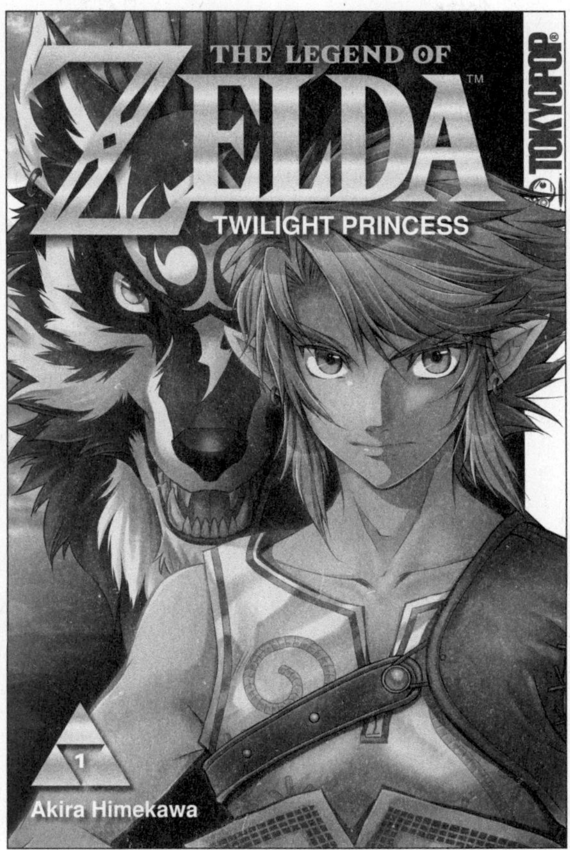

Der Manga zum Nintendo-Spiele-Hit!

Ruhig und friedlich verläuft der Alltag in dem kleinen Dorf Ordon in Hyrule. Link lebt hier als Ziegenhirte und ist bei allen sehr beliebt. Keiner der Dorfbewohner weiß um sein dunkles Geheimnis: Link war einst ein Schwertkämpfer, doch er hat sich geschworen, nie wieder eine Waffe anzufassen. Doch dann erheben sich die dunklen Schatten der Finsternis gegen Hyrule und Link muss eine folgenschwere Entscheidung treffen ...

SHAMAN KING

Hiroyuki Takei

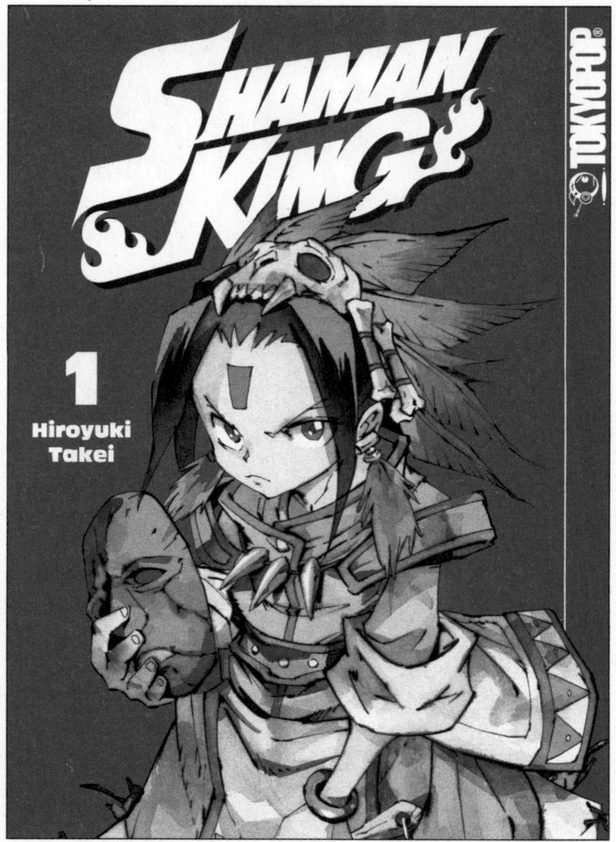

Der Shonen-Klassiker als 2in1-Reedition!

Um das Gleichgewicht zwischen Leben und Tod zu bewahren, findet alle 500 Jahre ein Turnier statt, das den König der Schamanen bestimmt. Für Yo Asakura ist die Sache klar: Er wird diesen Wettkampf mithilfe seines Schutzgeists Amidamaru gewinnen! Doch das ist gar nicht so einfach, denn neben all den anderen starken Schamanen ist es vor allem sein Zwillingsbruder Hao, der ihm Steine in den Weg legt ...

KONOSUBA! GOD'S BLESSING ON THIS WONDERFUL WORLD!

Masahito Watari / Natsume Akatsuki / Kurone Mishima

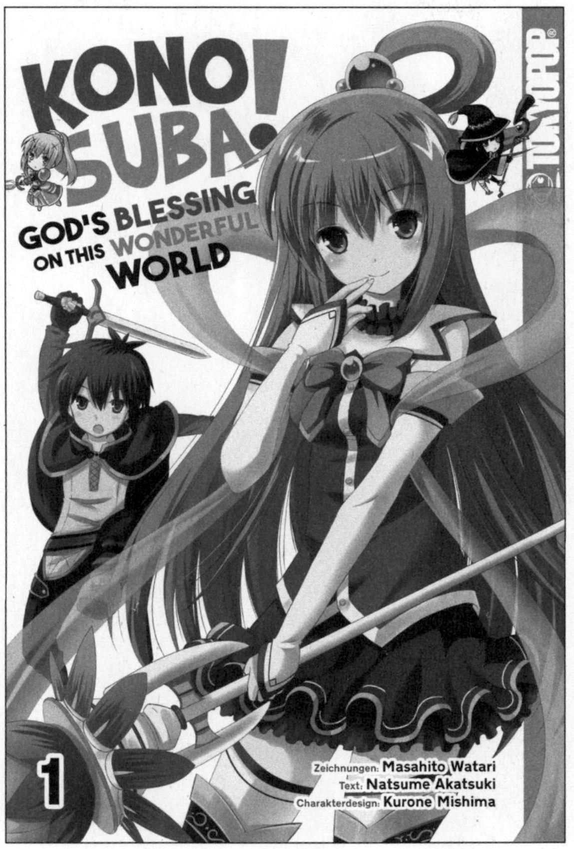

Schöne neue Welt? Von wegen!

Beim Versuch, ein junges Mädchen zu retten, stirbt der Nerd Kazuma vor lauter Schreck an einem Herzinfarkt. Zu allem Übel lacht ihn im Jenseits die arrogante Göttin Aqua für seinen peinlichen Tod auch noch aus. Weil er immerhin versucht hat, Gutes zu tun, darf sich Kazuma in einer Welt, die ihn sehr an seine Lieblingsgames erinnert, erneut behaupten und sogar ein Objekt seiner Wahl mitnehmen. Kurzerhand schnappt er sich die freche Göttin, die nun mit ihm gemeinsam den Dämonenkönig besiegen soll. Doch kann das den beiden Streithähnen überhaupt gelingen, wenn sie es noch nicht einmal schaffen, eine warme Mahlzeit aufzutreiben?

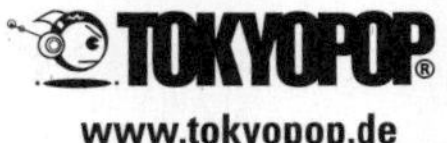

www.tokyopop.de

YONA – PRINZESSIN DER MORGENDÄMMERUNG

Mizuho Kusanagi

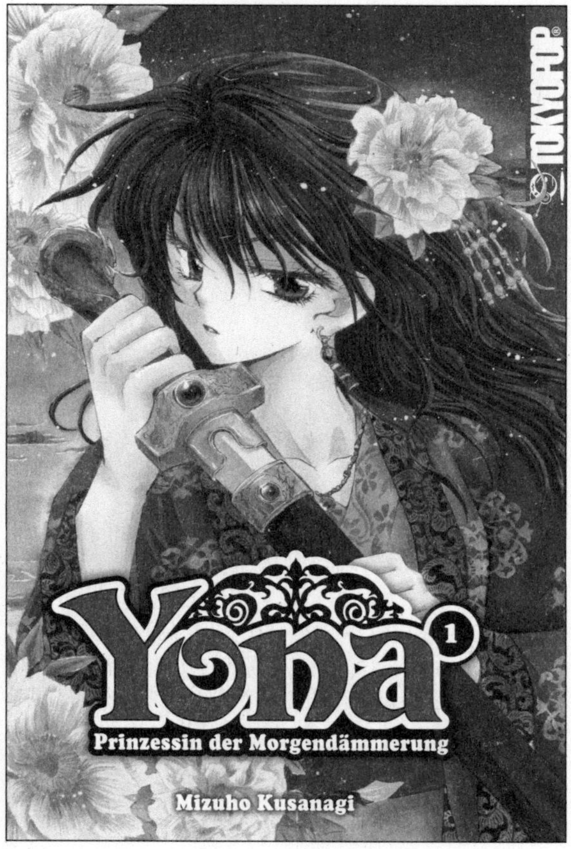

Episches Abenteuer einer tapferen Heldin

Yona ist die Prinzessin des Königreichs Koka. Als ihr Vater König Il eines Nachts von ihrem Cousin Su-won ermordet wird, flieht sie mit ihrem Leibwächter Hak aus dem Palast, bevor die Soldaten Su-wons sie ergreifen können. Doch mit dem Leben außerhalb ihres Schlosses ist Yona bisher nicht vertraut. Und auch dort scheint die Gefahr beinahe überall zu lauern ...

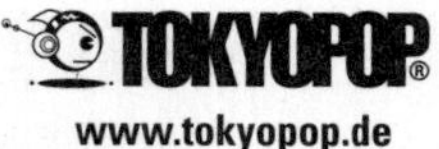

www.tokyopop.de

AME & YUKI
DIE WOLFSKINDER

Hosoda / Yu / Sadamoto

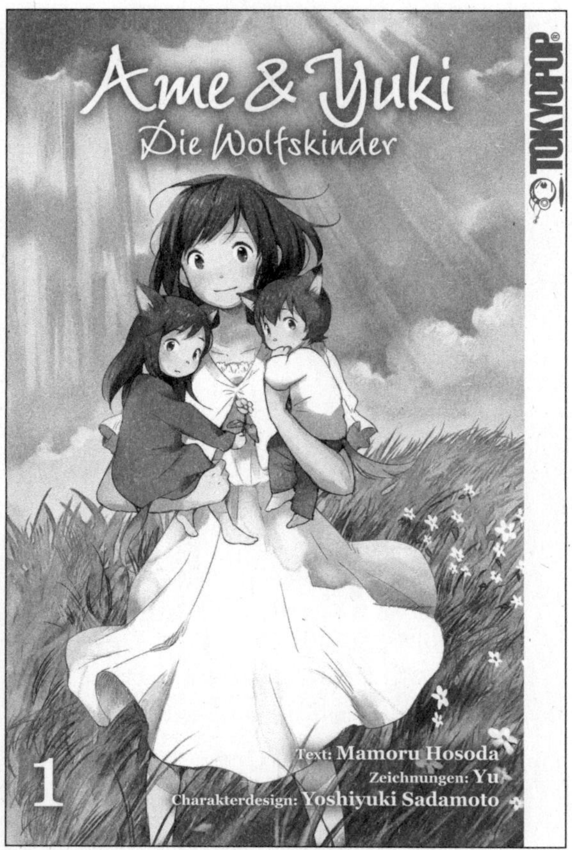

Zwei Kinder, ein Geheimnis!

Die Studentin Hana verliebt sich in einen geheimnisvollen Mann, der aus einem alten Wolfsgeschlecht stammt. Sie wird schwanger und bringt eine Tochter, Yuki, und schon bald darauf deren Bruder, Ame, zur Welt. Doch ein schreckliches Unglück sucht die junge Familie heim und Hana ist fortan mit ihren beiden kleinen Wolfskindern auf sich allein gestellt. Wird es ihr gelingen, sich und ihre Liebsten gegen alle Widerstände durchzubringen?

BEASTS OF ABIGAILE

Spica Aoki

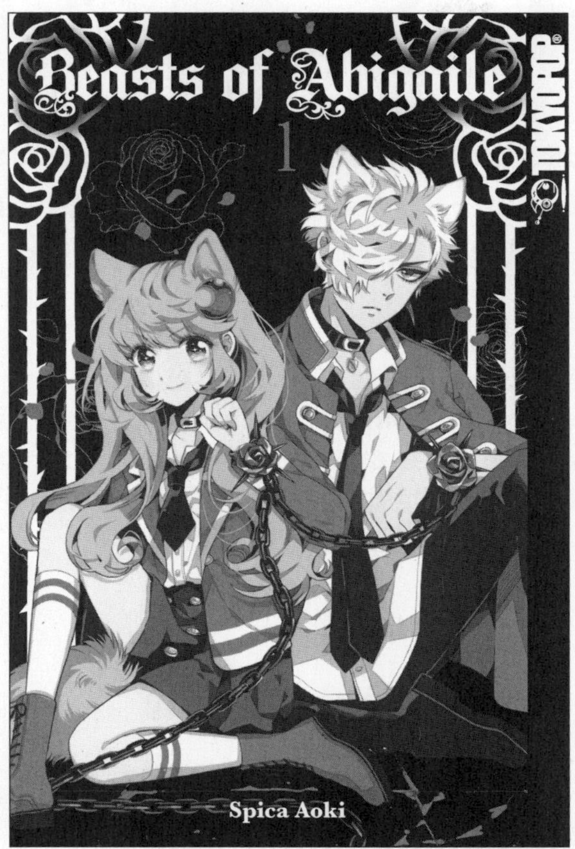

Ich will wieder ein Mensch sein!

Nina zieht zu ihren Verwandten in die Rosenstadt Ruberia, um dort ein neues Leben zu beginnen. Doch der idyllisch anmutende Ort birgt dunkle Geheimnisse: Bei der Erkundung der Stadt wird Nina von einem Wolfsjungen gebissen, woraufhin sie sich ebenfalls in eine Wölfin mit Flauschohren und Schweif verwandelt! Eingesperrt in einem Käfig verschleppt man sie auf die rätselhafte Gefängnisinsel Abigaile ...

STOPP!

Dies ist die letzte Seite des Buches! Du willst dir doch nicht den Spaß verderben und das Ende zuerst lesen, oder?

Um die Geschichte unverfälscht und originalgetreu mitverfolgen zu können, musst du es wie die Japaner machen und von rechts nach links lesen. Deshalb schnell das Buch umdrehen und loslegen!

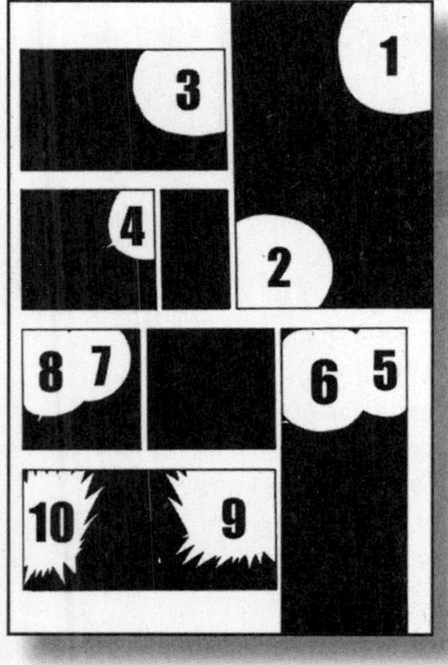

So geht's:

Wenn dies das erste Mal sein sollte, dass du einen Manga in den Händen hältst, kann dir die Grafik helfen, dich zurechtzufinden: Fang einfach oben rechts an zu lesen und arbeite dich nach unten links vor. Viel Spaß dabei wünscht dir TOKYOPOP®!